江苏省中小学幼儿园教师自学考试学前教育专业专升本教材

教师职业道德与法律修养

朱 曦 主编

苏州大学出版社

图书在版编目(CIP)数据

教师职业道德与法律修养/朱曦主编. —苏州：苏州大学出版社,2002.12(2016.11重印)
江苏省中小学幼儿园教师自学考试学前教育专业专升本教材
ISBN 978-7-81090-030-0

Ⅰ.教… Ⅱ.朱… Ⅲ.①教师－职业道德－高等教育－自学考试－教材②法律－中国－高等教育－自学考试－教材 Ⅳ.①G451.6②D92

中国版本图书馆 CIP 数据核字(2002)第 097004 号

教师职业道德与法律修养

朱　曦　主编

责任编辑　郑亚楠

苏州大学出版社出版发行
(地址：苏州市十梓街1号　邮编：215006)
虎彩印艺股份有限公司印装
(地址：东莞市虎门镇北栅陈村工业区　邮编：523898)

开本 850mm×1168mm　1/32　印张 15.125(共两册)　字数 378 千
2002 年 12 月第 1 版　2016 年 11 月第 5 次印刷
ISBN 978-7-81090-030-0　定价：28.00 元
(共两册)

苏州大学版图书若有印装错误，本社负责调换
苏州大学出版社营销部　电话：0512-65225020

江苏省中小学幼儿园教师自学考试学前教育专业专升本教材编写委员会

主 任 委 员 王斌泰
副主任委员 许仲梓 朱小蔓 杨九俊 孙建新
　　　　　　 鞠　勤 李学农
委　　　员（以姓氏笔画为序）
　　　　　　 孔起英 许卓娅 朱　曦 邱学青
　　　　　　 张　俊 陈春菊 周　兢 耿曙生
　　　　　　 唐　淑 顾荣芳 徐文彬 虞永平

前　言

为加快我省幼儿园教师本科学历培训步伐，优化教师队伍结构，提高幼儿园教师素质和学前教育质量，江苏省教育厅决定从2001年起启动幼儿园教师学前教育专业(专升本)自学考试，以南京师范大学为主考单位。

学前教育专业(专升本)自学考试，既是我国自学考试的一种全新形式，也是江苏省21世纪推进幼儿园教师继续教育，提高学历，以适应教育现代化需要的重要举措。

1999年，原江苏省教育委员会组织专家着手进行了幼儿园教师学前教育专业(专升本)自学考试方案和课程考试计划的制定工作。2000年，江苏省教育厅组织专家对此进行了论证，确定了《江苏省中小学幼儿园教师自学考试学前教育专业(专升本)课程考试计划》。在此基础上，江苏省教育厅又组织了一批专家根据课程计划编写教材，确立了教材编写的指导思想：根据21世纪对幼儿园教师素质的要求，适应基础教育改革的需要，突出思想政治及道德素养的提高和教育思想的转变，进一步夯实幼儿园教师文化科学素质基础，强化在教育实践中进行学习研究、自我提高的意识及能力，进一步提高幼儿园教师现代教育理论素养，树立正确的教育思想和观念，提高教育技艺水平。教材编写力求体现先进性、科学性、专业性和实用性的原则。

学前教育专业(专升本)自学考试是一项全新的事业,需要不断发展和完善,希望广大自学考试辅导教师和自学考试者在教材的使用与学习中,提出宝贵意见,为这一事业的发展和提高作出贡献。

江苏省中小学教师自学考试办公室
2001年10月

目 录

第一章　教师职业道德概述 (1)
第一节　教师职业概述 (1)
第二节　教师职业道德 (9)
第三节　教师职业道德教育的意义和目标 (23)
第四节　幼儿园教师职业道德的特殊性 (28)
思考题 (31)

第二章　教师职业道德的原则和内容 (32)
第一节　教师职业道德的原则 (32)
第二节　教师职业道德的内容 (40)
第三节　贯彻教师职业道德内容的基本要求 (61)
思考题 (67)

第三章　幼儿园师幼的伦理关系 (68)
第一节　师幼之间的伦理关系 (68)
第二节　教育过程中表现的职业伦理道德 (74)
第三节　教育过程中教育伦理关系的体现 (93)
思考题 (100)

第四章　教师的自我修养 (101)
第一节　教师人格的自我完善 (101)
第二节　教师职业道德自我修养的内涵和要求 (110)

第三节　教师职业道德自我修养的途径和方法……… (129)
思考题……………………………………………………… (139)

第五章　幼儿园教师职业形象设计 ……………… (140)
第一节　幼儿园教师职业形象的教育价值……… (141)
第二节　幼儿园教师职业形象的要求……………… (148)
第三节　多种角色下的幼儿园教师职业形象……… (166)
思考题……………………………………………………… (178)

第六章　教育立法与依法治教 …………………… (179)
第一节　确立现代教育法制意识………………… (180)
第二节　教育法律的产生及其价值……………… (188)
第三节　我国教育立法体系……………………… (204)
思考题……………………………………………………… (214)

第七章　教育法律关系与责任 …………………… (215)
第一节　教育法律关系与责任概述……………… (215)
第二节　教育法律关系主体的权利与义务……… (224)
第三节　教育法律责任的内容与归责…………… (244)
思考题……………………………………………………… (257)

第八章　儿童合法权益的保护 …………………… (258)
第一节　遵守教育法律、保护儿童权益的意义 ……… (258)
第二节　儿童的权利……………………………… (265)
第三节　儿童权益保护的主要途径……………… (279)
思考题……………………………………………………… (298)

第九章 教育执法与监督 ……………………（299）
  第一节 教育行政执法 ………………………（299）
  第二节 教育法律救济 ………………………（305）
  第三节 教育执法监督 ………………………（318）
  思考题 …………………………………………（333）

主要参考文献 …………………………………（334）
《教师职业道德与法律修养》考试大纲 ………（336）
后记 ……………………………………………（353）

第一章 教师职业道德概述

教师,一个高尚的名字,神圣的称号;教师职业,历史悠久而又永远充满活力的职业,一项崇高的事业,她关系到国家的未来、民族的兴旺,关系到人类滋生、繁衍和发展。教师职业要求每一位教师必须牢记"德为师之本,无德无以为师",不断加强自身职业道德修养,做一个有理想、有道德的人,做一个忠于人民教育事业的人。

第一节 教师职业概述

教师作为专业化的职业,在人类社会发展的历史长河中已有几千年的历史了。从某种意义上说,人类社会的生存、发展,一天也离不开教师和教师职业活动。

一、教师职业的产生和发展

教师是一项古老而永恒的职业,自从有了人类社会就有教育现象,随着文字的产生和学校的出现,就有从事教育活动的知识分子,由他们承担传递人类文化和培养新一代的职责。

从教师职业的起源看,教师是原始文化、科学知识的保存者和传播者。据古籍记载,原始社会就有燧人氏教人取火、伏羲氏教民打猎、神农氏教民农作等传说。虽然燧人氏、伏羲氏、神农氏并不代表职业教师,但作为氏族首领以其劳动和生活经验教育民众,即充当了教师的职责。还有原始宗教中的巫师,其巫术教育活动也是一定文化知识的重要方面,故巫师也可视为原始教师的代表。在原始社会晚期出现的学校中,如成均之学中的专职或半专职的乐师,虞庠之学中负责施礼孝之教的老人,夏序之学中专传射御之术的善者,都是职业教师的雏形。

进入奴隶社会后,奴隶主阶级垄断了学校。主要的学校变成官学,教师由统治阶级的官吏担任。官即师,师即官,政教合一。如西周的乐正、太傅等头衔,既是官职,又是教官。西方古希腊城邦国家的学校也不例外。在奴隶社会向封建社会转变的过程中,出现了蓬勃发展的私学,由一些知识分子一面从政、一面从教而创立,如春秋战国的诸子百家。私学的出现使教师职业更为广泛。在封建社会里,封建统治者千方百计控制教师职业,官学的教师仍由封建朝廷委任。如秦代的吏师,汉代的博士,唐宋的博士、助教、直教、典学等,都是些既从政又从教的官吏。随后由于科举制度的出现,使学校变成选拔官吏的场所,连私学也加入了这个行列。"学而优则仕"更使教师职业成为封建统治的工具。西方的教会学校由僧侣担任教师,垄断西方封建社会的教师职业。我国到清末废除科举制度之后,私学一度发展迅速,教师地位也越来越重要。这时的私学种类繁多,它主要可归为三类:有钱人请教师在家教子的教馆、教师在家设馆授徒的私塾、地方出钱请教师办学的义塾。教师的职业范围也越来越大,教师队伍不断壮大。

以工业生产为基础的现代社会,许多国家都普遍实行了义务教育制度,把教师职业推进到一个新的发展阶段。我国教师队伍增长情况更为明显,将1946年与1988年相比较,小学专任教师由86.4万增至550.1万名,增长了5.4倍,普通中学专任教师由7.7万增加到292.5万名,增长了37.4倍,幼儿园教师则由2 100名增加到67万名,增长了318倍。除此之外,还有大量的中专、中技和高等院校教师。教师队伍不断壮大,教师职业的专门化程度日益提高,教师越来越成为社会中不可缺少的职业。

二、教师职业劳动的特点

教育是一种特殊的生产部门,教师是特殊的生产者。教师劳动的对象是人,教师劳动的产品也是人。可以说,教师的整个过程都离不开人,自始至终都是人们相互作用的过程。正是教师劳动的这种特殊性,决定了教师劳动具有自己的特点。

(一)人文性和复杂性

1. 教师劳动的对象是复杂的

教师劳动的对象是可塑性大、尚未成年的儿童和青少年,他们不是无生命的自然物质材料,也不是一般的动物,而是有一定自觉意识、有感情、有理智、有个性的人,每一个学生就是一个特殊的世界,教师既要按照统一的标准来培养学生,又要注意学生的个别差异,提出不同的要求,采取不同的方法,区别对待,因材施教,这就需要教师有高度的聪明才智,进行大量的艰苦细致的工作,付出艰辛的劳动。

2. 教师劳动的任务是复杂的

教师的根本任务是教书育人,即从学生的心理上去造就完美的个性,塑造高尚的人格,而不是简单地从外部去"雕琢"对象,教师既要传授知识,又要发展学生的智力、能力;既要使学生在将来能承受社会生产力的发展提出的要求与自然作斗争,又要使他们能够承受现有的社会关系,以适应社会生活。

教师劳动的"产品"具有全面性和高质量,要一次"成型",即要求每个学生在德、智、体、美、劳诸方面得到全面发展,教师要完成这些任务,必须通过复杂的脑力劳动和体力劳动。教师劳动的过程是一个运用智力的过程,是一种综合使用、消化、传递、发现科学知识、技能的复杂的脑力劳动和体力劳动,这样一个积累、传递、转换知识的过程是一种非常复杂的脑力劳动过程。

教师劳动的过程,同时又是直接处理人与人之间关系的过程,这些关系包括了师生关系、学生与学生的关系、教师、学生与家长的关系,等等,处理这些复杂的关系同样需要教师付出艰辛的劳动。

(二) 创造性

苏霍姆林斯基说过:我熟悉几十种专业的工作人员,但是没有——我对此深信不疑——比教师更富有求知精神、更不满足现状、更充满创造思想的人。

首先,教师的劳动是以传递知识为主要手段,知识传递的过程需要具有较强的规范性、较强的创造性。教师劳动绝不仅仅是机械地执行教育方针和实现培养目标,更不是"照本宣科"地演习一遍教材。教师在劳动过程中必须发挥自己的主观能动性,通过自己对教育方针、培养目标以及教材的理解,针对教育对象的不同特点和普遍规律,选择最有效的方法和途径来实现教育目的,这种理解、选择、实施的过程,就是教师劳动的创造过程。

其次,教育对象千差万别,教育条件千变万化,在教师工作中找不到两个完全相同的学生,寻不见适合于任何学生的教学方法和途径,没有一套可供教师在任何情况下都能使用的现成模式,教师只有因人、因事、因时、因地制宜地去创造。

再次,教师劳动的创造性还表现在,对于变化了的情况善于作出恰当处置的教育机智上。教师的教育机智,就是对学生活动的敏感性,以及能根据学生新的、特别是临时突发的意外情况,快速作出反应,及时采取恰当措施的能力。

教师劳动的对象是正在成长中的、活泼好动的活生生的人。因此在教育、教学过程中,随时都可能遇到难以预料、必须特殊对待的问题。例如,有的学生在课堂上突然提出个"怪"问题或回答问题不着边际,引起哄堂大笑;有的学生在课堂上突然"恶作剧";等等。在这种情况下,教师如果不能机智地处理,就不能正确解决问题和有效地影响学生,有时还会形成僵局,影响其教学工作程序的顺利进展。富有创造性的教师,常常善于利用临时发生的情况,机敏地运用自己的教育经验和智慧,因势利导,化消极因素为积极因素,进行生动活泼的教育和教学。

最后,教育是一门科学,也是一门艺术,是一种塑造完美个性形象的艺术,而艺术的生命就在于创造。

21世纪是"创造教育的世纪",培养创造型人才,是现代教育的突出特点,教师应当自觉意识到时代的特点和要求,以创造性的劳动从事培养一代新人的工作。

(三)示范性与价值引导

"教师的世界观,她的品行,她的生活,她对每一现象的态度,都这样或那样地着影响全体学生……她的一举一动都处在最严格的监督之下,世界上任何人也没有受着这样严格的监督。"[1] 学生一般都有"向师性",从幼儿园儿童到大学生都有模仿教师行为的倾向,尤其是幼儿园和初入学的儿童,他们对教师具有一种依恋的情感,他们最善于模仿教师的言行,教师的道德行为是他们学习的楷模,教师广博的知识、崇高的人格都是他们追求的目标。即教师不仅在思维方式、思维品质、知识结构、学习习惯等方面对学生起着示范作用,而且学生的文明习惯、道德风貌,以及世界观、人生观的形成,都有赖于教师的言传身教,对学生有一个价值引导的作用。苏联教育家马卡连柯在《儿童教育讲座》中谈到:

> 你们自身的行为是在教育上具有决定意义的。不要以为只有你们和儿童谈话的时候,在教导儿童、吩咐儿童的时候,才执行教育儿童的工作。在你们生活的每一瞬间,都教育着儿童,甚至当你们不在家庭里的时候。你们

---

[1] 加里宁:《论共产主义教育和教学》,人民出版社1957年版,第186页。

怎样穿衣服,怎样跟别人谈话,怎样谈论其他的人,你们怎样表示欢欣和不快,怎样对待朋友和仇敌,怎样笑,怎样读报……所有这些,对儿童都有很大的意义。你们的态度神色上的少许变化,儿童都能看得到和感觉到。你们思想上的一切转变,无形之中都会影响到儿童,不过你们没有注意到罢了。"

(四) 人的可持续发展与长效性

《管子·教修》中写道:"一年之计,莫如树谷;十年之计,莫如树木;百年之计,莫如树人。"教师的劳动是一个周期长、见效慢的过程。

首先,教师的劳动是为未来社会加工人才产品,这是一种特殊的"精神产品",生产这种特殊的"精神产品",不是种庄稼、种果树,一年内可以收获,三五年也可望结果,培养人是一辈子的事情。

其次,教师劳动的社会价值,往往是在劳动对象进入社会作出贡献后才能最终体现出来。一个幼儿园的教师从他所精心培养的三四岁幼儿起,直到他们长大成人走上社会并有所作为和贡献,得到社会的公认和好评,这期间需要经历多长时间是不言而喻的。

再次,人要想不断地发展,就要不断地充实自己,不断地学习,不断地接受教育,终身教育已成为现代教育发展的趋势。一个人在学校中学到的知识和技能,是他今后学习和接受教育的基础,会对他的终身教育产生巨大的影响。

(五) 空间的广延性

学校虽然是专门的教育机构,学生的大部分时间也是在学校中度过的;但是,学生的活动空间不仅仅限于学校,他们时刻都受到社会和家庭的各种影响。因此,教师必须广泛深入到学生的各种活动当中去,协调各种影响,使学校教育始终发挥主导作用。

同时,学生也会把他在学校受到的各种教育带到社会和家庭当中,因此,教师对自己的教育活动必须持十分谨慎的态度,否则不仅会贻害学生,误人子弟,而且会对整个社会产生不良影响。

从以上教师职业劳动的特点可以看出,教师在教育、教学过程中担任着不同的角色,这与我们将要谈到的教师职业道德也有着密切的关系。

三、教师的角色心理与职业道德

心理学的角色理论认为,每个人在社会生活中都扮演着一定的角色,发挥着各种角色功能。如一个人在家中,对其子女而言是家长的角色;对其爱人而言,是丈夫或妻子的角色;对其父母而言,又是子女的角色。一个校长,在学校是领导者角色,而在教育局长面前,又成了被领导者角色。可见对一个人来说,可从各方面对其角色进行划分。从职业上看,教师无论是在学校还是在社会,都处于一种特殊地位,具有特殊的极其重要的作用。心理学就把教师的特殊地位和作用叫做教师的角色功能。可以说,世界上很难找到一种职业像教师那样,需要一个人同时发挥多种的角色功能。正是教师角色功能的复杂性,决定了教师工作的艰巨性、教师职业的崇高性和教师道德的重要性。

教师复杂的角色功能具体表现为:

1. 教师是知识的传授者和德行的教育者

教书育人是教师的基本职责和角色功能。教师不仅传授知识,塑造学生的行为模式,更重要的是塑造学生的心灵。这样,教师对学生既起催化作用,又起园丁作用。催化作用意味着调动内因、因势利导;园丁作用意味着关心爱护、精心培育,而所有这些都是教师职业道德所要求的。

2. 教师是学生的典范,具有榜样的角色

教师是社会道德规范的示范者,常在学生面前展示自己的言行。教师的言行是学生效法的榜样。伟大的教育家夸美纽斯说:"教师的职务是用自己的榜样去教育学生。"

3. 父母形象的角色

美国教育心理学家林格伦认为:"区别教师和其他职业不同的另一个任务,是父母形象的任务。"研究小学生的心理特点可知,他们对待老师常常有像对待自己的父母一样的心情和态度,因而,他们也希望能从教师那里得到父母般的爱。

4. 教师是学生的领导者、管理者

教师的年龄、经验、知识、地位决定了他在学生面前负有领导的责任,要发挥管理员的角色功能。

5. 教师是人际关系的艺术家

人生活在社会上,必然与他人建立一定的关系。从教师角度看,应正确处理好师生关系,学生之间的关系,教师与领导的关系,教师与学生、家长的关系,教师之间的关系,等等。

6. 教师是学生的心理保健医生,起着心理卫生工作者的作用

教师的教育工作影响着学生的心理能否正常发展。一个好的教师,应当了解学生心理健康的情况,发现与诊断学生心理上不健康的因素,及时采取各种有效措施进行心理治疗。防止心理污染和治疗心理创伤,保护与促进儿童、青少年的心理健康,这是教师的光荣职责,是教师职业道德必然要求的一个重要方面。

总之,教师担负着这么多种角色功能。对教师角色功能的认识,即教师的职业意识,只有正确认识教师的角色功能,才能树立正确的职业道德意识。

正是由于教师同时担负着这么多的角色功能,学校、家长、学生、社会各方面都对教师寄予了厚望。教师的角色功能这样复杂,也就表明,要想成为一个好教师,出色地完成教育、教学任务,就必须具备多方面的教师素质,对教师职业道德的要求就必然是多方面的。明白教师的角色功能,可以帮助我们进一步认识教师的职业道德。

第二节　教师职业道德

在人类社会生活中,人们从事着各种各样的职业,由于职业的不同性质和类别,决定了"每一个阶段,甚至每一个行业,都各有各的道德"。教师职业也不例外。

一、教师职业道德的本质与构成

教师职业道德的本质与构成是教师职业道德的核心内容,在教师职业中占有重要地位。只有弄清这一问题,才能使广大教育工作者更好地理解和掌握教师职业道德的原则和规范,从而自觉地遵循教师职业道德的各项具体规范和要求。

(一)教师职业道德的本质

教师职业道德是职业道德的一种表现形式,它是有了教师职业劳动之后,由一些教育家、思想家总结概括而成,并在他们的著作中表达出来的。例如,我国古代著名教育家孔子就指出了"学而不厌,诲人不倦"的道德教育态度和"其身正,不令而行;其身不正,虽令不从"的道德修养方法,还有韩愈的《师说》,都含有丰富的教师职业道德内容。

从一般意义上讲,教师职业道德是指教师在从事教育劳动过程中形成的比较稳定的道德观念、行为规范和道德品质的总和,它是调节教师与他人、教师与集体及社会相互关系的行为准则,是一定社会或阶级对教师职业行为的基本要求。它是由社会经济关系决定的。

1. 社会经济关系是教师职业道德的客观经济基础

春秋时期,管仲说过:"仓廪实则知礼节,衣食足则知荣辱。"[①]

[①] 《管子·牧民》。

德国的哲学家费尔巴哈也曾说过:"德行也和身体一样,需要饮食、衣服、阳光、空气和住居,如果缺乏生活上的必需品,那么也就缺乏道德上的必要性。生活的基础也就是道德的基础。"① 这就在一定程度上说明了道德的形成依赖于社会的物质生活条件。在不同的社会经济条件下,教师的知识、品德、才能也不同。例如,在原始社会,生产力不发达,不可能出现专门从事教育活动的职业,更不用说对教师提出职业道德的要求。随着生产力的发展、科学技术的进步,出现了教师,随之也就有了对教师职业道德的要求。教师职业道德水平必须与其所处的社会经济生活状况、社会经济结构状况相对应。

2. 社会经济关系对教育目的和人才模式的影响,必然要求教师具有相应的道德素质

在阶级社会里,统治阶级为了稳固和发展其生产资料所有制形式,维护自身利益,他们往往通过在经济生活中取得的政治地位提出教育制度、教育目的和教育内容等来直接影响教师的地位和行为,从而决定教师职业道德的性质、内容和实践活动的形式。例如,封建社会地主阶级一方面要培养自己的统治人才,另一方面又需要人民效忠,于是"有教无类"、"学而不厌,诲人不倦"成为师德规范;资产阶级教育家则为了巩固资本主义的生产关系,要求教师放弃对学生体罚,"仁慈"、"和善"地对待学生;当今的教育目的,则是培养现代化建设事业的合格人才,所以要求教师要热爱教育事业,教书育人,为人师表。由此看来,教师职业道德与生产资料的所有制形式有着极为密切的关系,社会的经济关系是教师职业道德的根源所在。

---

① 《费尔巴哈哲学著作选集》上卷,三联书店 1959 年版,第 569 页。

3. 社会经济关系的发展和变化，引起教师职业道德的发展和变化

不同的经济关系形成不同的社会形态，处于不同的社会形态，人们的价值观、审美观、伦理道德观念也不尽相同。这都是随着社会经济关系的变革与发展而变革与发展的。教师职业道德作为一定的社会经济基础、经济关系的反映，自然也会发生相应的变化，这已被历史发展的实践所证实。

(二) 教师职业道德的基本构成

概括地讲，教师职业道德主要由教师职业理想、教师职业态度、教师职业纪律、教师职业技能、教师职业作风等构成。这几部分从不同方面反映出教师职业道德的本质和规律，它们相互影响、相互配合，构成了一个严谨的教师职业道德的有机整体。

1. 教师职业理想

所谓职业理想，就是指人们对于未来工作类别的选择以及在工作上达到何种成就的向往和追求。职业理想是职业道德的重要组成部分，有了崇高的职业理想才能产生模范遵守职业道德的行为。职业理想也是社会理想在职业选择和实践中的具体体现，在人们的社会生活中占有重要位置，对一个人未来的发展前途有着重要影响。

忠于人民的教育事业，努力做一名优秀教师，是社会主义市场经济条件下教师的崇高职业理想，它体现了教师职业的本质。要实现这个理想，必须做到以下几点：

第一，热爱教育事业。忠于党和人民的教育事业，首先要热爱教育事业，不热爱教育事业，就谈不上忠于教育事业。对教育的热爱，主要来自于教师对教育在中华民族振兴道路上地位与作用的认识。只有把教育与国家的兴旺、民族的振兴、现代化建设的成败联系起来，才算是对教育事业有了深刻的认识。有了深刻的认识，还要把这种认识转化到日常行为中去，才能产生对教育事业的真

爱。

第二,热爱学生。忠于人民的教育事业与热爱学生是一致的。学生是祖国的未来,只有把学生培养好,振兴中华才不会是一句空话。未来的竞争是人才的竞争,学生是祖国未来的建设人才。要培养好学生,就离不开对学生真挚的爱。爱可以激发学生的学习热情,使学生树立远大的目标。要热爱学生,首先,要关心和爱护他们;其次,要循循善诱、谆谆教导;最后,要与学生平等相处,不凌驾于他们之上。只有这样,学生才能尊敬教师,才能成为德、智、体、美、劳全面发展的社会主义新人。

第三,献身教育事业。忠于人民的教育事业,就要有献身教育的精神。教师被誉为"蜡烛",点燃了自己,照亮了别人,这是教师献身精神的真实写照。教师要不辞劳苦、辛勤耕耘,时刻把教育事业的利益放在首位。要识大体、顾大局,不为权利、地位、名誉、金钱和其他物质利益所动摇,"俯首甘为孺子牛"。

第四,勇于同一切危害教育事业的行为进行坚决的斗争。忠于人民的教育事业,就是要维护教育事业的尊严和地位。对一切危害教师、危害学生、危害学校、有损师德的行为,予以坚决斗争。教师作为人类灵魂的工程师,要不惜一切代价维护教育事业的尊严,保证其不受侵犯,为教育事业的顺利发展努力创造和谐的外部环境。

第五,不断提高自身素质。做一名优秀教师,关键在于要有较高的素质。俗话说,打铁先要自身硬。教师,作为传道、授业、解惑的人类灵魂工程师,必须具备优良的政治素质、业务素质、品德素质、心理素质和能力素质。现代社会竞争日趋激烈,知识更新换代频繁,要跟上时代的步伐,教师必须不断充实、完善自己。现在世界各国都在提倡"终身教育",正所谓"活到老,学到老","学海无涯"。作为传播知识的教师,要想教好学生,不断提高自身素质尤为关键。"不进则退",不紧跟时代步伐,必将被历史所淘汰。

2. 教师职业态度

所谓职业态度,不是指人们对某一职业本身的看法,而是人们对自身职业劳动的看法和采取的行为,至于教师职业态度,是指教师对自身职业劳动的看法和采取的行为,简而言之,就是指教育劳动态度。

在社会主义社会,对教师职业态度的基本要求,就是要树立积极、主动的劳动态度,努力培养社会主义新人。人民教师是国家的主人、社会的主人,教师这种主人翁的地位,决定了教师的劳动态度必然是积极、主动的,而不是消极、被动的。教师积极、主动的劳动态度,落实到具体行动上,就是努力培养社会主义新人。那么,教师怎样才能做到树立积极、主动的劳动态度,努力培养社会主义新人呢?

首先,教师必须有主人翁责任感。教师的主人翁责任感,就是指教师要把人民的教育事业看成是自己的事业,把为社会主义培养人才看成是自己神圣的义务和职责,以积极、主动的态度对待自己的工作。教师的这种主人翁责任感来自于教师对社会主义祖国的无限热爱。这是一种高尚的道德情感,有了这种高尚的道德情感,教师就会以积极、主动的态度对待自己的劳动,全心全意地为学生服务,再苦再累,也心甘情愿;有了这种高尚的道德情感,教师就会为发展祖国的教育事业而努力奋斗。

第二,具有从事教育劳动的光荣感和自豪感。古往今来,不少伟大的教育家、思想家、政治家,都给予教师及其劳动以很高的评价,赞颂教师是"人类灵魂的工程师"、"辛勤的园丁"、"通向科学高峰的人梯"。17世纪捷克教育家夸美纽斯说:"我们对于祖国的贡献,哪里还有比教导青年教育青年更好更伟大的呢?""太阳底下再也没有比教师这个职业更光荣的了。"[1] 中国教育家徐特立也说

---

[1] 夸美纽斯:《大教学论》,人民教育出版社1957年版,第4页。

过:"教师工作不仅是光荣重要的岗位,而且是一种崇高而愉快的事业。"① 对于从事崇高的职业劳动的教师来说,具有光荣感和自豪感是不言而喻的,教师这种自豪感和光荣感是教师搞好教育工作的强大动力。当然,从实际情况看,并不是每一位教师都有这种光荣感和自豪感的,如有的中小学教师觉得自己没有当大学教师体面,低人一等,以至于在别人面前讳言自己的职业。有的大学教师觉得自己不如从政、经商的,干脆弃教从政、弃教从商。之所以会出现这种现象,除客观原因外,最主要的就是因为他们的人生观、价值观的倾斜,导致对教育劳动态度的错误认识。如果树立了无产阶级的人生观、价值观,就必然具有奉献精神,不计较个人名利与得失,许多模范教师的事迹充分说明了这一点。

第三,要有甘于吃苦的精神。教育劳动是一项艰苦的劳动,人才的培养是一项复杂的系统工程,没有肯于吃苦的精神,不愿付出辛勤的汗水,也就不会有积极、主动的劳动态度。教师绝非一般人认为的那样"轻松""悠闲",甚至谑称为"三清"(清闲、清贫、清高)工作。实际上,教师工作专业性很强,对教师个人能力要求也很严。教师的工作不仅不轻松反而很辛苦。没有吃苦耐劳的精神,缺乏应有的积极、主动的态度,是当不了一名好教师的。

3. 教师职业纪律

职业纪律是职业劳动者必须遵守的行为规范。俗话说:"没有规矩不能成方圆。"职业纪律是维持职业活动的正常秩序、保证职业责任得以实现的重要措施。它又常常表现为规章、制度等形式,如商业的"柜台纪律",部队的军人条例,学校的"教师守则"等,都是职业纪律。职业纪律一经形成,就有很大的权威性。如果违反纪律就要受到处罚,因此,这种纪律具有强制作用。

教师应模范遵守教师职业纪律。教师职业纪律就是教师在从

---

① 《徐特立教育文集》,人民教育出版社,第318页。

事教育劳动过程中应遵守的规章、条例、守则等。教师职业纪律是维持教育活动正常进行的保证,是教师必须遵守而不能违反的。从教师的实际情况看,绝大多数教师都能够比较好地遵守职业纪律,但也有少数教师不能严格要求自己,违纪现象时有发生,比如,上课迟到、拖堂、提前下课;自己去干第二职业;打骂学生;乱罚款、乱收费;把集体的财产据为己有。教师要为人师表,就要模范地遵守职业纪律,才能为学生作出表率。那么,教师怎样才能做到模范遵守职业纪律呢?主要应做到以下几点:

第一,要具有教师意识并不断强化这种意识。具有教师意识,就是说要时时刻刻想到自己是一名教师,自己一言一行都要给学生作出好的榜样,每当自己想发火要采取某种行动时,都要考虑到是否符合自己的身份,是否符合教师职业纪律的要求,是否会给学生带来消极影响。一般来说,教师意识越强,就越能严格遵守教师纪律。如果教师意识淡漠,就会导致纪律松弛,甚至违反纪律。所以,强化教师意识是非常重要的。

第二,认真学习教师职业纪律的有关规定。关于教师职业纪律的规定是比较多的,教师对教师职业纪律的有关规章、条例、守则等要进行认真学习、深刻领会。学习、明确和掌握教师职业纪律,是模范执行纪律的前提。

第三,在教师劳动中恪守教师职业纪律。学习教师职业纪律,是为了在教育实践中按照纪律要求去做,而不能把它束之高阁,更不能嘴上一套,行动上另搞一套。职业纪律只有得到全面的贯彻执行,教育工作才能顺利进行。实践是检验教师纪律观念强弱的唯一标准,教师在执行职业纪律的过程中,要把握一个"严"字,时时处处严格要求自己,决不能自我放松。

第四,从一点一滴做起。由于教师处于为人师表的地位,因此,对教师来说任何一条纪律都是重要的,必须严格遵守。有的教师认为迟到几分钟是"小事一桩",这种看法是十分错误的。如果教师对自己放松要求,随意迟到,那么,他就会在学生面前失去威信。所以,教师要模范遵守职业纪律,就要从一点一滴做起,勿因恶小而为之。

第五,虚心接受批评,勇于自我批评,善于改正错误。教师出现了违纪行为,领导或同事提出批评,教师应虚心接受,并坚决改正,决不能拒绝或反唇相讥。虚心接受别人的批评,坚决改正自己的错误行为不仅是教师应采取的正确态度,也是教师应具有的道德品质。勇于自我批评是教师自我教育的一个重要手段,也是教师自我修养的一个重要方法,如果能够做到这一点,就表明这个教师具有一定的思想觉悟和较高的修养,说明他对教师职业纪律的认识是深刻的。

第六,要有坚强的意志和持之以恒的决心。模范遵守教师职业纪律,需要教师具有坚强的意志和毅力。比如,有的教师家住在离学校很远的地方,为了早上八点准时上第一节课,他们早上五点多钟就起床,无论是刮风还是下雨,从不迟到。如果没有坚强的意志和毅力是不可能做到的。持之以恒,就是长期坚持,不能只坚持一阵子,要坚持一辈子。

4. 教师职业技能

所谓职业技能,就是从事一定职业的人们应当具备的技术和能力,它是从事职业工作的重要条件,是职业工作者实现工作理想、追求高尚职业道德的具体行动内容。如果一个职业工作者仅有做好本职工作的愿望,而无过硬的技能,职业道德的感召力就无从谈起。崇高的职业道德,不但表现为自觉履行职业责任,实现职业理想的愿望,还表现为高超的职业技能。因此,良好的职业技能有深刻的道德意义。教师职业技能集中表现为教师教书育人的本领,教师教书育人活动的效果是教师职业技能的反应。

努力提高职业技能不仅是教师职业本身对教师的要求,也是教师职业道德对教师提出的要求。况且,教书育人工作是非常艰巨而且责任重大的,教师职业技能的高低直接关系到人才的培养,因此,努力提高职业技能对教师来说是至关重要的。那么,教师怎样才能提高自己的职业技能呢?主要应做到以下几点:

第一,刻苦钻研业务,不断更新知识。没有过硬的业务水平,肯定不能成为一名好教师。要提高自己的业务水平,就必须刻苦学习,刻苦钻研。职业技能是以一定的业务知识为基础的,特别是当今时代,科学技术迅猛发展,新知识不断涌现。有人说,当今时代是知识爆炸的时代,有人称之为知识经济时代。因此,不断学习和更新知识是教师的一项重要任务。

第二,要掌握教育规律。搞教育的人首先要掌握教育规律,要掌握教育规律就要学习教育学、心理学、德育等方面的知识。虽然教师不一定都要成为教育家,但如果没有教育学等方面的知识,绝对当不好教师。赞科夫在《和教师的谈话》一书中认为:

> 当然,教师应当在他们所教的那些学科方面拥有足够的知识。但是,我们在承认这条道理的同时,如果我们对于教师要掌握教育学和心理学知识这一点估计不足,那也是错误的。有了这方面的知识,教师才有可能把教材变成学生的真正财富。

第三,要具备一定的管理知识。无论是组织教学,还是组织学生活动,没有一定的管理才能是不行的。一个教师无论有多么高深的业务水平,如果不懂得教学管理,恐怕连课堂上正常的教学秩序都无法维持;特别是当班主任的教师,要经常组织学生开展各种各样的活动,不具备一定的管理知识和才能是不行的。

第四,勇于实践,不断创新。实践是提高教师职业技能的最重要的方法。有了一定的知识水平,还要勇于实践,通过理论与实践的结合,职业技能才能提高。实践出真知,在实践中要自觉地、有意识地进行探索和总结,这样才能创新。

5. 教师职业作风

所谓职业作风,就是人们在一定的职业活动中表现出来的一贯的态度和行为。职业作风是职业道德的重要范畴,社会上各种职业都有自己的作风。从一定意义上讲,作风包含着道德的内容,职业作风是人们在长期实践中自觉地培养起来的,职业作风的好坏,决定于人们的思想和目标。确立了崇高的目标,在实践中就会形成优良的作风;反之,如果思想上腐朽没落,必然产生腐败的作风。

职业作风是一种巨大的无形的精神力量,对职业劳动者的行为影响很大。一个具有优良作风的集体,能够感召人们去战胜困难,取得胜利。即使一个人有许多缺点,在这样的集体中,也可能被改造过来,变得作风正派。相反,一个职业作风败坏的集体,也会把一个单纯或正派的人,毒害成为一个腐化堕落者。

教师职业作风,就是教师在自身职业活动中表现出来的一贯的态度和行为。那么,人民教师应该树立哪些优良职业作风呢?主要有以下几点:

第一,实事求是,坚持真理。首先,人民教师要做到尊重事实,注重调查研究。即充分认识客观事物,从客观存在出发,使教育工作有的放矢。要做到这一点,教师必须学会调查研究,深入实际研究、分析,认清事物的本来面貌。要深入到学生中去,全面了解情况,有针对性地搞好教育、教学工作。对工作的评价,要有一说一、有二说二,既不要夸大也不要缩小。其次,人民教师要讲真话,办实事,做到襟怀坦白,言行一致,表里如一,不讲假话、空话和套话。关心学生疾苦,热心为学生服务,帮助他们解决实际问题。再次,人民教师要公道正派,脚踏实地,富有进取精神。

坚持真理,就是人民教师不但要传播真理,还要坚持真理,捍卫真理,为学生树立坚持真理、尊重科学的榜样。坚持真理,还要求教师对一切文化科学地鉴别,批判地继承,然后再传授给学生,使学生学到真知实学。坚持真理,还要求教师随时修正自己的错误,还真理以本来面目。如果教师在教育、教学中出现了错误,就要采取实事求是的态度,公开向学生说明,不强词夺理,不文过饰非,不误人子弟,做到知错即改。

第二,工作积极,认真负责。工作积极就是要求教师勇挑重担,埋头苦干,兢兢业业、一丝不苟,为教育事业多作贡献,为培养人才肯花时间和精力,甘于吃苦耐劳,必要时,不惜牺牲个人利益,也要把工作做好。认真负责,是最根本的一条,就是对学生的成长与成才负责。为此,在工作中教师不仅要向学生传授科学文化知识,还要关心学生的思想,做到既教书又育人。教师要具有工作积极、认真负责的作风,一方面,要不断提高对教育工作重要意义的认识;另一方面,还要在教育实践中不断磨炼自己的意志,加强职业道德修养。在业务上要精益求精,在思想上要不断进步,把全心全意培养社会主义建设人才作为自己的奋斗目标。此外,教师还要能经受住顺境与逆境的考验,无论何时何地,工作积极、认真负责的作风永远不变。

第三,忠诚坦白,平等待人。忠诚坦白,就是指教师为人要忠实、诚恳,敢于讲真话,不隐瞒自己的观点。无论是对同事、对学生、对学生家长,还是对上级领导,做到忠诚坦白,这是一条基本要求。平等待人是指教师在与人交往中要以平等的态度对待每一个人,不居高临下,也不能以"势利眼"看人,要一视同仁。特别是对学生,既不要以教育者自居,高高在上,也不要因为学生的出身不同、能力不同、性格不同、兴趣爱好不同等而另眼相看。要做到平等待人,教师必须为人正直,在处理问题上要有原则,不能因人而异,不能搞亲亲疏疏、拉拉扯扯、吹吹拍拍那一套市侩哲学。

第四,发扬民主,团结互助。发扬民主,就是要求教师具有民主的作风。教师若没有正确的民主意识和良好的民主作风,就难以开展有效的教育、教学活动。因此,教师一定要尊重学生、信任学生、理解学生。在工作中善于发扬民主,经常与学生谈心、交心,虚心听取学生意见,吸收他们参加学校的民主管理,真正把他们看成是学校民主建设的主体,与其建立良好的民主关系。

在教学中,如果教师不采取民主的态度和方法,就会压抑学生学习的积极性,也不可能收到良好的教学效果。如果在思想政治教育中不发扬民主作风,学生就会产生逆反心理,从而使思想政治教育收不到预期的效果。可见,能否发扬民主作风,不是教师个人的事,而是关系到教育、教学效果,关系到学生成长的大事。

团结互助,一方面是指教师与教师之间要团结友爱、和睦相处,在思想、工作、生活上互相关心,互相帮助;另一方面,是指教师与学生之间的团结互助。有的人只承认师生之间是一种教育与被教育的关系,而否定师生之间也是一种团结互助的关系。试想如果没有师生之间的真诚团结、心心相印、相互关心、相互帮助的高尚情感和行为,教育工作怎能顺利开展并取得良好的效果呢?从本质上看,师生之间的关系也是一种团结互助的关系。

二、教师职业道德的特点

教师职业道德与其他职业道德相比,有其自身的特点,这些特点主要取决于教师职业劳动的特殊性。或者说正是教师职业劳动的特殊性决定了教师职业道德的特点。具体而言,教师职业道德的特点主要有以下几点:

(一)师德意识要求水准高

师德意识是教师职业道德中对思想意识方面的要求,指教师在教育劳动中所形成和表现出来的一定的职业道德认识、职业道德情感、职业道德意志和职业道德信念。由于教师承担着传播人类文化、开发人类智能、塑造人类灵魂的神圣职责,由于教师劳动的示范性特点,决定了教师的思想观念、道德境界、理想信念都会对学生起着直接的、重要的示范作用,由于劳动者不仅对其"劳动产品"形成终身性的影响,而且通过这些"产品"对整个社会产生深刻而广泛的影响,因此,教师职业的思想道德素质就有着特别重要的意义和价值。正是基于这样的认识,社会各阶级都对教师道德水准提出了较高的要求。例如,汉代著名思想家董仲舒认为,教师要"以仁安人,以义正我",而不以私立为从教动机。"善为师者,既美其道,又慎其行。"① 他认为,教师是为别人树表率,因此必须对自己的一言一行负责,而不可掉以轻心,"为人师者,可无慎耶?"② 现代伟大的教育家陶行知在《我们的信条》里,列举了十多条教师道德要求。在他的文献中,还要求教师做到虚心、宽容,与学生同生活共甘苦,向民众学习,放下先生的架子和师生严格的界限,等等。

事实说明,无论在哪个时代,教师道德总是处于当时社会道德的较高水准上,作为人类道德继承和发展的主要桥梁发挥着积极的作用。也正是因为历代教师有着较高的道德水准,不管自己所处的地位如何、待遇如何,总是凭着自己的职业良心,尽心尽责地教书育人,所以,教师职业与其他职业相比,更能受到人们的信任和尊重。

(二) 师德行为要成为楷模

教师职业的特点和性质决定了教师要做"人之楷模"。道德行为是道德意识和道德品质的外在表现,师德是教育学生的重要手段,起着"以身立教"的作用。它不仅深刻地作用于学生的心灵,塑造学生的品质,而且通过学生作用于家庭和社会;它不仅影响学生学习期间的成长,而且影响学生今后的生活道路,甚至他们的一生。儿童和青少年时期正是世界观、品质、性格的形成时期,这一时期学生的模仿性强,可塑性大,容易受成人和外界环境的影响。

---

① 《春秋繁露·玉环》,上海古籍出版社 1995 年版。
② 《春秋繁露·重政》,同上。

这不仅要求师德具有更高的水准,而且要求教师道德行为具有更高的表率性和典范性,即让教师成为学生心目中的典范。事实上,教师的一举一动,一言一行,对学生都会产生深刻的影响;他们的言谈举止、行为作风、待人处世乃至气质、性格都对学生起着熏陶、感染和潜移默化的作用。正因为如此,"为人师表",就成为我国历代教师职业的传统美德,为"师"要有知识,为"表"要有美德。

(三)师德内容具有继承性

教师职业道德是从教师的职业劳动和教育的实践活动中引申出来的,是教师在长期的教书育人中不断总结、提炼出来的,是世世代代的教师调整与学生关系、与同行关系、与上级关系、与学生家长关系、与社会关系中最一般关系的经验和结晶,这种最一般的关系在不同的时代、不同的社会形态中都是存在的,也是能够沿用的。这种最一般的关系是师德内容继承性的基础。如中国古代教育家孔子的"学而不厌,诲人不倦"[①]、"言传身教,为人师表",首开师德之先风。孟子也极为重视道德教育的作用,他继承和发扬了孔子的教育思想,主张因材施教。荀子认为教师学习礼仪是修身的重要环节,"故学至乎礼而止矣,夫是之谓道德之际极"。学了后还必须实践躬行,"学至乎行之而止矣",循礼而行就是义。《礼记·中庸》提出"博学"、"审问"、"慎思"、"明辨"、"笃行",依次要求教师做到博学各种知识,认真加以分析、思考,明辨真伪、善恶、是非,接受正确的东西,并贯彻到自己的行动中去。人民教育家陶行知强调:"我们做教师的人,必须天天学习,天天进行再教育,才能有教学之乐而无教学之苦。"现代教育家叶圣陶认为:"教育工作者的全部工作就是为人师表。"我国在1997年修订的《中小学教师职业道德规范》中,明确规定教师应热爱学生、严谨治学、爱岗敬业、教书育人和为人师表等。可见教师职业道德具有鲜明的继承性。

[①] 《论语·为政》,《十三经注疏》,中华书局1982年版。

第三节　教师职业道德教育的意义和目标

教师是人类文明的传播者、智力资源的开发者、新一代的培养者;没有教师,就没有人类社会的全面发展。战国时期的思想家荀子曾指出:"国将兴,必贵师而重傅;贵师而重傅则法度存。国将衰,必贱师而轻傅;贱师而轻傅,则人有快,人有快则法度坏。"俗话说,"无德无以为师"。可见,教师的作用之重要,教师的师德之重要。在新形势下,进行教师职业道德教育就显得更为重要了。

一、加强教师职业道德教育的意义

(一)加强教师职业道德教育是时代向我们提出的要求

21世纪是知识经济时代,是综合国力竞争的时代。这种竞争在很大程度上是科学技术、民族素质和人才的竞争,是教育的竞争。在这一时代大背景下,我国正处在改革开放的伟大时代,我们面临着新技术革命的挑战,肩负着社会主义现代化建设的任务,这就要求造就一代又一代能适应和满足时代需要的人才。而人才的培养是绝对离不开教育和教育事业的发展的。没有教育和教育事业的发展,人才的培养就成了一句空话。我国当前进行的教育改革,其根本目的就在于提高全民族的素质,多出人才,出好人才,为现代化建设服务。同时,教育实践告诉我们,要促进教育事业的高度发展,就必须注意加强教师队伍的建设,而教师队伍建设的一个重要方面,就是要加强教师各方面素质的修养和锻炼。教师队伍素质如何,不仅标志着我国教育事业发展的实际水平,而且关系到社会主义现代化的实现,关系到民族的昌盛和祖国的未来。因此,我们完全可以讲,现代化需要人才,人才需要教育,教育需要教师,教师需要具备职业道德修养,这是时代对教师的要求和召唤。

(二)加强教师职业道德教育是建设一支高素质教师队伍的需要,也反映了广大教师对美的心灵的自觉追求

教育作为社会主义现代化的基础工程,在国家经济和社会发展中具有非常重要的地位。振兴国家和民族的希望在教育,振兴教育的希望在教师。要实现培养适应社会主义现代化建设需要的各类合格人才的目标,必须建立一支具有良好的政治素质、优秀的思想素质、正确的职业道德素质、扎实的业务素质和强健的身心素质的教师队伍。在我国,教师承担着教书育人、培养社会主义现代化建设的接班人、提高民族素质的重要使命。教师是党和国家教育方针的具体执行者。在教育、教学活动中,教育方针能否贯彻,培养目标能否实现,教师起着主导作用。教书育人,是教师的根本职责。在教育过程中,特别是在幼儿园和中小学教育中,教师往往是学生求知的启蒙者和思想、道德的引路人。教师的教育、教学活动必须有计划、有组织地对受教育者施加影响,传播科学文化知识,传授基本技能,使受教育者在智力、品德、价值、才能等方面得到全面发展,以适应社会发展的需要。加强教师职业道德修养,为教师职业道德建设提供理论指导,有利于进一步提高广大教师的职业道德水平,有利于广大教师完善健全的人格,并用社会主义教师职业道德原则、规范来约束自己的思想和行为。

许多教师严格要求自己,自觉加强师德修养,在艰苦的条件下,不计名利,默默地为人民教育事业贡献自己的力量,使自己的生命获得更大的价值,具有崇高的意义。广大教师在教育实践中亲身感到,人类灵魂的工程师要塑造下一代美的灵魂,首先要塑造自己的灵魂,他们把这种时代的使命感和历史的责任感,转化为加强自身师德修养的动力。因此,加强师德修养正是教师自重、自尊的表现,教师会从中获得幸福感。

(三)加强教师职业道德教育是教师职业劳动的需要

教师职业不同于其他职业。教师的神圣职责是教书育人,因

此,就决定了教师劳动与其他劳动具有显著不同的特点:教师劳动是以人为劳动对象,以传递知识信息为主要劳动手段,以合格人才为产品的一种特殊劳动。教师的个性、知识才能和思想品德等,是对学生发生重大作用的劳动资料。这就是说,教师是以其渊博的知识和高尚的道德品质为劳动资料来影响、教育学生的,因此,教师的道德品质和修养程度,对教育过程和教育效果有着举足轻重的作用。

教师劳动的特点决定教师职业道德修养的重要性。教师的职业道德修养直接影响学生思想的形成、品德的培养、心灵的塑造。它不仅影响在校学生,而且在他们以后的工作岗位上和社会生活中继续起作用。

二、教师职业道德教育的目标

(一)在思想上,树立崇高的职业道德理想和信念

理想是决定事业方向、推动事业发展的精神力量,事业是实现理想必不可少的桥梁,是理想付诸行动的具体实践。教师树立崇高的职业道德理想、信念,就会在职业实践中把追求远大的目标与做好平凡的执教工作联系起来,就会确立理想,树立信心,产生敬业、乐业意识,从而形成巨大的精神力量;有了崇高的理想和信念,教师就能清醒地认识到时代赋予自己的历史责任和使命,把促进社会进步、国家富强和人民幸福作为自己职业追求的目标;有了崇高的理想和信念,教师就会在繁重的职业活动中用开拓精神振兴教育,用艰苦奋斗的精神服务于教育事业;有了崇高的理想和信念,教师就能正确认识和处理职业实践中遇到的困难和挫折,并从中找到自己的人生价值和意义。

我国现阶段的教师职业道德,要求教师树立全心全意为人民服务的职业道德理想和信念;要求人民教师一切言行以是否有利于社会、国家、集体为原则;要求他们自觉地把个人利益与国家、集

体利益联系在一起;要求他们把人民的教育事业作为自己的事业,把人民的幸福作为自己的幸福,具有崇高的献身精神。具有这种崇高职业道德理想和信念的教师,忠诚人民的教育事业,对教育的目的和意义有深刻的认识,对教育工作有强烈的责任感,在工作中能够发挥主动性、积极性、创造性,有坚强的道德意志和坚定的共产主义道德信念,为了人民教育事业的发展,为了培养未来的一代,他们为人师表,甘做人梯,无私奉献。这是一种十分崇高的道德境界。

(二)在能力上,具备良好的专业能力素质,掌握高超的教育、教学艺术

教师良好的专业能力素质和高超的教育、教学艺术是构成教师专业素质结构的两个不同方面。随着人类社会的发展,教育已经成为一种专业化的社会实践活动,教师职业也成为一种专业性的职业。作为专业,必然要求教师掌握付诸实践的专业理论知识和专门的技能。教师掌握专业知识的广度和深度以及运用这些知识的能力,对教师的教育、教学效果有直接的影响。渊博精深的专业知识和良好的职业技能是教师顺利完成教育、教学目标,实现教育、教学目的的基础和前提,是教师践行职业道德的重要手段。教师不仅要掌握人类已有的知识经验,而且要随着时代的进步和科技的发展不断更新、完善自己的知识结构和智力结构,培养终身学习的毅力和创新能力;不但要善于向学生传递知识,而且要善于激发学生的求知欲,开发学生的潜能,调动学生的学习积极性、主动性和创造性,促进学生身心的全面发展。

教育是一门科学,也是一门艺术。英国的罗素认为:"教育就是运用知识的艺术。这是一种很难传播的艺术。"苏联教育家加里宁对此作了更明确的概括:"优秀的教育家们认为,教育不仅是科学事业,而且是艺术事业。"因此,每个教师在进行教育和教学活动的过程中,一方面要遵循教育活动的规律,运用准确的科学知识和

严密的逻辑推理来启发学生;另一方面还要善于运用精练的语言、娴熟的教法、具体生动的比喻等各种艺术化的形式,以美的力量去感染学生。要掌握高超的教育、教学艺术,教师既要遵循教育、教学活动的规律,又要懂得马克思主义的审美观和审美情感,掌握正确的审美标准。当然,掌握高超的教育、教学艺术不是一蹴而就的,需要教师在实践中不断总结,在吸收前人经验、教训的基础上推陈出新,这是一个不断积累、逐步完善的过程。

(三)就职业道德情感而言,教师应当具备热爱教育事业、热爱学生的深厚的职业情感

诚然,从事任何职业都需要对本职业的热爱和忠诚,但从事神圣而平凡、复杂而艰巨、与升官发财无缘的教师职业,就需要更深的爱和更多的忠诚。热爱教育事业,意味着教师在情感上能够以从事教育为荣,以献身教育为乐,意味着教师在教育劳动中具备积极性、创造性、责任感和进取的精神。对教育事业深厚的爱的情感,是激励教师在教育劳动中兢兢业业、尽心竭力、有所作为的强大的内在情感动力。这一情感既来自于教师对职业社会价值和职业劳动特点的深刻认识,也来自于教师在教育劳动实践中的自觉陶冶和培养。一个教师只有认识和体验到自己所从事的职业虽然寂寞、平凡,但崇高而伟大;虽然复杂艰巨,但充满了创造性与艺术性;虽然辛苦,但苦中有乐,乐趣无穷,这样才能从内心深处真正热爱它。

教师职业道德情感,不仅表现为热爱教育事业,同时也表现为热爱自己的教育对象——学生。正如列夫·托尔斯泰所言:"如果一个教师仅仅热爱事业,那么她只能是一个好老师……如果一个教师把热爱事业和热爱学生结合起来,她就是一个完美的教师。"师爱对学生来说是关注、信任、尊重、荣誉、希望、鼓励,这不仅是促进学生进步、保证学生身心健康的重要因素,而且是形成师生之间爱的"对流"、优化师生道德关系的重要手段和基础。

第四节 幼儿园教师职业道德的特殊性

幼儿教育是指对三至六七岁的儿童进行学前准备的教育。现代心理学研究表明,幼儿时期是人的智力发展的重要时期,对幼儿的智力教育,关系到一个人一生的成长,这是人生其他年龄阶段的教育所不能取代的。人民教育家徐特立说:"幼儿教育是教好后一代的基础的基础,它关系到进入青少年时期德育、智育、体育的健康发展。所以说幼儿教育是一项重要的工作,是非常细致的工作,也是一项极其光荣的工作。"① 幼儿教师是在幼儿园中担负幼儿德、智、体、美全面教养工作的专业人员,是幼儿的启蒙教师。幼儿教师的工作关系到一个人一生的成长,关系到一代人的成长。幼儿教师的劳动是崇高的、艰巨的,是富有创造性的。由于幼儿教育的这些特殊性,决定了幼儿教师的职业道德的特殊性。

一、情感性,教师有足够的爱,这种爱是博爱

幼儿教师的服务对象是一群天真纯洁、毫无自我保护能力的孩子,这就要求每一位幼儿教师,以"爱"为核心,细心对待每一个孩子。但教师爱孩子不同于家长或一般人爱孩子,而是具有特殊的内容和含义的。教师不是爱一个孩子或几个孩子,而是爱每一个与自己熟悉的或不熟悉的、与自己没有任何血缘关系的孩子。这种爱能促进这些孩子的发展,这是人类社会的上一代对下一代加以保护、寄予希望的集中体现。因此,教师对孩子的爱是一种极为崇高的爱,在某种意义上说,是一种甚至高于母爱的无私的、伟大的爱。

爱孩子也是幼儿教师的天职,是幼儿教师最宝贵的职业情感。

---

① 《徐特立教育文集》,人民教育出版社,第307页。

一个教师有了这种宝贵的情感,就会感到无比幸福,就会自觉自愿地去做一个幼儿教师所应做的一切,同时,也会自觉禁止自己去做不应做的任何事情。

爱在教育过程中具有十分重要的作用,是教师与幼儿之间最有力、最自然的连接点,是打开幼儿心灵的金钥匙。爱能使幼儿在积极、愉快向上的情绪中自觉地接受教师的教育。同样,教师只有在真心实意地爱孩子时,才能灵活自如地运用各种教育形式和手段把孩子吸引到教育过程中来。

二、保教结合,掌握特点

幼儿教育在某种意义上说,就是在人的身心发育、心理发展最快、最好的时期,以智力刺激去激励其身心的发展,从而获得身体发育和智力增长的双丰收,为进入小学打好基础。为此,幼儿教育就必须贯彻保健与教育相结合的原则,根据幼儿身心特点做好保教工作,组织好生活、游戏和教学活动,不断提高保教质量。在保健方面,要做好营养调配,培养孩子良好的饮食、睡眠、卫生习惯,保证孩子有健康的体魄。在教育方面,要掌握幼儿教育的特点,幼儿的学习教育是与游戏结合在一起的,幼儿大部分时间都应在游戏中度过,在游戏中反映自己的理想、感情、愿望和观念,从中得到极大的快乐。游戏可以科学地、有系统地发展幼儿智力,使他们在轻松、愉快的游戏中,开发智力,培养品德。

三、艺术性与创新性

幼儿具有求知欲强、好奇、好问的心理特点。教师应根据这一年龄特点,创设良好的环境,采用恰当的方法,启发孩子的思维,保护孩子创造的火花。正像埃德加·富尔在《学会生存》中指出的那样:教师的职责现在已经是越来越少地传递知识,而越来越多地激励思考,除了她的正式职能以外,她将越来越成为一位顾问、一位交换意见的参加者、一位帮助发现矛盾论点的人。她必须集中更多的实践和精力去从事那些有效果的和有创造性的活动,互相影响、讨论激励、鼓舞教育的对象。

由于劳动对象的差异以及劳动条件的不同,幼儿教师必须针对具体情况开展教育工作,有创造性地制定教学计划,选择和设计适当的教育内容和方法。

四、活动性

活泼好动是学前儿童的另一特点,因此,组织并参与孩子的活动是对幼儿教师的一项基本要求。教师应注意活动是否反映孩子的兴趣、愿望,活动过程是否有孩子的自主性,是否伴随着孩子的积极思考与愉快体验。在活动过程中,教师更要注意对孩子进行随机教育,注意因人施教,以促进孩子身心的全面发展。在活动过程中,实现幼儿园与社区、家庭的密切结合,形成幼儿、教师、家长的伙伴合作关系,发挥教育的最佳效益。

五、完美性

幼儿教师与儿童朝夕相处,与儿童一起活动、一同游戏,幼儿教师的知识、智能、思想感情、道德风貌,以及她们的一言一行、一举一动都是儿童的榜样,有力地熏陶、影响着儿童。幼儿教师身教重于言教,幼儿教师自身的活动和言行是重要的教育手段,这说明,幼儿教师的劳动手段具有很大的主体性。儿童的智能很大一部分是通过直接模仿、感染而获得的。

由于幼儿教师劳动手段的主体性特点,因此,对幼儿教师提出的要求就很高。幼儿教师不仅应有较完美的个性、一定的教育技能和素养、广泛的知识,而且应是绘画、音乐、文学的多面手,具备这些条件,才能充分发挥身教的作用。

思考题：

1. 教师职业有哪些特点？
2. 什么是教师职业道德？它有哪些特点和作用？
3. 教师职业道德具体由哪几部分构成？怎么看待它们之间的关系？
4. 进行教师职业道德教育有什么意义？我们应该达到什么样的目标？
5. 幼儿园教师职业道德有哪些特殊性？

第二章 教师职业道德的原则和内容

在教育、教学实践活动中,教育工作者必须遵循一定的道德原则以调整教育过程中的各种关系,使自己的行为维系整个教育、教学工作的正常进行。同时,一定的阶级或社会对教师提出了各种要求,其中包括道德规范或教师道德规范的要求和内容。它们随着学校教育和教师职业的产生而产生,随着祖国教育事业的发展而发展。

第一节 教师职业道德的原则

教师职业道德的原则是教师在职业实践活动中必须遵循的最根本准则,是教师协调行业内人与人之间及其与社会和其他行业之间利益关系的根本指导原则,是调节、指导和评价教育工作者行为的基本道德标准。它集中体现了一定阶级或社会对教师在职业活动中提出的最根本的道德要求。它贯穿于教师职业活动过程的始终,是教师职业道德体系的精髓,是衡量教师个人行为和品质的最高道德标准。因此,确立教师职业道德的原则,是研究师德问题的重要内容,它对教育过程具有重要的意义。

一、教师职业道德基本原则的建立

在人类历史上,每一种道德类型的规范体系都贯穿着一个最根本的道德原则,即道德的基本原则。随着社会分工的发展、各行各业的产生,各类职业道德也发展和完善起来。各种类型的职业道德也各有其核心的、具有全面指导意义的道德基本原则,用以指导和约束该行业的所有从业人员。

目前,人们对教师职业道德有没有基本原则,有几条基本原则,什么是教师职业道德基本原则等问题还存在不同的看法和表述。我们认为,既然职业道德是伴随着职业活动而产生、发展起来的,就应该有一个适用于特定行业的、体现该行业特征的、区别于其他行业的基本原则。更何况教师职业历史悠久,随着社会的发展其地位日益突出,功能日益拓展,其职业道德体系也逐渐完善,确立教师职业道德的基本原则就成为必然。

在一般情况下,基本原则是对教师指导性、原则性的要求,它是对教师职业道德规范的总概括。在执行中,允许根据具体情况变通处理,具有一定的灵活性。对教师职业道德的基本原则可以从以下两个方面来理解和把握:

(一)教师职业道德基本原则是评价教师职业行为的最高道德标准

首先,这是由教师职业道德基本原则在教师道德体系中的地位所决定的。教师职业道德基本原则贯穿于教师整个职业活动过程中,指明了教师职业实践中行为的总方向,体现了教师职业道德活动的本质属性,对教师的职业行为起根本的指导作用。教师职业道德基本原则在教师道德体系中的这种核心地位和统帅作用,决定了教师职业道德基本原则是评价教师整体和个体职业行为的最高层次的道德标准。

其次,从法律与道德规范人们的不同方式来看,法律是依靠国家强制力量来约束人们的行为规范,具有强制性,相对于道德而言,它是一种外在的约束力量。道德是依靠社会舆论、传统习俗和人们内心信念来维系的,它主要是人们把社会的要求内化为自身的行为准则,依靠人们的自律来指导人们的行为,相对于法律来说,它是来自于人们内心的一种精神力量。因此,道德的要求是比法律的要求层次更高。从这个意义上说,教师职业道德基本原则是评价教师职业行为的最高标准。

(二) 教师职业道德的基本原则是调整教师个人与他人和社会利益关系的根本指导原则,是区别于其他类型社会道德最根本的标志

每种职业都体现和处理着一定的利益关系。在现阶段社会里,职业劳动是为社会创造经济、政治、文化效益的活动,同时也是个人生活资料的来源。因此,各种类型的职业道德,必然要承担起协调本行业内人与人之间、本行业与其他行业之间、与行业服务对象、社会整体或国家之间的利益关系。如何处理好这些关系,就需要有一个基本的指导原则。教师职业道德基本原则就是指导教师调整行业内人与人之间、教师职业与其他行业之间、教师与学生之间、教师与社会整体或国家之间利益关系的指导原则,它反映了教师职业所应承担的一定的社会责任、应履行的社会义务以及承担责任、履行义务所应享有的社会权力及社会利益,是教师职业道德区别于其他类型社会道德的最根本的标志。

二、确立教师职业道德基本原则的依据

教师职业道德作为调节教育工作者行为的准则,并非人的主观臆想或逻辑推演,而是有着充分的客观依据的。

(一) 符合当时社会经济、政治的需要

道德是上层建筑、意识形态之一,是由社会经济关系、社会存在决定的。社会经济关系首先是作为利益表现出来的,它决定着社会道德基本原则的要求,而道德原则和规范的确立,最终是为了调整个人利益与社会利益的关系。因此,作为上层建筑、意识形态内容的教师职业道德,也必然由社会的经济关系、社会存在所决定,并随着后者的变化而变化。道德与政治是上层建筑诸因素中

的重要组成部分，它们各以特定的角色反映社会存在和经济基础，两者相互联系、相互区别，在阶级社会中，政治关系对道德关系产生重要的影响和制约作用。上述情况要求教师职业道德的基本原则必须反映当时社会的经济关系、政治发展的需求。在社会主义条件下，教师道德的基本原则必须符合社会主义的经济、政治发展的需求，否则势必偏离社会主义方向而导致失误。

（二）反映教师劳动的特点，并在教师道德规范体系中占主导地位

教师职业道德是在教师劳动实践中引申出来的。教师劳动的目的是培养人，劳动的对象是人，劳动的产品同样是人。教师劳动的这些特点，向教师提出了道德上的特殊要求，也指明了教师职业道德基本原则的方向，即必须反映教师劳动的特殊本质，使之成为与其他职业道德既联系又区别的标志。教师职业道德的基本原则必须贯穿于教育过程的始终。教育过程是一个复杂的系统工程，它对教师的要求是多方面、多层次、全方位的，而其中必然带有核心作用的要求，教师职业道德原则就是诸多要求的概括。

在社会主义国家，教师职业道德的基本原则应当是社会主义社会对教育者行为要求的高度概括，是社会主义道德在教育者教育实践中的集中表现。一方面，它对教育者的实践活动具有导向功能；另一方面，对教育者行为具有严格的约束功能。这种基本原则体现了教育活动中人与人之间最重要、最基本的道德关系，对教育者的思想、言论和行动具有最普遍、最根本的指导作用。这种基本原则是教师职业道德规范的灵魂与价值导向。

（三）道德认知与道德行为相结合

认知、思维在道德发展中具有重要意义，它能从根本上转变传统的道德教育观念。道德发展的过程是一个借助自己的智慧努力探索、不断建构的过程，因此，道德的目的就不应该是让受教育者无条件地服从某些规则和准则，而是要引导和鼓励受教育者接受

理性的自我指导和自我决定,这样看来,道德教育的过程是一个需要受教育者的理智和思维参与的过程,那么,我们就必须抛弃传统的说教、灌输和强迫执行等方法,帮助受教育者通过自己的实践和理性思考作出自己的判断和决策,不断提高自己的道德水平。

(四)符合法律、法规和政策要求

纪律、法令、政策等本来是具有强制性的行为规范,但在社会主义社会条件下也具有特殊的道德意义。人民教师教书育人,要自觉遵守社会主义纪律,模范执行党和国家的政策、法令,具备良好的法纪风貌。

在社会主义现代化进程中,加强法制建设,全面推进依法治教,是教育改革和发展的客观要求,也是现代化教育发展的必然产物。正是在这种背景下,近些年来,我国的教育法律、法规相继出台,构成了教育法律、法规体系。我国有关教育法律、法规的完善和实施,要求国家机关以及有关机构严格按照法律规定,在其职权范围内从事有关教育的智力活动,要求各级各类学校、其他教育机构、社会组织和公民严格依照法律规定,从事办学活动及其他有关教育活动。对教师来说,就是依法治教。有关这方面的内容我们将在后面作专门的论述。

三、社会主义、集体主义是教师职业道德的基本原则

社会主义、集体主义是现阶段处理我国人民内部矛盾、人与人之间、个人与社会之间关系的政治原则和道德原则。社会主义教育的目的是培养和造就社会主义新人,因此,它理所当然成为处理教育活动中人与人之间、个人与社会之间关系的基本原则,成为教师职业道德的基本原则。

社会主义、集体主义的基本内容是:坚持集体利益与个人利益的辩证统一,强调集体利益高于个人利益;充分尊重和维护个人的正当利益;当个人利益与集体利益发生矛盾时,要以集体利益为

重。必要时要放弃或牺牲个人利益,同时要不断发展、完善集体利益,以逐步满足个人的正当利益。根据这一要求,教师在实际工作中要着重做到以下几点:

(一) 坚持全心全意为人民服务的人生观、价值观

在改革开放、建立和完善社会主义市场经济的新的历史条件下,坚持全心全意为人民服务的人生观,是贯彻集体主义原则的应有之义。教育事业是人民的事业,教师只有坚持全心全意为人民服务的价值观,才能在教师职业活动中,贯彻教师职业道德基本原则,遵守各种教师职业道德规范,全身心地投入到自己的事业中去,才能培养出适应时代发展和社会需要的合格人才。

(二) 正确处理个人与社会、集体的关系

个人与社会相互依存,密不可分。人是社会的主体,是构成社会的元素或细胞,人的存在是社会存在的基础,人的活动推动着历史的发展。反之,个人也不能离开社会,社会对人具有决定作用,为个人的发展提供历史条件。同时,个人与社会之间相互区别,相互矛盾。个人与社会、集体时常会发生冲突或矛盾,当个人利益与社会、集体利益发生冲突时,应当把社会、集体利益放在首位。

教师作为集体中的一员,应当关心和维护教师集体利益,树立校荣我荣、校耻我耻的思想,关心集体的命运和发展,把自己的发展与集体的命运联系在一起。一名优秀的人民教师一定要有大局思想,在任何时候都要把集体利益放在第一位。

同时,在教师工作中,由于性别、年龄、专业、工作经验、工作成绩、工作分工等各方面的不同,由此产生不同类型的关系。但从根本上说,都是一种团结合作的关系。教师要摆正个人在学校人际关系中的位置,处理好个人与他人的关系,要尊重他人和他人的正当利益,主动关心他人。

(三) 正确处理奉献与索取的关系

教师工作是一项艰苦、繁重的工作,需要教师作出贡献并发扬

无私奉献的精神。然而,教师又有自己的切身利益,需要从社会中索取。因此,如何正确认识和处理奉献与索取的关系,对教师实现人生价值、促进教育事业的发展有着重要的意义。

在贡献与索取的关系上,应该纠正两种错误观点。一种是只讲索取、权利,不讲贡献、义务,认为索取越多,人生的价值就越大。按照这种观点指导行动,人人都不会为社会作贡献,只是一味向社会索取,社会又何以存在和发展?到头来索取也无法实现,个人又怎能生存下去?另一种观点认为,"要贡献也要索取,不占便宜也不吃亏,这样的人生才有价值"。这种观点貌似合理,其实在社会生活中是行不通的。每个人来到世间,总是把前人创造的财富作为自己生存和发展的基础,首先是索取而不是奉献;同样道理,他必须为下一代的生存和发展创造财富。如果贡献多少就索取多少,并没有给社会提供满足自己需要之外的东西,这样,人类社会就会停滞不前,这样的"贡献"就失去了它的真正内涵。

四、教育人道主义是教师职业道德的重要原则

人道主义源于拉丁文 humanus,即人性的、人道的、文明的意思。历史上人道主义的含义,有广义和狭义之分,狭义的人道主义是指欧洲文艺复兴时期的新型资产阶级反对神学、反对神道的一种文化思潮;广义的人道主义,是指维护人的尊严、权利和自由,尊重人的价值,要求人能够得到自由发展的思想和观点。

社会主义人道主义是社会主义的重要规范之一,是以马克思主义的世界观和历史观为基础,是社会主义经济基础和政治制度的反映,同时也是在批判和继承历史的人道主义合理成分的基础上而形成的一种新的、更高水平的人道主义。社会主义人道主义的内容是:尊重人、关心人,同仇视人民的邪恶势力作斗争。

教育人道主义是社会主义人道主义在教育领域、教育过程中的具体化、"职业化"。它调整教育过程参与者之间的各种人际关

系,并为这些关系规定原则和规范。如果说在社会主义社会,作为调节人与人之间关系的基本道德要求和价值标准的社会主义人道主义是一种"一般"的原则和规范的话,那么,教育人道主义则是这"一般"中的"特殊"。

教育人道主义,规定了教育者与受教育者都应当从社会主义人道主义原则出发,尊重对方作为人的价值和尊严;在此基础上,要求教育者应当特别注意发挥自己作为过程主体的角色作用,以完善的人格要求自己,以人道主义原则协调自己与他人之间的关系,从而调动受教育者和在教育过程中的其他参与者的积极性,以利于教育任务的完成、教育目标的实现。

教育人道主义对教育者的要求是多方面的,首先,它要求教育者尊重自己的教育对象——受教育者,要把受教育者视为与自己在人格上完全平等并具有自身个性特征的人来对待,在尊重的基础上努力理解他们,做到真正关心他们。其次,还要在尊重、理解、关心受教育者的过程中,勇于在教育对象面前解剖自己,敢于正视自己的缺点和不足,并且有向教育对象学习、以其之长补己之短的胸怀和气量。韩愈说:"师不必贤于弟子,弟子不必不如师,闻道有先后,术业有专攻。"能够理解教育对象,也能让教育对象理解自己的教育者,才是符合教育人道主义要求的教育者。最后,在处理与协调自己与教育活动过程中的合作者——其他教育者的关系上,教育人道主义要求教育者应襟怀坦诚,与其他合作者相互尊重,真诚合作,不忌贤妒能,不"文人相轻",努力与他人形成一个融洽的集体,同心协力促进教育过程的顺利进行,达到任务、目标的最佳实现。总而言之,教育人道主义要求教育者:全方位有效地协调、处理好与教育过程具有直接或间接联系的对象之间的各种关系,尊重和关心这些对象的价值,并努力在教育过程中使这些价值能最大限度地发挥作用。

第二节 教师职业道德的内容

教师的职业活动是社会生活中的一个特殊领域,教师在这个特定环境中形成自己的道德观念。同时,一定的社会或阶级对教师提出了各种要求,其中包括道德规范或道德要求。它们随着学校教育和教师职业的产生而产生,随着人类社会教育事业的发展而发展。进入21世纪,教师在实施科教兴国战略中的地位更加明显和重要。作为人民教师,要不辱使命,掌握并践行符合时代要求的职业道德规范是必不可少的。1997年8月7日,国家教育委员会和中国教育工会联合发出通知,重新修订了《中小学教师职业道德规范》,内容如下:

《中小学教师职业道德规范》

国家教育委员会、中国教育工会

(1997年8月7日修订)

一、依法执教。学习和宣传马列主义、毛泽东思想和邓小平同志建设有中国特色社会主义理论,拥护党的基本路线,全面贯彻国家教育方针,自觉遵守《教师法》等法律法规,在教育教学中同党和国家的方针、政策保持一致,不得有违背党和国家方针、政策的言行。

二、爱岗敬业。热爱教育,热爱学校,尽职尽责,教书育人,注意培养学生具有良好的思想品德。认真备课上课,认真批改作业,不敷衍塞责,不传播有害学生身心健康的思想。

三、热爱学生。关心爱护全体学生,尊重学生的人格,平等、公正地对待学生。对学生严格要求,耐心教导,不讽刺、挖苦、歧视学生,不体罚或变相体罚学生,保护学生合法权益,促进学生全面、主动、健康地发展。

四、严谨治学。树立优良学风,刻苦钻研业务,不断学习新知识,探索教育教学规律,改进教育教学方法,提高教育、教学和科研水平。

五、团结协作。谦虚谨慎,尊重同志,相互学习,相互帮助,维护其他教师在学生中的威信,关心集体,维护学校荣誉,共创文明校风。

六、尊重家长。主动与家长联系,认真听取意见和建议,取得支持和配合。积极宣传科学的教育思想和方法,不训斥、指责学生家长。

七、廉洁从教。坚守高尚情操,发挥奉献精神,自觉抵制社会不良风气影响。不利用职责之便谋取私利。

八、为人师表。模范遵守社会公德,衣着整洁得体,语言规范健康,举止文明礼貌,严于律己,作风正派,以身作则,注重身教。

根据这一规范,我们可把教师职业道德内容概括为以下几个方面:

一、依法执教,廉洁从教

党的十五大和九届人大宪法修正案确立了我国依法治国和以德治国的基本方略,这是我们党领导方式和执政方式的重大转变和发展。依法治国要求各行各业都要按照法治的基本原则,进行深入的观念更新、制度变革与行为方式的变革。依法治国在教育方面就是依法治教,它包括依法进行教育法制建设、依法进行教育行政和依法执教。由此可见,依法执教是依法治教的重要组成部分,当然也是依法治国的组成部分。作为人类文明的传播者和建设者,教师应率先按社会主义法治国家的要求,规范自己的教学行为,做到依法执教。同时,还必须清正廉洁,把廉洁从教作为基本要求。

(一) 依法执教

所谓依法执教,就是要求教师在教育、教学活动中,模范遵守《宪法》及其他各项法律、法规,使自己的教育、教学活动完全符合社会主义法制的要求。教育部(原国家教委)、中国教育工会颁布的《中小学教师职业道德规范》中第一条特别规定要自觉遵守《教师法》等法律法规,这是建立社会主义法制国家的必然要求。也是对人民教师从事教育工作的基本要求。

广大教师在教育、教学活动中,要严格遵循《教育法》、《教师法》等教育法律、法规的规定。

第一,必须做到心中有法,从教育内容、方法到手段都要符合法律的规定。在我国,绝大多数教师是能够依法执教的,但也有少数教师背离依法执教的要求,他们的行为违反了教育法。例如,一些学校存在体罚学生的现象,损害了学生的身心健康;个别教师歧视家庭贫穷的学生、身体有残疾的学生或学习差的学生,违背了教师应履行的法定义务和职业道德。有的教师认为,自己喜欢怎样对待学生就怎样对待学生,全凭个人情感的好恶行事;有的教师对差生采取不闻不问的态度,甚至为了不让差生拖教学评比的后腿,不及格的给及格、低分的给高分。这些做法不仅违背了教师的职业道德,而且违背了法律,是对学生公正、平等地接受教育权利的侵害。

第二,要把法定的职业规范转化为教育、教学实践活动,以法律为尺度,严格依照法律进行教师职业行为选择。我国的《教育法》和《教师法》规定,教师的行为选择如果不符合法律,就要承担法律责任,受到法律的制裁。例如,我国《教师法》第 37 条规定:"教师有下列情形之一的,由所在学校、其他教育机构或者教育行政部门给予行政处分或者解聘:(一) 故意不完成教育教学任务、给教育教学工作造成损失的;(二)体罚学生,经教育不改的;(三)品行不良、侮辱学生,影响恶劣的。教师有前款第(二)项、第(三)项所列情形之一,情节严重,构成犯罪的,依法追究刑事责任。"

教师要做到依法执教,首先,要学习宣传马列主义、毛泽东思想和邓小平理论。马列主义、毛泽东思想、邓小平理论是指导我们思想的理论基础,是我们依法治国的行动指南。作为教师,应该以德为本,以德执教,坚持用马克思列宁主义、毛泽东思想和邓小平理论武装头脑,树立科学的世界观、人生观、价值观,以适应改革开放和社会主义市场经济发展的要求。

邓小平教育理论是邓小平理论的重要组成部分,邓小平教育理论深刻地揭示了我国社会主义教育事业的本质和发展规律,精辟地阐述了我国教育改革和发展的一系列重大理论和实践问题。内容涉及教育的地位和作用;教育事业发展的指导方针,教育的性质、方向和培养目标;教育体制改革等,它们构成了完整的科学体系,是指导我国教育改革和发展的强大思想武器,是指导我们教育、教学工作的指针。作为教师要注意联系实际,学习和领会邓小平教育思想的精髓,用以指导自己的教育、教学工作。这样才能向学生做好教育、宣传工作,才能帮助他们树立远大的共产主义理想,树立科学的世界观、人生观和价值观,全面提高他们的综合素质,使他们成为社会主义现代化建设所需要的"四有"新人,以适应21世纪的严峻挑战。

学习和宣传马克思列宁主义、毛泽东思想和邓小平理论,这是教师道德修养最根本的思想基础。每个教师都应认真对待,认真阅读,深刻领会。

其次,要拥护党的基本路线,全面贯彻国家的教育方针。与教师的职业活动最为密切的方针,是国家的教育方针。每一个教师的教学活动都必须严格遵循这一方针。国家的教育方针,是我国社会主义教育事业坚持正确方向、得到健康发展的重要保证。要全面贯彻国家的教育方针,首先必须理解、掌握国家的教育方针。我国《教育法》规定了我国的教育方针,即"教育必须为社会主义现代化建设服务,必须与生产劳动相结合,培养德、智、体等方面全面发展的社会主义事业的建设者和接班人。"教师依法执教,就必须在教育、教学活动中全面贯彻《教育法》规定的教育方针。

全面贯彻教育方针,推进素质教育,对教师队伍的素质要求更高了。教师既要转变教育思想和观念,提高教育、教学水平,又要在教育手段、方法上有所创新和突破。教师应当懂得教育科学理论,掌握教育、教学规律,精通所教学科的专业知识,并形成自己工作所需要的知识结构,而且还要具有运用知识解决教育、教学工作中各种实际问题的本领。

教师在教育、教学工作中自觉地贯彻教育方针,是教师在实践中以身作则地宣传、贯彻国家的教育法律,有良好的职业道德修养的体现。当代教师要自觉地把贯彻教育方针这一法定义务转化为自觉的道德修养。

再次,教师要做到依法执教,就要自觉遵守法律、法规,做奉公守法的模范。

最后,教师要制止有害于学生的行为,或者是其他侵犯学生合法权益的行为,批评和抵制有害于学生健康成长的现象。毋庸置疑,绝大多数教师是好的,他们恪尽职守,无愧于"人类灵魂工程师"的称号。但也有个别教师,教学敷衍了事,体罚学生,甚至侮辱学生,侵犯学生的隐私权,严重败坏了教师的声誉,与教师应有的道德修养背道而驰。这就要求每一位教师不仅要依法执教,使自己的教育、教学行为符合各项法律、法规,而且还要与其他个别教师的种种违背教育法律、法规的不良行为作坚决的斗争。

(二) 廉洁从教

廉洁从教,是教师处理教育、教学活动与个人利益关系的准则,用通俗的话说,所谓廉洁,就是不收受不义之财,不贪占公物和

他人之物,不受世俗丑行的污染。廉洁,是中华民族的道德精华。广大教师要做到廉洁从教,应做到以下几点:

1. 廉洁自律,不坠入世俗污秽之中

廉洁从教的形成,除了法律、法规的约束之外,主要还是靠广大的教师用廉洁自律的标准进行自我约束,时时处处都自觉保持清廉的作风。这是廉洁从教最深厚的威力所在,真正自觉做到廉洁自律并不是很容易的事情,这必须靠教师高尚的情操来保证,要求教师树立献身教育、教书育人、为祖国多作贡献的理想,不能以从事经济活动的心理来从事教育、教学活动,也不能要求学生对自己付出的劳动作物质利益上的回报。

2. 不利用职权之便谋取私利

利用教育、教学之便为个人谋取私利,是与廉洁自律背道而驰的。随着经济的发展,人们对教育事业越来越重视,对教师越来越尊重。这本应是好事,但在这种形势下,也往往容易出现利用自己的职业优势和方便去谋取私利。例如,利用与某些条件较好的学校的特殊关系,介绍学生入学,收取介绍费用等。这样的做法,一方面影响了教师的形象;另一方面,在思想和精力上影响了教师的正常工作,降低了教育、教学质量。教师要在改革开放过程中以大局为重,识大体,明大义,严格要求自己。

3. 自觉抵制社会不良风气的影响

在当今时代,在我国改革开放、发展社会主义市场经济的过程中,由于国内外经济条件和观念的差异,以及法制还有个逐步健全的过程,因此,社会上一些不良风气滋生起来。如"拜金主义"、"享乐主义"、"只讲经济利益,不讲职业道德"等等,这些社会的不良风气,不可避免地要影响到学校、学生和教师。对待这些问题,为人师表的教师,应当自觉加以抵制,不仅自己要做到不参与有损教师形象的活动,还要帮助学生和学生家长抵制社会上的不良风气。

4. 公正从教,以廉明维护教育公正

教师廉洁从教的另一个要求就是要做到公正从教。所谓公正从教就是指教师在教育、教学过程中要公平、公正地对待每一个学生,要一视同仁对待每一个学生,不能因学生的性别、民族、智能差异、家庭状况、学生及家长对自己的感情差别等而采取不同的态度和不同的情感模式。这是教师职业道德和教育法规对教师的重点要求。

二、为人师表,以身作则

为人师表,以身作则,是我国传统的教师道德规范。我国古代教育家孔子曾经说过:"其身正,不令而行;其身不正,虽令不从。""不能正其身,如正人何?"为人师表、以身作则就是指教师躬行自明,严于律己,言行一致,表里如一,时时、事事、处处成为学生的表率。教师要以身作则、为人师表,是由教师职业的特殊性所决定的。教师的任务在于教书育人,不仅用自己的学识教人,而且用自己的品格教人;不仅通过语言去传授知识,而且通过自己的人格去感化、教育学生。为此,教师无论何时何地都必须在思想品德、学识才能、言语习惯、生活方式和举止风度等方面"以身立教",成为学生的表率。

教师要出色地完成本职工作,在各方面率先垂范,为人师表,以身作则,应着重注意以下几点:

(一) 要严于律己,言行一致,表里如一

教师是通过自己的人格去感化学生的。因此,教师必须具有严于律己、表里如一的美好品德,才能在学生身上产生潜移默化的作用。凡是要学生做到的教师首先应该做到,同时,教师要光明磊落,襟怀坦白,形成内在美与外在美的统一。在与学生接触、交往的过程中,教师要特别注意自己的言行,不要说的是一套,做的却是另一套,不做"语言的巨人,行动的矮子",更不能阳奉阴违、瞒上欺下,给学生以虚伪、做作之感,引起学生的厌恶和反感,使教师在学生心目中失去应有的位置和尊严。

(二)要以身作则,起榜样的示范作用

榜样的力量是无穷的。教师的榜样作用是教育学生的一种方法,是培养学生成长的重要途径。教师用自己的好思想、好道德、好作风为学生树立学习的榜样,能给学生以巨大的启迪和鼓励,教师的榜样应该是具体的、生动的、崇高的。

(三)要坚持"身教重于言教"

无声的身教胜于有声的言教,学生从教师的行为举止中获得实实在在的感受,获得"言教"的印证,这会使他们对教师产生亲切感,身教更能增加教育的说服力和感染力,更有利于促进学生正确道德意识的形成,并推动这种道德意识向道德行为习惯转化。

此外,教师还要注意自己的仪表、言行,培养广泛的兴趣,勇于开拓,乐于进取,敢于创新。

三、爱岗敬业,严谨治学

爱岗敬业、严谨治学是教师职业道德的两项基本内容,《中小学教师职业道德规范》第二条要求中小学教师:"热爱教育,热爱学校,尽职尽责,教书育人,注意培养学生具有良好的思想品德。认真备课上课,认真批改作业,不敷衍塞责,不传播有害学生身心健康的思想。"第四条要求中小学教师:"树立优良学风,刻苦钻研业务,不断学习新知识,探索教育教学规律,改进教育教学方法,提高教育、教学和科研水平。"

(一)爱岗敬业

爱岗敬业是教师最基本的职业道德,严谨治学则是教师爱岗敬业的可靠保障。教师爱岗敬业了,严谨治学才有实际意义。

常言道:"热爱是最好的老师。"有了热爱本职工作的深厚感情作内在基础,教师在教育事业上就能有所作为,就能当好一名合格乃至出色的教师。热爱教师职业是对教师的基本要求,一名教师要做到爱岗敬业,首先,要热爱教育事业。对教育的热爱。主要来自于对教育在中华民族振兴道路上地位和作用的认识,只有把教育与国家的兴旺、民族的振兴、现代化建设事业的发展联系起来,才能对教育事业有深刻的认识。有了深刻的认识,并把这种认识内化到日常工作中去,才能产生对教育事业的真爱。其次,要献身教育事业。教师是"蜡烛",是"春蚕"。这是教师献身精神的真实写照,教师要在自己平凡而伟大的工作岗位上不辞劳苦,辛勤耕耘,甘为人梯,踏踏实实、兢兢业业地去传播人类的文化知识和精神文明,去塑造青少年的灵魂,去培养和造就未来的建设者。最后,不断提高自身素质,这是爱岗敬业的基础和前提。教师作为传道、授业、解惑的人类灵魂工程师,必须具备扎实的政治素质、业务素质、品德素质、心理素质和能力素质。现代社会竞争日趋激烈,知识更新换代频繁,要跟上时代前进的步伐,教师必须不断充实和完善自己。如果只具备为教育事业献身的精神,而没有实际能力,也必将被淘汰。1979年,我国著名人士赵朴初给北戴河全国优秀班主任工作经验交流会赠了一首《金缕曲》:

不用天边觅,论英雄,教师队里眼前便是。历尽艰难曾不悔,只是许身孺子。堪回首十年往事,无怨无忧吞折齿,捧丹心,默向红旗祭。忠与爱,无伦比。幼苗茁壮园丁喜,几人知,平时辛苦,晚眠早起,燥湿寒温荣与悴,都在心头眼底,费尽了千方百计。他日良才承大厦,赖今朝血汗番番滴。光和热,无穷际。

(二) 严谨治学

严谨治学,一是指认真完成教学任务,以高度的责任感对待学生;二是指以认真、严谨的态度不断提高教育、教学水平,并结合自己的教学实践进行总结和研究。教师必须刻苦学习,掌握知识,钻研业务，精益求精，实事求是，严谨治学，大胆探索，勇于创新。严谨治学是教师完成教育任务的基本条件。

教师要严谨治学，首先要刻苦钻研业务，精益求精。一个国家、一个民族教育水平的高低，取决于教师的质量，要创造一流的教育就要有一流的教师，教师是否具有较高的教学水平，是否能掌握较高的教学技巧，是创造一流教育的重要条件。因此，每一位教师都必须刻苦钻研业务，提高自身素质。教师要刻苦钻研业务，就要提高自身的思想道德素质，掌握教育、教学规律，树立正确的教育观念，从而找到提高教学水平的突破口。

其次，要实事求是，务实求真。教师只有准确掌握、传授知识，深入钻研教材，才能在课堂上做到深入浅出。教师对待知识要有认真的、谦虚的、老老实实的态度，切忌不懂装懂，浮夸饰伪，哗众取宠。获取知识时，要注意捕捉知识的内在联系，由表及里，去粗取精，去伪存真。在治学过程中，坚持真理，修正错误，坚持实践是检验真理的唯一标准的基本立场。

再次，要勇于探索创新。人类正在进入以高科技为特征的知识经济时代。创新是一个民族的灵魂，是国家兴旺发达的不竭动力。如果不能创新，不去创新，一个民族就难以发展、进步。开拓创新，根本的一条就是靠教育，靠人才。所以，教师要树立开拓、创新观念，培养创造型的、开拓型的人才，完善教学艺术，提高教学质量。

最后，要加强教育科学研究，提高科研水平。现实中有些教师认为研究是专家的事，这是一种错误的认识，参与教育、教学的科研工作，是现代教师的一项重要任务，是时代的需要，是现代教育改革和发展的需要，也是提高自身教育水平的需要。教育需要研究和思考，有研究的教育才能得到很好的发展，有研究素质和成果的教师才能成为出色的教师和有成就的教师。广大教师有着丰富的教育实践经验，这是从事科研的最好条件，广大教师应在正确的理论指导下,合理安排时间,参与教育科研,提高自己的教学水平。

四、热爱学生,教书育人

《中小学教师职业道德规范》第三条要求教师:"关心爱护全体学生,尊重学生的人格,平等、公正地对待学生。对学生严格要求,耐心教导,不讽刺、挖苦、歧视学生,不体罚或变相体罚学生,保护学生合法权益,促进学生全面、主动、健康地发展。"

热爱学生,教书育人,这是教师职业本身向教师提出的客观要求,是教师热爱教育事业的具体体现。教师是否热爱自己的学生,这决定其能否做好教育工作。我国著名教育家夏丏尊曾经说过,教育之不能没有爱,犹如池塘之不能没有水。他指出,没有爱就没有教育。

(一) 热爱学生

热爱学生是教师所特有的一种职业情感,是良好的师生关系得以存在和发展的基础,是搞好教育、教学工作的重要因素,也是教师应具备的道德行为。

热爱学生,是指教师能以马克思列宁主义、毛泽东思想和邓小平理论为指导。从高度的工作责任心和社会责任感出发,关心、爱护每个学生,严格要求学生,为国家、为社会培养德才兼备的社会主义现代化建设人才。教师热爱学生具有职业性、无私性、原则性和全面性的特点:从职业性看,教师对学生的爱是从教师职业中产生的,是一种崇高的爱;从无私性看,教师通过辛勤劳动,把自己的知识、能力贡献给学生,用自己的心血哺育下一代,为社会培养德、智、体全面发展的人;从原则性看,教师热爱学生不是溺爱,更不是迁就学生的错误,而是爱中有严,严中有爱,严慈相济;从全面性看,教师不仅要在生活上关心每个学生,而且要全面关心每个学生的成长,做到一视同仁,没有偏爱。

1. 热爱学生,要关心、爱护学生

教师关心、爱护学生,把爱奉献给每一个学生,有利于教育、教学工作的顺利进行,也有利于激发学生的学习积极性,增强学生的信心,使学生健康成长。热爱学生的具体要求包括以下几方面:

第一,教师要在政治思想方面关心学生。青少年时期是学生世界观、人生观逐步形成的时期。他们思维敏捷,善于接受新事物,但由于他们的科学知识和社会经验不太丰富,分辨是非的能力较差,抵制各种不良影响的能力不强,这就要求教师在政治上关心学生,思想上帮助学生,引导他们认真学习政治理论,关心国家前途,积极要求进步,逐步树立科学的世界观和人生观。

第二,教师要在学习文化知识方面关心学生。学生在校学习的总目标是要学会生存、学会学习、学会共处、学会做人。因此,教师要关心学生的学习,教育学生明确学习目的,端正学习态度,掌握学习方法,帮助学生渡过学习过程中的重重难关,养成刻苦学习的好习惯。

第三,教师要在身心方面关心学生。学生不仅要具有良好的思想道德、广博的科学文化知识,而且要有强健的体魄和健康的心灵,学生正处在长身体的时期,所以,教师要关心学生的体质,关心他们的身体健康,为他们创造一个适宜锻炼身体的良好环境。健康不仅仅是身体的健康,还包括心理的健康。心理健康的主要内容为:正常的智力、愉快的情绪、健康的意志、良好的人际关系、较好的社会适应能力。在当今时代,随着社会的发展和多种思潮的影响,应试教育不得当给学生造成了学习上的压力,使我国青少年学生有心理障碍的人数呈上升的趋势。教师应当成为学生的保健医生,要注意疏导学生的心理障碍,关心学生心理的健康发展。

第四,了解学生和信任学生,成为学生的知心朋友。学生是有思想、有感情、有个性的活生生的人。从表面上看,学生之间的差别似乎不大,但实际上,每个学生都有自己独特的、与众不同的一面。如果教师不了解或不信任学生,就不可能对学生有真正的爱,也谈不上对他们进行有针对性的教育。为了教书育人,教师既要了解学生外在的过去和现在,又要了解学生成长的家庭生活环境和经常接触的各种人和事;既要了解学生外在的优点和特长,又要了解学生的内心世界。只有全面了解学生和信任学生,根据学生的特点进行教育,才会收到良好的教育效果,促使学生的个性得到充分的发展。学生随着年龄的增长,他们往往会把自己的苦恼、心事和秘密隐藏起来,不愿意对家长或老师说。因此,一个好的教师应当主动与学生做知心朋友,倾听他们的心声,帮助他们解决实际问题,包括其内心世界的苦恼与忧愁。这样,教师才会更全面、更深刻地了解学生。陶行知先生对了解和信任学生具有独到的见解,他说:

> 要跟学生学,你要叫你的学生教你怎样去教他,如果你不肯向学生虚心请教,你便不知道他的环境,不知道他的能力,不知道他的需要;那么,你就有天大的本事也不能教导他。他要吃白米饭,你倒老是弄些面条给他吃,事情是会两不讨好。不单为着学生而且为着你自己,你也得跟你的学生学,你只需承认小孩有教你的能力,你不久就会发现小孩能教你的事情多着咧。只需你甘心情愿跟你的学生做学生,他们便能把你的"思想青春"留住;他们能为你保险,使你永不落伍。
>
> 一个人不懂小孩的心理,小孩的问题,小孩的困难,小孩的愿望,小孩的脾气,如何能教小孩?如何能知道小孩的力量,而让他们发挥出小小的创造力?①

第五,要爱护每一个学生。要热爱、关心、爱护个别学生或者

---

① 《陶行知文集》,江苏人民出版社 1981 年版,第 41 页、第 818 页。

部分学生容易做到,但要热爱、关心、爱护全体学生则是不容易做到的。因为有的学生活泼聪明、好学、守纪律,有的聪明活泼但自由散漫,有的守纪律但学习困难,有的甚至会有很多不良习惯。要真正做到从内心热爱、关心、爱护有不良习惯和学习困难的学生不太容易。这就需要教师从职业道德的角度出发,从抓住学生的特点入手,以差生为重点来培养对学生的热爱和关心、爱护。任何学生都有自己的优点,只要教师注意培养对所有学生的关心、爱护的情感,做到热爱、关心、爱护全体学生是不难的。

2. 热爱学生,要平等对待和尊重、理解学生

苏联著名教育家苏霍姆林斯基在他的《要相信孩子》中说:"在影响学生的内心世界时不应挫伤他们心头中最敏感的一个角落——人的自尊心。"教师要尊重学生,尊重学生的自尊心,尊重学生的人格,尊重学生的个性,建立起民主、平等、无私的师生关系。教师应当把学生看作是与自己地位完全平等的人,把学生当成是有思想、有情感、有意志、不容别人忽视自己的人加以尊重,加以理解和爱护。这是社会主义、人道主义伦理原则在教师职业活动中的体现。

要平等地对待和尊重学生,则应特别注意以下几点:

第一,尊重学生的自尊心和人格。每个学生都有自己的人格和尊严,都渴望得到教师的尊重和信任。因为教师的尊重和信任会使学生感到自己的品德、才华、能力得到承认,从而会增强其前进的信心,获得前进的动力,自觉地向更高的目标奋斗。如果教师不注意尊重学生的人格和自尊心,对学生进行讽刺、挖苦,势必会伤害学生的自尊心,使学生产生自我否定的消极情绪,这样,不仅挫伤了学生的学习积极性,还会影响学生的健康成长。

第二,要尊重学生的合法权益。每个学生在社会、学校、家庭生活中都有自己的合法权益,如享有受教育的权利,人身安全不受侵犯的权利,民主平等的权利,等等。教师要在职业活动中尊重学

生的这些权利。

第三，要平等、公正地对待每一个学生。学生的地位是平等的，每个学生都希望得到教师平等、公正的待遇。无论是好学生、差学生，教师都应一视同仁，用同一个标准对待他们。如果教师将学生分成三六九等，有亲有疏，以自己的喜、怒、哀、乐牵制学生，使学生受到不公正的待遇，甚至受到讽刺、挖苦、歧视和体罚，则不仅会伤害学生的自尊心，而且有损学生的人格，也有损教师的形象。

(二) 教书育人

教师的任务，是把学生培养成有理想、有道德、有文化、有纪律的德、智、体全面发展的社会主义现代化建设人才，教师的所有工作都是围绕这一目标而进行的，因此，能不能做到教书育人，是衡量人民教师道德水平的重要标志。职业职责和职业道德要求教师不仅是传授知识的教师，而且是育人的导师，即必须做到既教书又育人。

随着教育体制改革的不断深入，整个社会由"应试教育"向"素质教育"转化，加之科学技术突飞猛进和国际竞争日趋激烈，知识经济和全球化对教书育人提出了新的要求。

1. 知识经济和全球化对"教书"的新要求

首先，要向学生传授当代最先进的科学文化知识。人类已处于信息时代和知识经济时代，知识量与日俱增，知识更新的周期越来越短，而各种先进的传媒手段促使信息传递越来越快，越来越广，教师的任务因此也越来越艰巨。教师必须向学生传递最先进的、最前沿的科学文化知识，不能再靠自己过去从学校中获得的知识包打天下，一用终生，教师必须不间断地学习新知识，不断地给自己"充电"。

其次，要向学生全面传授德、智、体、美、劳的知识。素质教育的目的使学生具有全面、合理的知识结构，所以，教师要教会学生做人、求知、审美、劳动等等。这就要求教师在具有扎实的本专业功底之外,还必须具有其他广博的知识。

再次,要向学生传授法律、法规知识,培养和增强学生的法制意识。市场经济就是法制经济。依法治国要求国民法制观念普遍提高,素质教育的实现必须依靠法制教育和依法执教来保障,所以,教师要向学生传授法律、法规知识,使学生在学校就形成较强的法制意识,教师自己首先学习各种相关的法律、法规及法学知识,做到知法、懂法、守法。

最后,要培养学生的实践能力和创新精神。素质教育要求以培养学生的创新精神和实践能力为重点,这关系到我们国家在新世纪的兴衰存亡,教师如果在"教书"中没有把握住这个重点,就会失去"教书"的大方向。

2. 素质教育对于人的新要求

首先,必须提高学生的思想政治素质,江泽民1999年6月在第三次全国教育工作会议上指出:思想政治素质是最重要的素质,不断增强学生和群众的爱国主义、集体主义、社会主义思想,是素质教育的灵魂。

其次,要培养学生良好的创新品质。当今时代,各国都需要高素质的人才,需要具有极强的创新品质,能站在世界科学技术前沿的学术带头人和尖子人才。要实现我们的教育目标和我国的发展战略就更需要具有良好创新品质的高素质人才。

最后,要培养学生具有较强的适应能力,迎接新世纪的挑战。当今世界格局正走向多极化,世界范围内科技革命突飞猛进,以经济实力、国防实力和民族凝聚力为核心的综合国力的竞争愈演愈烈,各个国家特别是发展中国家面临着各种严峻的挑战。我们必须清醒地认识到,经济和科技上同发达国家的差距给我们带来很大的压力,一个民族、一个国家要立于不败之地,就必须以"面向世界、面向未来、面向现代化"的三个"面向"为指针,培养出能迎接各种挑战的人才。

五、团结协作,共同育人

现代教育是分工协作的事业。学生在其成长的每一个阶段所受的教育都是各学科教师密切配合、分工协作所形成的集体力量的作用。教育的分工协作决定了教师在从事教育、教学实践中,既要创造性地做好本职工作,又要团结同事,沟通社会,联系学生家庭,发扬协作精神和群体力量,才能完成规定的教育、教学任务。因此,教师除了要很好地处理好与学生的关系外,还要处理好与其他教师、学校领导以及学生家长的联系。

(一)教师与教师之间的协作

教师之间的团结合作是实现教育目标的保证,也是教师完善自我、提高综合素质的最佳途径。但由于历史、现实、社会等各方面的原因,致使教师集体中不团结、闹矛盾的事情时有发生。教师之间的不团结和矛盾直接影响了整个学校的教学活动,损害了教师的形象,干扰了教学的秩序,使人才培养工作遭受很大的损失。为了使教师的不团结、不协作等不正常现象不发生或少发生,广大教师要严格履行教师职业道德,认真和正确地处理好教师与教师间的道德关系,具体要做到以下几点要求:

1. 坚持把集体利益放在第一位

教师作为集体中的一员,应当关心和维护集体的利益,树立校荣我荣、校耻我耻的思想,关心集体的命运和发展,多考虑我为集体做了些什么,少伸手向集体索取不应该有的利益和待遇。教师应把自己的发展与集体的命运联系在一起,应依靠集体的力量推动自己的进步和发展。一名优秀的教师,一定要有大局思想,在任何时候都要把集体利益放在第一位。

2. 教师间要互相尊重、互相支持

同一学科的教师要互相帮助,取人之长,补己之短。每位教师都有自己的特点和长处,需要互相学习;不同学科的教师,特别是同一年级的不同学科的教师,要互相尊重,互相配合。在学校中,各学科都需要进行素质教育,培养全面发展的人才,学科之间是相互联系、相互促进的,因此,同一年级的教师要经常互通情况,并要做好过渡和衔接工作。努力树立其他教师的威信,在减轻学生负担的情况下,提高本学科的教学质量;新老教师之间要互相尊重、互相学习。年轻教师应主动、虚心向老教师请教,使自己不断成熟起来。老教师也应该满腔热忱地爱护和关心年轻教师的成长,注意学习他们的求知创新精神。

3. 转变观念,建立新型的协作关系

多年来,在我国的各个领域只讲合作,一团"和气",干好干坏一个样,不讲竞争,这是一种落后和愚昧,社会发展到今天,不仅其他领域需要竞争,教育领域同样需要竞争。我们的教师要转变陈旧的观念,建立新型的社会主义竞争意识。在工作中既要有开拓精神、不甘落后的气概,又要善于与同事合作,这是艺术,是交往的艺术,也是做人的艺术。教师要认真研究合作与竞争的关系,适应时代的要求,成为一名合格的现代教育工作者,培养和造就现代社会所需的新型人才。

(二) 教师与学校领导之间的协作

由于分工不同,职责不同,学校中存在着上下级的领导与被领导的关系。领导与普通教师都是教育集体中的一分子,都是学生的老师,都是社会主义物质文明和精神文明的传播者和建设者,从人格上说都是平等的。这种关系一般人看来都会认为不存在什么不和谐的问题,但现实中确实又因为种种原因而存在一些问题和矛盾。比如,学校领导与教师在思考和处理问题时,因出发点和所站的角度不同,会出现不同的认识和看法。如果各执己见,就会产生分歧和意见;因所担负的责任不同,各自对对方的工作情况了解不够,理解不够,也会产生矛盾;等等,针对这些情况,有必要对领导和教师提出在两者关系中的道德要求。

1. 对学校领导干部的要求

(1) 更新观念,重新认识领导干部与教师之间新型平等的关系。

由于旧的意识和观念的影响,一些领导认为教师是被领导者,就应听领导的,不管对错都应绝对服从。甚至有些领导把与教师的关系看成是主从关系,不尊重、不信任、不关心教师,最终导致矛盾甚至冲突。这就需要领导改变旧的意识和观念,调整领导方法,与教师建立起新型平等的关系。

(2) 要关心教师的工作、生活和学习。

领导要深入基层,到教学第一线了解教师和学生的情况,从思想上、工作上、生活上全面关心教师,为他们更多地创造条件,解决实际问题,同时,对各种不同类型的教师要一视同仁。

(3) 领导干部要率先垂范,以身作则。

领导要开展好工作,调动群众的积极性和创造性,重要的问题是要在教师中有威信,威信不是靠职务带来的,更不是靠权、钱所能树立起来的,必须靠个人崇高的思想品德和实际行动去赢得。因此,领导要不断加强自身修养,严格要求自己,时时处处以身作则、为人师表,要求教师做到的,自己首先做到,要求教师不为的,自己首先不为。这样才能成为教师佩服、尊敬的领导。

(4) 领导要正确行使自己的权力,克服独断专行的作风,充分发扬民主。

任何领导者的权力都是党和人民赋予的,领导者应是全心全意为人民服务的公仆,每时每刻都要警惕思想上或行动上产生官僚主义。在事关学校生存和发展的大事上,要尊重教师的意见,放下架子虚心听取,集思广益。

2. 对教师的道德要求

(1) 要服从领导,支持领导的工作,忠于职守。作为教师就应认真服从学校领导关于任职、任课的安排,正确对待各种监督、检查以及考评。

(2) 要为学校的发展出力、献策。教师是学校的主人,应承担起主人的责任。对工作要极端负责,不能马虎大意,领导对上级负责,教师对领导负责。教师要主动参与学校的建设和发展。有合理化的建议就要及时提出,要把教育事业当成自己的生命,并心甘情愿为其奋斗终身。

(3) 要加强同学校领导的联系和交流。教师向组织汇报思想,找领导谈话是一种良好的风气,这有利于相互理解,互相帮助。苏联著名教育家马卡连柯认为:一个教师集体,要有统一的工作方法,不但能集体地为"自己的"班级负责,而且能为整个学校负责,如果没有这样团结一致的教师集体,那么,所谓正常的学校教育工作是很难想象的。

(三) 教师与家长之间的协作

学生是教师工作的对象,学生背后就离不开家长,家长作为"家庭教师",时刻对子女发生教育和影响作用,因此,就会与家长发生直接的或间接的联系,这种关系按正常讲不会有太多的问题和矛盾。但有时因出发点不同,在培养目标上的认识不同,对孩子的情感不同以及教育方法的不同,都会造成一些分歧甚至矛盾。处理好这种关系,不仅对教师的教学活动有积极作用,而且对学生的健康和身心发展十分有利。因此,教师需着重做好以下几点:

1. 尊重家长,对学生负责

教师在与家长的接触中要文明礼貌,不能趾高气扬、盛气凌人。不要轻易伤害家长的自尊心。"望子成龙"是每一个家长的心愿,教师一定要理解这种心愿,全面地、实事求是地向家长介绍学生的情况,既讲优点,又讲缺点,切忌告状或指责,同时,教师还要教育学生尊重家长。

2. 加强联系,协调教育

作为教师要主动与家长取得联系,及时报告和沟通学生的情况,全面了解学生,掌握学生的思想脉搏,共同给予学生积极的影响和教育。

3. 协助家长搞好家庭教育

家庭教育是学校教育的基础和补充,由于各种原因,许多家长不懂得教育孩子的艺术,因此,教师要重视并有义务向家长传播教育科学知识,促进家庭教育的科学化,使家长在正确教育思想的指导下,以恰当的教育方式配合学校做好学生的培养、教育工作。

如果教师将其教育活动局限于学校范围内,不对学生家长进行工作,那么,就不会达到所希望的结果,教师教育学生的努力,也就不会为学生家长所支持,有时,甚至会遭到家长的反对。很明显,这就难以达到家庭与学校合作所能达到的正面结果。

(四)教师与社会交往之间的协作

现代社会是信息社会,也是交往社会。教师与社会的交往会随着社会的发展而增多。作为一名教育工作者,只有在与社会各方面的交往中,认识到自己的价值,了解自己的知识水平和教育方法,才能不断调整自己、充实自己、提高自己,从而能更好地为社会主义培养人才。所以,从教育发展的规律和教育的功能来看,教师与社会交往有着必然的联系。而且教师作为知识的传播者,不仅在培养年轻一代方面发挥着作用,而且在社会生活的其他方面也发挥着重要作用。所以教师要文明礼貌,自觉遵守社会公德,为他人树立良好的道德形象,成为道德表率;在校内外平易近人,以高尚的情操影响和净化社会,要让所有人从教师身上看到真、善、美,看到社会的文明和人类的进步,从教师的一言一行中体味到人生的美好和幸福;教师要在校内甘为人梯,在校外也以为他人服务为乐事、为己任,对社会的需要尽心竭力,有求必应,主动热情地提供服务。

六、文明礼貌,注重礼仪

《中小学教师职业道德规范》第八条指出:"模范遵守社会公德,衣着整洁得体。语言规范健康,举止文明礼貌,严于律己,作风正派,以身作则,注重身教。"随着生产力水平的提高和人类社会的进步,人们正在摆脱愚昧无知的落后状况,逐步建立起互相尊重、礼让谦恭的文明风尚。文明礼貌是维护人与人之间友好、协调、和睦的必不可少的条件,也是教师精神面貌和文化素质的突出标志。人民教师要出色完成教书育人的本职工作,必须使自己的仪表风纪符合社会主义的道德要求,做到语言规范、精练、优美、准确;仪表、仪容光彩,衣着朴实、整洁,举止文明得体,态度和蔼可亲,行为稳重端庄,文化知识渊博;自觉遵守社会主义纪律,模范执行国家法令;不断提高自己的文化素养,真正做到为人师表,成为学生的表率和榜样。这是有关教师职业形象的大事。

第三节 贯彻教师职业道德内容的基本要求

良好的师德,对陶冶教师的情操,转变教师的气质,提高教师的素质,激发教师的积极性,培养大批为教育事业献身的新师资有着极其重要的作用;良好的师德,对培养适应社会需要的创新人才有着重要的意义;良好的师德,对净化社会风气,促进社会主义精神文明建设起着重要的推动作用。因此,每位教师都要贯彻、执行教师职业道德的原则和内容。

教师职业道德不仅是个理论问题,而且是个实践问题,要使教师职业道德原则和内容成为教师的行为准则,必须靠自己长期不懈的努力,自觉加强职业道德修养和锻炼。

1997年,国家教育委员会、全国教育总工会发出《关于重新颁发＜中小学教师职业道德规范＞的通知》,对贯彻执行《中小学教师职业道德规范》提出了一些要求。

国家教育委员会、全国教育总工会关于重新颁发《中小学教师职业道德规范》的通知

教基[1997]13号

各省、自治区、直辖市教委、教育厅、教育工会：

目前我国改革开放和社会主义现代化建设事业进入了一个新的历史阶段。新的形势对中小学教师队伍建设提出了更高的要求。为此根据《中共中央关于加强社会主义精神文明建设若干重要问题的决议》、《中共中央关于进一步加强和改进学校德育工作的若干意见》和《中华人民共和国教师法》，对1991年国家教委和全国教育总工会联合颁发的《中小学教师职业道德规范》进行必要的修订，现予颁布，并就实施工作提出以下意见：

一、充分认识教师职业道德建设的紧迫性

教师是人类灵魂的工程师。教师职业道德素质高低，直接关系到亿万青少年学生的健康成长。加强教师职业道德建设，提高教师的思想道德素质水平，始终是学校精神文明建设的基本任务。多年来，广大中小学教师在教学岗位上辛勤育人，为祖国的社会主义教育事业作出了贡献，涌现出了一批忠于党的教育事业，致力于教育教学改革、爱校如家、精心育人、无私奉献、为人师表的优秀教育工作者，赢得了社会和人民群众的广泛赞誉。但是在拜金主义、享乐主义、个人主义等社会不良风气的影响下，一些教师也存在体罚、变相体罚和以罚代教、以教谋私的现象，以及热衷于"有偿家教"，影响正常教学工作

的问题,甚至有个别教师道德败坏,违法乱纪,触犯法律。这些问题严重影响了人民教师的形象,社会舆论反映十分强烈,这个问题解决不好,势必影响教育事业发展,影响社会主义精神文明建设,不可忽视。

二、贯彻实施《规范》的意义

《中共中央关于加强社会主义精神文明建设若干重要问题的决议》强调指出,加强职业道德建设是当前全面加强社会主义道德建设的重点。修订并颁布《中小学教师职业道德规范》(以下简称《规范》)是在新形势下加强教师队伍建设的重要措施,目的在于进一步提高中小学教师的道德素质水平,帮助教师牢固树立科学的世界观和高尚的职业道德,自觉规范自己的思想行为,促进全体中小学教师真正成为人民满意的教育工作者。各级教育行政部门和学校要把教师贯彻《规范》情况列入教师的岗位责任制,定期检查和考核。

三、全面正确理解《规范》的内容

《规范》体现了对中小学教师应具有的道德品质和职业行为的最基本要求,核心是爱岗敬业、教书育人和为人师表。《规范》的8条内容,是通过教师在学校生活中经常涉及的及防止出现的道德行为做出的规定,确定了每个教师在学校工作中必须遵守的道德基本原则和应该做到的道德行为。《规范》的许多内容是《中华人民共和国教师法》条文的具体化,各地教育行政部门和学校在贯彻时应注意把它和教育法规的教育统一起来进行。

四、贯彻《规范》应注意的几个问题

(1)在贯彻实施《规范》中,各级教育行政部门、教育工会和学校的领导要组织好学习宣传工作,学校领导要言传身教,率先垂范。

(2)贯彻实施《规范》是经常性的教育工作,各地教育行政部门和学校要列入重要议事日程,并结合当地实际情况,制定具体实施计划和评定办法。同时教师的继续教育计划中也要有学习《规范》的内容和要求。

(3)《规范》不是对教师的全部道德行为和教学工作的要求,不能取代学校的其他各项规章制度。

各地在贯彻《规范》中的经验和问题请及时反映给国家教委基础教育司。

国家教育委员会 全国教育总工会
一九九七年九月一日

前面,我们叙述了教师职业道德的原则和内容以及一些基本要求,贯彻教师职业道德原则和内容,总的来讲要注意以下几方面的要求:

一、生活中的渗透

良好的职业道德的形成,不是一朝一夕的事情,是通过人的不断生活实践,在外界生活条件与人的心理活动的相互作用之中形成和培养起来的。一个真正热爱教育事业的人,就应该在生活中正确评估自己,拟定自我教育的计划,给自己定一些发展自己品质的行动规划,有意识地注意行为练习,使自己达到所确立的目标,成为一名优秀的人民教师。

每一位教师在生活中都要时刻注意自己的一言一行,从小事做起,时刻不忘自己是一名人民教师,担负着培养祖国未来人才的重要使命,同时也对社会主义精神文明建设和他人的行为品质有着深远的影响。所以,每一位教师在生活中要自觉遵守社会主义道德规范,遵守国家的法律、法规,不断进行"内省",树立完美的教师人格,以自己的人格魅力去影响他人。

二、教学中的渗透

教学活动是教师的主要活动。教书必然育人,即在教师传授知识、学生学习知识的同时,教师总对学生的思想品德施加一定的影响,而学生也总是受到一定的品德与思想政治的教育。教学具有教育性。

在教学过程中,教师要在传授知识的基础上育人,在育人思想的指导下教书。要结合教材的特点和学生的实际,发挥教学的教育性。使教学中传授的知识能给学生以深刻的影响,不仅要使学生深刻领悟知识,而且要善于引导和激发学生对所学知识的社会意义产生积极的态度,在思想感情上产生共鸣,受到熏陶和感染,形成自己的善恶观念、爱憎情感和价值追求。要做到这一点,就需要教师在课前认真备课,仔细挖掘教材当中蕴含的教育因素,并把它贯彻到课堂中去,自觉地引导学生以积极的态度和情感来吸取科学知识和思想营养,这样,科学知识中蕴含的思想、观点才能转化为学生自己的观点、信念,才能真正提高他们的思想觉悟。

此外,教师在教学过程中,还应注意自己的语言规范、仪表风度等等。

三、活动中的渗透

活动的范围广泛,内容丰富多彩,方式灵活多样、生动活泼。它在教育过程中有着特有的意义和作用。它可以促进学生的全面发展,丰富与健全学生的精神生活,促进学生优良的个性品质的形成,还可以发展学生的开拓意识和创造才能。所以,它是教育工作的一个重要环节和广阔的阵地,教师要充分地加以组织和利用。

教师所设计的课外活动也反映了自己的思想品德和修养。活动设计的成功与否,与个人的各方面修养都有着极大的关系。教师在设计活动时,要把教师职业道德的原则和内容渗透其中,设计的活动要有明确的政治思想性、方向性和教育目的性,并与活动的实际内容相统一,在明确的目的指导下确定活动的内容和形式,通过丰富的活动内容和形式去达到教育的目的。同时,要寓教于"学"、寓教于"乐",使活动形式灵活多样,调动学生的积极性、主动性和创造性。

四、管理中的渗透

我国目前普遍采用以班级为主的教育和教学组织形式,当前国家的教育方针、政策以及学校的各种教育内容都通过班级进行贯彻和实施,因此,班级是学校教育工作的基本单位,教师一般都有机会担任班主任工作。

首先,班主任要对班级进行管理。班级不是孤立存在的,而是学校教育系统中的小系统,与社会大系统以及学校教育的其他小系统都存在着多种联系。班主任的角色地位,决定了班主任应该沟通这些内外联系,并且利用各种教育因素和教育力量,为学生的成长和班级的发展提供良好的环境条件。

其次,学校是一种社会组织,与社会的关系密切,班主任要充分利用社会的力量,如社区、社会团体、家庭的教育力量,同时,还要克服不良社会因素的影响。

再次,在学校内部,对班级有影响的还有一般任课教师、学生团体及其他班级等,班主任利用自己的地位主动争取各种教育力量的配合,控制教育的最佳条件,就能使各种教育影响协调起来,实现学校教育与家庭教育、社会教育的统一。这些都在无形之中渗透了教师职业道德的原则和内容。

思考题：

1. 确立教师职业道德原则的依据是什么？
2. 教师职业道德有哪些内容？
3. 教师在校内主要有哪些人际关系？应该怎样协调这些人际关系？

第三章 幼儿园师幼的伦理关系

第一节 师幼之间的伦理关系

一、伦理的含义

阿尔贝特·史怀泽在《敬畏生命》一书中曾经说过,"受制于盲目的利己主义的世界,就像一条漆黑的峡谷,光明仅仅停留在山峰之上。所有的生命必然生存于黑暗之中,只有一种生命能够摆脱黑暗,看到光明。这种生命是最高的生命,人"①。毫无疑问,人类赖以摆脱黑暗的重要工具之一是伦理智慧。

伦、理二字在中国古代很早就已出现。《礼记·乐记》中说:"八音克谐,无相夺伦。""伦"指音乐的节奏或旋律的适当安排。《孟子》有言,"察于人伦","学则三代共之,皆所以明人伦也"。"伦"字开始具有人际关系的意味。古人之"伦"主要是指人际关系。由于中国文化特别强调血缘伦理关系,人伦所表达的人际关系在许多时候讲的又是人的名分和辈分等。"理"是中国古代哲学的核心概念之一。庄子说:"天地有大美而不言,四时有明法而不议,万物有

---

① 阿尔贝特·史怀泽:《敬畏生命》,上海社会科学院出版社1995年版,第20页。

成理而不说。"① "理"乃万物运行的成法。不过中国文化是伦理性文化,理的内涵也就自然延伸到人文领域。所以,如果就中国文化而言,伦理是人际关系及其调整的客观规则。

伦理的英文是 ethics。其基本含义是：1) system of moral principles, rules of conduct; 2) moral soundness。前者的意思是道德规则系统,德行的规则;后者是指行为的准绳以及道德原则的可靠性、合理性。

总而言之,中、英文对伦理概念理解的共性是,"伦理"指道德的客观法则,具有某种可以进行客观讨论的规律性。我们倾向于将人的伦理看作是人的道德性。亚里士多德认为,这一类德性属于灵魂的那一个自身不是理性的却服从理性的部分。与此相对的是"理智德性",即灵魂的理性部分的德性。人的伦理德性涉及感情和行为,它是一种固定的品格倾向,经常自愿地做为社会所敬重的事。它的获得是通过不断的实践而养成的某种行为习惯。如果没有这种伦理德性它便不可能是一完善的德性。

教师的职业伦理还带有人文关怀的特征。

二、教师人际关系及师幼关系的含义

人际关系理论最早是由美国哈佛大学教授梅奥(Elton Mayo)在20世纪20年代末提出来的,梅奥应美国西方电器公司之邀,到该公司的霍桑工厂进行调查研究。梅奥通过著名的"霍桑实验",提出了人际关系理论。在这一伦理中强调组织内管理人员及其下属之间的交往关系,人的因素是任何组织提高效率的关键。一般来说,人际关系有广义和狭义之分,广义的人际关系是指人与人之间关系的总和,包括经济关系、政治关系、法律关系、信仰关系、文化关系和道德关系等各个方面。而狭义的人际关系是指人与人之

---

① 陈鼓应注释：《庄子今注今译》,中华书局,1982年版,第563页。

间在交往的基础上形成的比较稳定的心理关系。

教师人际关系是教师与他人在交往过程中形成的心理关系。根据其职业特点,依据不同的交往对象可划分为师生关系、同事关系、上下级关系、教师与家长的关系以及教师与其他社会成员的人际关系等方面。在教师的人际交往中,师生关系是最重要、最基本、最经常也是最能影响教师工作效率的一种人际关系。

师幼关系是在教育活动中,教师和幼儿通过各种交往形式而形成的一种特殊的人际关系。这种人际关系的含义包括三方面的内容:

1. 师幼关系体现在教育活动之中,反映教师与幼儿之间的心理关系

教师是幼儿园对幼儿进行体、智、德、美诸方面全面发展教育的专业人员,而幼儿是具有主动性、多样性的活生生的独立个体。因而,由教师与幼儿这种角色构成的师生关系寓于一定的教育活动之中,幼儿会以一个有独立意识的个体,对教师的劳动采取认同和排斥的态度,表现出喜欢或不喜欢的情感,表现出与教师的要求相一致或相悖的行为,从而反映出教师与幼儿之间的心理关系。

2. 师幼关系是通过多种交往形式而形成的,具有互动性

美国社会心理学家李雷(M.Lelend)曾运用心理统计的方法从几千份人际关系的研究报告中总结出人际关系的多种交往形式:

(1) 由一方发生的管理、指挥、指导、劝告、教育等行为,导致另一方的尊敬、服从等反应;

(2) 由一方发生的帮助、支持、同情等行为,导致另一方的协助、温和等反应;

(3) 由一方发生的同意、合作、友好等行为,导致另一方的协助、温和等反应;

(4) 由一方发生的尊敬、信任、赞扬、求援等行为,导致另一方的劝导、帮助等行为;

(5) 由一方发生的害羞、礼貌、服从、屈服等行为,导致另一方的骄傲、控制等反应;

(6) 由一方发生的反抗、怀疑等行为,导致另一方的惩罚、拒绝等行为;

(7) 由一方发生的激烈、拒绝、夸大、炫耀等行为,导致另一方的怀疑、自卑等反应。

尽管这一研究有一定的局限性,但足以说明人际关系中的一方某种刺激必然会引起另一方的若干反应,而师幼关系的双方更是有相互作用、相互制约的关系。中国青少年研究中心的孙云晓(1998)在研究中也发现:在信息化时代,学生不仅受教师等成年人的教育,他们也在深刻地影响甚至改变着教师等成年人思想和行为,师生关系具有一种互动性。

3. 师幼关系是一种特殊的人际关系

一般的人际关系常常以双方互惠为原则,而师幼关系则高于一般的人际关系。从构建师幼关系的目的和作用来看,师幼相互作用的最高目标是提高幼儿的身心素质,是教师向幼儿一方倾斜的不平衡关系。教师在教育活动中所指向的是学生的发展和提高,而不是教师自身的某种利益,师幼关系是在这个不平衡的前提下,通过认知、情感的沟通行为与目标的协调而形成的关系。尽管师幼之间也存在一定的心理距离,但它必须首先服从于教育目的和教育规律。师幼关系是以别无选择地相互接纳为前提的。教师与幼儿在交往过程中双方精神世界的碰撞和交流,既有一般人际关系的情感基础,又有一般人际关系所不可比拟的崇高目标指向和科学交流方式。

三、师幼交往关系的特点

交往,是人们在一定态度的支配下,为了彼此传递思想、交换意见、表达情感、需要等目的,运用语言符号而实现相互沟通的过程。它具有信息传递、组织协同、个体保健和相互认知等功能。交往过程的实现,是由交往者、交往的信息与载体和交往环境三个要素构成的。

教育交往是交往者在教育系统中的具体体现,是指从事教育活动的人们在一定教育观的支配下,为了实现教育、教学目的和满足个体的归属感需要,运用教育影响而进行的信息交流、情感互换的过程。教育交往的表现形式是多种多样的,其中师幼交往最经常、最富有教育意义,最能体现教育交往特色。在师幼交往中,教师和幼儿是交往者,教育、教学活动是交往的载体,而整个学习生活则是师幼交往所共有的交往环境。

教师所从事的是一种复杂的脑力劳动,它不同于物质生产劳动,也不同于一般的精神生产劳动。这是因为教师的劳动是通过教育活动进行的,教师的劳动对象是身心正在发展成长中的、具有各自个性特点和年龄特征的幼儿。教师劳动的手段是用自己的知识、才能、品德和智慧,在与劳动对象的共同活动中影响他们。因此,教师与幼儿的关系即师幼关系是最重要、最基本、最经常、最活跃的一种人际关系。同时,师幼关系又具有不同于其他人际关系的特点。

1. 师幼交往具有相对稳定性

教育、教学活动较之其他社会活动相对固定且平衡有序,而师幼交往就是在这相对固定的环境中展开的,即使这种交往活动已经结束了,但交往本身会在很大程度上获得延伸,保持一段时间,甚至是终生。

2. 师幼交往具有很强的规律性

师幼交往不仅受制于一般教育规律,还受制于相应的心理规律,师幼交往的时空排列有序,线索明晰,内容完整,因此在师幼交往中会形成很多共同的原则。

3. 师幼交往是互动的

教与学是矛盾的两个方面,是一种双边活动,师幼双方在这种双边活动中相互作用、相互约束又相互促进,所谓"教学相长"就是这个意思。

4. 师幼交往角色具有社会规定性

在师幼交往中,其角色是由社会预先规定的,是受法律和社会规范保护的,这种角色认同是师幼交往的前提所在。

5. 师幼交往具有兼容性

师幼交往的内容、载体、形式和方法都是十分复杂的,教师既教书又育人,在与幼儿的交往中既有知识的传授又有人格的养成。

6. 师幼交往具有教育性

师幼交往的最终指向是为了完成教育目的,而这种交往又是教育、教学活动的重要工具和手段,从这个意义上说,不具有教育性的师幼交往是无效的,也是不存在的。

7. 师幼交往的高品位性

从伦理上讲,师德要高于公德,因此,师幼交往是在较高起点上进行的,相对一般社会交往而言,师幼交往要高尚、纯洁得多,这为师幼关系的定性、发展和不断升华打下了基础。

8. 从社会大范围来看,师幼交往关系是平等的社会成员关系

幼儿和教师都是社会的基本成员,其相互关系是平等的社会成员关系。尽管幼儿年幼弱小,但这丝毫不影响这一平等关系。这种平等的社会成员关系是幼儿园所有人际关系中首要而基本的关系,是幼儿与教师相互关系的基础。因此,把幼儿仅仅视为纯粹的"受教育对象",看不到他首先是一个"人",显然是错误的,认为幼儿年龄小、不懂事,各方面都很薄弱,就以为他们低人一等,可以专制地对待他们,也是不对的。正因为如此,教育中严禁教师体罚学生,不准侮辱幼儿的人格,师幼之间应建立民主、平等的师生关系。

9. 从幼儿园小范围来看,幼儿与教师的关系是"师生关系"

社会保障幼儿地位和权利的责任具体化为教师的义务和职责,教师成为幼儿生存、发展、学习等权利最主要的维护者,幼儿则是被保护者;教师作为成熟的社会成员,是代表国家意志的教育者,幼儿是身心均不成熟的、正在发展中的社会成员,是受教育者。在这个意义上,教师与幼儿又不可能是完全平等的。不认识到这一点会导致教师的失职,导致教育上的放任自流。

只有尊重幼儿的教育才是真正的培养"人"的教育;而离开了对幼儿的教育和保护,尊重幼儿又会成为一句空话。在幼儿园的教育活动中,教师要始终尊重幼儿,以民主、平等、充满爱心的态度,对每个幼儿认真地进行教育和指导。不管开展什么活动,无论活动的形式多么新颖、内容多么丰富,教师的教法多么富有艺术性,如果不以教师与幼儿之间正确、良好的关系为基础,那么,这种活动就不能算是好的活动。

第二节 教育过程中表现的职业伦理道德

一、教师幸福

幸福是人的目的性自由实现时的一种主体生存状态。教师的幸福是教师的职业道德建构的出发点和归宿;理解教师的幸福是理解教师的职业道德和教育伦理体系的重要"支点"。

教师的幸福就是教师在自己的教育工作中自由实现自己职业理想的一种教育主体生存状态。教师的幸福也称教育幸福。对自己生存状态的意义的体会构成教师的幸福感。教师的幸福感有以下几个主要特点:

(一) 教师幸福的精神性

教师幸福的精神性首先表现为劳动及其报酬的精神性。也就是说在物质待遇既定的情况下,教师生活有恬淡人生、超脱潇洒——或者说有"雅"的一面。教师的报酬实际上也的确不止于物质生活。学生的道德成长、学业进步,进而对社会作出的贡献,都是教师生命意义的明证。师生之间的课业授受和道德人生上的精神交流、情感融通都是别的职业所难以得到的享受。教育主体只有充分认识到这一精神性质才能发现自己的人生诗意。

正是因为教育劳动的精神性,教师在人们的心目中始终有着崇高的地位。在中国,早在先秦时期荀子即将教师地位提高到与天、地、君、亲相并列的高度,要求统治者"贵师而重傅"。1995年颁布的《中华人民共和国教育法》曾经在总则第四条明文规定:"教育是社会主义现代化建设的基础,国家保障教育事业优先发展。全社会应当关心和支持教育事业的发展。全社会应当尊重教师。"上述规定在《中华人民共和国教师法》(1993)和其他法规中有更具体和明确的规定。从世界范围来看,除了对教师劳动的普遍着重的规定之外,一般都有对教师人格和尊严保护的严格的规定。对教师尊严或人格的侵犯,往往会有更严厉的处罚规定。原因之一在于教育劳动的精神性、人格性决定着必须确保对教师的崇高地位的尊重。由于教师及其劳动的崇高地位,决定着教师有可能在这一特殊的尊重中收获职业的意义——体会自己的幸福。所以,教师的幸福体验也具有精神性,教师的幸福与教师的荣誉紧密相连。

(二)教师幸福的关系性

台湾教育家高震东先生曾经在自己著作的扉页上写下这样的一句话:"爱自己的孩子是人,爱别人的孩子是神。"的确,教师应当是"爱别人孩子"的"神"。

教育幸福的特点之一就是关系性,即给予性与被给予性。这一特征的表现有二:第一,幼儿园教育中教师的使命是给予而非索取。这只要对比一下一般的"师生"关系与"师徒"关系在性质上的区别即可。前者希望倾其所有,无条件地教育学生,而无论是教授武功的师傅,还是手工艺方面的师傅,总是要在教授一些内容的同时,保留一些绝活的秘密,非嫡亲者不予传授——这是他们保护自己生存的必须。第二,教育劳动的成果必须建立在交流之上,必须通过对方才能肯定自身,即教师的幸福是被给予的。教师只有全身心地将自己对学生的热爱给予学生,才能建立真正的"主体际性",才能进行有效的工作。教师也只有进行了富于热情和智慧的给予才能从自己的教育对象身上看到自己的劳动成果,进而实现精神享用——体验幸福。当然被给予也包括那种直接来自于学生的积极反馈。

教师幸福的给予性倒过来也能说明为什么教师幸福是一种精神性的"雅福",因为它超越了一己之私。

(三) **教师幸福的集体性**

教育劳动的特点之一是其集体幸福与个人幸福的统一。任何一个学生都是教师集体劳动的结果,也是学生集体劳动的结果。因此,教师的幸福及其体验既具有一般幸福的个体性,更具有集体性。一般说来教师在教育工作中至少直接存在这样四种合作关系,即教师个体与学生个体之间、教师个体与教师集体之间、教师个体与学生集体之间以及教师集体与学生集体之间的合作关系。一个优秀的学生,我们可以说是某某老师的学生,也可以说是某某学校、某某班级的学生。因此,教师的幸福具有合作与共享性,也具有超越性。共享性是指属于一个集体的成员都可以享用同一幸福;超越性是指教师由于劳动的集体性质,必然具有与人积极合作而不是恶性竞争的特点。因此,教师的幸福建立在超越个人打算或个体利益计较的基础之上,教师的劳动与幸福都具有在境界上相对崇高的特征。

(四) **教师幸福的无限性**

教师的幸福具有效果上的无限性,它表现在时间和空间两个维度上。

时间上,教师的幸福是无限的。教师对学生在人格和课业上的影响具有终生性质,通过学生、教师的劳动与生生不息的人类文明联系在一起。因此,教师所收获的幸福也是超越时间限制的。一个教师即使退休了,或者停止了作为教师的职业生涯,丝毫不妨碍其学生对他的永远的尊敬,也不影响他本人对所从事过的这一事业的劳动成果的美好回忆。教师幸福的无限性与教师幸福的精神性、关系性有密切的联系。

空间上,由于教师的劳动产品与社会网络联系起来,教师的劳动效果就远不会局限于某一个校园之内。一代一代的伟人、一代一代的普通劳动者都是由于教师的劳动对整个世界的影响从而理解自己工作的意义,体会自己的成功的。所以,教师的幸福具有空间上的无限性。

教师对幸福感受与追求能力的培养至少有以下几个方面的基本要求:

其一,教师要充分认识自己的职业意义,并将自己的生命意义与之联系起来。教师要了解自己的"天命"何在。换言之,没有对教育事业神圣性体验的人,无法体会教师的幸福。

其二,教师必须有较高的德行水平和人生境界。我们知道,幸福感受力的大敌是对生活持享乐主义或庸俗理解。一个没有较高精神追求的教师,一个缺乏起码道德水平的教育工作者都极有可能像芸芸众生一样沉溺于感官生活,习惯于病态的幸福,从而失去对真正幸福的感受力和创造力。

其三,教师要有自己对教育活动主体的实践能力。道德主体的能力不仅包括正确价值观念的确立,更包括将自己的价值理想付诸实践并取得成效的能力。一个因为业务能力欠缺的教师在自己的岗位上无法感受教育人的伟大,无法进行创造性劳动并无实际收获,那么,这位教师就无法体会教育劳动的乐趣,当然也就不会具有追求幸福的能力。

二、教师公正

幸福和公正是伦理学的两个基本概念,幸福原则和公正原则是伦理学的基本原则。美国教育家、芝加哥大学教授艾得勒说:"追求幸福是我们的第一职责;对人公正、对整个社区公正,是我们的第二和第三职责。"

公正是处理人际关系时的公平与正义的伦理原则。公正必须具备的特征有以下三条:对等性、互换性、最终价值判定的依赖性(有利于社会发展和个人幸福)。教育公正或教师公正是教师职业伦理生活的重要原则。比如,中国古代形成的"有教无类"的概念既是我们教育的传统,也是全部教育的本质要求。又如,古希腊苏格拉底的"产婆术",既是师生关系上公正的集中表现,又是所有成功教育的秘密所在。所以,公正既是教师幸福的需要,也是教育事业的需要。不公正的教育是反教育甚至是反文化的。

教师公正是指教师在自己的教育活动中对待不同利益关系所表现出来的公平和正义。它表现在教师与自身、教师与同事、教师与学生等人际关系之中。教师公正是教育公正的核心内容,而教育公正包含更多的教育制度内涵。教师公正是一条至关重要的职业道德范畴。

(一) 教师公正的必要性

首先,教师公正有利于良好教育环境的形成。教师能够对人对己做到公正是十分必要的。因为公正处理与家长、社会有关方面的关系,就会有利于形成较好的学校教育的外部环境;公正地对待同事、领导,则有利于协调不同的教育职能,形成教育集体的良好心理氛围,从而形成教书育人的幼儿园教育的内部环境;公正地对待幼儿是教师公正的重点,这一种教师公正则有利于直接的教育、教学环境的形成。

其次,教师公正有利于教师威信的提高。公正是人格的脊梁。孔子说:"其身正,不令而行;其身不正,虽令不从。"这句话虽然是对从政者说的,但对教师同样适用。教师既是教育者,同时也是教育活动的设计者和管理者。如果教师的行为是不公正的,除了会受到同行、领导的舆论谴责和制度的制约之外,最主要的是它会影响教师的威信。教师公正与否,必然影响他在幼儿心目中的形象。一个没有威信或威信不高的教师注定是一个成就不高的教师。

再次,教师公正有利于幼儿学习积极性的发挥。教师公正对幼儿的学习积极性发挥十分重要。这一重要性体现在两个方面:一个是对幼儿个体,对幼儿个体而言,教师公正是幼儿学习积极性的源泉之一;另一个是对幼儿集体,对幼儿集体来说,不公正的教师行为会人为地造成集体生活动力的减退,造成集体对幼儿个体在诸方面的教育性降低。

最后,教师公正有利于幼儿的道德成长。由于公正本身就是道德教育的重要内涵,因此,教师公正直接构成德育的内容。教师要让幼儿选择公正的生活准则,他自己就必须首先做到为人处世的公正无私。正如夸美纽斯所说:"除了智者,任何人都不能使别人成为有智慧的人;除了能言善辩者外,任何人都不能使别人成为能言善辩者;除了道德的笃敬宗教者外,任何人都不能使别人成为道德的和笃敬宗教的人。"所以,除了践行公正者,任何人都不能使别人成为公正的人。

(二) 教师公正的特点

1. 教师公正的教育性

教师公正的特点首先是与他的职业特征联系在一起的。教师公正的首要特点就是其教育性。这里的教育性主要有两条:一是他的公正行为的教育示范性;二是他的公正调整的人际关系,主要是师幼关系或以师幼关系为基础,体现在自己的教育活动之中。由于师幼关系和教师职业的特殊性,教师的不公正往往是最不能饶恕的。

2. 教师公正的实质性

教师公正的实质性是说教师公正具有相当大的灵活性,着眼于实际或实质意义上的公正而不完全拘泥于形式上的公正。这一点,实际上也可以算作教师公正的教育性的一部分。

3. 教师公正的主体自觉性

教师是一种对自己的工作有较高职业意识的社会角色。这一方面是因为教育活动本身是一种具有目的性的活动,另一方面是因为现代社会所有的教师都是经过职业专门训练的。教育活动自觉性的重要标志是教师对自己职业道德及其重要性的了解。学校、教室等教育情境也常常会有道德上的文化暗示。所以,与其他社会阶层相比,教师在进入岗位之前和之后,都会有较高的职业道德的自觉意识和修养的动力。教师职业道德自觉意识的内涵中当然也包括教师对教育公正原则的自觉意识。

教师公正的自觉还表现在教育事业本身的正向价值属性。符合教育的根本目标的举动本身具有公正或正义的特质;公正是教育本有、应有的内涵。所以,教师公正具有对职业的自觉性。

(三) 教师公正的内容

教师公正既表现为教师对自己的公正,也表现在公正对待同事、领导及学生家长等方面,更表现在正确对待教育对象上。教师公正的核心是对幼儿的公正。

教师对幼儿公正的主要含义是在教育活动中对学生持民主与尊重的态度;对不同性别、年龄、出身、智力、个性、相貌以及关系密切程度不同的幼儿能够做到一视同仁、同等对待,不以个人的私利和好恶作标准。我们可以将这一教师公正称之为对象性公正。教师对幼儿的对象性公正最主要的是做到:第一,平等对待幼儿;第二,爱无差别,一视同仁;第三,实事求是,赏罚分明;第四,长善救失,因材施教;第五,面向全体,点面结合。

平等地对待自己的学生实际上也就是教育学所常说的要树立正确的师幼观。从伦理学的角度看,教师要公正地对待学生,首先要真正尊重和信赖学生。

教育公正是一个历史的范畴。在古代带有较浓厚的等级、专制痕迹的社会中,人格上的不平等使教师的"有教无类"之类的教育公正往往成为一句空话。现代社会是一个以民主、平等为特征的社会。在今天,教育公正既是社会公正的一部分,同时,社会公证也为实现教育公正创造了良好的社会条件。教育工作者应当通过自己的努力不断促进教育公正的实现。

为了尊重和保护儿童的权利,1959年,第14届联合国大会曾经通过了联合国历史上第一个关于保护儿童权利的国际性条约——《儿童权利宣言》。1989年,联合国大会进一步通过了《儿童权利公约》,《儿童权利公约》的基本精神是强调儿童不仅是被保护的对象,而且是积极性和创造性的"权利主体",拥有"包括生存、发展和充分参与社会、文化、教育生活以及他们个人成长与福利所必需的其他活动的权利"。联合国儿童权利委员会副主席汉姆柏格在解释《儿童权利公约》的基本精神时曾经这样说过:"过去人们关心儿童的基点是使脆弱的儿童免受伤害,人们还没有普遍认识到儿童是有自己的能力、观点和想法,应该像所有的人一样受到尊重的。"汉姆柏格还对《儿童权利公约》基本精神的四个原则作了具体说明:第一,儿童最佳利益原则——任何涉及儿童的事情均以儿童利益为重;第二,尊重儿童尊严的原则——其意义不仅局限于不被杀害或伤害,而且指向儿童生存和发展的质量;第三,尊重儿童的观点和意见的原则——任何涉及儿童的事情,必须认真听取儿童的意见;第四,无歧视原则——所有儿童都应当受到平等的对待,不应受到任何歧视或忽视。因此,将儿童视为平等的人格主体予以尊重是当今世界的普遍性要求之一。教师应当认识到,幼儿也是一个有独立性的个体。教与学的关系既是一种制度性的授受关系,也是一种人格上完全平等的人际关系。

三、教师仁慈

仁慈是一个与公正联系密切的概念。一方面,公正的基础之一应当是仁慈,因为去掉我们对他人的爱与尊重,我们就不可能做到真正意义上的公正;另一方面,公正的结果往往会造成一种价值的遗憾,这一遗憾也需要有一个补充的机制存在。正如美国伦理学家威廉·弗兰克纳(W.K.Frankena)所说的:"正义只是道德的一部分,而不是它的全部。那么仁慈可能属于道德的另一部分,我认为这才是公正的说法。""即使人们认为仁慈不是道德的要求,而是某种非本质的、道德上的善的东西,人们仍然把仁慈看作是道德的一个重要方面——如果不是必要的,也是令人向往的。"

"仁慈"(benevolence)在中国是儒家的"三大德"(智、仁、勇)之一;在西方也被基督教认为是"神学三德"(信、望、爱或信仰、希望和仁慈)之一。如果总结一下中西方伦理学家关于仁慈的界定,也许可以概括出仁慈的几个内涵上的特征——伦理上的仁慈具有爱心的特质(情感性)、理性的特质(理智性)和超越公正义务的爱和宽恕的特质(超越性)。概而言之,仁慈就是具有高度理智性和超越性的爱心、宽恕的伦理精神和道德原则。

仁慈是教育活动的本性和本质要求之一,没有仁慈的教育将是一种缺乏关怀,机械、冷漠和无效的教育。因此,教师的仁慈与教师的公正一样成为教师职业伦理的最核心的道德范畴之一。

(一)教师仁慈的特点

1. 教师仁慈的教育性

一方面,教育事业要求仁慈的德性。对于从事教育工作的教师来说,坚持教育公正当然是非常重要的。但是,教育事业是一个充满爱心的事业,在一定程度上,教育事业要求我们爱幼儿;爱幼儿也就是爱教育事业。教育事业要求教师必须具有仁慈的德性,教师伦理的最基本范畴之一应当是教师的仁慈,尤其是对幼儿的仁慈。另一方面,教育事业规定仁慈的特质,教师的仁慈超越了一般的自然情感。俗话说:"师生如父子。""一日为师,终身为父。"但是"如父子"并不等于父子关系。教师的仁慈是一种无私的"类"(人类)的关怀、理智的爱,是一种事业性的伦理实践,而不像父母对子女那样带有个体性和血缘关系的性质——因而可能带有一定的狭隘与盲目性质。

2. 教师仁慈的理性色彩

教师仁慈的第二个特性是它的理性色彩。一方面,教师尊重、重视学生的长远发展,从长远利益出发考虑对学生的关怀——"为之计深远"。诚如一位美国教育家所说的:教师站在人类的摇篮边。另一方面,教师对学生的仁慈建立在教师对教育事业的神圣性的理解之上。实际上教师的仁慈并不仅仅是个人的品质或做人的原则,教师的仁慈是保证教育事业目标实现的必然要求。教师工作之所以是太阳底下最神圣的职业,就在于教师对人类发展的自觉关怀。以这一关怀落实到每一个学生的身上,就必然产生对学生真正的、理性的仁慈。教师仁慈的理性来自于教师对职业的深刻理解。

3. 教师仁慈的方法特性

仁慈的理性特质的一个重要内涵是方法特性。教师的仁慈在一般人际关系中运用时也要讲求方法。但是涉及教育对象时,由于幼儿的年龄与发展的实际,由于教育规律的制约,这一方法特征就会表现得更为明显。德国伦理学家包尔生指出:"热爱自己的孩子是一种本性,它既不是一种德性,也不是一种技艺。而教育孩子则是一种伟大和困难的技艺,它首先需要控制自己的柔弱的本能冲动的能力。"教师仁慈的最重要的特性之一就是方法特性。教师,尤其是现代教师,由于经过专业训练,也应当是爱而得法的。

(二) 教师仁慈的内涵

教师对幼儿仁慈的内涵首先表现在对幼儿心态的正反两个方面：一是教师对幼儿无条件的爱心；二是教师对幼儿的高度宽容。而这两个方面又是互相关联、密不可分的。

在对学生的无条件爱心问题上，美国心理学家、教育学家罗杰斯(Carl Ranson Rogers)从人格心理的角度作出过卓越的解释，那就是：教师必须保持对学生的"无条件关怀"。罗杰斯认为，儿童得到人际关系中诸如温暖、热爱、同情、关心、尊敬等方面的关怀对其自我概念的形成十分重要。罗杰斯坚决主张给予儿童"无条件的关怀"，因为只有这样，"关怀的需要和自尊的需要就不会同机体估价过程相矛盾，因而个体就会不断获得心理上的调节，成为完善的人"。对于不当行为，罗杰斯认为应当这样表达给儿童："我像你一样深深地爱你。但是你的所作所为是令人不安的，所以，如果你不这样做的话，我们双方都会更愉快。"所谓"无条件的关怀"就是无条件的仁慈。

教师对学生的仁慈主要表现为爱心和宽容，但是又不能止于抽象的爱心或宽容。从具体工作出发，教师工作与伦理目标还应当集中在对幼儿成长的有效帮助上。只有在发展上比较顺利，幼儿才能建立自己对未来的自信和对社会、他人的信心。

(三) 教师仁慈实现的主观条件

要在教育实践中真正做到按仁慈的原则行事，教师必须具备的主观条件主要有以下几点：

1. 具有崇高的道德境界

作为仁慈的全部内容都需要道德上的自由。而道德上的自由实际上就是道德的最高境界。仁慈不同于怜悯，双方在人格上是对等的。但是，人格上的对等并不等于仁慈原则调节的双方在道德境界上处于同一水平。对教师而言，只有在道德修养上处于更高的道德水平，才能真正践行仁慈的原则。如果没有较高的道德修养,我们就会陷入日常利害之中无以自拔,自己都是不自由的,又如何能够心平气和地对人、对事践行仁慈原则呢?此外,从仁慈与公正的比较中也可以看到较高道德境界的必要——因为仁慈是一种比公正要求更高的道德法则。

2. 拥有教育效能感——教育信心

教师的仁慈不仅要求我们具有较高的道德修养,而且要求我们具有较高的教育效能感(即教育信心)。只有具有信心,我们才能冷静地面对问题;也只有具有较高的教育效能感,教师才能发现自己的本质力量,更加热爱自己的学生和自己的事业。相反,我们可以看到,对学生苛刻、冷漠的教师往往都是教育上的失意者。因为对自己的能力失去信心,所以暴躁、蛮横、失去理智。这样的教师,是无法期待其具有真正的教育仁慈的。

但是,教育效能感并不能凭空产生或提高。教师能够做的只能是不断提高自己的业务水平。所以,践行教育仁慈和践行其他师德规范一样,其基本条件都是要求教师懂得并掌握真正的教育艺术。

3. 掌握高超的沟通与表达技巧

公正本身即要求显性的规则存在。公正就是这些规则的实施。与公正不同的是,仁慈并不必然具有显性的表现。林崇德教授曾经提出:"热爱学生并不是一件容易的事,让学生体会到教师的爱更困难。幼儿也会在意教师的表面上的情感表达,如果教师缺乏表达技巧,教育仁慈的原则就无法实现。"所以,如何表达我们对学生的仁慈或热爱,如何使我们对学生的要求也成为学生对爱的解读对象,需要我们掌握高超的沟通与表达技巧。教师应当学会运用语言、教态或其他手段恰当地表达对学生的热爱、尊重、期待和善意的要求。

4. 做学生的心理关怀者

美国学者格·林伦(Henry Clay Lindgren)在他的《课堂教育心理

学》中说:"当一名心理卫生工作者不一定是一个教师的主要角色,除非我们考虑到儿童教育在本质上是改善他们心理卫生的过程。而如果一名教师对他的工作中的(心理)诊疗方面无知,那么,他所做的比他应当做的,其成效要小得多……教师应当清楚他们的心理卫生工作者角色的重大责任。"①

由于社会发展、竞争的日益加剧,家长已经普遍将未来的竞争自动提前到儿童少年期,儿童的心理压力日益加剧的趋势也愈发明显。因此,仁慈原则是我们不能忽视的教育伦理原则。

四、教师义务

公正、仁慈是道德生活的基本准则。同时,努力做到公正和仁慈也是一个有道德的人必须践行的最基本的道德责任或道德义务。

义务也是伦理学中最重要的范畴之一。马克思曾经指出:"作为确定的人,现实的人,你就有规定,就有使命,就有任务。至于你是否意识到这一点,那是无所谓的。"② 所以,不管人们承认与否,在自己的生活领域既要对社会、对他人承担一定的一般道德义务,也要承担起教师的职业角色所要承担的职业道德义务。教师职业道德义务的核心内容就是要落实或践行教育公正与教育仁慈。教师义务从一定意义上说构成了教育伦理规范的基本内容。理解教师义务是理解教师伦理的关键之一。苏霍姆林斯基曾说过:"恪守义务可以使人变得高尚。教育者的任务就在于使义务感成为自己纪律这个及其重要品质的核心。缺少了这一品质,学校就是不可

---

① 格·林伦:《课堂教育心理学》,云南人民出版社1983年版,第670~671页。

② 《马克思恩格斯全集》(第3卷),人民出版社1956年版,第329页。

想象的。"①

中国人最早对义务的探讨主要集中在对"义"字的探讨上。孔子说:"君子喻于义,小人喻于利。""不义而富且贵,于我如浮云。"孟子说:"心之所同然者,何也?谓理也,义也。"我们知道,整个伦理系统都是在论说道德上的"应该"两字的。至于伦理意义上的义务是以怎样的方式反映"应该"的,尚需作进一步的说明。这里要作的解释最主要的是要区别"道德义务"与"非道德义务"。

道德义务是指能够对它作善与作恶的判断义务。非道德义务则是指那些并不具有道德意义的义务。比如投票选举就是一种公民的政治义务,因为在某种意义上人们对参加或不参加选举的人并不作道德上善或恶的评价。参加或不参加某一政党也不一定属于道德义务。当然,非道德义务在一定意义上是可以转化为道德义务的。比如在一个健全的民主政治之下,拒绝投票也可以视为在政治道德意义上对道德义务的逃避。

道德义务比一般义务要求更高,同时也是一般义务确立的道德基础。比如,诚实是一种道德义务,任何不诚实行为都会受到良心的责备。但是从经济义务的角度来看,允许在做广告时有适当的美化或包装;从法律义务的角度来看,不诚实的人只要不构成违法的欺诈,法律并不追究主体的责任。当然,所有的经济、法律义务的制定都需要一个道义上的基础,这一基础就是道德义务。同时,教师的道德义务也作为"教师法"的一部分(法律义务)而存在。

法律的基础是道德,1993年通过的《中华人民共和国教师法》规定的教师应当履行的六条义务中,无不浸透了道德义务的意味。

(一) 教师的劳动自由与道德义务

教师的劳动自由是教师职业特性和意义所在,也是教师劳动

---

① 苏霍姆林斯基:《和青年校长的谈话》,上海教育出版社1993年版,第155页。

创造性的保证。劳动自由对教师的职业生活意义重大。但是,因为教师在劳动过程中自由处理问题的空间很大,教师能否自觉履行自己的道德义务,就直接关系到教育事业的健康发展;同时,教师在劳动中的自由是以履行教育义务为前提的,没有教育义务就没有教育自由,所以,教师的劳动自由与道德义务关系紧密。

教师的劳动是自由的,在自由的劳动抉择中,教师往往会遇到这样几种冲突情境:首先是个人利益、爱好与道德义务之间的矛盾;其次是不同道德义务之间的矛盾(有不同的教育义务之间的矛盾,也有一般道德义务与教育道德义务之间的冲突);第三是一些教育技术处理过程中出现的"虚假冲突"(比如"严格要求"与"热爱学生"之间的矛盾)。在这些矛盾中,除了第三类矛盾主要靠教育能力的提高去解决之外,前两类矛盾都需要教师直接通过提高对自己的职业道德义务的认识去解决。义务是真实自由的前提。在教育工作中履行自己的道德义务同样是职业自由获得的重要前提。

教师道德义务确立可以减少教育活动中的冲突,有利于教育任务的完成;有利于教师在工作中进行道德上的"综合判断";有利于培养学生的义务意识;教师道德义务的确立还有益于培养高尚的"师格"。

(二) 教师道德义务的形态

教师道德义务形态的讨论一方面是要理解形态本身;另一方面是要依据形态的研究,讨论如何履行教师的道德义务。

教师道德义务包括一般道德义务与教育道德义务两个方面。"教育道德义务"与"一般道德义务"的主要区别是前者主要存在于教育行业道德体系之中。我们知道,教师首先是普通道德生活的主体,他有日常生活中遵守诺言、偿还债务、扶贫济困等一般道德义务,同时教师作为一个特定职业生活的主体又有属于教育工作本身的一些职业道德要求,如诲人不倦、团结协作、为人师表等教育道德义务。如前所述,教师工作的特性之一是,教师本身是教育的中介或工具,即教师通过自己这个榜样去教育学生。这一劳动特点决定了教师必须正确面对上述两类义务。首先,教师必须比普通人更严格地履行一般道德义务,只有这样,他才能成为真正的道德榜样,成为真正的教育主体;其次,教师更应当严格地履行职业道德义务,努力完成教育任务。

教师道德义务还包括显见义务和实际义务。在教师的工作中,常常会面临非常复杂的道德境况,一个真正懂得教育义务的教师应当具有道德"综合判断"的能力,才能具体地而非抽象地履行自己的职业道德义务。

康德认为,道德义务实际上只能建立在绝对命令的基础上。建立在假言命令基础上的行为不是道德行为。康德的绝对命令排除了在义务履行过程中将自己排除在外的权宜之计,或者有人寻求特别豁免可能导致的不道德行为的发生。康德理论对教师义务的理解有重要意义。我们认为,教师的公正、教师的仁慈等道德原则实际上就是教育伦理中的绝对命令。教师不能有任何借口违背这些道德要求。但是依据绝对命令行事需要实际的教育智慧,因此,我们需要在践行教育义务时充分考虑"技术命令",应当具有必要的道德"综合判断"能力。教师对学生的最大尊重首先是对学生健康成长的权利的尊重。

(三) 教师道德义务的践行

教师在实施教育行为时,从宏观的角度看问题,就应当从事业的意义出发考虑自己的行为,自觉履行教师的义务;从微观的角度看问题,则应当意识到自己负有履行与教育义务相关的道德责任。

从道德修养的角度看,教师培养良好的道德义务感至少要从主观上努力做好以下几项工作:

1. 努力培养自己的道德义务认知水平

大凡对教育义务践行彻底的教育家,都会有较高的对道德义务的认知水平。中国历史上一直流传着孟母三迁和曾参杀彘教育子女的故事。虽然拥有关于道德义务的知识并不一定会直接导致合适的道德行动,但是对义务的认知,尤其是结合情感体验的真正的认知,肯定会对教师义务感的增强和教师义务的践行有十分积极的意义。道德义务认知的水平不仅是对道德义务情感的认知,而且还包括对义务践行的实践情景和对服务对象的认知。

2. 努力提升自己的教育事业意识水平

要对教育道德义务有较高的义务认知水平,一个重要的条件是要有较高的教育事业意识水平。教育义务感不可能孤立地存在于主体的意识结构中。当教师有较强的教育事业意识时,就会很自然地将教育事业视为崇高的事业,如果对教育事业毫无热情时,任何道德义务的认知和教育都不可能达到增强教育道德义务感的理想和预期目标的。

3. 实现教育义务意识向教育良心的转化

教育义务意识只是以道德认知为主的道德意识。仅仅有道德认知,义务感还处于较低的水平。要有真正和有效的义务感,教师作为道德义务主体还必须实现教育义务意识向教育良心的转化。实现教育道德义务意识向教育良心转化的实质,就是要达成真正的教师道德义务践行的主体自由。

五、教师良心

古罗马著名的教育家西塞罗在《论辩集》中说:"对于道德实践来说,最好的观众就是人们自己的良心。"良心是与公正、仁慈和义务等概念有密切关系的范畴。首先,良心与公正、仁慈有密切的联系。良心以公正和仁慈为基本准则,又对公正和仁慈原则的落实有支持作用。良心就是要使人爱其所爱,恨其所恨,具有是非感与正义感,具有"恻隐之心"。良心可以视为公正、仁慈原则等的内化。良心不仅包括正义感,也含有仁慈的驱动存在。其次,良心与义务是既有联系又有区别的范畴。良心是对道德义务的内心体认。义务是主体良心体认的对象。良心具有强烈的主观性质。一旦义务转化为良心，则义务对人的要求就是真正的落实。这是因为，良心具有主体自由的特性，而义务则具有相对强制的特性。

良心是一个古老的伦理概念。道德意义上的良心是一种道德心理现象，是指主体对自身道德责任和道德义务的一种自觉意识和情感体验，以及以此为基础而形成的对于道德自我、道德活动进行评价与调控的心理机制。

教师的职业良心就是教育良心。它指的是教师在教育实践中对社会向教师提出道德义务的高度自觉意识和情感体认，自觉履行各种教育职责的使命感、责任感，对自己的教育行为进行道德调控和评价的能力，等等。任何职业良心的意义都主要体现在对职业以及对从事这一职业的主体自身价值的两个方面。教师的职业良心也主要体现在这样两个方面。

(一) 教师职业良心的内涵与特点

教师的职业良心可以表现在教育工作的每一个环节。其主要的内涵有四个方面：恪尽职守，自觉工作，爱护学生，团结执教。

1. 恪尽职守

恪尽职守实际上就是一种工作责任和纪律要求。从职业规范上说，教师的良心要求教师应当遵守工作纪律，按照社会和教育事业对教师的要求尽职尽责；从教育效果上说，职业良心要求教师不能误人子弟，要尽全力取得最佳的教育效果。做不到这两条就是某种意义上的玩忽职守，就会受到职业良心的谴责。

2. 自觉工作

自觉工作的要求是由教师的劳动特点决定的。首先，教师的教学行为具有个体和自由的特性。"慎独"的美德十分重要。教师的工作在多数情况下都是无人监督的。虽然有教育对象的面对，但由于幼儿的未成熟性，由于师生关系的不对等性，因此，幼儿没有全面监督教师工作及其质量的能力。其次,教师工作在一定意义上没有边界和限度。教师能不能自觉要求自己是教师工作成败或效能高低的决定因素。教师必须有自觉工作的良心。

3. 爱护学生

爱护学生是教师的天职。教师对学生的爱护有其职业上的特点。这就是教师必须对教育对象的成长负责。

4. 团结执教

团结执教也是教师良心要求的重要组成部分,这一点,前面已有论述,此处不再展开。

教师良心的上述四个方面,分别反映了教师与社会、教师与自身、教师与学生以及教师与同事之间的道德关系。这四个方面共同反映了教师对教育事业的责任、义务意识和情感等等。教师的良心与教育事业有必然的联系。

教师良心与其他职业良心相比,有两个主要特点:一是层次性高,所谓层次性高,是指由于教师劳动的崇高性质,以及教师本人对这一崇高的职业及其要求有较高的自觉性,因此,教师良心在境界上高于一般的职业良心;二是教育性强,所谓教育性强,是指教师良心的榜样作用和判断教育良心的最终标准是看良心是否真正符合教育事业的要求。

(二)教师职业良心的形成与修养

"教师职业良心的形成"有两个方面的内涵:一是整体意义上的教师职业良心是如何形成的(它是社会生活、教育工作中道德关系的反映);二是教师个人是如何形成自己的职业良心的。社会、教师群体、教育对象对教师良心的形成都具有一定的影响因素。教师不能仅仅被动地接受情境的影响,还应当主动地体验这一情境中的价值、义务因素并加以内化。所有的良心,包括教师职业良心的形成受社会生活及群体的影响,更受自身修养的制约。这首先是因为良心是一种"自律性"的心理现象,离开主体自身的自觉认知和情感体验的道德良心是不可思议的,所以,教师在知、情、意三方面进行自我修养十分重要。

所谓"知",就是不断提高自己的教育责任和使命等意识;所谓"情",就是要不断加强自己的职业道德情感的涵养,爱其所爱,恨其所恨;所谓"意",是指道德意志力的培养。当道德良心受到挑战时,意志力是最关键的因素。苏霍姆林斯基说:"压抑自己良心的声音,这是很危险的事情。如果你养成一种对某件事情毫不在乎的习惯,那你很快就会对任何事情也都满不在乎。"中国古代伦理思想中有许多修养的方式,诸如尚志、静虚、省思、知行合一等等,值得教师在良心修养过程中加以借鉴。

教师的职业良心的自我修养之所以重要,还有一个十分重要的理由就是前面提及的教师职业良心的"教育性"。教师的职业良心如果不与教书育人的最高目标和必要的教育技能相结合,良心就会成为一种不可捉摸的充满随意性的东西,存在危害教育目标的可能性。教师必须围绕职业良心做必要的精神和业务的准备。

最后,良心与理想或信仰的联系也决定了教师道德修养的重要性。一个教师只有以自己的人生和人格理想从事教育事业并对自己的这一事业负责,才会有较高的道德或良心的境界,教育良心的作用才会更彻底,水平才会更高。换言之,教师的良心修养的内容应当是社会理想、教育理想和教育信仰等方面的综合修养。

第三节 教育过程中教育伦理关系的体现

日本教育家津守真说:"幼儿教师每天与孩子心灵交会,与孩子互动,从孩子的行为表现中读出他的心愿,在互动中形成每个充实的现在。"对一个幼儿教师来说,忠诚于社会主义教育事业,是最基本的,也是最重要的思想品德素质,是幼儿教师职业道德的基本原则。具体来说,对教育事业的忠诚表现为对幼教对象——幼儿的热爱。这种爱,是幼儿教师建筑在为人民服务的崇高理想的基础上,建筑在正确的教育观基础上的对幼儿的深厚感情,一个不忠诚于幼教事业的人是不可能具有这种感情的。热爱幼儿,把自己的身心奉献给幼教事业,是幼儿教师社会义务感、道德责任感、为人民服务的理想和信念最实际、最集中的体现。

在幼儿园教育实践中,教师和幼儿是最重要、最关键的人的要素,教育也主要在教师与幼儿之间展开,通过两者的相互作用来进行。教师与幼儿的相互关系如何,直接关系到幼儿园教育的质量。而教师与幼儿是否建立良好的关系,关键在于教师能否正确地看待幼儿,即是否树立了正确的儿童观。在幼儿园的教育活动中,教师始终要尊重幼儿,以民主、平等、充满爱心的态度,对每个幼儿认真地进行教育和指导。

一、教师的"教"和幼儿的"学"

幼儿园教育活动中包含着教师的"教"和幼儿的"学"两类活动。教师在教,幼儿在学,两种活动不可分割地交织在一起。幼儿园教育正是靠教师和幼儿的共同活动,靠两者的合作才得以进行,离开了两者中的任何一方都不行。教师与幼儿在教和学的活动中相互作用,构成了幼儿园教育过程中最核心的环节,教育能否达到目的,取决于这一相互作用的质量。

教师的"教"就是教师对幼儿施加教育影响。"教"的活动主要通过两个途径进行,一是直接地"教",二是间接地"教"。

所谓直接"教"的方式,指教师按照教育目的,直接把教育的内容传递给幼儿。如幼儿园作业课上使用的主要就是这一方式。在幼儿园教育中,教师除了直接地"教"之外,更多的是以间接方式对幼儿施加教育影响。所谓间接地"教",是指教师不是把教育要求直接讲给幼儿听,而是通过环境中适当的中介,比如,利用环境中的玩具、榜样、幼儿关心的现象或事件的作用等,迂回地达到教育目的。这种方式中的教师从讲授者变成幼儿活动的观察者、合作者、游戏伙伴、活动环境的创设者、材料的提供者,教育影响力不直接由教师而是通过中介间接地作用于幼儿。在间接方式中,教师常以物质环境、人际环境为中介与幼儿相互作用。

教师的"教"是为了幼儿的"学",如幼儿不学,或者学了没有效果,那么,教育就失败了。幼儿是自身学习的主体,对教师所教的内容,幼儿是否接受,接受到什么程度,主要依赖于幼儿的兴趣、经验、认知能力、情感等,而不是取决于教师的意志。幼儿只接受那些适合自己的东西,并按自己的方式和特点加以理解、消化、吸收。他们对教师所提供的适合自己的东西给以积极的响应和配合,而对不适合自己的东西则拒绝学习,甚至反抗,"捣蛋"、"调皮"、"不专心"都是他们常用的暗示方式

幼儿的学习可分为"接受学习"和"发现学习"。在教师使用直接教的方式时,与之相应的幼儿的学习方式主要是接受学习。所谓接受学习,是指学习者主要通过教师的言语讲授获得知识、技能、概念等的学习方式。在教师间接教的时候,幼儿的学习方式主要是发现学习,即幼儿通过动手操作、亲自实践、与人交往等去发现自己原来不知道的东西,从而获得各种直接经验、体验以及思维方法。在幼儿期,这是比接受学习更适合幼儿的一种学习方式,特别有利于发挥幼儿的主体性,如激发幼儿的学习动机,发展其分析和解决问题的能力,培养主动参与的积极态度,等等。这些对幼儿的发展和终身学习都具有重要的意义,在很大程度上被认为是可学而不可教的,即不能由教师像传授知识那样"教会",只能通过幼儿自己的实践活动"学会"。

二、促进教师与幼儿相互作用的策略

促进教师与幼儿在教育活动中更好地相互作用的策略,就是让教师和幼儿有更多的、有效的相互影响和沟通的办法,是让教师

的"教"更有效、让幼儿的"学"更成功的办法。

（一）充分发挥教师的主导作用

教师应当是在教育过程中一直起主导作用的一方。这一主导作用表现在，无论是直接教还是间接教，教师都始终控制着教育过程的方向，引导幼儿向着教育目标要求的方向发展。尽管幼儿是自己学习的主体，但是教师可以通过创设与幼儿适宜的环境，通过调动幼儿的兴趣和经验，通过激发幼儿的学习动机等来引导幼儿积极地与教师配合，从而让幼儿的学习可以在很大程度上为教师所控制。教师与幼儿相互作用的质量主要是由教师决定的，否认教师的主导作用，就是否认教育本身。

教师的主导作用与幼儿是学习主体并不矛盾，教师的主导作用正是通过激发幼儿主动学习，引发和促进幼儿积极地与环境相互作用而体现出来的。因此，幼儿主体性调动的程度可以用作衡量教师主导作用质量的指标。那种以教师为中心，以教师的主体性代替甚至压制幼儿主体性的做法，是"主宰"而不是"主导"。

（二）直接"教"时要注意的问题

1. 变单向的"教"为双向的交流

为了改变教师单方面讲、幼儿只用耳朵听的单一模式，应使用启发式，多安排幼儿发表意见、提问，师生讨论的时间；注意根据幼儿的反馈灵活地调整教育方法和自己的教育行为；等等。由于集体上课的形式不容易创造足够的幼儿参与、师生沟通交流的机会，因此必须多利用小组、个别活动，多利用一日生活环境中的大量机会，与幼儿相互接触，一对一交往。

2. 变单一的言语传授为多样化的教育手段

为改变偏重言语讲授，教师应当重视使用非言语的身体动作、表情等，如对幼儿点点头以示肯定，拍拍肩膀以示鼓励，微笑以示赞赏，等等；多使用简单有趣的直观教具和材料，教师具体形象地演示要与幼儿的动手操作相互配合，幼儿通过自己的操作和实践消化、理解所学的间接知识,并使之转化为自己的直接经验。

3．重视情感效应

幼儿是否听教师的话,是否专心上课,教师对幼儿的情感态度是重要的因素。幼儿不喜欢某个老师,一般是不会好好听这位老师讲什么的。幼儿如果受到教师的批评、指责远远多于鼓励、表扬,其学习情绪、自尊和自信都会受到损害。教师对幼儿的爱,亲切和蔼的交往态度,良好的师生关系等,具有巨大的潜在的教育效果,丝毫不亚于教师精心准备的作业课。人民教育家陶行知在《创设乡村幼稚园宣言》中特别强调:幼儿教育是人生的基础教育。他指出:

> 幼儿教育实为人生之基础,不可不乘早给他建立得稳。儿童学者告诉我们,凡人生所需之重要习惯、倾向、态度,多半可以在六岁以前培养成功。换句话说,六岁以前是人格陶冶最重要的时期。这时期培养得好,以后只须稍加培养,自然成为社会优良的分子;倘若培养得不好,那么习惯成了不易改,倾向定了不易移,态度决了不易变。这些儿童升到学校里来,教师需费九牛二虎之力,去纠正他们已养成的坏习惯、坏倾向、坏态度,真可算为事倍功半。

我国幼儿教育事业开拓者陈鹤琴也一再强调:

> 幼稚期(自出生至七岁)是人生最重要的一个时期,什么习惯、言语、技能、思想、态度、情绪都要在此时期打下一个基础,若基础打得不稳固,那健全的人格就不容易建造了。

我国当代教育学者朱小蔓、梅仲荪认为:对作为人格要素的核心因素——情感态度的早期培养尤为重要。近年来大量的实验报告证明:

幼儿时期是各种感受器官完善阶段,是接受情绪刺激最敏感阶段,它是健康情绪和基础情感形成的关键期,也是情感教育的最佳期。这年龄阶段的儿童有一个极为明显的特征是:在他们生活中充满着情绪色彩,喜怒哀乐易于流露,对周围一切美好事物有特别强烈的情绪感受能力。他们对父母的抚爱、老师的热爱、小伙伴的友爱和自然界的一草一木、一虫一鸟,都具有强烈的好奇心、新鲜感和细致入微的观察力。这阶段的情绪和情感状态具有早期社会性行为反应的原始性动机系统,它的先天预成的性质决定了它比语言出现得更早,并更早地发挥适应性功能。埃里克森在人格发展阶段论的研究中提出:个体基本的信任感产生于乳儿期;自主感产生于婴幼儿期;主动感产生于学前期。如果失去在特定时期的及时培养,幼儿情感就会得不到良好发展。[①]

4. 重视幼儿的个别差异,因人施教

直接上课的方式往往是集体进行,幼儿人数多,教师很难顾及到幼儿的个别差异。但是,幼儿极大的个别差异要求教师对每个个体有特殊的不同于他人的作用方式,年龄越小越是如此。因此,必须改变过多地使用集体活动的方式。例如,让能力不同的幼儿分组或个别学习,允许他们用不同的时间完成同一学习,或给他们安排不同难度的任务;针对幼儿的不同特点和需要设计多种活动,让幼儿能按自己的喜好自主选择适合的活动;等等。

5. 重视随机地"教"

直接教的方式不只限于在正规的场合,在作业课上,灵活地利

---

① 朱小蔓、梅仲荪:《儿童情感发展与教育》,江苏教育出版社 1998 年版,第 247~248 页。

用一日生活中的各种机会进行自然的、有针对性的教,往往更切合幼儿的实际,更容易进行个别教育。随机的"教"并非东一榔头西一棒,而是建立在教师对幼儿深刻了解的基础上的,是在清楚的目标意识之下的教育行为。

6. 直接教与间接教相结合

直接教与间接教各有利弊,而两者的优缺点恰恰可以互补,因此,两种方式应当结合起来使用。另外,在教育活动中,幼儿的学习方式是在不断变化的,接受学习和发现学习不断交替出现,有时甚至交织在一起。由于这两种学习的性质不同,教师只有把直接与间接教两种方式结合起来使用,才能有效地帮助幼儿学习。

(三) 间接教要注意的问题

1. 与直接教的方式相结合

鉴于间接控制方式的弱点,如果教师恰当地结合直接的言语传授,在提高幼儿知识的准确性、明确性和概括性等方面会具有明显的效果。

2. 正确的角色定位

在使用间接教的方式时,教师主要是幼儿活动的观察者、支持者和合作者,只在必要时才直接给幼儿一些解决问题的提示,提供一些帮助等。在间接指导中,正确的教育观念和专业修养是教师正确地把握自己角色的关键。教师应当记住,自己的主导作用主要是体现在如何支持幼儿学习上,如何满足幼儿自己选择、自主决定、自主活动和探索的需要上。另外,教师如果对幼儿放任自流,或者忽视全局,也是缺乏角色意识的表现。

3. 环境适合幼儿的年龄特点和个别差异

间接控制方式是通过环境来实现教育功能的,如果环境不适合幼儿的需要的话,教育效果也就无从谈起。从幼儿园的环境现状来看,环境创设对年龄特征尚注意得不够。如活动角的设置缺乏发展性,大、中、小班"娃娃家"常常没有什么差别,因此根本吸引不了大、中班的幼儿,使"娃娃家"失去了作为幼儿社会性学习场所的功能。活动中满足幼儿个别差异的最有效的途径就是活动的形式、内容,材料的多样化,教师指导的个别化、个性化,对那些有特殊需要的幼儿,更要求教师精心地、有针对性地提供材料、玩具,帮助他们建立与他人的良好关系。

思考题:

1. 师幼交往关系的特点是什么?
2. 教育过程中表现的职业伦理道德有哪几个方面?其基本要求是什么?
3. 促进教师与幼儿相互作用有哪些策略?
4. 分析一个幼儿园教育活动的实例,评价一个教师与幼儿相互作用的质量。

第四章 教师的自我修养

教师职业道德水平的提高,一方面依靠外界对教师施加影响,把教师职业道德原则、规范和要求传递给教师,即通过教师职业道德教育来实现;另一方面依靠教师自己对自己施加影响,把教师职业道德原则、规范和要求转化为自己的内心信念,即通过自我修养来实现。教师职业道德自我修养在教师职业道德素质的提高过程中,起着极为重要的作用。

第一节 教师人格的自我完善

教育,是以人格塑造人格的事业,是心灵与心灵相互影响、相互交流的社会精神生活过程。从某种意义上说,教师的人格是推动时代发展的巨大动力,完善教师的人格素质,对推动教育的改革与发展具有重要作用。

一、教师人格的含义

人格一词源于拉丁文 persona,意指古希腊罗马时代戏剧演员在舞台上扮演角色所戴的假面具,它代表剧中人的身份,表现剧中人物的某种典型心理。有"人"、"个性"、"性格"等含义。《中国大百科全书·教育卷》采用的人格定义为:"人格是个人相对稳定的比较重要的心理特征的总和。这些心理特征包括个人的能力、气质、性格、爱好、倾向等。它们是在一定生理素质的基础上,通过社会实践逐渐形成和巩固的。"这个定义在最广泛的意义上,揭示了人格作为影响人的行为的重要因素之一,是个体自身的所有的内部因素的总和,它是与环境的相互作用过程中人的行为及其方式。人格是人际交往的基础,也是社会风尚的表征,是做人的根本。

科教兴国,教育为本,发展教育,师资先行。"学高为师,身正为范",这是对教师职业特征及其专业特征的概括,也是对现代教师人格塑造的要求。俄国教育家乌申斯基曾经说过,教师的人格对于年轻的心灵来说,是任何东西都不能代替的,教师的人格是教育事业的一切,只有人格才能影响人格的形成和发展。因此,在教育现代化的进程中,塑造现代教师人格始终是一项基础性工程。

人格是人的社会性的集中体现,它带有职业的烙印,不同的职业有不同的人格特质和模式要求。"教师人格"是指教师应具备的优良的情感及意志结构、合理的心理结构、稳定的道德意识和个体内在的行为倾向性。作为"人类灵魂的工程师",他们的人格模式要求应当先于、优于和高于其他行业的人格模式要求。也就是说,教师人格应该成为全社会的表率。

二、教师人格的特征

人格是极其复杂的现象,它是由交互联系着的多种层次所构成的。其中有主要层次和次要层次,有主导层次和从属层次。高层次往往渗透到低层次中,对低层次起调节和控制作用,低层次又是高层次发展的基础,并反映高层次的要求。

(一)教师思维能力的特征

思维是人脑借助于语言对客观现实概括的和间接的反映,它反映的是事物的本质与内部规律性。

近二十年来,西方学者如希勒(J. H. Hiller)、所罗门(D. solomon)等人,对教师的思维能力进行了大量研究,认为思维的系统性、逻辑性、创造性等,是教师从事教育工作所不可缺少的重要能力。教师思维能力的特点主要表现在两个方面,即既要具有逻辑性,又要具有创造性。

1.

要善于吸收科学的新成果,善于分析社会变化、发展的新现象,并把它们运用到教学过程中去。

三是教师要促进学生创造性思维的发展。教师负有启迪学生思维的任务。如果教师的思维有了创造性,则会从不同寻常的角度向学生提出问题,启发学生思考,激发学生的创造意念,才能产生举一反三的教学效果。

四是教师要创造教育、教学的艺术。学生是有个别差异的,教师要根据不同的学生运用不同的教育、教学方法。有的人把这比喻成"一把钥匙开一把锁"。特别是对于偶发事件的巧妙处理,也需要教师具有随机应变的能力,这里面都凝结着教师的智慧,体现着教师创造性的思维。

(2) 教师创造性思维能力的培养应注意以下几方面:

首先,教师要富有好奇心。

好奇心是人们对新奇事物进行探究的一种心理倾向,是推动人们主动、积极地去观察世界,展开创造性思维的内部动因,它可以转化为动机和求知欲。有了好奇心,教师才会更加热爱生活,兴趣才会更加广泛;教师的感知觉也才会变得特别敏感,敏锐地察觉课堂中瞬息的变化和尚未解决的问题,通过不断思考,涉猎广泛的领域,从离得很远的领域中获得启示,从而使问题得到解决。

其次,教师要注意提高语言表达能力。

从思维与语言的关系来看,思维是借助内部言语在头脑中进行的心理过程。内部言语不像外部语言那样,要求有很强的逻辑性和条理性,它通常是以简化、压缩、跳跃的形式出现。由于这种特点,可使思维变得不连贯,不合乎逻辑,模糊不清,也可使思维快速进行。如果教师能够经常把内部言语转化为外部语言,由外部语言再转化为书面语言,那么,教师的思维能力必将得到迅速的提高。

再次,教师要掌握思维的一些基本方法。

思维有很多类型,根据思维的抽象程度不同,思维可以分为直观动作思维、具体形象思维和抽象逻辑思维。根据思维探索答案方向的不同,思维可以分为辐集思维与发散思维。根据思维得出的结论是否经过明确的思考步骤,可以分为知觉思维与逻辑思维。不同的思维方法对于思维能力的发展有不同的作用。因此,教师掌握多种思维方法,可以促进思维能力的提高。

(二)教师情感的特征

情感是复杂的心理现象。情感是人对客观事物是否符合需要而产生的态度体验。人们对客观事物采取不同态度,是以某事物是否符合满足人的需要为中介的。需要不同,人的内心体验便不同。

教育过程不同于生产过程的重要特点之一,即它是一个师生情感交流的过程。教育对象是有血有肉、有独立思考与意识、各具不同思想感情的活的个体。因此,情感在教学过程中具有重要作用。教师自身的情感是教育学生的起点和动力基础,是一种有力的教育因素,它直接影响学生的情感,影响学生的学习兴趣及智力活动的积极性与创造性,进而影响教育、教学的效果。教育工作的最大特点就是以情感人,因此,对教师的情感有着较高的要求。教师职业的特殊性使教师的情感表现出如下特点:

1.

方塔纳(D. Fontana)认为成功教师的重要品质之一就是教师的情感是成熟的、比较稳定的。因为教师每天要与许多个性迥异的学生接触,在授课和教育活动中可能出现与活动进程要求不符的偶发事件,甚至是讽刺、挑衅。面对种种难堪的情境,如果教师的情感不成熟、不稳定,缺乏情绪的控制能力,那么就会不知所措、自我失控、急躁、盛怒而不能自制,甚至不分青红皂白,用惩罚的手段对待学生,铸成一些不可挽回的错误,从而导致教育的失败,教师本人也会因此而情绪苦闷。所以,教师无论在何种情况下,都要沉着镇静,能够控制情绪的激烈反应,对消极情绪的产生有较强的控制力,要慎怒。

2.

而稳定的情感奠定坚实的认识基础。

二是培养对学生无私的爱和宽容的精神。

热爱学生是教师必须具有的心理品质。爱是教育的营养。心理学的研究表明,爱能够促使模仿意识的产生。人们总是趋向模仿爱他和他所爱的人,而不会去模仿他所厌恶的人。对受教育者的热爱,是教师诲人不倦的动力,是感动学生、使学生乐于接受教育的力量,同时,这种爱也促使教师的情感稳定,并趋于不断成熟。教师对学生的热爱还能使教师对学生产生一种宽容的精神,宽容并不是对学生落后方面的消极迁就,而是原谅他们由于不成熟、幼稚所犯的错误,热情地关怀、爱护、扶持、尊重学生。宽容还需要了解学生的心理特点,在与学生发生矛盾冲突、自己的威信受到损害时,首先不是斤斤计较个人的尊严和得失,而是要慎重地权衡对教育的利弊;不是利用教师的权力去整学生,而是要严于解剖自己;善于以博大深厚的感情感化学生,从而提高教师控制情绪反应的能力。

三是培养对学科专业的热爱。

这种对所学学科专业的热爱,可以使教师加深对教育活动的理解,使教育、教学活动富于感情色彩,从而激发起学生相应的情感体验,使学生能更好地感受和理解所学内容。

四是掌握情绪自我调节的心理学方法。

教师情绪的稳定与成熟,也需要一个过程,当出现急躁、愤怒、忧郁等消极情绪时,应学会运用转移、升华、自慰等方法,学会进行主动的自我调节。

(三) 教师的气质与性格特征

1.

气质是一个很古老的概念,最早是由古希腊医生希波克利特提出的。到公元2世纪,罗马医生兼解剖学家卡伦(131—200)进一步对人的气质进行分类,他认为人体内存在血液、黏液、黄胆汁、黑胆汁四种体液,并按其体内的比例不同形成了四种气质类型:胆汁质、多血质、黏液质和抑郁质。后来俄国生理学家巴甫洛夫认为人的气质与人的高级神经活动的特点密切相关。他根据高级神经活动过程的三种特性(强度、平衡性、灵活性)的不同结合,把高级神经活动分为四种基本类型。一是强而不平衡的类型,也叫兴奋型;二是强、平衡而灵活的类型,也叫活泼型;三是强、平衡而不灵活的类型,也叫安静型;四是弱型也叫抑制型。具有不同气质类型的人在情绪、言语、行动等方面会表现出不同的特点。但气质并不决定一个人的社会价值和成就高低。气质具有可塑性。气质虽然是以高级神经系统类型为生理基础的,但是随着社会生活的影响,人的气质的某些特点常常被其他一些特点所掩盖。所以,我们在生活中虽然可以见到四种气质类型的典型代表者,但更多的人是属于近似于某种气质,同时又兼有其他气质的某些特点,属于过渡型或混合型。

从事教师职业的人在气质方面表现出如下特点:

(1) 胆汁质(兴奋型)为主的教师。

表现为兴奋性高,精力充沛,在教育、教学工作中能承担较重的任务,做事雷厉风行,反应快但不灵活;抑制力差、性情急躁、热情、直爽、外向,好胜心强,有时会表现出比较主观、易冲动;行动迅速,强而有力,敢于冒险;言语明确,富有表情。

(2) 多血质(活泼型)为主的教师。

表现为反应敏捷灵活,适应性强;活泼、热情,善交际,容易发生情绪体验,并且体验比较丰富,但不深刻,易变换,兴趣和注意不稳定;能较快学会新的东西,容易适应新环境,但缺乏意志持久性、刻苦和耐心。

(3) 黏液质(安静型)为主的教师。

表现为安静、稳重、沉默寡言,情绪不易外露;反应慢而稳定,有较强的自我控制能力;注意和兴趣稳定且难以转移,善于忍受,善于做细致、持久、耐心的工作;反应和行动欠灵活,对周围事物冷淡。

(4) 抑郁质(弱型)为主的教师。

抑郁质属神经弱型,抑郁占优势,反应慢且不灵活,不能承受强烈的刺激;行动迟缓,孤僻内向;观察力强,想象丰富,情绪体验深刻,往往以心境的状态出现,敏感、懦弱,能体验到别人觉察不到的事物和人际关系的变化。

2.

果。性格的形成既有主观的因素,也有自然、环境和教育的因素。性格具有可塑性,也就是说人的性格是可以改变的,良好的性格可以培养,不良的性格也能矫正。在人的整个生活过程中,人的性格总是不断地变化、发展的。教师形成积极的性格特征是非常重要的,因此,要特别重视对性格的培养。培养良好的性格有以下几个方面:一是建立正确的个性倾向系统,即树立正确的理想、信念、世界观与人生观;二是加强自我修养,自觉地抵制不利环境的影响,自我调节,积极协调社会生活中的重要影响,善于解剖自己的性格,作出正确的自我评价;三是善于从杰出人物身上汲取陶冶性格的养料,把外部压力内化为自觉的自我意识;四是改变个人不良的性格特点,作为教师,要绝对避免性格的畸形发展,避免形成偏执型人格。

第二节 教师职业道德自我修养的内涵和要求

教师职业道德自我修养是提高教师职业道德素质的极其重要的方式。明确教师职业道德自我修养的内涵及要求,对提高教师职业道德的觉悟水平、形成良好的职业道德品质具有十分重要的意义。

一、教师职业道德修养的含义

(一) 修养与道德修养

"修养"一词,出自《孟子》的"修身"、"养性"。从词义上来理解,"修"即"切磋、琢磨",也就是整治、提高之意;"养"即"涵养、熏陶",也就是培养、熏陶之意。修养是一个内涵十分丰富的概念,包含政治修养、思想修养、道德修养、知识修养、艺术修养、技能修养等内容。但无论何种修养,概括起来都包含两层含义:一是作"动词"时,修养是指人们在思想、政治、道德品质、知识技能等方面所进行的自我改造、自我磨炼、自我解剖、自我提高、自我教育等活动;二是作"名词"时,修养是指人们在长期的自我改造、自我磨炼、自我解剖、自我提高、自我教育等活动后在思想政治、道德品质、知识技能等方面所达到的水平。

修养是个体自己对自己的规范和要求,具有自主、自觉、内省等特征。

道德修养是自我修养的重要内容,是个体形成优良道德品质的重要途径,它是指人们在道德认识、道德情感、道德意识、道德信念、道德行为、道德习惯等方面,按照社会的道德原则、规范和要求所进行的自我改造、自我磨炼、自我解剖、自我提高、自我教育等活动及通过这些活动所达到的道德水平。

道德修养的实质是人们按照社会生活和社会道德的要求,对自己的道德意识和品质进行自我改造和自我完善,是人们不断进行自我斗争的过程。在这个过程中,个体应主要解决三个矛盾:一是先进的社会道德要求与个人的道德认识能力之间的矛盾;二是正确的道德认知与个人的道德行为选择之间的矛盾;三是自身因受消极道德观念影响所形成的低下的道德品质与先进的道德品质之间的矛盾。

道德修养是个体不断进行自我教育的过程。在这个过程中,个体通过对自己内心世界及其行为的反省、检查,不断改造、陶冶、解剖自我,吐故纳新,培养新的道德认知、道德情感、道德意志、道德信念和道德行为,促使自己不断地自我完善。

(二) 教师职业道德自我修养及其特点

教师职业道德自我修养是教师形成良好职业道德素质的重要途径,它是指教师为适应社会主义教育事业的需要,为形成良好的职业道德品质所进行自我改造、自我磨炼、自我解剖、自我提高、自我教育的活动及通过这些活动所达到的职业道德水平。

教师职业道德修养的过程,实质上是教师进行自我教育、自我改造、自我斗争的过程。就社会主义的教师而言,在这种自我教育、自我改造、自我斗争的过程中,应主要解决三个矛盾：一是先进的共产主义、社会主义教师职业道德观与各种非无产阶级的教师职业道德观之间的矛盾,现代素质教育所要求的职业道德观与传统中落后的职业道德观之间的矛盾;二是社会主义的教师职业道德原则、要求、规范与教师自己的职业道德认识能力、职业道德行为的选择能力、职业道德的践行能力之间的矛盾;三是自身受消极的教师职业道德观影响而形成的低下的教师职业道德品质与先进的教师职业道德品质之间的矛盾。

教师职业道德修养的特点表现在以下几个方面：

1.

实践活动就是教育和教学,因此,教师只有在共产主义、社会主义教师职业道德原则和规范的指导下,积极地、自觉地参与教育和教学实践活动,并通过这一实践活动,不断地反省、改造、培养和提高自己,才能逐步形成优良的道德品质。因此,教师职业道德修养具有很强的实践性。

4.

还是培养阻碍社会主义现代化建设发展、阻碍人类进步的人,并不取决于教师掌握的科学文化知识和技能本身,而取决于一个教师的思想政治素质。其三,良好的思想政治素质是教师从教的动力。具有良好思想政治素质的教师,是确立了正确的政治立场和方向的人,是有着崇高理想和坚定信念的人。因而,他能够把自己的命运与祖国的前途联系起来,在教育、教学实践中,牢记教书育人的宗旨,不断克服困难,为祖国培养合格的人才。

加强思想政治修养主要从以下几方面努力:

1.

国的独立、统一、富强英勇奋斗而奉献青春和生命。

　　社会主义是中国人民的历史选择,是我国人民根本利益的保障和幸福生活的源泉。当代中国,爱国与爱社会主义是一致的,建设有中国特色的社会主义是新时期爱国主义的主题,是我国各族人民爱国主义的主要内容。加强社会主义思想修养要求教师必须坚定社会主义信念,积极参加社会主义现代化建设,为把我国建设成富强、民主、文明的社会主义强国而奋斗;要求教师必须坚持社会主义方向,自觉维护社会主义根本利益,同一切破坏、颠覆社会主义制度的敌对势力进行斗争。

　　集体主义是社会主义道德的基本原则,是我国社会主义的主要价值导向。加强集体主义思想修养要求教师必须树立为人民服务的思想,具有集体、整体、大局观念,以国家利益、学校利益和学生利益为先、为重。在工作和生活中自觉实践集体主义道德原则,关心和爱护集体荣誉等,正确处理个人利益与同事利益、个人利益与学校利益、个人利益与国家利益的关系,正确处理眼前利益与长远利益的关系。

　　3.

什么样的人生态度和人生价值尺度。人生观决定一个人做人的标准,是把握人生方向、抉择人生道路的指南,因此,教师必须加强人生观修养。加强人生观修养就是要树立代表社会进步、体现时代精神、以天下为己任的科学的人生观。即树立为人民服务的人生目的,站在人民的立场上立身处世,以人民的利益为言行的宗旨,爱岗敬业、做好工作,敢于同一切危害人民的言行作斗争;树立乐观向上、积极进取、正视现实、务实求真、顽强拼搏、勇于创新的人生态度;树立集体主义,劳动、创造、奉献的人生价值观。

4.

表现。

一般来说,理想可以分为四种类型:

第一,社会理想。是指一定阶级或集团对未来社会制度和政治结构的追求、向往和设想。它反映时代的特征、阶级的特征和社会发展的趋势。

第二,道德理想。是指人们对未来道德关系、道德标准和理想人格的向往,是一定社会理想在人格上的反映。道德理想是一定社会条件和社会关系的产物,并随着社会条件和社会关系的发展而变化。

第三,职业理想。是指人们对未来工作部门、工作种类以及所达到的成就的追求和向往。职业理想是成就事业和推动社会进步的精神力量。

第四,生活理想。是人们对未来文明、科学、健康的物质生活、精神生活、家庭生活的追求和向往。由于人们所处的经济地位的差异,其生活理想也就各不相同。在阶级社会里,生活理想带有阶级性。

理想类型的这四个方面,既相互联系,又相互区别,其中,社会理想是最根本、最重要的,它决定、制约着道德理想、职业理想和生活理想。

教师必须树立远大的理想,因为理想是人生的指路明灯,是人生的精神支柱,是人生的力量源泉。教师作为一般意义上的人,应当树立远大的理想,成为人生理想的实践者;教师作为从事特殊职业——教书育人的人,更应树立远大的理想,成为人类理想的播种者。

加强理想修养,首先,教师必须树立远大的社会理想,也就是树立社会主义初级阶段的共同理想和人类最美好的共产主义理想。作为人民教师,只有将自己的个人理想、职业理想融入到这一共同理想之中,才能施展自己的抱负和才华,实现自己的理想。离开了这个共同理想,任何个人理想、任何职业理想都是无法实现的。

其次,教师应有高尚的道德理想。教师既要继承历代教师优良的道德风范,又要根据时代的发展和要求,树立新的道德理想,这一道德理想的基础是忠诚于人民的教育事业,全面贯彻党的教育方针,为振兴中华而矢志教育,终身不悔。一个教师是否树立远大的社会理想,主要从他的道德理想中折射出来。没有高尚的道德理想,一个教师的社会理想就只能落空。

再次,教师应有正确的职业理想。教师的职业理想就是为国家、为社会培养有用的人才。如果一个教师不是将培育优秀的学生作为自己的职业理想,而仅将其看作是一种谋生的手段,甚至是一种不得已而为之的职业,那么,这种教师就不可能在教育岗位上做出成就。

最后,教师应有健康的生活理想。教师的生活理想应是朴素的,同时又应当是丰富的。作为一名教师,在生活上对物质追求、物质享受应是有限的。虽然随着社会经济的发展,教师的待遇和生活条件普遍有所提高,但历代教师在物质生活方面所形成的淡泊明志、宁静致远、不求奢华、不刻意追求感官享受的精神是决不应丢弃的。教师要提高自己的生活质量,就应当学习各种科学知识和掌握一些能提高自己情趣的技艺,充实自己的精神生活。惟其如此,才能实现自己的生活理想。

(2) 所谓信念,就是人们在一定的认识基础上,对某种思想理论、学说和理想所产生的坚定不移的看法。

当人们坚信自己对某一事物的看法是正确的,就会坚持自己的观点,那么,这一观点就是他的一种信念。由于人们各自生活在不同的社会环境里,有着不同的境遇,受到不同的教育,因而会产生不同的信念。在阶级社会里,不同的阶级有不同的信念;在同一阶级的不同阶层,信念也不尽相同。信念的多样性构成了一个复

杂的系统,具有特定的层次和结构。我们可以将信念划分为以下四个方面:

第一,政治信念,即指人们对国家、政党、社会革命、政治制度和设施等一系列政治问题的一贯看法。没有正确的政治信念,人们就会迷失方向,犯政治错误。

第二,科学信念,就是对反映自然、社会和人类思维等客观规律的科学知识体系的态度。科学信念所体现的是人类的理性精神,它是建立在判断、推理及实践检验基础上的。

第三,道德信念,是指人们对一定社会的道德原则、道德规范体系所持的信奉态度。在人类历史上,曾有过不同类型的道德,就今天而言,坚持社会主义道德观念,抵制资产阶级道德侵蚀,乃是道德信念的应有之义。

第四,生活信念,是指人们对生活前途的信心和态度。

教师必须树立崇高的信念。因为,信念作为人类所特有的一种精神现象,是人的认识、情感和意志的融合与统一,信念一经形成,就对人的行为产生巨大的制约作用。信念是人们认识事物的基点和评判事物的标准,是人们追求人生理想的强大动力。加强信念修养就是要加强社会主义政治信念修养,坚信社会主义必然代替资本主义,全世界最终必然实现共产主义;就是要加强社会主义道德信念修养,坚信社会主义道德将成为人们自觉的行为习惯和准则,以完美的人格要求自己;就是要加强科学信念修养,破除迷信,相信科学和真理的力量,相信实践是检验真理的唯一标准;就是要加强生活信念修养,坚信人生是美好的,尽管在人生道路上会遇到各种挫折和失败,但只要勇往直前,就能战胜困难。

(二) 道德修养

道德修养的最终目的是形成良好的道德品质。道德品质是一定社会或阶级的道德原则和规范在个人身上的体现与凝结,是人们在处理个人与他人、个人与社会、个人与自然关系的一系列行为中所表现出来的比较稳定的道德倾向和特征,包括认知、情感、信念、意志、行为等方面的因素。道德品质是在教育和自我修养下逐步形成的。由于道德教育必须经过教育对象的接受和认可,转化为教育对象自身的思想意识才能起作用,而道德修养是主体的自觉意识和行为,因此,道德的自我修养较之道德教育更积极、更主动,它是一个人提高道德素质的主要途径。

任何一种道德品质的形成,都有一个从道德认识转化为道德情感、形成道德意志和信念,再转化为道德行为的发展过程。人们道德修养的主要内容包括提高道德认识、陶冶道德情感、坚定道德信念、训练道德行为。

1.

原则。这是一种内心信念,有了这种内心信念,就会产生一种动力,支配一个人愿意采取某一种行为,而不愿意采取另一种行为。所以,一个人具有了道德信念,才能有持之以恒的道德行为。

3.

业道德的认识,明确教师职业道德修养的目的和方向,把握教师职业道德修养的要求。有了这些理论知识,才能分清善恶、真假、美丑,也才能知道如何去加强自身修养。除了学习书本上的科学知识外,还需要学习实际生活中的道德知识。实际中的道德榜样或典型,较之书本上的道德知识更直接、更生动,认真学习之,感受就更为深刻。学习这些理论会帮助教师了解人类道德形成和发展的规律及其趋势,进而明确师德修养的目的、意义、途径和方法,以增强自身师德修养的自觉性和主动性。

3.

高为师",那些登上最高道德境界的人们,无一不是以科学文化知识作为自己学识支撑的。目不识丁而又懒于学习的人,在道德修养的阶梯上永远不可能攀登上顶点。古希腊人认为"知识即美德",他们把知识本身看作是一种美德。只有通过学习科学文化知识,才能丰富教师道德修养的内涵,才能促进自身道德修养的提高。同时,应该牢记列宁的教诲:"只有了解人类创造的一切财富以丰富自己的头脑,才能成为共产主义者。"

6.

兴趣等多方面心理品质上的修养。教师的心理素质不仅直接关系到个人的健康,而且对学生的身心健康发展起着重要作用。加强心理素质修养,其目的就是要达到心理健康。

1.

(五)审美修养

审美是人们对美和美的事物的一种认识、一种感动、一种欣赏和评价。审美是人类认识世界、改造世界不可缺少的一种思想情感方式。它以情感、启示、满足、愉悦等特殊形式来触发人的情感,以美感人、以情动人,从而起到潜移默化地感染和教育作用。正确的审美观、较高的审美能力和健康高尚的审美情趣,对人的全面发展有着十分深刻而有益的作用。主要表现在:

1.

三、教师职业道德自我修养的境界

教师职业道德修养的目的是塑造良好的道德品质,升华教师的道德境界。教师职业道德修养越好,道德境界就越高。只有具备高尚的品德和崇高精神境界的人民教师才是真正合格的教师。

(一)教师职业道德自我修养境界的含义

"境界"一词,在我国古代文献中,原指"疆界"、"地域"。后来引申为人们所处的境况,一些思想家把它用来说明人们道德品质状况和自我修养的程度。教师经过不同程度的主观努力和教育、教学实践,使自己的道德品质达到不同境界。教师职业道德修养境界,是指教师接受职业道德教育、进行职业道德修养过程中形成的觉悟水平。教师职业道德境界分为应有境界和实有境界。

教师职业道德修养境界是一种多层次的复杂的道德意识现象,是一个动态的集合性概念。当我们说一个教师达到了某种境界的时候,不仅包括该境界所具有的道德行为选择能力和践行能力,而且包括他处于这种境界所具有的思想感情和精神情操。在阶级社会中,由于教师所从属的阶级地位不同,世界观、人生观和价值观的区别,因而其职业道德修养境界也参差不齐。同一个阶级的教师职业道德原则及其规范,在不同的历史阶段有着不同的层次和要求,教师职业道德修养的境界并不是统一的固定模式,不是一成不变的,它不会停留在一种境界上。每个教师通过自觉的自我修养和教育、教学实践活动去不断地完善自我,道德境界就从一种层次、境界上升到另一种层次、境界,教师职业道德的完美境界不会穷尽,也不会永远停留在某一种状态。因此,教师职业道德自我修养的完美境界或应有的境界是无止境的。

(二)教师职业道德自我修养境界的表现

在社会主义初级阶段的历史条件下,用共产主义、社会主义教师职业道德标准来观察教师在教书育人方面的精神状态和实际表现,大体上可分为"把教书当作崇高事业追求"与"把教书当作一种谋生手段"两种不同的教师职业道德修养境界。每种职业道德境界的教师,总是自然而然地凭借他们已经形成的好恶观念、情操和道德水平来处理教书与育人的关系、教师与学生的关系和其他在教书育人过程中产生的关系。

1.

后的教育思想的束缚,未能牢固树立素质教育观念,因而在教书育人的过程中,往往重知识传授、轻素质培养,把育人的工作看作是学校领导、政工干部、学生工作部门的事,抹杀教育对象的主体性,一以贯之地采取"灌注式、填鸭式"的教学方法,限制了学生潜能的发挥,阻碍了学生创造力的培养,不利于学生全面健康地成长。在"应试"教育还大有市场的今天,处于这种境界的教师还占大多数。这些教师应当尽快跟上我国全面推进素质教育的新形势,进一步提高自己的职业道德境界。

二是无所作为的境界。处于这种境界的教师不热爱教育事业,甚至鄙视教育事业,把教书仅仅看作是一种暂时的谋生手段。在未找到新的职业之前勉强为之,一旦时机成熟即另攀高枝。处于这种境界的教师往往得过且过,做一天和尚撞一天钟,既不重视知识传授,也不重视育人。当前处于这种境界的教师还大有人在,必须加以引导,提高他们的职业道德境界。

三是谋取金钱的境界。处于这种境界的教师,既无所谓教书,更说不上育人,他们仅仅为了课酬而上课,把自己看作是赚钱的机器。在教书育人过程中,根本就不讲良心二字,除了上课拿钱外似乎与学生之间、与学校之间就再也没有什么关系了。这类教师对自己的这种行为或者心安理得,或者理直气壮,既不认为自己"误人子弟",也不觉得自己"混日子"、拿了人民给的薪金而惭愧。这种职业道德修养境界,从根本上说,是剥削阶级的道德行为表现。在社会主义初级阶段,还有为数不少的教师处于这种境界,如果任其在教师中滋生蔓延,必然危害我国改革开放和社会主义现代化建设事业。因此,我们决不能掉以轻心,要坚决加以抵制。

当前,我国正处于一个伟大的时代,一个崭新的时代。新的时代对教师的职业道德素质提出了越来越高的要求。新时代的教师一定要加强自身的道德修养,追求崇高的道德境界,努力使自己成为一名优秀的人民教师,为我国的社会主义教育事业作出应有的贡献。

第三节 教师职业道德自我修养的途径和方法

教师职业道德品质的形成主要通过个人修身养性,达到理想的道德境界。"人皆可为尧舜",通过自我修养,每个人都可以完善自己的人格,每个人都可以将自己提高到与其天赋素质、能力和才干充分适应的高度。我国古代修身养性的方法正如《礼记·中庸》所说:"好学近乎知,力行近乎仁,知耻近乎勇。知斯三者,则知所以修身。"这对我们仍有借鉴作用。每个教师只有选择正确的教师职业道德修养途径,把握行之有效的教师职业道德修养方法,以高尚的道德品质和崇高的理想人格作为自己的道德追求,才能达到崇高的道德境界。

一、教师职业道德自我修养的途径

提高自己的师德认识是师德修养的必要途径。而要提高自己的师德认识,就必须加强学习,接受教育,所以进行自我修养的第一要旨是学习。学习的主要方法有以下几种:

(一)认真读书,善于向书本学习

通过读书来获取教师职业道德及其修养方面的理论知识,是学习的主要方式。教师要提高自己的思想道德理论水平,获得真知灼见,正确地把握自己,就要善于学习。文明、理智、高尚总是同科学、知识、文化相联系的。认真学习,提高思想认识水平和理论知识水平,用科学的理论武装自己,用丰富的知识充实自己,是提高修养的首要条件。只有掌握了科学的理论和知识,才能明辨是非,分清善恶,懂得美丑。树立正确的教师职业道德观,首先要认真地学习马克思主义、毛泽东思想和邓小平理论,这是教师职业道德修养的理论基础。通过学习,树立崇高的职业理想,从根本上提高自己的师德觉悟。其次要学习有关教师职业道德的理论知识,这是教师职业道德修养的指南。通过学习,掌握社会主义教师职业道德的原则、规范和要求,规范自己的行为。第三,要学习党的路线、方针、政策,特别是党的教育方针,这是教师职业道德修养的重要依据。通过学习,了解教育的任务、目的,为社会主义培养合格的建设者和接班人。

(二)虚心求教,善于向他人学习

加强学习,还包括对实际知识的学习,如听取他人传授,参观访问,社会调查,向他人请教,观察他人言行等。俗话说得好,"处处留心皆学问"。在实际生活中勤于学习、善于学习各种知识和经验,有利于提高自身修养。《论语·述而》中说:"三人行,必有我师焉,择其善者而从之,其不善者而改之。"通过互相学习,择善而从,能够使教师取长补短,日积月累,既能增进知识,又能提高自己的教师职业道德的水平。

(三)积极进取,善于向榜样学习

榜样的力量是无穷的。教育战线涌现出来的大批优秀教师,是树立教师职业道德的模范代表,学习他们的先进思想和先进事迹是教师职业道德修养的一个重要方面。苏联教育家苏霍姆林斯基说,"人只能用人来建树"。先进教师的优良品质和榜样的示范作用具有极大的感召力和感染力。在自我修养中,学习榜样更直接、更生动、更形象。"一个人在努力向模范人物学习、做出高尚行为的时候,也对自己在情感和道德上做出了深刻的评价。"以优秀教师的优良品质、高尚的情操作为自己的榜样,立足现实,从自己做起,从小事做起,循序渐进,不懈追求,积极进取,就会使自己有所作为,成为合格的、优秀的教师。

(四)参加实践,善于向社会学习

在师德修养过程中,学习只能在一定程度上提高师德认识、激发师德情感。为了使这种认识和情感进一步深化,转化为教师的师德意志、师德信念和师德行为,形成自己的良好品质,更重要的一个环节就是投身于教育、教学实践。正所谓"我们是革命的唯物主义者,我们的修养不能脱离人民群众的革命实践"。

一个人只有积极投身于社会实践,才能真正理解自己应该成为一个怎样的人。正如亚里士多德所说:"我们由于从事建筑而变为建筑师,由于奏竖琴而变为竖琴演奏者。同样,由于实行公正,而变为公正的人,由于实行节制和勇敢而变为节制的、勇敢的人。"一个人若有了要做品德高尚的人的目标,他只有通过实践,持续地去做、去行动,才可能形成高尚品德,才可能成为一个合乎道德的人。教师职业道德修养同样不是"坐而论道"、"闭门造车",一定要坚持理论与实践相结合,把从书本上、他人身上学到的知识、思想运用到教育、教学的实践中,运用到教书育人的过程中,之后,才能逐渐变为自己的思想和行为。实践一点,积累一点,实践得越多,掌握得就越多,这种实践越持久和深入,良好的道德品质就越巩固。离开了教育、教学实践去"闭门修养",就根本谈不上什么教师道德品质的培养。正如俗话所说,"不经风雨,难成大树;不受百炼,难以成钢"。实践是教师职业道德修养的根本途径,也是教师职业道德修养的目的,惟有不断地参与教育、教学实践,才能使道德修养真正落到实处,做到知行统一,言行一致,从而真正提高自己的职业道德修养水平。

社会是不断发展的,与之相应的师德修养的内容也应该随之而变,哪些方面应该丰富、完善,这就依赖于每一个教师在自己的社会实践和教育、教学实践中去思考、去发现、去总结、去提炼。在教育、教学实践中千千万万不断发展、完善教师职业道德修养的内容形成了今天的教师职业道德规范。

二、教师职业道德自我修养的方法

(一)自我激励,发掘修养动力

缺乏师德修养的动力,师德修养过程就无法启动。师德修养的动力来自师德修养的需要,而师德修养的需要是否产生,又决定于教师是否具有较强的"教师意识"。也就是说,强化教师意识,才能不断产生师德修养的需要,继而产生师德修养的内驱力,最后激发和维持师德修养的行为。

所谓教师意识,指的是教师对自己的教师身份,对教师的社会价值及意义、作用,对自己的言行举止在学生中产生的影响等方面的认识。不断培养自己的教师意识,就会知道要达到人们努力追求的目标,并非进入教育界即意味着拥有了"教师形象",就能符合社会对教师的期望。当我们有了这种与理想境界的差距感,急于去缩短这种距离以使自己"像一名教师"、"做一名好教师"时,我们就会产生渴望净化灵魂、升华人性、完善师德的高级的精神需要。由于需要从本质上说是一种"匮乏状态",因而这些"师德匮乏感"会启动教师积极修养,以消除精神欠缺并满足精神需要;又因为精神需要具有无限性,即新的更高的渴望和追求会不断产生,永无止境,所以,这种师德修养的需要不仅起着激活、启动师德修养活动的作用,而且还具有保持、维持和增强师德修养活动永不停息的功能。进一步说,教师师德修养的需要越强烈,则自我修养的自觉性越高、积极性越大。由此可见,教师强化自身的教师意识、激发自身的修养需要,是师德修养的首要环节。

(二)自我设计,确立修养目标

有了师德修养的动力,还需要明确修养的目标,才能保证修养活动有效和高效。毫无疑问,在我国现阶段,各行各业的人们根本的道德修养目标,就是以为人民服务为核心,以集体主义为原则,以"五爱"为基本内容的社会主义道德,这是体现时代精神的总目标。而具体到教师职业道德的目标,又有如前些章节所述的种种规范和要求,它是所有为人师表者所要身体力行修养的方向。再具体到教师个人,每位教师还应为自己制定一份针对自己实际的修养目标计划和时间表。

我们的教师各有自己的道德水平状况,有的具有无私献身教育、一心一意为学生的心愿;有的处于先公后私或公私兼顾的心态;有的则强调自我,处处以自我为中心,时时受私欲所制约。我们的教师各有自己的个性优缺点,各有自己的世界观、价值观、人生观,各有自己的年龄特征、生活经历、受教育水平等。因此,修养的具体目标因人而异、各具特色。例如,有的教师对本职业缺乏认同感,认为当"孩子王"低人一等,因而出校门摘下校徽,并回避同学、朋友;进校门则心情烦闷、教书没劲、育人无心。这类教师的师德修养目标首先应定位在了解和理解教师的职业特点和工作价值,尽快地认同和悦纳自己的职业。有的教师爱岗爱生,铁下心来当园丁,但一点即着的火爆脾气使他时而与同事发生冲突,时而出口伤学生,这类教师的近期修养目标则应定位在健康个性的训练上。例如,通过放松训练、行为矫正、艺术欣赏等途径,克服胆汁质气质类型的弱点,培养温和热情的、受学生欢迎的个性特征。这一目标可能要努力几年才能达到,可能历经苦练才能有所收获,艰难的付出不仅可以换来学生的欢迎以及学生的健康成长,而且可以协调自己与周围所有人的关系,有利于创造幸福而成功的人生。总而言之,教师个人不妨对自己作一番冷静、理智的分析,在此基础上为自己设计一系列短期、中期、长期的师德修养目标,当我们一步步接近或实现目标时,成功的喜悦感定会油然而生。

(三) 自我陶冶,积累情感体验

没有情感就没有道德。没有对育人工作的深厚情感就不会有高尚的爱校、爱岗、敬业、乐业的道德;缺乏对学生的感情就难以产生"一切为了学生"的激情,乃至"舍身爱生"的操行。徐特立说:"教书是一种很愉快的事业,你越教就会越爱自己的事业。当你看到你教出来的学生一批批走向生活,为社会作出贡献时,你会多么高兴啊!"鲁迅先生热心于教育青年的行为,正如他所说的:在生活的路上,将血一滴一滴地滴过去,以饲别人,虽自觉渐渐瘦弱,也以为快活。可见,丰富的师德情感造就了积极奉献的师德行为。

"干一行爱一行",听起来似乎有些过时,它却几乎是每一时代成功者的共同特征。改革开放以来,社会的迅速发展提供了许多富于挑战性的吸引人的行业,使得"外面的世界"异彩纷呈。在新的机遇面前,一部分教师产生了需要冲突和目标冲突。一项调查结果说明了这一问题:在"如果现在你有择业的机会,你还会选择教师这个职业吗?"67.4%的教师回答"是的",32.6%的教师回答"不"。相当一部分教师还处于不稳定之中,教师的敬业精神受到较大的挑战。在题为"教师职业道德中存在的主要问题"的回答中,被抽样调查的广东省中小学教师中有31.48%认为,是"对学生缺乏爱心",26.22%认为是"对教师职业不热爱"。这些数字都在一定程度上说明当前有部分教师不安于位,对教书育人缺乏认同感和深厚的情感。也就是说,在社会转型期,教师的师德情感的培养受到许多因素的影响。

"世上没有无缘无故的爱",说明感情不会凭空而降,感情需要培养,感情也可以培养。我们不难发现,一些教师从不情愿走进师范生行列,无可奈何地扮演"孩子王"的角色,到发现培育儿童青少年成长的这一工程的精彩,再到着迷于执教讲坛,走过一条培养、积累、发展热爱教育事业的路子。的确,既然我们已身为一名教师,应当是不甘愿平庸地过一生,而"干教育则爱教育"是我们事业有成的首要条件。有了对教育之爱,我们可能因工作上的负荷而身体疲累,心里却是轻松愉快的;我们可能会因为一些调皮学生付出大量心血,却会从他们的转变中获得巨大的乐趣和成功感;我们可能物质上并不富有,但精神世界丰富充实,以一身雅兴、两袖清风为荣。正像一位幼儿园教师所说:"我幸福、我自豪。我爱学生,学生也爱我。我把'教师'与'美好'联系在一起,把'育人'与'祖国'与'崇高'联系在一起,我鄙视低俗,警惕庸庸碌碌,摒弃颓废、消沉,我追求真、善、美的境界。我热爱和学生在一起的生气勃勃的生活……虽然青春早已逝去,但是,我觉得我的心永远是年轻。"对教育的情感驱动着这位教师全身心投入教育事业,并从中品尝到成功的喜悦。所以,她发自内心地说道:"假如年轻三十岁,还愿意再当一回师范生。"这种境界的获得,是这位教师长期的自我陶冶、自我培养的结果。

(四)磨炼践行,培养意志品质

古人云:"积善成德。"说的是优秀品德的形成要经历知微见著、积小善为大德的过程。师德的形成也不例外,只有长期坚持、刻苦磨砺,才能筑起坚不可摧的"人格长城"。

在改革开放的环境下,教师主体内部的心理矛盾和心理冲突增多,外部的各种诱惑也大量存在,要做到排除干扰和诱惑,严格进行自我要求、自我监督,意志这一心理因素就显得尤为关键。那么,如何自我磨炼、不断践行、增强意志、积善成德呢?以下几种方法是行之有效的:

1.

教师如何"慎独"呢？

首先，在"隐"处着眼。这里有两层含义：一是要求教师把着眼点放到自己的思想深处，去寻找最隐蔽的角落里的不良思想和动机，一旦发现就赶紧把它清除，哪怕是同事、学生丝毫未觉察到的思想言行也毫不姑息；二是要求教师无论在何种场合，都坚持一种应有的表现，人前人后一个样。

其二，在"微"处着手。古语云，"积小善而成大德"，"勿以恶小而为之"。我们进行师德修养，要从小处起步，防微杜渐，不放过自己每一有损教师形象的言行。时时提醒自己：一句粗话、一点不良习惯，都并非"小节无伤大雅"，切忌因"恶小而为之"，否则大事临头时，也会缺乏坚定的自觉性，缺乏抵抗能力。有人说："教师的一言一行，无时无刻不在教育学生，不在潜移默化地影响着学生的身心发展。只要我们在生活上稍不检点，就会失去教育人的权利。"这一告诫对任何时期的教师来说都是值得谨记的。

其三，在"恒"字上着力。慎独不是一夜之功，也不可能一劳永逸，而是一个持之以恒的积累过程，可能是十年、几十年如一日的修养结果。全国优秀教育工作者、珠海香洲一小副校长林淑珍，在她34年的漫长执教路上，小到衣着、走路、交谈，大至课堂教学、处理事端，一直冷静地修炼自己。有人说，做到一天、一月、一年不迟到并不很难，而林老师在香洲一小的15个春秋里，每天像时钟一样准确迈进校园，这体现的是一种持之以恒的自我要求精神和坚忍不拔的意志力。注意慎独，严于律己，生命不息，修养不止。当前，在市场经济条件下各种物质诱惑纷纷涌来，我们的教师容易受其影响而改变原先的追求。若无法坚持跋涉于修养之路，则不仅难以到达师德光辉的顶点，而且还会使以前师德修养的努力付之东流。所以在新形势下，教师更应注意着力于一个恒字，不轻易放弃时修养的努力。

（1）向先进模范人物学习。"见贤思齐",是教师应有的美德,教师要向各行各业的先进模范人物学习,总结和提炼他们的优秀品质,缩短与他们的距离。苏联教育家加里宁说:"教师一方面要献出自己的东西,另一方面又要像海绵一样从人民中、生活中和科学中吸收一切优良的东西,然后再把这些优良的东西献给学生。"可见教师虚心向先进看齐、汲取具有时代特征的道德精华是十分重要的。

（2）发现学生身上闪光的品质。在古代,师道尊严,其权威的地位是牢固的,但是古人尚且给我们留下"师不必贤于弟子,弟子不必不如师"的遗训。在当代信息社会,人们获取知识的途径空前增多,教师知识权威的地位受到了冲击而发生动摇。我们不难发现,当前的学生从报刊、书籍、广播、电视等传媒获取了大量新的知识,有的甚至是一些高新科技信息,是我们教师尚未了解和掌握的知识,如果我们的教师能正视这种事实,变"为人师"为"以他人为师"、"以学生为师",对自身的发展是不无裨益的。同时,学生有童心的纯真,有追求真理、追求美德的执着,这些都是值得我们教师去汲取的精神营养。

（3）社会生活是一座道德宝库,每时每刻都有闪光的思想和行为,若用心去发现和提炼,也可从中获得许多道德宝藏。

（4）身体力行,躬行履践。在虚心学习、勤于反思的基础上,还要积极投身教育实践,通过积极实践完成师德修养的全过程。荀子说:"不闻不若闻之,闻之不若见之,见之不若知之,知之不若行之。学至于行之而止矣。"朱熹也认为,道德修养"只有两件事,理会、践行"。古代学者的许多论述都十分强调实践的意义。可以说,理论与实践相结合永远是科学的道德修养方法。

首先,教师投身到教育实践中,就会与他人、与社会发生关系,从而真切了解人与人之间的各种道德关系;在实践中能不断积累情感体验,提高道德意识水平,并形成相应的道德行为习惯;在实践中还能暴露出个人在师德方面的某些不足,并努力在实践中克服和纠正。只有活生生的教育实践活动,才能促使教师把理论认识转化为内心深处的真情实感,并进而形成具有稳定倾向的行为习惯。也就是说,实践活动是师德修养的现实基础。

其次,教育实践也是检验师德修养的标准。我们可以对自身提出种种要求,给自己明确种种目标,并不断地解剖自己,闭门思过、博采众长,但这种种的努力是否有效、成效大小如何,都需要由教育实践来检验。例如,全国《中小学教师职业道德规范》中要求:"尊重学生的人格,平等、公正对待学生。""保护学生合法权益,促进学生全面、主动、健康发展。"理解这些要求并不难,但付诸实践后,就并非如想象的那么简单。在教育实践上怎样做、做的效果如何、具体的标准是什么,都只有通过实践经验的积累和对实践效果的检验,才能作出客观的评价。

再次,教育实践是师德修养的归宿。显然,只有通过积极修养,最终在教育实践中做出成绩、作出贡献的教师,才是师德高尚的教育工作者。所以,我们教师要主动争取各种教育实践渠道,从中获得源源不断的精神能源,在身体力行新时期的师德规范的过程中,切实提高修养水平。

思考题:

1. 当代教师进行师德修养有何现实意义?
2. 教师职业道德自我修养的主要内容有哪些?
3. 教师应该具有什么样的职业道德境界?你认为现在教师的职业道德境界状况如何?
4. 教师职业道德修养的途径和方法有哪些?其中最主要的途径和方法是什么?

第五章 幼儿园教师职业形象设计

教师的品德是教育的重要内容,而对可塑性强、模仿性强的年幼儿童来说,幼儿教师的着装打扮、言谈举止也是不可忽视的教育力量。苏联教育家加里宁曾说过:"教师的世界观,他的品行,他的生活,他对每一现象的态度都这样或那样地影响着全体学生……所以,一个教师也必须好好检点自己,他应该觉察到,他的一举一动都处在最严格的监督之下,世界上任何人也没有受着这样严格的监督。孩子们几十双眼睛盯着他,须知天地间没有什么东西,能比孩子的眼睛更加精细、更加敏捷,对于人心理上各种微妙变化能更富于敏感的了,再没有任何人像孩子的眼睛那样能捉摸一切最微妙的事物,这点是应该记住的。"① 在幼儿眼里,教师是一位特殊的偶像。不但其品德水准、业务能力,就是其外在形象,在幼儿看来,也是最合乎标准规范的,对幼儿有着极大的示范性。因此,教师的形象必须符合一定的职业要求,即服饰整洁得体,仪表端庄自然,语言规范文明,举止稳重大方。扮演多重角色的幼儿园教师,在处理与园领导、同事以及学生家长的关系时,其言谈举止也必须讲究一定的礼仪,符合一定的规范;在家庭生活中,与长辈、同辈以及晚辈相处时,应该体现家庭美德;在遵守社会公德方面,更应成为大众的表率。幼儿园教师合适的形象,无论是在宏观

---

① [苏]加里宁:《论共产主义教育》,中国青年出版社 1979 年版,第 97 页。

还是微观方面、无论是对群体还是对个人,都将产生广泛而深刻的影响。

第一节 幼儿园教师职业形象的教育价值

一个人着装打扮、言谈举止等外在因素会给人造成综合的印象。美好的职业形象不仅有利于个人工作效率的提高、任务的顺利完成,而且有助于增强自身的职业感,帮助个人修身养性,完善自我。同时,端庄的仪表、优雅的举止和良好的教养还能帮助人们约束自我、尊重他人,相互理解、相互合作,创造和谐的人际关系和社会环境。教育实践告诉我们,教师的形象本身还是一种宝贵的教育资源,具有较其他职业更强烈的示范性。教师本身的外在行为是树立在学生面前的直接榜样。教师的个体形象,包括音容笑貌、举止风度,几乎在学生的心灵中储存终身,以至吸收为自己的个性特征。在学生眼里,教师的外部个性特征较其内在品质(当然这里是指内在品质的具体表现)有更大的教育影响和作用。良好的教师职业形象蕴藏着丰富的教育价值。

品质是行为的综合,行为是品质的具体表现。"不论一个人的思想观点、世界观有多么先进,如果他不懂某些礼节,不善于在各种不同场合保持文雅大方的举止的话,他会陷入尴尬的处境。"[①]作为一个教师,"使各种高尚的道德品质——在个人生活与集体生活中光明磊落、心地善良、诚实正直——和这些品质的外在表现的美(文雅的风度、灵活的举止等等)达到和谐统一,是美育最重要的任务之一"[②]。教师外在形象的教育价值主要反映在以下几个方面:

---

① [苏]奥夫相尼科夫:《美学》,上海译文出版社1982年版,第93页。
② 同上,第86页。

一、教师形象对自身的作用

幼儿园教师肩负着保育和教育的双重责任,承担着促进幼儿体、智、德、美诸方面全面发展的工作职责。教育实践表明,良好的教师职业形象有利于课堂教学任务的完成。课堂犹如一个大舞台,课堂教学是一门综合艺术。教师集语言、表演、造型等艺术手段于一堂,教师的仪表给学生留下深刻的印象,其风度直接作用于课堂教学,对学生接受、理解、消化知识产生直接的影响。教师的举止、装束、言谈都会参与课堂教学的全过程,并产生积极的效益,辅助教师传授知识和对学生进行思想教育。

(一)教师的形象具有较强的外显性和感染力

教师一走进教室,他的举止、风度已经向学生说了话,他在三尺讲台上循循善诱时,他的朴素大方的服饰、稳重从容的举止,给学生一种轻松舒畅、踏实可靠的感觉;反之,如果一个教师不修边幅、邋邋遢遢、精神沮丧,只会给学生一种萎靡不振、放荡不羁的感觉。实践证明,教师的举止是否端庄,衣着是否整洁,影响着学生的注意力和听课的效果。如果教师不注重举止、仪表,讲课时只顾侃侃而谈,唾沫四溅,就会引起学生的反感,影响其教学效果。如果教师举止端庄,衣着大方,作风严谨,动作稳重,表现出一种适度的美,教学就会取得更佳的效果。

教师在课堂教学中,着装朴实整洁,举止稳重端庄,性情活泼开朗,待人热情大方,谈吐文雅谦逊,态度善良和蔼,就会使学生从中感受到力量、意志、修养、个性的美。学生陶醉在知识和审美的海洋里,巨大的潜能得到充分的发挥,他们会在无形中配合教师圆满地完成教学任务。所以教师的仪表风度,是与他的课堂教学效果成正比的,它是教师完成课堂教学任务的重要方面。

(二) 教学中的语言对教学影响最大，是教师形象影响力的重要体现

马克思主义认为，思想不能脱离语言而存在，语言表达思维的生命力和思维的直接现实性，它们可以使人不断完善认识的性质，扩大和加深关于客观世界科学的和美学的概念。有经验的教师在第一次让学生接触某一作品时，就力图吸引学生，设法把他们引进艺术的大门，使学生在阅览和听读课文的过程中得到满足，就像给予他们理解作品思想意义和审美价值的钥匙，同时陶冶了他们的情感和趣味。富有诗意的语言，会使学生受到感动，从而丰富学生的知识，扩大学生的兴趣范围。在关于列宁的回忆录中曾谈到弗拉基米尔·伊里奇具有非凡的吸引力，这种吸引力与其说是表现在他的外表上，不如说是表现在他的语言上，他讲的话语朴实无华，但又是那样和谐，他从不大吹大擂，夸夸其谈，但他所说的话是那样字字千钧和意味深长，那样精辟和具有表现力。列宁的语言表达风格应该成为教师在教学语言方面学习的目标。

教学语言的主体是预先准备好的，在正常表达过程中，教师的语言要发音清晰、用词准确、语法规范、重点突出、简明易懂。在此基础上还要做到语感生动、语气亲切、有趣味性。这样使幼儿能迅速、准确地理解教师的语意，能潜移默化地学会正确的语言表达方式，能在良好的语言环境中心情舒畅地接受各种教育。尤其是一些教师在长期教学实践中，形成自己讲课的语言风格，准确性、知识性、趣味性、针对性很强，使学生听起课来轻松愉快，没有劳累感，这是课堂教学成功的重要因素。

(三) 在课堂教学中，教师的体态语(表情和动作)也会影响整个教学

教师除了用语言传授知识外，还要调动表情、动作等手段共同作用于课堂教学。一位外国心理学家通过测定得出了这样的等式：

的效果。

端庄的仪表、优雅的举止和良好的教学综合成的职业形象不仅有利于工作效率的提高、任务的顺利完成,而且有助于增强自身的职业感。教师职业有着源远流长的发展历史,当前在我国,教师正经历着"专业化"的转变,人们对教师的职业素养有了更高的要求。职业道德素质并不是游离于个体素质之外的道德标准或道德规范,而是积淀为个体综合素质重要组成部分的观念、情感和行为方式。从外在行为表现看,个体的职业道德不是豪言壮语和满腹经纶的道德知识,而是对人、对事的态度,是拥有符合职业要求的形象。幼儿园教师的形象不只代表着个人,也代表着教师团体。干哪行就得有哪行的样子,拥有符合职业要求的形象是敬岗爱业的表现,是对自身所从事职业的心理认同,是社会认知与角色行为的统一。树立良好的职业形象,更易受到他人的尊敬和社会对个人、对行业的认可。在周围人不断的、积极的反馈中,教师的职业感也会随之增强。

恩格斯说:"人来源于运动界这一事实已经决定人永远不能完全摆脱兽性,所以问题永远只能在于摆脱得多些或少些,在于兽性或人性的程度上的差异。"[1] 这句话深刻地指明,人类的进步在于不断地摆脱兽行,增进人性,完善人格。人的每一种道德行为,都是行为者个人在依据自己理解的人性和人格,通过道德活动去完善道德人格,在"自然人"上升为"道德的人"的过程中获得的。教师塑造职业形象的过程,就是重新认识、理解教师职业道德规范的过程。良好的举止是心灵的外衣,丑陋的灵魂不可能造就美好的外形。外在美的塑造对内在修养提出了更高的要求,外在美与内在美的统一将促使教师进一步去修身养性、完善自我。

---

[1] 《马克思恩格斯选集》第3卷,人民出版社1976年版,第140页。

二、教师形象对幼儿的感染力和示范影响

教师工作的大部分时间是与自己的教育对象——幼儿共享的,教师形象对幼儿的影响也是最大的,尤其对幼儿品行的影响更是潜移默化、意义深远。苏霍姆林斯基说:"我们每一位教师都不是教育思想的抽象的体现者,而是活生生的个性,他不仅帮助学生认识世界,而且帮助学生认识自己本身。这里起决定作用的是:学生从我们身上看到是什么样的人。我们对于学生来说,应当成为精神生活极其丰富的榜样,只有在这样的条件下,我们才有道德上的权利来教育学生。"① 在学生眼里,最值得尊敬的人莫过于教师,即便是教师某些下意识的动作,学生有时也会模仿,至于教师经常表现的比较稳定的风度、仪表特征,那更是学生仿效的对象,他们会自觉不自觉地评价、模仿以至吸收。幼儿正处在意志、品德、个性形成的最初阶段,他们的思想、品德纯洁无瑕,可塑性很大,他们的思维具体形象,主要是通过直接感知和模仿来学习的。由于幼儿整天在教师带领下学习、生活和游戏,教师的思想、情绪、品行和作风,以至对每一现象的态度和一举一动都会熏陶、感染幼儿纯洁的心灵。教师对幼儿的影响亦如父母对子女的影响般深刻。我国古代教育家孔子认为:"其身正,不令而行;其身不正,虽令不从。"所以,一个称职的教师,内在的学识品德和外在的风度仪表都应该成为学生的表率。车尔尼雪夫斯基曾说:"把学生造成一种什么样的人,自己就应当是这种人。"教师自己在风度、仪表方面是什么样,就会把学生带成什么样,这就是为师者的榜样力量。

鹅卵石的日臻圆润,不是重锤的打击,而是水的载歌载舞。为了使学生健康成长,教师不能只把眼睛盯在业务上,只在学识上下

---

① [苏]苏霍姆林斯基:《给教师的建议》,教育科学出版社1984年版,第43页。

功夫,而要重视自己给学生品行造成的巨大影响。教师一定要养成礼貌待人、仪表端庄、语言文明、举止从容的良好习惯,谨慎地对待自己的举止、言谈、作风和待人接物等"平常小事",这样才能启迪学生纯洁的心灵,指导学生正确的方向,熏陶学生健康的心理,对养成学生的优良品行起到潜移默化的作用。一个教师,纵然你学富五车,桃李四海,也要不断在动态中树立正确的伦理美学观念,做到心灵美与行为美的有机统一,不但以自己渊博的学识,而且以自己优雅的风度、仪表,去影响、塑造学生的品行,让学生真正懂得:"美——是道德纯洁、精神丰富和体魄健全的强大源泉。"这样,才不愧为"人类灵魂工程师"的光荣称号。

三、教师形象对幼儿园其他成员及园风的影响

适宜的职业形象会对同事、园领导、学生家长产生积极的影响,有利于形成优良的园风。学校是教育和培养学生加强品德修养、增长科学文化知识、学会如何正确做人的地方。因此,社会总是把学校看成是书声朗朗的知识殿堂、新秀云集的人才摇篮、贤师林立的文明学府。这就要求学校的校风必须与它肩负的神圣使命相吻合。优良校风要靠全体师生员工的共同努力才能完成,其中起重要作用的是教师。因为校风好坏的关键看学生,学生的教育培养靠教师。如果我们的教师都能在日常生活中注意自己的衣着打扮、言谈举止,注意与他人的人际交往,注意按照职业道德的标准待人接物,就能形成孜孜以求、诲人不倦、无私奉献的群体。教师群体风貌的优化,就会通过校内外各项活动,对其他成员潜移默化地产生深刻、持久的吸引和趋同作用,从而促进优良校风的形成。当然,良好的园风在无形中也将促进教师形象的日益完善。

四、教师形象对社会的影响

在社会生活中,每一种职业都以自己独特的方式和整个社会

发生着联系,每个行业都对社会道德风尚和习俗产生一定的影响。教师的形象比其他职业有着更明显的典范性。在教育过程中,教师应规范自己的言行,规范学生的言行,从而影响社会的言行。在我们这个古老文明的国度里,教师一直在全社会为人师表,发挥着表率作用。其风度、仪表也为全社会群众所效法。教师的形象首先是广泛而深刻地影响在校学生;其次是通过学生和学生家长,直接作用于社会,影响着社会的现在和未来。教师作为教育人的人,应对自己所作出的表率有预见性和规范性,以增强影响的"自觉性"和"目的性",在"公民道德建设"活动中起到典范和促进作用,加强社会主义精神文明建设。

教师的形象,之所以会影响到全社会,是因为教师劳动还是一种社会性育人的劳动。人是历史的产物,经过教育成长起来的产物。因此,人就会以自己受到的教育和影响,按照自己的修养去改造社会。人接受的全部教育,包括教师形象的影响,将作为巨大的能动力量在社会充分显露出来。

第二节　幼儿园教师职业形象的要求

幼儿园教师良好的职业形象不仅对教师自身起帮助和调节作用,而且示范、影响着幼儿的品行;不仅有利于协调园内各种人际关系,而且有助于优良社会风气的形成。那么,怎样的职业形象才称得上是良好的职业形象呢?这就是本章后两节要阐述的问题,亦是幼儿园教师职业形象的要求问题。

一、幼儿园教师职业形象设计的基本原则

幼儿园教师职业形象设计的基本原则是幼儿教师在进行自身形象设计时必须遵循的准则,是选择和评价职业形象的基本标准。它集中体现了一定阶级或社会对幼儿教师形象的最根本的要求,

贯穿于教师职业形象设计活动过程的始终,是形象设计的指导纲领。具体而言,幼儿园教师职业形象设计的基本原则包括如下几项:

(一) 职业性原则

马克思主义认为,动物只是按照所属的那个种的尺度和需要来建造,而人却懂得按照任何一个种的尺度来进行生产,并且懂得怎样处处把内在尺度运用到对象上去。幼儿园教师的形象并不纯粹是由个人的兴趣、爱好和习惯决定,它还受到职业的严格制约。幼儿教师欲设计出美好的自身形象,必须先对其职业特点有较充分的认识。幼儿教师的职业特点是由幼儿园的工作任务、性质和幼儿身心发展的特点所决定的。幼儿园担负着教育儿童和服务家长的双重任务,加之幼儿正处在发展迅速但不成熟的阶段,缺乏独立生活的能力,幼儿的模仿性、可塑性和对成人的依赖性强,由此决定了幼儿教师的职业特点:工作任务的全面性和细致性;自身的榜样性;教育周期的长久性和工作的创造性。教师在设计形象时,不管主观上是否意识到这一点,都应该努力在职业规范的约束下践行。

(二) 道德性原则

道德是一种社会意识,是社会存在的反映。它是在一定社会条件下形成与发展起来的人们共同生活的行为准则的总和,它是评价人们行为的标准。道德反映社会对人们的要求以及人们对社会的态度,并调整人与人之间、个体与社会之间的关系。而所谓道德性,指的是幼儿教师的形象应符合道德规范,应有利于协调人与人之间的关系。中国是一个有着丰厚文化底蕴的国度,五千年文明给今日社会留下了许多道德规范。它涉及人的生活的方方面面,有调节个人与国家、与集体、与他人关系的,也有处理工作、家庭中的人际关系的;有宏观的道德例律,也有微观的具有可操作性的道德行为规范。教师在进行形象设计时,必须充分地考虑道德性原则。

（三）审美性原则

审美性原则是指设计教师形象必须符合美的规律，具有审美价值，能给人带来美感。美是真与善的结合，是人类社会的产物。美的事物都有一定的内容和形式，它的形式以色彩、线条、形体、表情、动作等感性形式表现，这些形式凝聚着人们的智慧、灵巧和力量，能够唤起人们的喜爱，从而具有审美价值。具有审美特征的审美对象能引起人的一种情感体验，使人精神上产生一种喜悦和欢乐，给人带来美的感受。教师形象不仅要符合职业和道德的要求，而且要有对更高的美的追求。教师美好的形象除了能给人带来美感之外，还是一种强有力的美育资源，对培养幼儿爱美情趣、审美观点、审美能力和创造美的能力起到积极的作用。

（四）个性化原则

所谓个性化原则，是指幼儿教师的形象应满足个体的不同需求，充分体现个体的不同特征。在职业规范的约束下进行形象设计并不是要统一在每一个个体、每一细小的微观环节上而抹杀个性，它只是有一个总体性的职业规范要求。世界上不存在两片完全相同的树叶，也不可能存在两个完全相同的人。事实上，虽然对教师形式美方面有某种基本的趋于一致的规定，那也只能是就主要方面而言。由于人的心理、形体、气质、爱好、生活习性和实践的不同，每个个体形象都存在差异，即使在同一个体身上，不同阶段、不同场合其外显的形象也不尽相同。教师的衣着打扮、言谈举止有不同的表现形态，有的文静典雅，有的热情洋溢，有的朴实自然，有的敏捷机灵，有的老成持重，有的坚毅果断，有的温柔细腻，有的潇洒大度，有的豪迈粗犷，有的文质彬彬，如此等等。幼儿教师的形象不是千人一面，而是千人千面。

二、幼儿园教师职业形象设计的具体要求

教师的形象美,是美好心灵的一种表露,是内在优秀品质的表现,是在教师教学生涯中逐步形成的。外在形象虽然不是教师的主要素质,却是教师内在素质的真实表现,尤其在现代人对道德的"行为优先原则"普遍认可的背景下,善于修饰"润色"自己的外表行为,成为教师职业的特殊需要。在这个以育人为中心的领域,要使人与人之间的交往变得愉快、亲切和高尚,就必须讲究形象包装。教师要像对待教案和教学设计一样,有意识地给幼儿一个适度的、美好的印象。

教师的职业活动从形式到内容都是丰富多彩的,其年龄、专业、情趣、社会阅历也呈现多层次状态。教师的形象,依据各自的心理、形体、气质、爱好、生活习性和实践,形成自己比较固定的外部特征。如果从教育和培养意向出发,作为教育者的教师形象大体可列举下述模式:即整洁得体的服饰、端庄自然的仪态、规范文明的语言、稳重大方的举止。这些模式,是就一般静态意义而言的。当然任何结构都有三个特点:整体性、变易性和自我调节。合理的结构只有通过预测和反馈,进行自我调节,才能保持与外界的平衡,实现其合理性。因而,教师职业形象设计也是一个动态系统,其各个因素都不是静止的,要紧扣时代的脉搏,与外界保持平衡,这才符合规律。如果说教师内在的品德修养、政治思想、学识才华等居于时代的较高水平,那么他经过不断调节,也能自觉地将其呈现于外的形象赋予时代的特征。在改革开放的年代里,教师的形象也应在动态意义上不断充实、丰富和完善,绝非为了赶时髦,而是需要保持与外界的平衡。美好的形象将对学生产生更大的魅力,更易引起学生效仿的心理趋向。如若不然,则会淡化学生对教师的敬意,削弱教师形象的楷模性。

下面,我们从静态意义上,谈谈对教师形象的要求。

(一) 服饰上的要求

服饰是指人的衣着,它包括衣、裤、裙、鞋、帽、袜、围巾、领带、手套及各种饰物,如项链、戒指、胸针、手表、眼镜等。整洁、得体是对教师衣着的基本要求。整洁是指服饰要整齐清洁,不能尘埃遍布,马虎邋遢。得体是指穿的衣服、戴的饰物要得当、合体,在颜色或式样上不能过于浓艳、华丽。这一要求充分体现了教师的职业特点和健康的审美情趣。人们千百年培养起来的审美情趣和时代的审美特征一旦与教师的职业素养相结合,就产生了具有教师职业内蕴的着装审美标准。教师是知识和教养的化身,如果让教师穿上过分新奇艳丽的服装,就显得"喧宾夺主",使学生忘掉教师丰富充实、聪敏睿智的内在素质。托尔斯泰曾说:"朴素是美的必要条件。"一个教师不能因过分新奇艳丽的服装,而失去朴素美的本质,使其等同于其他职业的成员。如果那样,教师在学生心目中的地位就会由崇敬的知识、智慧的化身一下子变为时装店橱窗里的石膏模特儿。如果衣着过分浓艳、华丽,那么,在课堂上学生的注意力就很容易从教师所传授的知识转移到对教师着装的评头论足上去,教师就失去了平衡与和谐。平衡与和谐的破坏还表现在部分与整体不协调,比如,戴罗宋帽配西装革履,穿旗袍配长筒皮马靴,穿中山服配牛仔裤等,都会因破坏了整体和谐而显得不伦不类。穿红戴绿,也会因色彩对比太强烈而显得庸俗不堪。因此,作为有知识、有健康审美情趣的教师不能猎奇,也不要衣冠不整、不修边幅、松松垮垮。教师的着装应该朴素大方、整洁得体。按照整洁、朴素、得体的标准去要求,教师的衣着应做到"四个适合",即适合体形、适合性格、适合年龄及适合教育对象等四个方面。

1.

的教师宜穿面料颜色深、带竖条纹的服装,这样会产生紧缩感,使体形显得匀称;瘦高的教师宜穿面料颜色浅、带横条纹的服装,这样会产生扩张感,使体形显得壮实;矮胖身材的教师上装宜短、下装宜长一些,上装面料颜色宜浅而下装颜色宜深,这样可以借助上下装的比例和色彩渲染来增加身体高度。这是从整体而言,就局部而言,也有规律可循。颈短头大的教师宜选穿"V"字形大开口翻领类的上衣,借敞开的领口使头、颈部显得长些;相反,颈部较长的教师宜选穿高领、筒领、反翻领类上衣,以增加颈部粗壮度,协调头颈比例。英国美学家夏夫兹博里认为:"凡是美的都是和谐和比例适度的。"可见注意使衣着适合自己的体形,能增加教师朴实大方的美。

2.

性格孤僻、冷漠的教师不宜穿黑色等冷色调的服装,使学生觉得你冷若冰霜而不愿与你接近。教师应巧妙地利用冷、暖色调与自己的性格相中和,取服装色调之长补自己性格之短,"内冷以外暖相济"、"内热以外冷相抑",利用色彩的基本常识,以求达到服装与性格在教师身上的和谐统一。当然,色调也能随着具体对象和环境的不同产生相反的感受,如橙色在一定的对象身上令人感到肮脏、龌龊,黑色在一定的对象身上令人感到沉闷、恐怖等。所以就一般教师而言,最好接受美学家柏克的观点:选取最适合于美的是各种颜色中较柔和的颜色,如浅绿、浅蓝、淡黄、淡白、粉红色和紫罗兰色。衣着遵循这一审美观点无疑会为教师增添朴实大方的淡雅美。

3.

规程》中明确指出:"幼儿园的任务是:实行保育与教育相结合的原则,对幼儿实施体、智、德、美育全面发展的教育,促进其身心和谐发展。"[①] 入园的儿童年龄一般在3~6岁,年龄跨度不大,但其身体发育和感知觉、思维、情绪的发展却具有显著的阶段性和个体差异性。为了有效地促进幼儿身心的和谐发展,教师必须充分了解自己教育对象的状况。

以幼儿园小班教师的服饰为例,考虑到幼儿身心发展特点,小班教师服装的色彩、款式、质地和饰物的佩戴等有如下要求:

(1)色彩。服装在人体上占的面积最大,给人的印象最突出。服装的选择也最能体现一个人的个性、爱好和精神面貌。服装的色彩是最醒目的,幼儿对色彩是很敏感的,因此,选择服装的第一要点是色彩。结合小班幼儿的特点和场合的需要,站讲台时,教师可以选择色调柔和的服装以增强对学生的尊重、信任感;带领学生进行课外活动或郊游时,服饰可以选择艳丽、活泼、轻便一些,这样,师生之间的距离又凭借服装缩短了。当然,在多数情况下,幼儿教师应选择鲜艳、明快,带有花色、富有动感色彩的服装。因为幼儿喜欢这样的色彩,经常看这样的色彩会使他们心情愉悦。每当教师穿上一件漂亮的花衬衣、花裙子,都会给幼儿带来快乐。幼儿不喜欢沉闷、呆板的色彩,经常看这样的色彩则使他们的心情压抑。中老年教师也应使自己服装的色彩接近于幼儿的喜爱,而不应总选择黑、灰、蓝那类令幼儿讨厌的颜色,当然也不能像年轻人穿得那么鲜艳,但可以在淡雅中求明快与动感。

(2)款式。服装的款式是多种多样的,幼儿教师的服装款式也不应是整齐划一的。除了在打扫卫生时穿工作服以外,平时都应穿各种款式的漂亮服装。在款式的选择上应力求活泼、宽松,富有朝气和美感。设计款式时可以吸取儿童服装的特点,如灯笼袖、

---

① 《常用教育法律法规》,人民法院出版社1999年版,第386页。

娃娃领等,使服装显得活泼。现在,服装款式更新很快,幼儿教师的服装不可过于追求新奇,要在活泼、美观、大方方面多予考虑。幼儿教师要经常和幼儿一起活动,做蹦、跳、弯腰等大幅度的动作,有些服装就不适宜。例如旗袍很美,具有中华民族的特点,但它不适宜于幼儿教师在工作时穿;太短或太长的裙子、过紧过瘦的裤子、低领(背心)衣、高跟鞋或拖鞋都不适宜于工作。在特殊的场合,如体育课上,教师因要领操就不能穿窄裙,最好穿裤子和平底鞋。

(3) 质地。服装的质地同样是教师在选择衣物时应当考虑的一个重要因素。贴身的最好选用柔软、吸汗的棉针织品。化纤织物透气性和吸湿性差,尤其是夏天,不宜贴身穿。羊毛织品,也不宜贴身穿。儿童的皮肤较薄,容易受损伤和感染,小班教师平时在教学过程中与幼儿有比较多的身体接触,其服装的质地应以对幼儿稚嫩的肌肤没有伤害的棉料为首选。为了自己和幼儿肌肤的健康,教师在购衣和穿衣时别忘了在服装质地上多留一份心。

(4) 饰物。饰物是指身上或头上的小型装饰品。饰物会使人显得漂亮、华贵,如果能与衣服、发型相配,则会产生较完美的效果。但许多饰物是不适宜幼儿教师在工作时佩戴的。如戴项链、耳环、戒指、胸针等饰物,运动起来很不方便,戒指、胸针还会在与幼儿接触时碰疼他们。另外,年轻姑娘戴上这些饰物反倒缺少了朝气。幼儿教师可以在发卡、发带、腰带、领结等这类饰物中挑选自己喜爱的,同时孩子们也喜爱的饰物。许多成年人在回忆他们的幼儿教师时,往往记不住她们的面孔,却能清楚地记住她们别致的发卡和漂亮的蝴蝶结。

俗话说:"人要衣装,佛要金装。"衣冠服饰不仅是人类生活的要素、文明的标志,而且是构成人的形象美的重要条件,人们对服饰美的追求是对人体美追求的继续和完善,是外在美的更高的审美层次。幼儿教师应选择适合自己体形、性格、年龄、教育对象的衣服、饰物,使自己的服饰穿戴自然得体、整洁卫生、美观大方,使内在的学识修养与外在的衣着打扮和谐统一,这样既可以对人的形体、容貌、风度起衬托作用,有利于塑造自身的美好形象,增强学生对自己的尊敬,又是对学生的一种尊重,给学生一种美的享受,使学生受到美的陶冶。总之,教师的衣着是一门学问,能对学生起潜移默化的作用。正如法国艺术家昂格尔所说:在良好的趣味和高尚的品德之间,有着比人们通常所设想的更多的联系。这一见解足以启发教师通过自己的衣着,于朴实大方中见高雅的情趣,于整洁得体中见丰富的涵养,给学生以质朴美的熏陶和感染。

(二) 仪态上的要求

仪态是指一个人的仪容和姿态,包括人的发型、容貌、姿势、体态等方面。仪态不仅仅是个人的爱好和兴趣,而且体现对他人的尊重和信任,对社会的负责和义务,它既是一个人静与动相结合的感性形象,又体现一个人的精神风貌和文明程度。古今中外,凡是道德高尚的人都十分注重仪态。古代荀子讲究帽子高、衣服宽、平易近人的仪态。中国著名的教育家徐特立注重人坐如钟、立如松、行如风的姿态。周恩来总理则身体力行,以优雅的举止、从容的仪态、亲切的外貌闻名全球。一个人的仪态不仅有时代的要求,还有职业、审美、个性上的要求。一般而言,幼儿教师的仪态需符合以下几点:

1.

型,可以染发、烫发,漂亮的发型会使人显得年轻。但烫过的头发一定要注意修整,否则头发就会像一堆蓬松的乱草,使人显得很邋遢。具体来说,每个教师可以根据实际情况,如脸型、性格和所教学科的特点等来考虑选择发型。但需要特别强调的一点是:无论梳什么发型都要考虑是否便于工作。在教学工作中,教师不能梳披肩发,不能梳挡住一半脸的发式,刘海不要遮眼,短发不能过肩,长发不能披散,因为这些发型都既有碍活动,又不卫生。

2.

不仅使人变丑了,而且幼儿会认为这样的教师是不亲切的,家长会认为这样的教师是缺乏修养的。

中老年教师一般都不愿意化妆,但实际上,中老年教师更应注意保养自己的皮肤,适当地修饰自己的面容,使自己显得年轻些。因为一个人如果相信自己的容貌还不算老,那么,她的内心也就会经常充满青春的活力。

古希腊哲学家德谟克利特认为,装饰简朴,也是一种美。真正懂得美的人是不多施朱敷粉的。教师化淡妆,其一是强调和突出本身所具有的自然美的部分,减弱和遮盖面容上的微瑕,变得更端庄;其二在面容憔悴、精神不济的状态下,淡妆可以调节面色,使人看上去精神抖擞。高明的人遵循着少而精和扬长避短的原则,淡淡几笔,恰到好处,切忌过分矫饰。

在仪容的修饰上,还有一处常被人忽视的地方——指甲。幼儿教师常与儿童有身体上的接触,所以留长指甲是不合适的,要勤剪指甲。在修剪自己的指甲时,要剪去不连着肉的游离部分,不要把连着肉的部分也剪去了,因为剪得太"秃"易使甲周组织受到损伤,细菌从伤口进入,引起甲周炎。

3.

师在课堂上翘起"二郎腿"或"抖腿",会使学生感觉其轻浮,不可信任。

(3) 教师的手势。手势是表达情感和语言的辅助手段。教师切忌在课堂上乱挥手势、擂台蹬足、敲桌子。手势的摆放和挥动适宜,可以使教学增添感染力,也有助于树立更好的自身形象。

(4) 教师的面部表情和眼神。面部表情最能表达人们的喜、怒、哀、乐,它能把人们心中最细微的情感变化表现出来,其细致程度往往连语言也不能比拟。不同的表情表达着不同的情感,睁圆双眼、皱起眉头、紧闭双唇表示愤怒;张大嘴巴、挑起眉心表示惊恐;垂下眼角和眼皮、低下头表示叹息。教师与学生接触时,要善于运用喜、怒、哀、乐、爱、憎、恶、怨等眼神和表情。教学活动是师生交流感情和思想的直接过程,教师在表达教学内容和思想感情时,目光要有神,眼睛的视线要看着学生,有亲切感,抓住学生的注意力,以提高教学效果。微笑的眼睛、弯弯的眉毛、翘起的嘴角,这种表情应该经常出现在幼儿教师的脸上,因为这样一付甜美的笑容会使幼儿感到心情舒畅。

总之,每一个教师应从自己的实际情况出发,在仪容和姿态方面扬长避短,恰到好处地"雕饰"和"润色",以温和的微笑、慈爱的目光、美好的形象直接打动学生的心灵,获得学生的敬重和拥戴。

(三) 语言上的要求

语言是人类最重要的交际工具,是人类区别于动物的本质特征之一,是一种特殊的社会现象;它随着社会的产生而产生,随着社会的发展而发展。任何一个社会人、社会团体都必须依赖语言与他人及其他团体发生关系。人类所独有的语言有自身的一些特点,即语言的规律性、变异性和艺术性。

首先,语言行为的产生和发展是有规律可循的。语言体现了人类的天赋。人类之所以有语言功能,从生理结构上看,是因为人脑先天就具有专司语言机能的遗传素质,从而对语言有特殊的敏感性。同时,随着社会实践的发展,依据自然法则,使人的发音器官和语言神经系统更加完善。这些生理结构上的优势,在人脑语言中枢的指挥、控制和调节下,使得人类的语言功能极高。其次,语言能为人类交际服务,是人们传递信息、交流思想感情的工具。语言是人类劳动的产物,是人类为适应劳动的需要并在劳动过程中产生出来的。正如恩格斯所说:"劳动的发展必然促使社会成员更紧密地互相结合起来,因为它使互相帮助和共同协作的场合增多了,并且使每个人都清楚地意识到这种共同协作的好处。一句话,这些正在形成中的人,已经到了彼此间有些什么非说不可的地步了。"① 由此可知,语言的产生既加速了人类的进化,又促进了社会生产的发展。在现代社会里,语言的作用更加重要。它不仅在生产领域不可或缺,而且在上层建筑领域里已经成为人们工作时一刻不能离开的工具了。语言是人类思维的表现形式。语言行为是人的一种思维活动,思维与语言的关系十分密切。没有语言作为思维的"物质外壳",思维就不可能为别人所感知;而语言如果脱离了思维,也就失去了存在的意义。

语言的变异性,是指语言在表达方式上的变化性,体现了语言行为的动态特征。在语言的表达上可分为辐射性表达和集幅型表达两种。辐射性表达是指对同一事物的多样化表达。集幅型表达是指语言选择的多样性。在语言的实施对象上,语言交流需要一定的环境,即语言环境。语言环境是由主客观因素构成的。主观因素是指说话人的性别、年龄、职业、性格、修养等;客观因素是指说话的时间、地点、场合、对象等。这些因素对语言行为的效果具有较强的制约作用。

语言的艺术性是指语言形成后的效果和质量,表现为练习和提高的过程。语言艺术性的基本标志有文雅与粗俗之分,水平高

---

① 《马克思恩格斯选集》第3卷,人民出版社1976年版,第510页。

低之别。文雅的、高水平的语言并不是先天就有的,而是经过后天练就的。

结合语言特点和教师的职业要求,教师的语言必须符合以下几点要求:

1.

激情饱满和动人是一个优秀教师的重要标志之一。平淡的叙述、单调的讲解、枯燥的说明、刻板的评论，必然导致学生厌倦而昏昏欲睡。

为了使文明、规范、生动的语言发挥其应有的效果，教师还需要了解说话对象的情况。幼儿时期的孩子思维进一步发展，但其思维依靠行动，即做了再想，不能想好了再做，或者是想到就做。比如，小孩听故事讲到大象，他脑子里就想到大象，手就立即做出卷鼻子的动作，这种思维是非常具体、非常直接的。他为什么做了再想？由于他单凭脑子想不出来，他要看到具体的东西，通过自己的直接行动才能想出来。因此，对幼儿园小班孩子说话，要非常具体。此外，因为幼儿仍然按语言的表面意思来理解，不能理解反话背后的真实意思，所以对他们不要说反话，多使用正面语言。同时，这一时期的孩子还很爱模仿。一方面，随着思维和其他各种能力的发展，模仿能力比以前增强；另一方面，思维非常具体，情绪的受感染性很大。我们在小班幼儿身上不难发现这样的现象：他们看见别人有什么，自己就想要什么；看见别人做什么，自己也模仿着去做什么；听到别人说什么，自己也跟着说什么；等等。所以，针对幼儿模仿性强的特点，教师应该注意引导他们模仿好的榜样，当然，这也要求教师自己成为幼儿用语的示范者，尽量使用规范语言，减少不必要的口头禅。

（四）举止上的要求

英国哲学家培根说过："行为举止是心灵的外衣。"[①] 举止是人的修养、性格、爱好的外在表现。如果夸奖一个人很有风度，就是说这个人不仅衣着得体，而且举止、言谈也受到人们的赞赏。一个人的举止不是故意做出来的，而是自然流露的，是与他的审美观

[①] 转引自王思忠：《礼仪基础知识》，华东理工大学出版社1997年版，第6页。

念和职业道德风貌紧密相连的。人们一般要求教师的举止应该稳重、从容、大方。

相貌的美高于色泽的美，而优雅合适的动作的美，又高于相貌的美，这是美的精华。在高度文明的社会里，稳重、从容、大方的举止，给人一种愉悦感，受到人们的喜爱。稳重、从容的举止具体而言就是谈笑有节制，动作要得体。不管是课上还是课下，教师的谈笑都要适度，做到既达意抒情，又不使学生厌烦。笑是人类生活的润滑剂，但无论如何教师的笑都要有分寸，要会笑。那种旁若无人的纵情大笑，表里不一的做作之笑，只会引起学生的反感。教师的动作是学生行为的楷模，稳重得体而又敏捷、轻盈将会给幼儿以好的印象。有的教师不拘小节，有的教师过分做作，伪饰自己的仪容、举止，甚至养成轻浮或流于滑稽的动作习惯，这些都会影响幼儿纯洁的心灵以至外表。面对模仿性强、可塑性大的学生，教师要在举止上严于律己，严加自我规范，凡事从自己做起，从身边小事做起，要特别注意举动不可轻浮，说笑不能放肆，作风不可散漫，行为不可粗俗。教师履行的是育人的工作，要善于控制自己的情绪，切不可装腔作势，大发威风，无论在什么情况和场合，都应沉着、冷静、谨慎、有条不紊、从容不迫。以稳重、从容的举止，给学生以严肃、稳重、亲切的精神威慑力，提高"身教"的效果，引导学生向健康方向发展。

教师举止除了应稳重、从容之外，还应大方得体。大方一词出自《庄子·秋水》，说是河伯开始自以为了不起，后来见到大海，才自愧不如，发出感叹："吾长见笑于大方之家。"这里的"大方之家"指的是见识广博、懂得大道理的人。以后，"大方"一词逐渐演变，成了不吝啬、不拘束、不俗气的形容词。教师应见多识广、善于学习，在各种陌生的环境中，善于保持优雅大方的举止。盲目乱闯、不顾礼节和纪律的"大方"，是全然不合教师身份的。教师应该诚实、和蔼、热情、大方、平易近人。如果认为自己是教师，自恃知识丰富，放不下架子,或有意做作,故摆姿态,或过分偏情,亲昵不当,缺乏热情、平易的作风,结果只能导致学生的反感,降低教师在学生中应有的威望。

一个人的举止是在后天的生活环境中形成的,是可以改变的。苏联著名教育家马卡连柯非常重视教师的举止和教师举止的培养训练。他说:"高等师范学校应该用其他方法来培养我们的教师。如怎样站、怎样坐,怎样从桌子旁边的椅子上站起来,怎样提高声调,怎样笑和怎样看等等'细枝末节'……这里,我们就会触及众所周知的演剧方面以及舞蹈方面的技巧;运用嗓子的技巧,音调、视线和动作上的技巧。这一切,对教师来说都是很有必要的,如果没有这些技巧,那就不能成为一个好老师。"① 幼儿教师要使自己的举止适应工作的特点,得到孩子的喜爱,除了接受一定的训练之外,还必须要发自内心地爱身边的孩子。爱他们,话语就会亲切、柔和,富于情感;表情就会生动,带着自然的、接近于孩子的天真;动作就会活泼、轻盈、有朝气。这样,孩子们也会更爱你。当然,由于年龄的关系,教师不可能和幼儿完全一样,因此,不必去刻意模仿孩子的天真,也不必有意端起教师的架子。只要你真心地爱孩子、爱幼教事业,努力提高自己在各方面的修养,你就会自然地表现出恰到好处的幼儿教师的举止。以下所附《南京师范大学附属幼儿园教师日常行为规范》,以示参照。

附:
南京师范大学附属幼儿园教师日常行为规范

1.

道德的"行为优先原则"是现代人对道德的理解,是伦理的现代转换。在传统社会中,道德关注的中心不是行为及其规范,而是人格、德性。在传统伦理中,对于个人,关键就是要人好、品质好、内心好,个体的行为才会真正一贯地好;对于社会,关键是要造就一批品质高尚的绅士、君子,并且使他们处在有影响力的社会上层,这个社会才比较健全、有序。传统伦理认为,一个人内心既善,一切皆善,内心的善才是最根本的,"行为知礼"、"知法"是处在次要地位的,"从心所欲不逾矩"才是理想的境界。而当进入平等观念居支配地位的现代社会之后,道德面对的是所有的人,是其内心信仰和价值观念存在差异的所有的人,于是不能不退而求其次,其主要任务不再是造就品行高尚的君子,而是使人们的行为普遍地合乎某些基本的行为规范。现代社会与古代社会比较起来,将可能少了一些出类拔萃、令人仰止的道德典范,却以广泛的、普遍化的道德行为作为补偿。所以说,现代社会的职业道德更加关注个体的行为层面,听其言,观其行。这里所说的"行",就是实践过程的表现,就是职业活动中所表现出来的职业行为。

教师的形象是教师在工作时体现出来的礼节、仪容、举止等的总称,教师的仪表、风度是教师德、识、才、学、体等各种素质在社会交往中的综合表现。塑造符合职业的形象,从道德的"行为优先原则"角度来讲就是塑造符合职业道德的交往行为。

我们知道,任何社会成员在群体与其他成员交往时,都会因交往对象的不同而表现出不同的相对稳定的倾向性行为。这些倾向性行为被称之为"常套行为"。比如,在工厂里,车间主任对本车间的工人的常套行为一般就不同于对厂长的常套行为;在学校中,同性学生之间的常套行为与异性学生之间的常套行为也不一样;甚至,即便在同性学生之间,对好朋友的常套行为也有别于对一般同学的常套行为。"家有家法,行有行规",作为一名教师,在学校这样一个工作环境中,在与园领导、同事、学生家长交往时,其常套行为必须讲究一定的礼仪,符合一定的规范。

在现代社会,礼仪是指一个国家和民族维系社会生产方式和社会交往而约定俗成的最基础的行为规范模式,也是一个国家和民族道德风貌、文明程度的反映。"礼"的本意是指敬神,引申为尊敬。仪,容也,引申为仪式。把人的内心对他人、工作、事业、社会、自然、民族、国家的尊敬之心、热爱之情、援助之意通过礼貌、礼节、仪表、仪式表达出来,就是礼仪。礼仪是道德修养的一个重要方面,吃饭、穿衣、走路、会客,乃至开会、访友、探病都有一定的礼仪。教师应该成为现代社会礼仪规范的模范遵守者,并且以自己的礼仪、修养影响和带动下一代,使礼仪之邦的传统得到更大的发扬。仪表、举止、行为规范是社会生活中不成法则的规则,它是一种待人处事的方式,每时每刻体现在一个人的态度和行为中。任何社会对工作人员提出的仪表、举止要求都是以该社会的政治、经济、文化、道德、历史等背景为基础的。具体而言,为使教师行为符合其职业规范,教师在与园领导、同事、学生家长交往时应讲究以下的礼仪:

(一) 相见的礼仪

相见的礼仪具有普遍适用性的特点。每个人处在社会大环境中,在家庭里有父母、丈夫(妻子)、儿女,学校里有领导、同事,工作之外有同学、朋友的交往圈子。每个人不管在工作上,还是在日常生活中,每天都会和很多人相见、往来。讲究相见礼仪主要有如下要求:

人们初次相见时,应互通姓名,或递名片,依其身份鞠躬或握手。由他人介绍相见时,经介绍人说明彼此姓名后,相互颔首或握手为礼。握手是表示友好的举止,是一种非常普遍的礼貌行动。握手的时候心意必须是真诚的,切忌把另一只手插在口袋里,眼睛看着别处,或是伸手显得有气无力,或是握得太紧,或是生硬地摇晃等,这些都是不尊重对方、缺乏诚意和不懂礼貌的表现。

介绍时,依下列次序行之:
● 把职位低的人介绍给职位高的人。
● 把男士介绍给女士。
● 把年少者介绍给年长者。被介绍者如有两人以上,应先介绍职位高者或年长者,然后再介绍职位低者或年少者。

(二) 说话的礼仪

我国自古就有"一言兴邦、一言丧邦"的明训,讲话是一门艺术,虽不是要每个人都能言善辩,但至少要应对得体,如果能在责备的话里带抚慰,批评的话里带赞扬,训诫的话里带推崇,命令的话里带扶掖,抱着如此诚恳和平易的心境讲话,一定会到处有人缘。因此,如何说话成为不容忽视的礼仪。

说话的礼仪反映了人的道德修养,也反映了人的思想认识水平。俗话说,"良言一句三冬暖,恶语伤人六月寒",教师加强自身道德修养,平时就应注意说话的礼仪。

一般而言,说话的礼仪如下:
● 说话时态度要诚恳,口气要和缓,面带微笑。
● 说话不可主观武断、强词夺理。
● 谈话中,即使自己所言为对方所接受,亦不可滔滔不绝讲个不停,要给对方讲话的机会;如与对方意见相左,要机智地转变话题。
● 要用心聆听别人讲话,不要光是发表个人的意见。
● 当他人讲话时,不可率性插嘴。若非插不可,应事先向对方表示抱歉,并征得对方的同意,比如说"对不起,我可以提个问题吗?"或"请允许我打断一下"等。
● 言谈举止过分做作,故弄玄虚,或言词抽象,容易让人产生误解,故讲话时表达要简明扼要。
● 在听对方讲话时,不可边听边做事,可暗示对方缩短讲话时间,但不可显得不耐烦。

● 与多数人在一起讲话时,不可专与其中一两人谈话,并避免以方言交谈。

● 谈话时,对于别人的私事或对方不愿触及的话题应尽量避开,更不能追问或感到好奇。

● 谈话中,避免有倦怠的神情,如心不在焉地左顾右盼、屡屡看表、打哈欠等。

● 盛怒之时不轻易发言,以免伤害别人。

● 参加谈话或讨论,要适时发表意见,但不可说得太长而令人生厌。

● 谈话时,不宜拉住对方的衣袖或手臂,或附耳讲话。

(三) 使用电话的礼仪

随着社会政治、经济和各项事业的迅速发展,人际往来愈益频繁,电话已成为现代人联络、沟通的重要工具。但是,有的人在接听电话时,态度生硬,说话粗暴;有的人在打电话时,没有礼貌用语,甚至一边打电话,一边与身边的人讲话。现代社会,讲究打电话的礼仪,应该成为教师道德修养的一个重要方面。

一般而言,使用电话的礼仪如下:

● 电话铃响,要尽快拿起话筒;听到对方声音,应先礼貌地问候对方。

● 如果电话响过三声才接,要说:"对不起,让您久等了。"

● 欲了解对方的身份,应礼貌地问:"请问您是哪一位?"

● 通话中,遇有听不清楚时,应说:"对不起,听不清楚,可否请您再说一次,谢谢。"

● 通话中,遇有急事,应说:"对不起,临时有急事,我会再跟您联络。"

● 转接电话,应问清对方所说的话,再将电话转给另一方,如此,可减轻对方因电话转接而不断重复相同的内容。

● 电话中虽看不到对方的表情,但仍必须保持面带微笑,讲话的声音要清晰、平和,态度要诚恳。

● 电话中,询问受话人在不在时,应先说出自己的姓名。

● 受别人之托传达重要事件时,应主动说出自己的姓名。

● 办公时间内,应尽量避免打私人电话。

● 借用他人电话,应先征得对方同意,使用后应向对方道谢。

● 如果打电话的一方是长辈或领导,则应由长辈或领导先挂下电话。

● 在上课、会议进行中,应将手机关掉,以免影响教学、干扰他人。

● 打电话时,如拨错号码,应向对方表示歉意。①

（四）共处的礼仪

教师除了要与自己学校的同事相处之外,还要经常与园领导、学生家长交往和相处。在交往和相处中,自然也存在着必要的礼仪,其中所体现的同样是人的道德修养。那么,教师应如何与他人相处,才能建立良好的人际关系呢？

一要相互尊重,不猜疑。同事之间应该相互尊重,学习别人的长处,尊重别人,不以个人的偏见来猜疑别人,这是同事之间相处的基本礼仪。你敬重我,我信任你,自然能彼此融洽。

二要公平竞争,不勾心斗角。俗话说:"做人要争气,但不要斗气。"在现代社会,竞争是一种必然的社会现实,但不能因为竞争而"挖人墙角",甚至干出违法乱纪的事来。竞争要充分体现公平的原则,凭自己的真才实学取胜。

三要待人真诚,不耍花招。无论是在工作场合,还是在日常生活中,一个人能够与他人友好相处,与人为善,必能受到大家的敬重。

---

① 王时中:《国家机关工作人员职业道德》,江苏人民出版社2002年版,第311～312页。

四要诚实守信,不虚伪。信用是做人的根本,一个人如果没有信用,不讲真话,就会失去人缘。

五要待人谦和,不傲气。与人相处,谦虚恭敬很重要。教师不仅要对领导谦恭,更要对同事和家长谦恭,应该时刻牢记,在社会生活中,自己所做的一切都是在帮助他人,而别人所做的一切也是在帮助自己。尊重别人的劳动,体现为一种美德。

(五)接待的礼仪

一个有道德修养的教师,在待人接物方面必具有大众性、社会性,肯积极地与人接触,帮助他人解决疑难。

一般而言,接待的礼仪如下:

- 会客时,要与来访的每一位客人寒暄,不可只招呼一个人,也不要自我吹嘘。
- 对初次来访的客人须先问好,请至会客室上茶后,再了解访客的来意。
- 添茶要适量,尊重客人的意愿。
- 与对方交谈,语气温和。
- 谈话内容应为客人所关心、熟悉的方面。
- 言谈中,不可议论别人的是非。
- 依客人的需要提供协助。

二、作为家庭成员的幼儿园教师形象

家庭是社会安定的基础,家庭对于个人、对于国家有着极大的影响力。每一位幼儿教师都有自己的家庭,并在其中扮演着或子女或夫妇或兄弟姐妹或父母的角色。教师身为家庭一员,在处理与长辈、同辈以及晚辈的关系时,应该体现家庭美德。

(一)对待长辈

"百善孝为先",对待长辈应围绕着"孝"展开活动。孝在人的生命中具有重要的价值,中国家庭文化一向以孝为本。孝是自觉地将人类天生的一点敬爱父母心,也就是一点仁心仁性,加以保存、培养、发展,以使人成人、成贤、成圣的道德原理。父母是子女生身之本,于子女有生育、养育之恩。幼儿园教师在家庭生活中要孝敬父母、尊重长辈,给父母及其他长辈以最深的关怀。如果自己不在父母身边生活,别忘了常回家看看。

(二)对待同辈

夫(或妻)、兄弟姐妹是教师在家中的同辈,对待他们也应该讲究一定的美德。在家庭生活中,夫妻之间要相互尊重,互相信任,真诚相待。只要有机会,就应该努力和配偶一起做家务,聊家常,不要对对方的忙碌熟视无睹。此外,夫妻之间应是平等的,绝不能因为自己的地位、收入等而歧视对方。夫妻应相濡以沫,应该相亲、相爱、相扶助,不要互相勾心斗角,造成彼此心中痛苦。

兄弟姐妹都是父母所生,具有血缘之亲。然而,兄弟姐妹天天相处,难免出现纠纷和矛盾,身为教师的你有必要了解一些兄弟姐妹的相处之道。一要相互友爱,友就是和善相处,爱就是真心相待。二要相互礼让,兄弟姐妹之间,应该见利不争,见害不避。三要相互帮助,兄弟姐妹虽然是同一父母所生,但在智力、体力等许多方面,仍会有差异,在事业的成就上也有所不同,有的富贵,有的贫贱,这些决定了兄弟姐妹之间应该相互帮助和扶持。四要相互劝善规过,讲德修业。当一方做错事时,另一方要劝善规过,切不可同流合污。

(三)对待晚辈

尊老爱幼是中华民族的优良传统,教师应以爱为核心处理与晚辈(主要是子女)的关系。父母的慈爱是子女心灵的甘泉。被拥抱的孩子,拥有光明而无惧的世界。父母悉心的照顾,有助于子女健康心理的建立。但是,慈爱绝不是溺爱。溺爱只会剥夺孩子成长的机会,而不是真正的爱。溺爱会使子女停滞在幼稚、依赖的状态中,或养成任性不受约束的坏习惯。

关爱子女,应注意做到以下几点:
- 随时关心子女的身心发展。
- 尊重子女的个性,维护他们的自尊与荣誉感。
- 给子女的种种帮助,必须具有正面意义。
- 确实了解子女以后,才给予正确的引导与帮助。
- 无论多忙,一定要抽出时间跟子女多交谈。
- 通过语言动作,让子女知道你的关爱。
- 对子女的进步及时表扬,对他们的错误严肃批评。
- 让子女了解父母的困难,让他们有机会帮助父母。
- 信任子女,在可能的范围内,允许其自由发展。
- 跟子女一起学习,一同成长。
- 不要用物质来弥补未能关怀子女的内疚。①

三、作为社会成员的幼儿园教师形象

教师生活在公众之中,不仅与亲朋好友交往,而且与社会各方面的人有广泛的接触。《公民道德建设实施纲要》指出:"社会公德是全体公民在社会交往和公共生活中应该遵循的行为准则,涵盖了人与人、人与社会、人与自然之间的关系。在现代社会,公共生活领域不断扩大,人们相互交往日益频繁,社会公德在维护公众利益、公共秩序,保持社会稳定方面的作用更加突出,成为公民个人道德修养和社会文明程度的重要表现。要大力倡导以文明礼貌、助人为乐、爱护公物、保护环境、遵纪守法为主要内容的社会公德,鼓励人们在社会上做一个好公民。"人人遵守社会公德是为了维护社会成员之间正常的交往,维护人们的共同利益,建立一个美好祥和的公共家园。作为一名教师,即使在公共场合,同样代表着

---

① 王时中:《国家机关工作人员职业道德》,江苏人民出版社 2002 年版,第 296~297 页。

为人师表的形象,更要以良好的社会公德严格要求自己,做大众的表率。

(一) 遵纪守法

遵纪守法是我们每个公民应尽的社会责任和道德义务。纪律,是指一定社会组织要求成员共同遵守的行为准则。凡是有人群的地方就会有集体活动,而有集体活动就需要有纪律约束。社会越发展,越需要有纪律。从这个意义上说,讲道德不是不要纪律,而是要求人们把纪律内化为自觉的要求。

法律,具有公平、公正的含义,它是由国家制定或认可并由国家强制保证实施的行为规范。全体公民都必须遵守法律,任何个人、团体和组织成员都不能例外。纪律只在制定它的各社会组织内部执行。我们既不能以法律制裁来代替纪律处分,把违纪行为当作违法犯罪来处理;也不能以党纪、政纪的处分代替法律的制裁。

社会主义的纪律和法律,反映的是人民的利益,其中包括着每个社会成员的利益。因此,教师应做遵纪守法的典范,其基本要求是:

第一,提高法律意识,增强法制观念,做到知法、懂法、守法、护法;

第二,严格遵守各项法律和纪律,不做任何违法、违纪的事,将法律条文内化为自己的自觉行动,使守法由"要我做"变为"我要做";

第三,自觉遵守和维护公共秩序;

第四,坚决同一切违法、违纪行为作斗争。

(二) 爱护公物

公共财物是指国家和集体的财产,对待公共财物是爱护、保护,还是浪费、破坏,是衡量一名教师有没有社会主义公德、有没有国家主人翁精神的重要方面。爱护公共财物表面上是人与物的关系,实质上直接涉及国家、集体的整体利益,是人与人之间、个人利益与集体利益之间的道德问题。

公共财物是国家和人民的,爱护公共财物就是关心国家和人民的利益,因而是道德的;损害公共财物就是损害国家和人民的利益,因而是不道德的。爱护公共财物也是尊重他人劳动成果的一种表现,一切损害他人劳动成果的行为,理所当然受道德谴责。

爱护公共财物的基本内容和要求是:

首先,要爱护国家财产,爱护国家的工厂、矿山、银行、车站、飞机场、铁路、公路、商店、影剧院、博物馆、图书馆、展览馆、文化馆以及各类院校等等,不让它们遭到破坏。

其次,爱护公物就要爱护国家的自然资源和自然环境,包括水资源、矿产资源和动植物资源。另外,要爱护社会公共设施。

第三,爱护公物还要爱护历史文物,保护古迹。

(三) 保护环境

环境问题,是当前国内外普遍关注的热点问题。环境和资源是人类生存和发展的基本条件,保护环境是我国现代化建设的必然选择,能不能有效地保护环境,关系到每个公民的生活质量和切身利益,关系到人们的安居乐业,关系到我们的子孙后代能否持续发展。就这点来说,保护环境也是一个道德问题,是社会公德的基本要求。

保护环境,要从以下几方面做起:

(1) 保护人类赖以生存和发展的生态系统,包括水、土、光、热、气等自然物质,农业生态系统,森林、草原、淡水和海洋等生态系统,使其免遭破坏和污染。

(2) 保护生物资源,包括水产资源、陆地野生动物资源等。

(3) 保护生物的遗传多样性。

(4) 保护自然、历史遗产,包括瀑布、火山口、陨石、地层剖面、山洞、古生物化石、古木等。

保护环境,人人有责,每个人要从身边做起。为此,幼儿教师首先要提高自己的环保意识,要改变不利于环境保护的生活方式和行为方式,如自觉节约能源,反对浪费,不乱倒垃圾、污水,不损坏各类环境卫生设施等。此外,还要积极参加植树造林,爱护花草树木。对于破坏环境的行为要勇于制止,大胆举报。

(四) 讲究卫生

卫生状况,是一个国家、一个地区、一个单位、一个公民文明程度的重要标志。但是,在日常生活中我们经常看到:有的人穿戴不整洁,衣服七折八皱、油渍斑斑;发不理、脸不洗,蓬头垢面,肮脏不堪;有些集体宿舍垃圾满地,臭袜、脏鞋到处乱扔;有的办公室杂乱无章。这些都是不讲卫生的表现,都是不文明的行为,其背后反映的就是个人的道德修养。讲卫生是一种文明行为,不讲公共卫生会影响别人的生活和健康,是对集体和他人不爱护、不关心、不负责任的表现。以随地吐痰为例,吐出一口痰,通过空气的传播,会使许多人受害。因此,讲不讲卫生不是个人生活上的小事,它反映了一个人的社会公德。

教师一定要养成不随地吐痰、不乱扔污物的良好习惯。要把瓜皮果核等扔到垃圾箱里,坚决杜绝把垃圾往窗外扔、往阴沟里倒、往河里倒等不道德行为。教师要通过各种可能的宣传方式和手段,教育人们认真处理垃圾污物,共同净化环境、美化环境。

(五) 助人为乐

在现实生活中,人人都会遇到困难、矛盾和问题,都需要别人的关心、爱护,更需要别人的支持、帮助。再进一步说,如果每个人都能主动关心、帮助他人,从自己做起,从身边做起,从现在做起,使助人为乐在社会上蔚然成风,那么,有一天,当你遇到困难、不便时,你就可能得到他人的帮助,感受到社会大家庭的温暖。从这个意义上讲,"助人"也是"助己"。教师要做助人为乐的模范,无论是在工作场合,还是在日常生活中,都应该发扬助人为乐的精神,积

极主动地关心他人,帮助他人。具体来说应做到:

第一,"我为人人"。每位教师应该从乘车让座,帮助残疾人过马路,整理、打扫办公室等小事做起,养成关心他人的习惯。

第二,遇难相助。天有不测风云,人有旦夕祸福,当他人发生不幸、出现困难时,教师要热情相助,为其分忧解难。

第三,热心公益事业。社会公益事业与每位公民的生活息息相关。教师要关注和支持社会公益事业,多献一点爱心,多添一份真情,在社会生活中做一个热心人,如关心残疾人、赈灾救荒、捐资助学、义务献血、为社会福利事业捐物等等。

思考题:

1. 作为教育者的幼儿教师的形象设计有哪些要求?
2. 幼儿教师一般扮演哪些角色?多重角色下的教师形象有没有差异?如果有,该如何协调?
3. 请简要谈谈进行教师职业形象设计的意义。
4. 请运用所学知识为一名幼儿园男教师设计职业形象。

第六章 教育立法与依法治教

在上述几个章节中,主要从职业道德的角度论述了作为一名幼儿教师的道德伦理素质。但作为一名当代的教师,面对大教育时代的种种复杂关系,还必须了解和掌握教育基本法律规范,遵循教育法制规约。这样才有利于更好地胜任本职工作,保护自身的合法权益。

自人类进入文明社会以来,任何社会的统治阶级都会同时借助于法律和道德来维持与巩固社会制度与社会秩序。就某种意义而言,法律与道德是处在不同水平中的社会规范。法律与道德都是为了调节人们的行为,这一点在本质意义上是一致的。两者的区别是:法律具有鲜明的阶级性,依靠国家强制力贯彻,所调整的社会关系相对较专一;道德主要是依靠个体的信念、习惯和社会舆论的力量起作用,表现为公众舆论、乡规民约、职业道德和修身养性等形式。可见,法律与道德都是社会规范最主要的存在形式,都是社会上层建筑的组成部分,从一定意义上说,许多法律义务也就是道德义务。只不过法律是外部的社会规范,而道德是社会规范的内在自律。如果没有道德的支持,法律就会陷入空洞;反之,如果没有法律维护,道德则会苍白无力。因此,《公民道德建设实施纲要》明确指出:"要坚持道德教育与社会管理相配合。要广泛进行道德教育,普及道德知识和道德规范,帮助人们加强道德修养。建立健全有关法律法规和制度,把公民道德建设融于科学有效的社会管理之中。逐步完善道德教育与社会管理、自律与他律相互补充和促进的运行机制,综合运用教育、法律、行政、舆论等手段,更有效地引导人们的思想,规范人们的行为。"① 从这个意义上说,法律是最低限度的道德。因此,在强调教师职业道德修养的时候不能也不应淡化法制观念,在社会制度进入法治化的时代,作为一名教师应成为真正意义上的"法人"。

第一节 确立现代教育法制意识

一、道德与法律互为基础

法律与道德在功能上总是相辅相成的。法律强调的是法规和强制,是通过必要的强制手段对人们的行为规范加以约束和警戒。道德则是强调教育感化的手段,达到人们自觉地遵守行为规范并通过自我调节加以自律。一个人如果失去基本的道德自觉意识,即便面临严酷的法律规范也是处在被动、服从的地步。生活中的小节和琐事当然不能都靠诉诸法律来解决,更多的只能靠人的自觉的道德意识来维持,否则整个社会生活无序的状况是不难想象的。如果法律没有道德作为基础,法律在很多场合下是无能为力的。因为法律的制约作用是被动的,如俗语所言:"民不告,官不理。"但道德就不同了,它完全是一种自觉和自律行为。不能认为道德的作用是隐性的,就以为道德的调节作用是可有可无的。相反,没有道德作为人的底蕴,就不可能有真正的守法者,正是从这样的意义上说,加强法律必须以道德为根本。从学理上看,道德和法最初的内涵与旨意有着很大的一致性:

有少数是连用的;经常是作为名词用,特别是在连用时;有时也作为动词用,特别是在分用时。在"道"与"德"之间似乎也有层次之分,如孔子说:"志于道,据于德,依于仁,游于艺。"在这里不但把"道"与"德"分述,而且有"道"高于"德"的成分在内。又说:"君子道者三,我无能焉:仁者不忧,知者不惑,勇者不惧。"在这里把仁、知、勇的要求都置于"道"之中。《老子道德经》第五十一章说:"道生之,德畜之,物形之,势成之。是以万物莫不尊道而贵德。道之尊,德之贵,夫莫之命而常自然。"他也是把"道"与"德"分述,"道"对"德"来说是根本,"道"与"德"之间也有层次之分。《庄子·天地》篇说:"故形非道不生,生非德不明。"又说:"物得以生谓之德。"上面所讲的"道"与"德",似乎是讲的两个层次,是普遍性与特殊性的关系,或者兼有知识与行动的关系,"道"指的是宇宙的客观规律或社会的基本准则,而"德"则是遵循这些客观规律和基本准则的实践和行动。或者把道视为天地万物所共同具有的普遍性,而"德"则是指每一种事物所特有的特殊性。由此可见,在"道"与"德"之间,不但有层次的区分,而且在使用这些概念时,还有名词与动词的不同应用,如孔子所说的"道之以政","道千乘之国",庄子所说的"物得以生谓之德"(《广雅·释诂三》解释为:"德,得也。")以及韩愈在《原道》中所说的"足乎己不待于外之谓德"等,"德"都含有动词或动名词的作用。①

"灋"者,刑也,平之如水,从水;廌,所以触不直者去之,从去。据传,"廌"是形状象牛的独角兽,生性正直,古

---

① 黄济:《教育哲学通论》,山西教育出版社2001年版,第75页。

的制度体系。

再次,作用和义务范围不同。道德在调整人的相互关系上要宽泛得多,它可以深入到日常生活中的各个领域,包括个人内心的隐私。而法律则主要调整和维持正当的社会秩序、保障法律关系主体和其正当合法权益,维持社会关系平衡。在法律上没有过错并不等于在道德上无可指责。在承担义务方面,法律并不一定要求动机与行为相一致,关键在于其行为及其后果是否合法,如果是好心办坏事同样要受到法律的惩罚。道德则比较强调动机与行为的一致,从动机到效果都不能违背道德原则。

通过上述分析不难看出,法律是建立在一定社会经济基础之上的上层建筑的一个重要组成部分。就其根本而言,法律所反映的阶级意志,归根结底是由统治阶级所依赖的那个物质生活条件决定的。经济基础决定法律的性质、内容和发展方向。同时,经济领域里的大量立法,为各项经济活动提供了有力的保障。然而,社会毕竟是一种系统的运作,随着教育体系越来越开放,"知识经济"这一特定的综合社会生产形式将教育与经济活动紧密联系在一起。我国正处在建立社会主义市场经济体制,形成全国统一开放的、市场体系的改革时期,为使法人实体能真正转换经营机制,增强活力,成为市场竞争的主体,就必须加强立法工作,特别是抓紧制定保障改革开放、加强宏观经济管理、规范微观经济行为的法律和法规。只有建立起比较完善的法制经济体制,才能加快经济改革步伐,推动经济发展和社会全面进步。同时,在现代社会,随着大规模的立法活动和法律功能的日趋扩大,人们处处都可以感受到法律与社会生存、发展的密切关系。教育进入法律调节领域,这是现代社会与教育事业发展的必然结果。在这之前,由于经济落后,社会阶层等级森严,文化教育活动主要受少数统治阶层控制,由他们规定教育制度、确定教育内容和受教育的权利;并且,教育主要是为一定的政治制度服务。学校的规模狭小,主要是教师与学生家长之间的私人活动,调整相互间的关系并不需要法律这一手段,因此也就不存在现代意义上的教育法制。

教育法律是现代社会对教育的一种新型的组织形式,是伴随着教育的普及而发展起来的一个法律调节领域。一方面,教育已逐步发展成为一项大规模的社会性事业,对社会发展起着举足轻重的作用,这就从客观上要求扩大国家直接干预和调整文化教育的职能,更有效地发挥国家管理教育事业的作用。然而,如果没有具有强制作用的法律制度作为保障,教育的国家化几乎是不可能的。因此,凭借法律制度来实现国家对教育的计划、指挥、协调和控制是各国教育走向现代化的一个重要标志。另一方面,整个法律体系的内容要为广大人民所接受和认同,这需要做大量的宣传和教育工作,其中法制教育是重要的一环。因而,教育活动本身在普法教育乃至实施法令、法规等过程中起到了其他社会活动所无法替代的作用。

二、道德自觉与守法自律相辅相成

江泽民提出"以德治国"的战略国策是与依法治国的治国方略相辅相成的,是对社会健康发展的正确的宏观导向。这种导向在促进社会的物质文明和科技进步方面是很容易看到其变化的。但一个社会在精神文明和道德素质方面的进步则较多地体现出其隐性化的特征。作为一种社会规范,法律制度是显性的、刚性的,人们也容易感受和理解它并服从它。但是道德规范是隐性的、柔性的,尽管人们能感受到它的存在,但由于它是以人的自觉意识水平为依据的,所以能在多大程度上对社会关系起到调节作用,这有赖于一个社会的良好风气与公民的道德水准。"以德治国"在具体实施中需要有深厚的法制基础。因此,真正实现以德治国必须要处理好德治与法治的关系,要正确理解以德治国的内在含义。

首先,"以德治国"思想的提出是对过去思想政治工作、精神文明建设和德育工作的概括,是对古今中外治国经验教训的深刻总结,是对以往成绩的肯定,也是对长期工作在思想政治工作、德育工作战线上的广大党员干部的鼓舞和激励。中国共产党一贯重视提高全民的道德素质,尤其是改革开放以来,始终把以道德建设为主要内容的精神文明建设作为与经济建设并重的一项重要工作来抓,虽然在实际工作中有忽视和定位不准的情况,但取得的成绩是明显的。建国以后,在五六十年代尽管人民群众的生活水平很清苦,但当时的社会风气和道德风尚受到普遍的赞赏,其原因有中国传统的道德文化影响,也有行政命令和社会舆论的压力,毕竟不是完全出于自觉的自我约束。所以一旦改革开放,物质生活丰富后,各种不良德行便在生活、工作和人际交往中暴露出来并成为严重的问题。今天,我们把道德建设提高到治国方略的高度,这是新时期精神文明建设的新要求,是过去工作的继续,是党的优良传统的发扬和光大,它有深厚的实践基础、思想基础和群众基础。以德治国的真正内涵应该是以德"治人",即通过教育造就具有较高道德素质的公民。

其次,"以德治国"是中国社会主义现代化建设事业进入新世纪的新需求。十一届三中全会以来,党和政府十分重视法制建设,到目前,一个适应市场经济发展和对外开放的法律体系已经基本建成。"依法治国"的思想在全党、全社会也已基本确立,这是我国社会主义现代化建设所取得的成就之一,它已经构成了我国经济和社会可持续发展的思想基础。但是,由于法律规范所特有的属性,它的适用对象和范围有特殊的规定性。提高"德治"的地位和作用,同时看重"德治"与"法治",充分发挥德育对国民的启发和引导作用,用道德在更广泛、更具体的领域内调节人们的社会关系,必将与法律一道起着相辅相成的作用。历史经验证明,国家的稳定、团结,只有法律是不够的,还必须要有坚实的道德基础。道德是人们的朴素感情和自觉行为,良好的社会道德基础,包含着国民对自己国家的政治制度、经济体系和社会生活的认可、肯定和赞许,是对国家和对自己在其中的地位和作用的信心。如果经济成就是国家稳定的物质基础的话,那么,国民普遍的道德情感和道德判断以及道德实践的积极倾向将是这个国家的精神基础、思想基础,并最终构成与物质基础相一致的坚固的社会基础。

再次,适时提高道德在社会生活中的地位和作用,是对人民群众新时期道德需求的满足。目前,我国大多数地区已基本解决了温饱问题,越来越多的人开始过上了小康生活。在物质生活富裕的同时,人们对精神生活的要求也提高了,其中包括道德的要求。一方面要求社会环境道德化,希望人们都有理解、尊重、礼貌、助人为乐、热心公益、秉公守法以及坚持社会正义的观念和习惯,在文明、道德的氛围中工作、生活,享受人生的快乐,找到人生的真谛;另一方面,追求道德完善又是社会个体成员自身心灵的需要,有了道德追究,人就有了精神家园和精神力量。无论是西方的苏格拉底、柏拉图,还是中国的孔子、孟子都曾充分肯定道德修养对完善人性的作用。由于中国共产党人所提倡的道德既是传统的又是现代的,与先进的生产方式相适应,代表中国先进文化的前进方向,因此,坚持自我道德修养对满足自身的精神需求,对形成一种积极进取、热爱生活、为他人利益和社会进步而奋斗的人生观是十分有益的,符合广大人民群众的根本利益。"以德治国"思想的提出,有重要的理论意义和实践意义,有深厚的工作基础和思想基础,必将在今后的实践中对国家的长治久安发挥重要的作用。

从另外一个角度说,一个社会只讲道德自律而没有法律规范,势必造成人无规矩、道无秩序、德无法度,甚至形成坏人当道、好人受气的社会局面。即使在我国古代"以礼治国"的西周时期,仍然需要国家的法度来匡扶社稷、治国安邦、安定民心。因为人的道德自觉意识和道德水平总是有高低、善恶、美丑、正义与邪恶、公正与偏私之分的。任何社会的任何教育方式都不能保证每个人的道德水准是一样的,而且道德作为一种社会调节力量其功能也是有限度的。在以市场经济为基础的社会转型时期的今天,不仅要有法律对各种违法乱纪行为和社会不良现象进行惩戒以维护社会公正,而且人们在社会活动交往过程中也需要有公共约定,人们日常所说"先小人后君子"、"建立游戏规则"、"遵守职业规范"等也正是反映了这种心态和要求。当然,从社会发展的角度来看,法制的作用不仅仅在于规范和约束,更主要的还在于引导和预防,保证社会及其成员的公正和正当权益不受侵害,也为人们的社会生活提供行为规范和法律保护。没有法律作为保障,社会正气难以弘扬,就会出现"英雄流血又流泪"的情况。法律是要维护人们的正当权益和社会公正与秩序,而不能理解为是限制人们的行动和自由,更不能理解为是一种"专政"的手段。道德是弘扬善的东西,法律是惩罚恶的东西,其根本目的是一致的,可谓殊途同归。

教师首先是一个合格的公民,从法律意义上说,公民是享有法律赋予基本权利和承担义务的人(主体)。他具有强烈的国家性,古希腊哲学家柏拉图说:一个真正的治国者追求的不是他自己的利益,而是老百姓的利益。每个人能各尽其能,各得其所,都作为一个人干他自己分内的事而不干涉别人分内的事,这才是正义的城邦、善的国家。同时正义、勇敢、服从也是公民道德的重要内容。教师不仅要成为社会转型时期的合格公民,而且还要成为公民遵纪守法的榜样。

三、把握教育法律与政策规范的关系

要确立现代法制意识,更好地把握教育法律与教育方针、政策之间的关系,还必须搞清教育法律,教育法制,教育方针、政策,教育规范等相互之间的关系。

教育法或教育法规是指调整教育活动中发生的各种关系的规范性文件的总和。狭义是指由国家立法机关制定或认可,并受到

国家强制力保证执行的有关教育方面的规范性文件。广义是指国家机关,包括立法机关和政府机关制定和发布的一切有关教育方面的规范性文件。其形式主要有:教育法规、教育法令、教育条约、教育政令、教育训令、教育条例、教育规则、教育通告等。

教育法制是由制定完整的教育法规和依法治教两部分组成。由国家机关制定完善的教育法规,是教育行政有法可依的必要前提。依照法规的规定,领导和管理教育事务为其基本任务,目的是从法律上确认实施国家的教育方针、培养目标和保障公民受教育的权利。

第二节 教育法律的产生及其价值

一、法律的产生和基本类型

法律是阶级矛盾不可调和的产物。随着生产力的逐渐发展,在原始社会末期发生了三次社会大分工。首先是畜牧业与农业的分工,随后是手工业与农业的分离,最后是商业的出现。这样,社会分工越来越复杂,人们的行为愈来愈摆脱自然分工的限制而受社会分工的支配,生产、分配、交换劳动产品和交往的过程越来越复杂,社会事务行为也日益增多。由于生产的发展使人们的活动自由越来越多,需要有一些规则来确认财产的所有权、商品所有者的地位、商品交换的规则。这一切都决定着需要有比习惯更复杂、更高级的行为规范。经济的发展导致私有制和阶级的出现。在经济上和政治上处于对立地位的奴隶主阶级与奴隶阶级之间不可避免地会产生尖锐的、不可调和的利益冲突。这时原始公社的习惯已经不能满足奴隶主阶级的需要。为了确认和保障有利于奴隶主阶级的社会关系和社会秩序,就需要有一种能反映奴隶主阶级意志和利益的、新的行为规范。法律这种前所未有的行为规范于是适应这种需要应运而生。

法律的产生,由原始社会的习惯演变为法律是一个渐进的过程。法律产生的规律大致是由习惯过渡到习惯法,又进一步过渡到成文法。法律的产生是人类历史的一个巨大进步。法律文化是人类文化的重要组成部分。没有法律,人类不可能进入文明时代。法律尽管是阶级矛盾不可调和的产物,是地主阶级野蛮镇压劳动人民的工具,但以历史唯物主义的观点来看,法律的产生确实促进了人类文明的发展。

迄今为止,依照法律的性质来分,有以下几类:

(一)奴隶制法律

奴隶制法律是人类历史上最早出现的阶级类型的法律。大约在公元前3 000年,古埃及法老美尼斯就颁布过法律。公元前18世纪古巴比伦王国的《汉谟拉比法典》是保存至今的最早的奴隶制成文的法律。古罗马的《查士丁尼国法大全》是奴隶制的法律汇编,对后世的法律有重大影响。在中国,据《左传·昭公六年》记载,我国夏朝也开始出现奴隶制的法律,"夏有乱政,而作禹刑"。奴隶制法律完全是不平等的产物,首先,它用极其残酷的方法保护奴隶主的所有制。如古罗马的《十二铜表法》规定:债务人到期不能偿还债务,债权人有权将其任意处置。马克思主义认为,奴隶制的法是非人的法。其次,它用神化和残酷的刑罚维护奴隶主阶级的政权。法律规定,君主或国王都是某种神或神的代理。对奴隶使用的酷刑有火烧、活埋、挖心、剖腹、臼捣、分尸等等。再次,它公开规定自由民之间的不平等。最后,它长期保留原始公社行为规则的残余。如在诉讼程序上保留着"神明裁判"的方式。

(二)封建制法律

封建制法律是继承奴隶制法律之后的又一种剥削阶级的法律类型。在欧洲,中世纪教会法中的《旧约全书》、《新约全书》占有重要的法律地位。在西亚,伊斯兰教的《古兰经》也是重要的封建法律。我国的封建制法律最早出现在公元前5世纪末期。其中魏国宰相李悝编纂的《法经》,集春秋末期各诸候国法律之大成,是我国历史上最早的一部完整的、成文的封建法典。公元7世纪,我国唐代的《永徽律》是留传至今最早的封建法典,对我国以后的封建朝代及周边国家的法律建设起到了深远的影响。

封建法制的主要特征表现在:

第一,它严格维护封建阶级的所有制。

第二,公开承认封建等级特权制度。

第三,用专横残酷的手段维护封建政治制度及其统治政策。如我国"族诛"、"夷三族",以及明清时期的文字狱等。

(三) 资本主义法律与法制

资本主义法律与法制是资产阶级在取得反封建专制斗争胜利并夺取国家政权以后建立起来的一种新型法律制度。最初具有代表意义的法典是《法国民法典》,即《拿破仑法典》。之后,各国陆续开始制定一些重要法律,以取代落后的封建制法律。其主要特点有:

第一,确认和保护资本主义私有制,如法国在1789年颁布的《人权和公民的权利宣言》中宣称:"财产是神圣不可侵犯的权利。"

第二,维护资产阶级议会制民主,实行"三权分立",维护其稳定性。

第三,维护资产阶级的自由、平等和人权。

第四,确立资产阶级的法制原则,实行法制与民主的制度化、法律化,并严格依法行使其国家权力,进行国家管理。

(四) 社会主义法律与法制

社会主义法律与法制是在无产阶级夺取政权之后,打碎旧的国家机器,废除旧法律体系的前提下,在总结社会主义实践经验的基础上,创立起来的新法律类型。它主要是用以对敌实行专政,确立和巩固社会主义国家制度,调整人民内部矛盾,促进安定团结;

保障和促进社会主义经济建设和精神文明建设;为处理对外关系时提供法律依据。

二、教育法律的产生与发展

教育法律的产生是伴随着现代教育进程应运而生的。

(一) 国外教育法的发展和更替

国外教育法的产生大致经历了四个发展和更替的阶段:

1.

《工厂法草案》，其中有关教育的条款可以认为是最早的现代教育立法形式。19世纪下半叶开始，由于大机器工业的发展，对劳动者文化知识方面的基本素质提出了更高的要求。资产阶级也逐渐意识到普及义务教育的必要性和迫切性，于是，各主要资本主义国家相继开始以法律的手段直接干预教育，推行义务教育制度。义务教育立法一经产生就显示出自身的法律特征：强制性、免费性、世俗性。所谓强制性就是依照法律的名义，将儿童接受一定的教育定为一项法律义务；所谓免费性，主要是考虑到这种教育具有普及意义，能使更多的人履行这项义务并保证他们正常入学；所谓世俗性，是因为在欧洲中世纪以来占据学校教育权力和教育内容的主要受制于圣经和宗教教义的制约，为摆脱宗教对教育的控制，所以强调其世俗性。

3.

1850

4.

定》,这是建国后颁布的第一个重要的教育法规,《决定》按照社会主义方向改造旧教育,建设新教育。与此同时,教育部还系统进行了教育法规的制定工作,先后颁布了《幼儿园暂行规程(草案)》、《小学暂行规程(草案)》、《中学暂行规程(草案)》、《师范学校暂行规程(草案)》、《中等技术学校暂行实施办法》、《高等学校暂行规程》、《专科学科暂行规程》等一系列教育法规。1959年,中共中央、国务院联合发布《关于试验改革学制的规定》,要求在教育制度、教学内容、办学方式等方面,进行大规模的改革试验,创立适合中国实际情况的社会主义教育制度。1966年至1976年,这十年期间的"文化大革命",使我国的法制建设遭到了全面的破坏,同样,教育法制建设的程序遭到严重摧残。

党的十一届三中全会以后,随着我国社会主义现代化建设转向市场经济的轨道,建立和健全社会主义法制势所必然。20世纪末,在社会转型和教育事业飞速发展的情况下,我国颁布了一系列有关教育的法规,教育工作开始走上依法治教的轨道,出台了一些重要的法律文件和重要的方针、政策。如1980年2月,第五届全国人民代表大会常务委员会第十三次会议通过的《中华人民共和国学位条例》,这是建国以来由最高权力机关制定的第一个有关教育的法律。1986年4月,第六届全国人民代表大会第四次会议通过的《中华人民共和国义务教育法》,它以法律形式规定国家实施九年义务教育,以此作为提高民族素质和社会主义现代化建设的基础工程。1993年2月,中共中央、国务院印发的《中国教育改革和发展纲要》,指导我国20世纪90年代乃至21世纪初叶的教育发展和改革。1993年10月,第八届全国人民代表大会常务委员会第四次会议通过的《中华人民共和国教师法》,该法是规范我国的师资队伍建设、明确教师权利与义务的系统文件。1995年3月,第八届全国人民代表大会第三次会议通过的《中华人民共和国教育法》,为我国教育法律体系的建立奠定了基础和基本框架。1996

年5月15日,第八届全国人民代表大会常务委员会第十九次会议通过了《中华人民共和国职业教育法》,该法是我国职业教育的基本规范。1998年8月29日,第九届全国人民代表大会常务委员会第四次会议通过了《中华人民共和国高等教育法》,该法从起草到颁布历经10年,从高等教育基本制度、高等学校的设立、高等学校的组织和活动等方面,对高等教育领域的法律关系作了规定,是指导我国高等教育工作的基本规范。1999年1月13日,国务院批转教育部的《面向21世纪教育振兴行动计划》和1999年6月13日颁布的《中共中央、国务院关于深化教育改革全面推进素质教育的决定》。所有这些法律文件与纲领性文件都为我国教育现代化走上法制化的轨道提供了有力的保障。

三、教育立法的价值

从今天的世界各国发展的轨迹与趋势看来,国运的昌盛或兴衰与教育体制是否完善有着密切的关系。作为一种社会制度,它的正常运行与变迁,需要有相对稳定的社会立法系统作保障。同样,作为社会子系统的教育,它必须不断地适应社会体制的变更和发展。事实表明,如果教育滞后于社会变迁的速度和格局,那么,就意味着教育体制的落后与封闭。解决这样的问题,一方面,需要教育自身内部的不断调适;另一方面,从根本上而言,它必须具有自己强有力的保障机制——教育立法。关于法的价值概念,黎国智在其主编的《法学通论》中阐述如下:

障,正常的教育、教学秩序必然会受到干扰,同样,教师的行为规范也会出现失控。教育立法在建立和维护秩序中的作用主要表现在三个方面:

1.

业人员,承担教书育人,培养社会主义事业建设者和接班人、提高民族素质的使命。教师应当忠诚于人民的教育事业。"国务院颁布的《教师资格条例》第六章第二十一条规定:"有下列情形之一的,由县级以上人民政府教育行政部门撤销其教师资格:(一)弄虚作假、骗取教师资格的;(二)品行不良、侮辱学生,影响恶劣的。被撤销教师资格的,自撤销之日起五年内不得重新申请认定教师资格,其教师资格证书由县级以上人民政府教育行政部门收缴。"

(二) 教育立法的正义与公平价值

正义是人类的普遍追求和崇高理想,是古往今来人们评价自己和他人行为的一条共同准则。在人们的心目中,法律是正义、公平的象征和标尺(在我国,法字表示如水之平;在西方,用天平来表示法的公平)。在人们日常的见识中,正义、公平、公正、公道这些词表达的意思基本上是相同的,指的是人们追求的一种理想境界。正义的概念是不正确的、多含义的。有时正义被理解为一种合乎理性的公德,如中国格言"己所不欲,勿施于人";有时正义是指一种对等回报,即常人所说"善有善报,恶有恶报","以其人之道还治其人之身";有时正义指的是一种形式上的平等,不管是东方或西方,人们一讲正义总是意味着某种平等;有时正义是指一种合理的公正的制度,这种制度使人们生活得更好。毫无疑问,这些看法从不同的侧面反映了人们对法律的需要和追求。教育的公正主要是体现社会主义平等的原则,在对教育机会平等概念的理解上,一般包括起点上的平等、过程上的平等和终点上的平等这三个基本环节。所谓起点上的平等,是指入学上的平等;过程上的平等,是指就学过程的平等;终点上的平等,是指学业成就上的平等。教育机会平等的这三个基本环节,同时也是教育机会平等原则实现的三个台阶。① 由于各国经济、教育的发展水平不同,教育机会平等原则的实现程度也会有所差异。我们应当积极创造条件,努力实现教育机会平等的原则,并且不断提高实现这一原则的水平。

我国《教育法》第一章第九条规定:"中华人民共和国公民有受教育的权利和义务。公民不分民族、种族、性别、职业、财产状况、宗教信仰等,依法享有平等的受教育机会。"这一规定确立了公民受教育机会平等的基本原则。这一原则是指公民在受教育方面享有权利和履行义务,具有平等的法律地位,不因公民的民族、种族、性别、职业、财产状况、宗教信仰等的不同或差别而受到不平等的待遇。这一原则是根据我国《宪法》关于"中华人民共和国公民在法律面前一律平等"的原则,借鉴国外教育立法中关于教育机会均等规定的有益经验,结合我国教育的实际情况而确立的。

(三) 教育立法的自由与规范价值

"自由"是令人向往的,诗人裴多菲说:"生命诚可贵,爱情价更高;若为自由故,两者皆可抛。"自由一词,无论东方或西方,古已有之。在东方,汉语中的"自由"意指不受拘束地如意行动。在西方,英语中的"自由"(freedom 和 liberty),意味着从束缚中解放出来。近代以来,自由通常从两种意义上来理解。第一种意义上的自由,就是不受他人的干预和限制,即所谓"免于……的自由";第二种意义上的自由,就是"自己依靠自己,自己决定自己",即所谓"从事……的自由"。一些西方学者把前一种自由称为"消极自由",把后一种自由称为"积极自由"。那种认为自由就是天马行空,独来独往,自己想干什么就干什么,想要什么就得到什么,这只能是脱离现实的不可能实现的妄想,在现实世界中永远不会有这样的"自由"。

从法律的角度看,法律的限制是对公民在获得保障的情况下

---

① 李连宁、孙葆森:《教育法制概论》,教育科学出版社 1997 年版,第 7 页。

享受自由的必然选择。法国哲学家孟德斯鸠认为:"如果每一个公民能够做法律所禁止的事情,他就不再有自由了,因为其他的人也同样有这个权利。"① 我们对法律自由可以作出这样的界定,它是指人们受反映客观规律的法律保障或认可的按照自己意愿活动的权利。在这一过程中,任何人的行为都会直接或间接地同他人发生关系。他可能有意或无意地妨碍了他人的自由,也可能受他们有意或无意的阻碍。这样就需要作为全社会代表的国家,运用法律加以调控,使每个公民都能在法律的范围内实现自己的自由。因此,法律总是将自由与责任联结在一起,为公民实现平等的自由提供保护机制。自由不仅属于个人,也属于社会,公民在享有权利时必须负起对国家和社会的责任。与自由相联结的责任有两种:一种是要求个人在行使自由权时无害于他人,对社会负责。如我国《宪法》规定:公民在行使自由权时,"不得损害国家的、社会的、集体的利益和其他公民的合法的自由和权利"。另一种是个人必须对自己的出于自由选择而妨害他人自由的违法行为承担法律责任。这种责任的设立对保障每个人的平等自由,是绝对必要的。

我国教育法的规定也都是将权利与义务放到统一的范畴中加以创制和陈述的。教育领域中的权利和义务的一致性,体现在受教育的权利和义务在法律规定的条件下是统一的。我国《义务教育法》规定:"国家、社会、学校和家庭依法保障适龄儿童、少年接受义务教育的权利。""凡年满六周岁的儿童,不分性别、民族、种族,应当入学接受规定年限的义务教育。"在这里,适龄儿童、少年接受义务教育的权利和义务是统一的。接受义务教育既是适龄儿童、少年的权利,也是他们的义务。教育领域中的权利和义务的统一性,还体现在行使教育行政管理职能的机构其教育行政管理的职

---

① [法]孟德斯鸠:《论法的精神》(上),商务印书馆1961年版,第154页。

权和职责的统一性。教育行政机关行使职权的同时也就是履行其职责，履行其义务。例如，依法审批学校的设置，既是教育行政机关的一项职权，同时也是其一项职责，既不能放弃，也不能转让。教育领域中的权利和义务的一致性，还体现在行使权利的同时，应当履行相应的义务。权利人在行使自己权利的同时必须承担一定的义务，而义务人在履行自己的义务时，也同时享有一定的权利。例如，教师既要依法行使其相应的权利，同时也要依法履行相应的义务，不能只强调权利的行使，而不愿履行其应尽的义务。学校和校长也不能一味地要求教师履行其义务，而不尊重和保护教师的合法权益。

(四) 教育立法的经济价值与效益价值

教育立法的经济价值主要是指通过教育立法保证教育经费的落实和规范教育资源的合法、合理的使用。我国《教育法》第七章第五十三条规定："国家建立以财政拨款为主、其他多种渠道筹措教育经费为辅的体制，逐步增加对教育的投入，保证国家举办的学校教育经费的稳定来源。"第六十一条规定："国家财政性教育经费、社会组织和个人对教育的捐赠，必须用于教育，不得挪用、克扣。"效益一词与经济的概念关系密切，它有两层含义：一是人类活动的有效性，指人类活动的效率；二是人类活动的有益性，指人类活动所达到的有价值的结果。在第一层含义上，效益就是效率，即从一定的投入量中获得最大的产出，即以最少的资源消耗取得同样多的效果，或以同样的资源消耗取得最大的效果。[①]

现代社会的法律，从实体法到程序法，从根本法到普通法，从成文法到不成文法，都应有其内在联系，以有利于提高效益的方式分配资源，并以权利和义务的形式保障资源的优化配置和使用。

法在促进效率中有如下作用：

[①] 黎国智：《法学通论》，法律出版社1999年版，第78页。

第一,法确认并保障个人的物质利益,鼓励人们依法为争取物质利益而奋斗。

第二,法确认和保护产权关系,鼓励人们为提高效益的目的而占有、使用或转让财产。财产权利的承认是有效地利用自然资源的前提。

第三,法确认和保护有效益的经济运行模式,使之能容纳更多的生产力。每种社会制度、每个国家都在选择其经济有效运行的最佳模式。

第四,法承认和保护知识产权,这也是由教育实践活动的本质特征决定的。

效率与公平是法所追求的一对互相矛盾的价值目标。效率和公平在价值序列中的阶位依社会的变化而变化。在经济增长成为一种主导的需要时,效率应优先考虑。在我国现阶段,效率具有优先性。只有提高效率,增加社会财富,才能实现更高层次的公平。在社会主义市场经济条件下,逐步消除因地区之间经济、文化、教育发展的差别和公民家庭之间经济状况的差别而造成的受教育机会的不平等现象,为公民的自我发展提供平等的条件,具有十分重大的意义。这一原则对于加强我国的教育法律建设、维护公民受教育方面的合法权益具有重要意义。当然,教育机会平等并不是绝对的,而是相对的。由于我国经济、教育的发展水平还不高,各地的发展水平又很不平衡,各级各类教育的情况也不尽相同,贯彻教育机会平等的原则,不可能一蹴而就,也不可能整齐划一。要从我国的实际情况出发,根据不同地区、不同教育领域和不同社会群体的实际情况,逐步实施。《教育法》规定,国家帮助和扶持各少数民族地区、边远贫困地区发展教育事业,扶持和发展残疾人教育事业,保障女子在受教育方面的平等权利以及对家庭经济困难的学生提供各种形式的资助等,这些都体现了教育机会平等原则的精神。同时,国家还将随着经济和社会的发展,逐步改善公民受教育的物质条件。

第三节 我国教育立法体系

社会主义法制是由社会主义国家机关创制的、体现工人阶级领导的全体人民意志的法律和制度,以及一切国家机关、武装力量、各政党和各社会团体、各企事业组织和公民严格依照这种法律和制度活动方式的统一体。它是立法、执法、守法和法律监督等内容的有机统一体,其中心环节是依法办事。社会的各种规范特别是各种立法体系制约着教育立法。如同教育受到社会政治、经济、文化等方面的制约一样,教育立法受到社会立法的影响主要表现在:其一,教育立法是依据社会根本大法——宪法而定;其二,教育立法必须与社会其他各部门法相一致与相适应。教育立法虽然与经济法、民法、诉讼法、刑法、婚姻法等立法形式在内容和功能上有所不同,但是彼此之间又有着方方面面的相互影响,并且从体制而言,它们之间是相互参照的。

一、我国教育立法的法源关系

法源是法律渊源的简称。人们往往从不同的角度来理解法律渊源这一词的实际含义,因而有着不同的理解。如有的理解为法律资料的来源;有的理解为解决法律的原动力;有的理解为制定法律的机关;有的理解为法律演进的源流;等等。法学上一般将此分为正式意义和非正式意义、形式意义和实质意义、直接意义和间接意义等类别。正式意义的法源指官方法律文件中以言语体现的国家意志,如宪法、各种法律等;非正式意义的法源主要是指法律精神的体现,如正义、理性原则、伦理原则、公共政策等。形式意义的法源主要是指法律取得法律力量和效力的来源;实质意义的法源是指法律取得真实而非效力的渊源,如习惯法。直接与间接意义上的法源划分与上述两种情况大致相同。在一般的法学著作中，通常是从形式意义上使用法律渊源这一概念，它指的是根据法律效力的来源不同而形成的法律类别。法律渊源是法律规范区别于其他社会规范如道德规范、社团组织规约的一个重要表现，只有体现国家意志并具有代表这种意志的某种特定形式的社会规范，才是由国家强制力保证的、具有普遍约束力的法律规范。教育法是由众多的教育法律规范组成的，通常有两种情况：一种是有关某一方面教育活动的规范形式为单一法规，如《义务教育法》、《学位条例》等；另一种是有关教育活动的规范条款包括在其他法律规范之中，如教育法中有关行政管理和处罚的部分就属于这种情况。根据《宪法》的规定，我国的教育法的法源主要包括以下四个方面：

（一）《宪法》

宪法是国家的总章程，是我国一切立法的依据。其他任何形式的法律、法规都必须依据宪法制定，并为贯彻宪法服务，不得与宪法相违背，否则无效。可见，宪法具有最高的法律地位和法律效力，是最高层次的法律渊源。宪法作为教育法的法源，主要是从两方面为教育立法提供依据的。一是规定了教育法的基本指导思想和立法依据；二是直接规定了教育、教学活动的基本法律规范。如《宪法》中的第二条规定了"国家机构实行民主集中制的原则"；第十九条规定了"国家发展社会主义教育事业提高全国人民的科学文化水平"；"国家举办各种学校普及初等义务教育，发展中等教育、职业教育和高等教育，并且发展学前教育"；"国家推广普通话"。第四十六条规定了"中华人民共和国公民有受教育的权利和义务"；"国家培养青年、少年、儿童在品行、智力、体质等方面全面发展"。第四十九条规定了"父母有抚养、教育未成年子女的义务"。第八十九条、一百〇七条和一百十九条分别规定了国务院、县级以上地方各级人民政府和民族自治地方的自治机关领导和管理教育工作的权限。

(二) 部门法律

在我国，由国家最高权力机关及常设机构所制定的规范性文件，即狭义上的法律也是重要法源之一。它包括两部分：一是基本法律，即指规定和调整某一方面带有根本性、普遍性的法律，如《刑法》、《民法》、《婚姻法》、《全国人民代表大会组织法》、《国务院组织法》、《教育法》等；二是基本法律以外的法律，通常是指规定内容较专门化、具体化的一类法律，如《环境保护法》、《文物保护法》、《中华人民共和国学位条例》等。

(三) 行政法规和规章

行政法规是泛指国家行政机关制定和发布的文件。这是国家行政机关依据国家宪法和法律的规定而行使其职权的一种表现，也是使其行政权得以实施的必要措施。如国务院作为我国最高权力执行机关，它在教育方面所制定、发布的法规、决定和命令等规范性文件，对全国范围内执行宪法和法律中有关教育方面的规定具有重要意义。建国以后到80年代，国务院先后制定了130多件有关教育的法规。如《政务院关于改革学制的决定》(1951年)、《中共中央、国务院关于教育工作的指示》(1958年)、《中共中央关于普及小学教育若干问题的决定》(1980年)等等。其内容不仅涉及我国教育的管理、经费、教育人事制度，而且还包括各级各类学校的教育方针、内容等问题。除此之外，还有部门性质的行政规章。如教育部曾颁发的《中、小学暂行规程》(1952年)，《高等学校暂行规程》(1950年)，教育部、国家体委联合发布的《中、小学体育工作暂行规定(试行草案)》(1977年)，卫生部、教育部联合发布的《托儿所、幼儿园卫生保健制度(草案)》(1980年)，等等。

(四) 地方性法规和规章

《宪法》第100条规定："省、直辖市的人民代表大会和它们的常务委员会，在不同宪法、法律、行政法规相抵触的前提下，可以制定地方性法规，报全国人民代表大会常务委员会备案。"此外，还有自治条例和单行条例,如民族自治条例等。

二、我国教育法规的体系

改革开放二十多年来,我国的教育立法有了很大的进展,相继出台了一系列教育法规,打破了单靠行政手段管理教育的局面,初步形成了以《教育法》为核心的中国特色的社会主义教育法规体系。初步建立起教育法律、法规体系的框架。

(一) 教育法规体系的纵向结构

从教育法规的纵向构成上看,由于教育法规的立法权限和立法程序的不同,教育法规的适用范围和效力也不同。按其适用范围和效力等级,可以从纵向上将教育法规划分为以下几个层级:一是与国家宪法相配套、对整个教育全局起宏观作用的教育基本法,即《教育法》;二是与《教育法》相配套的单行教育法律,以及其他与教育相关的法律中的条款;三是与教育法律和其他法律相配套的国家最高行政机关发布的教育行政法规;四是部门教育规章;五是地方性教育法规。如表6-1所示。

表6-1 我国纵向教育立法体系

	层次	立法机关	立法形式
中央立法	1	全国人民代表大会及其常务委员会	教育法律
	2	国务院	教育行政法规
	3	国务院各部委	部门教育规章
地方立法	1	省、自治区、直辖市人民代表大会及其常务委员会	地方性教育法规①
		自治区人民代表大会	自治条例和单行条例
	2	省、自治区、直辖市人民政府	地方性教育规章
	3	省、自治区人民政府所在地的市和国务院批准的较大的市以及经济特区市的人民代表大会及其常务委员会	地方性教育法规②
		自治州人民代表大会	自治条例和单行条例③

续表

	层次	立法机关	立法形式
地方立法	4	省、自治区人民政府所在地的市和国务院批准的较大的市以及经济特区市人民政府	地方性教育规章
	5	自治县人民代表大会	自治条例和单行条例④

注：① 报全国人民代表大会常务委员会备案。
② 报全国人民代表大会常务委员会批准。
③ 报省或自治区人民代表大会常务委员会批准，报全国人民代表大会常务委员会和国务院备案。
④ 报省或自治区人民代表大会常务委员会批准，报全国人民代表大会常务委员会备案。

（二）教育法规体系的横向结构

教育法规横向结构是指按照它所调整的教育关系的性质或教育关系的结构要素的不同，划分出若干个处于同一层级的部门法，形成教育法规调整的横向覆盖面，使之在横向构成上呈现出门类齐全、内容完整、互相协调的态势。有人主张将我国教育法规横向构成的表现形式分成以下六类：1) 教育基本法；2) 规范教育行政管理权限和管理方式的教育行政组织法；3) 规范学校举办者行为的学校教育法；4) 规范教师、学生行为的教职员法；5) 规范实施教育的经费保障的教育经费法；6) 规范学校设备必需额度及其标准的教育设备法。也有人将教育法规的横向结构分为以下八大类：1) 教育基本法；2) 义务教育法；3) 职业教育法；4) 高等教育法；5) 成人教育法或社会教育法；6) 学位法；7) 教师法；8) 教育投入法或教育财政法。

从横向方面看，我国教育立法体系可分为权力机关立法（人民代表大会立法）和行政立法（行政机关立法）两大系统。权力机关立法系统包括全国人民代表大会及其常务委员会的立法（制定教育法律），省、自治区、直辖市人民代表大会及其常务委员会的立法

(制定地方性教育法规)、自治区人民代表大会立法(制定自治条例和单行条例),省、自治区人民政府所在地的市和国务院批准的较大的市以及经济特区市的人民代表大会及其常务委员会的立法(制定地方性教育法规),自治州和自治县人民代表大会的立法(制定自治条例和单行条例)四个层次。行政机关立法系统包括国务院的立法(制定教育行政法规),国务院有关部门的立法(制定部门教育规章),省、自治区、直辖市人民政府的立法(制定地方性教育规章),省、自治区人民政府所在地的市和国务院批准的较大的市以及经济特区市的人民政府的立法(制定地方性教育规章)四个层次,从横向角度考察,我国教育立法体系如表6-2所示。

表6-2 我国横向教育立法体系

		立法机关	立法形式
权力机关立法	1	全国人民代表大会及其常务委员会	教育法律
	2	省、自治区、直辖市的人民代表大会及其常务委员会	地方性教育法规
		自治区人民代表大会	自治条例和单行条例
	3	省、自治区人民政府所在地的市和国务院批准的较大的市以及经济特区市的人民代表大会及其常务委员会	地方性教育法规
	4	自治州人民代表大会	自治条例和单行条例
		自治县人民代表大会	
行政机关立法	1	国务院	教育行政法规
	2	国务院各部委	部门教育规章
	3	省、自治区、直辖市人民政府	地方性教育规章
	4	省、自治区人民政府所在地的市和国务院批准的较大的市以及经济特区市的人民政府	地方性教育规章

三、我国的教育立法程序

教育立法程序应遵从国家的基本立法程序。根据《中华人民共和国宪法》《中华人民共和国全国人民代表大会组织法》《全国人民代表大会议事规则》和《全国人民代表大会常务委员会议事规则》等有关规定,我国立法的基本程序大体分为四个步骤,即提出立法议案、审议法律草案、通过法律草案、公布法律。教育立法包括权力机关的立法和行政机关的立法。因此,教育立法既有一般法律的立法程序,又有行政立法的基本程序。从教育立法的动议、创制、生成和成熟等内容看,又可以分为三个阶段:第一阶段是教育立法的准备阶段;第二阶段是由教育法案到教育法的阶段;第三阶段是教育立法的完善阶段。这三个阶段结合在一起,构成完整的立法活动过程。

(一) 教育立法准备

是指提出教育法案前所进行的有关立法工作。鉴于上面的论述,进行此项活动的主体可以是教育立法机关,也可以是其他参与此项工作的非立法机关。

根据立法学的研究,教育立法准备活动可以从以下三个层面来进行:宏观上,它包括教育立法预测、编制教育立法规划、形成教育立法倡议、作出教育立法决策。这里主要涉及国家权力机关的相应决策,比如,在何时由何种立法机关作出何种立法。中观上,它包括确定立法目标、考察教育立法的主客观条件、落实教育法案起草机关、为教育立法的正式进行做好物质准备等。前面谈到的我国《教育法》制定过程中选定高等学校参与起草《教育法》草案,就是中观意义上的教育立法准备活动。微观上,它包括拟出法案提纲、起草法案草稿、征求意见并形成教育法案正式稿即草案。这里涉及教育立法准备工作的最直接的表现形式。

(二) 由教育法案到教育法

作为教育立法过程的第二阶段,它是指由教育法案提出直到教育法公布这一系列正式的立法活动所构成的立法阶段。具体包括如下程序:

1.

上讲,应当由原立法者或法所确定的解释主体来行使。但实际上,它的解释主体在许多国家已远远超出了此范围。在我国,凡由全国人民代表大会及其常务委员会所制定的法律(包括教育法律)一经公布施行后,其最主要、最经常的解释者不是全国人民代表大会及其常务委员会,而是最高人民法院和最高人民检察院。而教育行政法规的立法解释权,则在相应的国家行政主管部门。譬如,《中华人民共和国义务教育法实施细则》第四十五条明确规定,该行政法规由国家教育委员会负责解释。它可以依法重新确立或赋予上述法规文件中有关内容的含义。

2.

是教育法的规定失效并从现行法中消失。一般来说,教育法的废止在理论和实践上有整体废止和部分废止两种。整体废止是指一个教育法律整个失去效力;部分废止则指一个教育法律中的某些规范或某个规范失去效力。我国教育立法工作开展的时间不长,且不说教育法的废止,即使是教育法的修改和补充,也还未在实践中反映出来。但这并不意味着,现行教育法律将永恒不变。

思考题:

1. 如何理解职业道德规范与法律、法规制约之间的关系?
2. 为什么说依法治教是现代教育发展的必然?
3. 论述教育公平与效益之间的关系。
4. 我国教育立法体系的基本框架是什么?
5. 阐述我国教育立法程序。

第七章 教育法律关系与责任

教育法律关系和教育法律责任是教育法学的最基本的命题。教育法律关系是社会关系的一种特殊形式,它与人们结成的道德伦理关系有明显的区别。教育法律责任也是社会责任的一种,与其他如道德义务、政治责任等有着密切的关系,但有其特殊规定性。在学理上,法律关系、法律责任主要是围绕权利与义务展开的。

第一节 教育法律关系与责任概述

一、教育法律关系概述

法律调整的对象就是社会关系。在这里,"调整"的含义是指对社会关系的规范和保障。与其他法律一样,教育法调整的对象也是特殊的社会关系。与人们基于习俗、道德、信仰、文化、血缘等因素形成的关系不同,教育法律关系的形成主要是基于特定法人之间权利与义务的社会关系,在理论依据上从属于一般法律关系。

(一) 法律关系的基本内涵

法律关系是运用法律规范在调整人们的行为过程中所形成的权利、义务关系,它是一种特殊的社会关系。

1. 法律关系的特征

(1) 法律规范是法律关系产生的前提和依据,一些非正式关系如日常生活中的友邻关系等就不一定是法律关系,只有当这种关系被纳入到法律规范的调整范围内,才会成为法律关系。也就是说出现必须用法律保护的情形,如产生利益的分割、故意伤害对方、登记结婚等。

(2) 权利和义务是法律关系的主要内容,法律规范为法律关系当事人设定各种权利和义务,并由此为当事人预先提供行为模式和行为后果的评价。

(3) 国家强制力是维护和保障法律关系的手段,规定一个人"可以做什么、不得做什么和必须做什么"。

权利和义务是包括多种要素、具有丰富内容的概念,我们可以从任何一个要素或层面出发去理解权利和义务。例如:

第一,可以把权利理解为资格,即去行动的资格、占有的资格或享受的资格。就是说权利概念的要旨是"资格",说你对某事享有权利,就是说你被赋予某种资格。例如,选举,领取养老金,坚持自己的看法,享受隐秘的家庭生活等。按照这种理解,权利意味着"可以",义务意味着"不可以"。一个人只有被赋予某种资格,具有权利主体的身份,才能够向别人提出作为与不作为的主张,也才有法律能力或权力不受他人干预地从事某种活动。

第二,可以把权利理解为具有正当性、合法性、可强制执行的主张,即以某种正当的、合法的理由要求或吁请承认主张者对某物的占有,或要求返还某物,或要求承认某事实(行为)的法律效果。说"某人拥有一个权利",这或者指他已经实际有效地作出某一主张,或者指他仍可有效地作出某一主张。设定权利的目的之一在于使主体可以针对别人作出肯定的主张,特别是他的利益受到别人的威胁或侵害时提出停止危害的要求。按照这种理解,义务就是被主张的对象或内容,即义务主体适应权利主体要求的作为与不作为。

第三,可以把权利理解为自由,即法律允许的自由——有限制、但受到法律保护的自由。不少思想家指出,每一个真正的权利就是一种自由,包括权利主体的意志自由和行动自由,主体在行使权利时不受法律上的干涉,主体做或不做一定行为不受他人的强使。

第四,可以把权利理解为法律所承认和保障的利益。不管权利的具体客体是什么,上升到抽象概念,对权利主体来说,它总是一种利益或必须包含某种利益。而义务则是负担或不利。

第五,可以把权利理解为法律赋予权利主体的一种用以享有或维护特定利益的力量,义务则是对法律的服从,或为保障权利主体的利益而对一定法律结果所应承受的影响,或一个人通过一定行为或不行为而改变法律关系的能力。例如,"我有处分属于我的财产的权利",这句话意味着我有法律上的能力或权力出卖我的财产或把它赠予我乐意给的人。

第六,可以把权利理解为法律规范规定的有权人作出一定行为的可能性,要求他人作出一定行为的可能性以及请求国家强制力量给予协助的可能性。这种可能性受到由法律规范所责成的他人的相应的义务的保障。义务是法律所决定的和用国家强制力来保证的一定行为的必要性。

第七,可以把权利理解为法律所保障或允许的能够作出一定行为的尺度,是权利主体能够作出或不作出一定行为,以及要求他人相应地作出或不作出一定行为的许可与保障。与此相应,义务被解释为法律为着满足权利人的权利需要而要求义务人作出必要行为的尺度,其未履行构成法律制裁的理由或根据。

第八,可以把权利理解为在特定的人际关系中,法律规则承认一个人(权利主体)的选择或意志优越于他人(义务主体)的选择或意志。换言之,某人之所以有某项权利,取决于法律承认它关于某一标的物或特定关系的选择优越于他人的选择。正是法律对个人自由和选择效果的承认构成了权利观的核心。

综合上述理解,着重从权利的法律功能和社会价值的角度,可以把权利解释为规定或隐含在法律规范中、实现于法律关系中的、主体以相对自由的作为或不作为的方式获得利益的一种手段。义务是设定或隐含在法律规范中、实现于法律关系中的、主体以相对受动的作为或不作为的方式保障权利主体获得利益的一种约束手段。①

法律关系主要是由法律关系主体和法律关系客体组成的。

法律关系的主体即法律关系中享受权利和义务的人,他们是法律关系的参加者,又被称为"权利主体"或"义务主体"。合格的主体必须具备主体能力,从客观存在的意义上说必须有以下两个要素构成:第一,法律所确认的享有权利、履行义务的资格,即权利能力;第二,法律所承认的、独立地以自己的行为享有权利和承担义务的能力,即行为能力。法律关系中的"人"的概念不同于日常生活中人的概念,它是特定的指称。

2. 法律关系主体类型

(1) 自然人,有生命并具有法律人格的人。它包括本国人、外国人和无国籍人。但有生理意义上的生命人不一定在任何时空条

---

① 张文显:《法理学》,法律出版社1999年版,第113~115页。

件下都被法律认可为"人",如奴隶就不受任何法律保护,失去了法律人的意义。

(2) 法人,自然人的对称。指具有法律人格、能以自己的名义独立享受权利、承担义务的社团组织。它是一种拟制人,即法律赋予它同自然人一样的主体地位。因此法人可以用自己的名义拥有财产、订立合同、行使权利、履行义务、起诉应诉等。

(3) 非法人组织,指不具有法人资格,但在一定范围内参与法律关系的社会组织,如农村联产承包户、个体工商户、合伙人等。

(4) 国家及国家机关。国家多作为对外国际法律的主体,国家机关如教育行政机关也可成为某些法律关系主体。

法律关系的客体是指主体的权利和义务所指向的共同对象,又称"权利客体"或"义务客体"。客体是联系主体权利、义务的中介,在法律关系中,权利客体和义务客体往往是重合的。如张某向陈某借款20万元,在订下合同后张某便有权利要求陈某支付20万,陈某也有义务向张某支付20万,此时20万元可以看作既是权利客体又是义务客体。

3. 法律客体的特征

(1) 客观性和稀有性,即独立于人的意识之外,能为人的意识所感知和为人的行为所支配。而且是一种不多的东西,不能被人们毫无代价地利用和占有。

(2) 有用性或价值意义,它是一种资源,必须满足主体的物质利益或精神需要。

(3) 具有法定性和可控性,客体必须是经法律确认,并予以保护的对象,同时也能为主体所控制。如属于不可控因素造成的伤害则不能由法律强制调整。

4. 常见的法律关系客体

(1) 物,包括一切可以成为财产权利的自然之物和人造之物。

(2) 行为,指权利主体的权利和义务主体的义务所共同指向的作为或不作为。

(3) 智力成果,指人们在智力活动中所创造的非物质财富,主要是知识产权所指的对象。

(4) 人身利益,包括人格利益和身份利益,这是人格权和身份权的客体。

(二) 教育法律关系的基本含义

教育法律关系与任何法律关系一样也包括主体、客体和内容这三方面的基本要素。关于教育法律关系的性质有一些不同的观点:一种观点认为教育法律关系是一种行政法律关系,因为教育是一种公益性的事业,教育法律是行政法的一个部分;另一种观点认为教育法律关系作为一种综合性法律关系,具有行政法律关系、民事法律关系、经济关系、特定的法律关系甚至是刑事法律关系等。根据我国现行教育法律、法规的制定情况,我们主要从行政法律关系、民事法律关系、刑事法律关系这三个维度加以考察。

从现有教育法律规范来看,教育法律关系的主体有可能涉及国家、教育行政机关、学校、学校管理人员、教师、学生、学生父母和其他法定监护人、各种依法兴办学校的社会力量以及社会上各种依照教育法规的有关规定负有某方面教育责任的单位和个体等。教育法律关系的客体主要包括教育行为、教育管理行为、教育资源、教育研究成果等体现教育方面权利和义务关系的物、行为和精神财产等。教育法律关系的内容则是教育法律关系的主体所享有的教育权利和应承担的教育义务。构成教育法律关系的双方,即教育权利的享有者和教育义务的承担者可以分别是以上符合教育法律规范假定条件的任何主体。

教育法律关系范围按其所涉及的主体和所处的社会角色来分,可以分为教育的内部法律关系和教育的外部法律关系。教育内部的法律关系主要是指教育法律规范调整的教育系统内部各级各类教育机构、各类教育工作人员、教育对象之间的关系。教育外部的法律关系主要是指教育法律规范调整的教育系统与其外部社会各方面的必然联系,如教师的社会地位、物质待遇、教育经费的负担、教育事业发展的规划以及社会对教育的责任等。

(三)教育法律关系的性质

教育法律规范的调整对象不再仅仅是教育行政关系,这使得教育法律关系有了不同类型的区别。按其隶属特征和违法程度来划分,教育法律关系可以分为具有纵向隶属特征的教育行政法律关系、具有横向平等特征的教育民事法律关系和具有刑事犯罪特征的教育刑事法律关系。教育法律关系与其他法律关系是有很大区别的,因为在制定教育法律、法规,设定教育法律关系时,必须充分考虑到教育自身的特点和规律。除此以外,还可以根据法律关系体现的内容分为基本法律关系、普通法律关系和诉讼法律关系。按法律关系主体之间地位是否相等分为平权法律关系和隶属法律关系等。

二、教育法律责任

(一)法律责任和教育法律责任的基本含义

要正确理解这个问题,必须首先弄清法律责任的特殊内涵以及我们在哪种意义上使用这一概念。"责任"一词在一般意义上,有两种含义:一是主体应承担某种责任,如父母有责任送适龄子女接受义务教育;二是指未做应做的事所应承担的义务性后果,如追究其法律责任。法律责任是一种特殊的社会责任,它直接反映人们之间的法律关系,并受法律关系的制约。与上述两种含义相对应的是在法律上使用责任一词时,既说明一种责任关系,又表明一种责任方式。基于此,对教育法律责任作如下定义:教育法律责任是教育法律关系主体因实施了违反教育法的行为,依照有关法律、法规的规定应当承担的否定性的法律后果。

1. 构成法律责任的要件

(1) 责任主体。即承担违法责任的法律关系主体。当然,对同样的后果会因其主体的状况有所差别,如低龄儿童至少属于不完全行为能力者,故在归责过程中就有必要加以区分。

(2) 有过错。即承担法律责任主体的主观故意或者过失,如恶意攻击和因工作不尽职造成的后果。

(3) 违法行为。通常情况下,违法行为是法律责任产生的前提,没有违法行为就没有法律责任的产生。

(4) 损害事实。包括对人身、财产、精神等造成的损失和伤害。但法律上的损害必须具有确定性,不能是主观意见上的损害。有的损害虽然在当时没有发生,但通过推断以后必定发生的可预知的事实后果也视为损害的实际发生。

(5) 因果关系。引起的法律后果与当事人的行为应有逻辑上的直接因果联系。

2. 教育法律责任

教育法律关系就其本质上说与任何法律关系并无相悖之处,但在一致性的前提下,还要注意教育法律关系的特殊性[①]。

(1) 教育法律责任与违法行为紧密相连。存在违反教育法律、法规的行为,是教育法的法律责任的前提。也就是说,教育法的法律责任,是针对违反教育法律、法规的行为设立的,也只有在发生了违反教育法的行为之后才会出现的一种法律后果。这些违法行为既包括不履行教育法规定的义务,也包括侵犯其他主体由教育法规定的权利。遵守教育法律、法规的行为就不会产生这种法律后果。

(2) 法律后果的承担者,是有遵守教育法律、法规义务的特定教育法律关系主体,它不仅指公民个人和社会团体,还包括国家行

---

① 李连宁、孙葆森:《教育法制概论》,教育科学出版社1997年版。

政机关和学校,体现了教育法的一种特殊的强制力。

(3)教育法律责任与法律制裁紧密相连,表现为一种否定性的法律后果,是国家对违反教育法律、法规行为的不赞许态度。其实质是统治阶级运用法律制裁的方式对规避教育法定义务、超越教育法定权利界限或滥用权利的违法行为所作的法律上的否定性评价和谴责,是国家强制矫正违法者的违法行为,从而补救受侵害者的合法权益,恢复被破坏的教育法律关系和教育法律秩序的手段,是社会主义法制"违法必究"原则的具体体现。

(二) 教育法律责任的特点

教育法的法律责任与其他社会责任(政治责任、道德责任等)相比,具有以下特点:

(1)必须有法律规范的规定,即责任的法律规定性。也就是说对教育活动中的哪些行为应当追究法律责任,由谁来追究,以及法律责任的种类,都必须在有关教育的法律、法规或其他法律、法规上有明文的规定。《教育法》的第九章、《教师法》的第八章、《义务教育法》第十五条、第十六条和《义务教育法实施细则》的第七章等,就是关于法律责任的明文规定。

(2)以国家强制力保证执行,即责任的国家强制性。也就是说,对于违反教育法律、法规行为的追究,是以国家强制力来保证实施的,并且对于所有的违法者和一切违法行为都普遍予以制裁,具有普遍约束力。对于其他社会责任的追究就不具有国家的强制性。这一点与教育法的国家强制性是一致的。

(3)由违法的教育法律关系主体所承担,即归责的特定性。就是说当事人必须处在教育法律关系中,才承担教育法律责任。对于教育法律关系主体,我们在前章已讨论。无论是自然人和法人,均必须处在教育法律关系中,其行为侵犯了教育法上规定的权利和违反教育法上的义务,才能导致教育法律责任。如果不处在教育法律关系中,其行为不影响教育法上的权利和义务,就不会导致教育法律责任。

（4）由国家专门机关或国家授权机关依法追究,即责任的专权追究性。也就是说,对于违反教育法的行为人追究法律责任的主体,必须是教育法律、法规授权的特定的国家机关或组织,其他任何组织或个人都无权行使这种权利。

第二节 教育法律关系主体的权利与义务

教育法律关系主体所涉及的范围是非常广泛的,它包括教育行政机关及其他国家机关、学校、教师、学生、公民、其他社会组织等各种主体。正确认识这些主体的法律地位,准确把握其权利和义务,了解这些主体在教育活动中的法律关系,是教育行政机关依法行政、保障其他主体的合法权益、全面推进依法治教的需要。这里就教育行政机关、学校和教师等教育法律关系主体的地位、权利与义务的内容作一阐述。关于受教育者(儿童)的合法权益另作专门阐述。

一、教育行政机关

行政的含义是指社会组织对一定范围内的事务进行组织与管理的活动①。本节所论及的行政主要是国家基于公共利益对社会事务的组织与管理,又可称为公共行政。教育行政机关,即依法成立的代表国家从事教育行政管理、承担对内对外教育职能的行政机关,它是国家行政机关的重要组成部分。教育行政机关的法律地位,是指在行政法上教育行政机关具有的主体资格。

教育行政机关作为教育法律关系中的重要主体,能以自己的名义从事行政管理活动并能独立地承担由此所产生的法律责任。

---

① 黎国智:《法学通论》,法律出版社1999年版,第325页。

其法律地位在不同的教育法律关系中是不同的,主要表现为:

(一) 以管理者的身份与相对人发生行政法律关系

如《教育法》第八十条规定:"违反本法规定,颁发学位证书、学历证书或者其他学业证书的,由教育行政部门宣布证书无效,责令收回或者予以没收;有违法所得的,没收违法所得;情节严重的,取消其颁发证书的资格。"

(二) 以平等身份与相对人发生权利和义务关系

这种关系不是行政机关与相对人之间的管理与被管理的隶属关系,而是具有明显教育特征的民事关系。如基于教育合同而产生的法律关系。教育行政机关无论以何种身份参加教育法律关系,都是在同级人民政府的领导下,独立行使国家行政职能的行政法律关系主体。因为教育行政机关是同级人民政府的组成部分,对同级人民政府负责,其行政权力不得违反教育法律和同级人民政府的决定、指示、命令,否则将被撤销,同时,教育行政机关非经授权不能代行本级人民政府的权力。

(三) 教育行政机关与学校的法律关系

在行政法律关系中,学校与教育行政机关的法律地位是不平等的。作为行政法律关系一方当事人的教育行政机关,代表国家并以国家名义行使行政管理权,是处在领导者和管理者的地位,它们发布的行政命令、决定和采取的各种行政措施等行政行为,对学校与政府关系的发生、变更、终止起着决定性作用。虽然教育行政机关在实施某种管理行为时可以依法征询学校的意见,但是学校同意与否并不影响教育行政机关实施行政行为,在学校因不同意行政行为而拒绝执行时,教育行政机关还可以采取措施强制执行。而当教育行政机关不履行其职责时,学校只能请求其履行,或者向人民法院提起行政诉讼,却不能强制教育行政机关履行。学校与教育行政机关这种权利、义务的不对等关系,正是由主体双方处于不同的法律地位所决定的。

(四)教育行政机关与相对人(被管理者)的法律关系

在教育行政法律关系中,教育行政机关是必然的一方当事人,其他有关的法律主体构成与教育行政机关相对的另一方当事人。它一般包括学校、教师、公民、企事业组织、社会团体、其他国家机关以及外国人、无国籍人和外国组织。这些相对人在与教育行政机关关系中,具有不同的地位和不同的权利、义务。一般包括参加这种法律关系的公民(包括受教育者)、企事业组织、社会团体等。公民是与教育行政机关最密切的相对人。在教育行政管理的法律关系中,公民处于被管理者的地位;在教育行政法律监督中,公民则处于监督主体的地位;在行政诉讼法律关系中,公民则处于原告的地位,享有各种诉讼的权利等。例如,公民有向教育行政机关申请办理为其子女入学、参加考试、颁发考试合格证、许可证、办理留学手续以及提供证明、认可、特许等各项权利。公民向教育行政机关提出的各种请求,只要是符合法律、法规规定的,教育行政机关均有予以满足的义务。

二、学校的法律地位

学校是依法举办和实施教育、教学活动的公益性场所,主要包括幼儿园、小学、初级中学、高级中学或完全中学、各类中等专业学校、技工学校、普通高等学校、具有颁发学历证书资格的成人学校等。其他还有实施非学历教育的教育机构,如各种职业技术培训机构、培训中心,以及实施扫盲教育、文化补习教育的教育机构等。

(一)学校的法律地位

学校的法律地位主要是指作为实施教育教学活动的社会组织和机构,在法律上所享有的权利能力、行为能力及责任能力[①]。我国《教育法》第三章第三十一条第一款规定:"学校及其他教育机构

---

① 李连宁、孙葆森:《教育法制概论》,教育科学出版社1997年版。

具备法人条件的,自批准设立或者登记注册之日起取得法人资格。"由此可见,只要学校具备法人条件,履行法定手续,就可取得法人资格。当然,学校要取得法人资格必须具备一定的条件。

学校成为法人的条件与事业组织、社会团体、国家机关成为法人的条件是一样的。根据我国《教育法》第三章第二十六条规定:"设立学校及其他教育机构,必须具备下列基本条件:(一)有组织机构和章程;(二)有合格的教师;(三)有符合规定标准的教学场所及设施、设备等;(四)有必备的办学资金和稳定的经费来源。"

学校作为法人即具备权利主体能力:一方面是享有权利和承担义务的能力,即权利能力;另一方面是独立地、以自己的行为实现权利和义务的能力,即行为能力。其主要表现为:

1. 办学的自主性

这是学校区别于其他法人的最重要的特征。办学自主权是学校在法律上享有的、为实现其办学宗旨、独立自主地进行教育、教学管理,实施教育、教学活动的资格和能力。

2. 财产的独立性

学校作为法人,具有民事权利能力和民事行为能力,依法独立享有民事权利和承担民事义务,相应地,学校要有独立的财产和经费。这是学校享有办学自主权的物质基础。学校资产与举办者、捐赠者的财产相分离。无论是国家办的还是社会力量办的学校及其他教育机构,用于学校办学的财产和资金,应当与举办者的其他财产和资金相分离,不能相混淆。在学校存续期间,举办者不能将用于学校办学的财产和资金擅自撤回或挪作他用。在平等的法律关系主体之间所产生的债权、债务关系,学校以其资产独立承担民事责任,举办者不承担连带责任。在学校存续期间,除用于学校正常的运行外,任何人都不能损害学校资产。

3. 机构的公益性

学校作为实施教育教学活动、培养人的机构,具有鲜明的公益性。学校的公益性还表现在学校的活动要符合国家和社会公共利益的需要。学校的教育、教学活动,必须对国家、人民和社会负责,不得损害国家、人民的利益和社会的公共利益,同时,还必须接受国家和社会依法进行的管理和监督。

(二) 学校的权利

根据我国《教育法》第三章第二十八条的规定,学校享有以下权利:"(一) 按照章程自主管理;(二) 组织实施教育教学活动;(三) 招收学生或者其他受教育者;(四) 对受教育者进行学籍管理,实施奖励或者处分;(五) 对受教育者颁发相应的学业证书;(六) 聘任教师及其他职工,实施奖励或者处分;(七) 管理、使用本单位的设施和经费;(八) 拒绝任何组织和个人对教育教学活动的非法干涉;(九) 法律、法规规定的其他权利。"

1. 按照章程自主管理

为了确保学校教育、教学秩序的正常进行,我国教育法律规定学校有权根据本单位所立章程确定的办学宗旨、管理体制及运行方式,制定具体的管理规章和发展规划,自主作出管理决策,并建立和完善自身的管理系统,组织实施管理活动。不必事无巨细都由行政主管部门替代决策做主。学校设立一旦批准或章程一旦核准,教育行政部门就不得再干预学校按照章程的规定所进行的自主管理和自我运行。但教育行政部门有权进行监督,对超越章程规定所进行的违法行为具有行政处分和处罚权。

2. 组织实施教育、教学活动

学校的主要任务是实施教育、教学活动,保障学校组织实施教育、教学活动的自主权而使之免受社会上的不良干扰,才能更好地实现党和国家的教育方针与各类人才的培养目标。学校有权依据国家教育主管部门有关教学计划、课程、专业设置等方面的规定,根据自己的办学宗旨和任务,自行决定和实施本机构的教学计划;决定具体课程、专业设置;决定选用何种教材;决定具体课时和教学进度；组织教学评比、集体备课；对学生进行统一考核、考试；等等。

3. 招收学生或其他受教育者

学校有权根据自己的办学宗旨、培养目标、任务以及办学条件和能力，依据国家有关招生法规、规章和主管部门的招生管理规定，制定本机构的招生办法；发布招生广告；决定招生的具体数量和人员；确定招生范围和来源。招生权是学校的基本权利，赋予学校这一权利，有助于深化招生体制改革，也有利于学校自主办学。

4. 对受教育者进行学籍管理，实施奖励或者处分

所谓学籍管理是指学校针对受教育者的不同层次、类别，制定有关入学与报名注册，纪律与考勤，休学与复学、转学、退学等管理办法，是具体实施管理活动的制度。学校可以根据主管部门的学籍管理规定，制定具体的学籍管理办法。还可以根据国家有关学生奖励、处分的规定，结合本校的实际，制定具体的奖励与处分办法，并可以根据这些管理办法，对受教育者进行一定的约束。

5. 对受教育者颁发相应的学业证书

学校根据自己的办学宗旨、培养目标和教育教学任务要求，依据国家有关学业证书的管理规定，对经考核成绩合格的受教育者，按其类别，颁发毕业证书、结业证书等学业证书。这既是学校的权利，从保护受教育者权益的角度来讲，又是学校应尽的一项义务。教育行政部门既要保护学校的这项权利，同时又要进行监督，以防止学校滥用这项权利。

6. 聘任教师及其他员工，实施奖励或者处分

学校根据国家有关教师和其他教职工管理的法规、规章和主管部门的规定，从本校的办学条件、办学能力和实际编制情况出发，可以自主决定聘任、解聘有关教师和其他职工，可以制定本校的教师及其他职工聘任办法，签订和解除聘任合同，并可以对教师及其他员工实施包括奖励、处分在内的具体管理活动。

7. 管理、使用本单位的设施和经费

学校对其占有的场地、教室、宿舍、教学仪器等设施设备、办学经费以及其他有关财产,享有财产管理权和使用权,必要时可对其占有的财产进行处置或获得一定的收益。学校行使这项权利时,应遵守国家有关国有资产管理、教育经费投入及学校财务活动的管理规定,符合国家和社会公共利益,有利于学校发展和实现学校的办学宗旨,不得妨碍学校教育和管理活动的正常进行,不得侵害举办者、投资者等有关权利人的财产权利。

8. 拒绝任何组织和个人对教育、教学活动的非法干涉

学校有权拒绝来自行政机关、企事业单位、社会团体、个人等任何方面违背法律、法规和有关规定作出的不利于教育、教学活动的行为,如强行占用学校场地、教室,随意要求学校停课参加社会活动或其他活动,以行政命令要求学校向学生家长催粮要款等。对于这类影响正常教育、教学活动的非法行为,教育行政部门可以会同当地纠风办、纪检、监察等部门予以治理,保护学校的合法权益。

9. 法律、法规规定的其他权利

除上述权利外,学校及其他教育机构还享有我国现行其他一切法律、行政法规以及地方性法规赋予的其他权利,同时,还包括将来制定的法律、法规确立的有关权利。法律的这项规定进一步完善了学校的办学自主权。

(三) 学校的义务

我国《教育法》第三章第二十九条规定:"学校及其他教育机构应当履行下列义务:(一)遵守法律、法规;(二)贯彻国家的教育方针,执行国家教育教学标准,保证教育教学质量;(三)维护受教育者、教师及其他职工的合法权益;(四)以适当方式为受教育者及其监护人了解受教育者的学业成绩及其他有关情况提供便利;(五)遵照国家有关规定收取费用并公开收费项目;(六)依法接

受监督。"

1. 遵守法律、法规

遵守法律、法规是法律要求自然人和法人必须履行的基本义务,学校也不例外。遵守法律、法规是指遵守宪法、国家权力机关制定的法律、国务院制定的行政法规、地方性法规以及根据法律、法规制定的规章。学校或其他教育机构要特别注意遵守教育法律、法规、规章中为学校及其他教育机构确立的与实施教育教学活动、实现办学宗旨有密切联系的义务。

2. 贯彻国家的教育方针,执行国家教育、教学标准,保证教育、教学质量

学校要坚持社会主义办学方向,贯彻国家教育方针,走教育与生产劳动和社会实践相结合的办学道路,从德、智、体等方面全面教育、培养学生;要执行国家教育、教学标准,努力改善办学条件,加强育人环节,保证教育、教学活动和培养学生的质量达到国家对教育、教学质量的要求,并不断提高教育、教学质量。

3. 维护受教育者、教师及其他职工的合法权益

学校的组成人员主要是教师、学生和职员等,保护其合法利益是学校法人必须履行的义务之一。学校自身不得侵犯教师、学生及其他职工的合法权益。例如,不得克扣、拖欠教师工资,不得强迫学生购买学习用品,不得拒绝合乎入学标准的受教育者入学等。另外,当其他社会组织和个人侵犯了本校学生、教师及其他职工的合法权益时,学校应当以合法方式,积极协助有关单位查处违法行为的当事人,维护受教育者、教师及其他职工的合法权益。

4. 以适当方式为受教育者及其监护人了解受教育者的学业成绩及其他有关情况提供便利

例如,学校可通过设立家长接待日、家长会议、组织教师家访、找学生个别谈心等合理的、适当的方式,提供便利条件,使受教育者及其监护人能够了解学生学业成绩、学生在校表现等情况,保障

家长或其他监护人及学生本人的知情权,但不能采取考试成绩排队、公布学生档案等不适当的方式。在提供便利条件、保障知情权的同时,学校不得侵犯受教育者的隐私权、名誉权等合法权益。

5. 遵照国家有关规定收取费用并公开收费项目

根据我国现行关于学校收费的法规、政策文件的基本精神,国家举办的实施义务教育的学校,不得收取学费,但可酌情收取杂费,杂费取之于学生,用之于学生。非义务教育的学校可以适当收取学费。中小学的收费项目和标准,一般由省一级教育、物价主管部门根据本地实际情况确定。高等学校以及一部分部属、省属中等专业学校一般由各中央主管部门或省一级教育、物价主管部门具体确定。幼儿园一般由县、市教育、物价主管部门确定收费标准。其他教育机构的收费,则多半没有统一规定,由教育机构自己确定。

6. 依法接受监督

学校对于各级权力机关、行政机关依照法律、法规进行的检查、监督等职权行为,以及社会各界依法进行的社会监督,应当积极予以配合;不得拒绝,更不得妨碍检查、监督工作的正常进行。

三、教师的法律地位及权利与义务关系

(一)教师的法律地位分析

我国《教师法》第一章第三条对"教师"的基本性质与任务作了规定:"教师是履行教育教学职责的专业人员,承担教书育人,培养社会主义事业建设者和接班人,提高民族素质的使命。教师应当忠诚于人民的教育事业。"据此理解,只有直接承担教育、教学工作职责的人,才具备教师的最基本的条件。如果在学校中不直接从事教育、教学工作,未履行教育、教学职责的行政管理人员、校办产业公司人员、教学辅助人员(包括后勤服务人员等),就不能认为是教师,而应分属教育职员或其他相应的专业技术职务系列。教师

的权利、义务始于其取得教师资格并在学校或其他教育机构任职,终于解聘。未取得教师资格而任职的,不具有此项基本权利和义务。

(二) 教师的权利

法律上的教师权利,是指教师在教育活动中享有的由《教育法》赋予的权利,是国家对教师在教育活动中可以作为或不能作为的行为的许可与保障。依据我国《教师法》第二章第七条规定,我国教师享有以下基本权利:"(一)进行教育教学活动,开展教育教学改革和实验;(二)从事科学研究、学术交流,参加专业的学术团体,在学术活动中充分发表意见;(三)指导学生的学习和发展,评定学生的品行和学业成绩;(四)按时获取工资报酬,享受国家规定的福利待遇以及寒暑假期的带薪休假;(五)对学校教育教学、管理工作和教育行政部门的工作提出意见和建议,通过教职工代表大会或者其他形式,参与学校的民主管理;(六)参加进修或者其他方式的培训。"

1. 进行教育、教学活动,开展教育、教学改革和实验

教师可依据其所在学校的教学计划、教学工作量等具体要求,自主组织教学。可按照教学大纲的要求确定其教学内容和进度,不断完善教学内容。可针对不同的教育、教学对象,在教育、教学的形式、方法、具体内容等方面进行改革、实验和完善。但教师的这种权利与其他任何权利一样,必须以教师自身的素质作为享受权利的保证,而不能视为如人身权一样是"天然的权利"不可更改。因而,合法的解聘和辞退不属于侵犯教师的此项基本权利。

[案例] 是否侵害了教师的教育、教学权

李某从某师范院校专科毕业后,被分配到一所中学教数学。一年后,其所教班级的数学成绩明显下降,学生对他意见很大,强烈要求学校调换教师。学校经过调查

发现,李某不认真研究本专业知识,并且没有做好课前准备,不备课或备课很简单,教学效果不佳。教研组多次找他谈话,还组织有关教师听他的课,但李某不是采取积极的态度,而认为是教研组长有意抓他的"辫子",不接受对他的教学工作的检查。更有甚者,在成绩评定时,他把一些对他有意见的学生的成绩评低,个别的甚至有意评不及格,这种行为很快被学校发现。于是学校根据这样的情况,经研究,认为李某不再适宜担任该科的教学工作,但又没有合适的科目给他担任,决定调他到总务处负责学校的治安、收发工作。李某不服,认为自己是教师,理应担任教学工作,学校的决定是侵犯他教育、教学权利的行为,于是向市教育局提出申诉。

在该案例中,教师李某虽然学历达标,但由于专业知识、能力、品德等方面的限制,不能尽一个合格教师应尽的义务,不能履行一个教师的法定职责,因此,李某就不应再拥有从事教育、教学工作的权利。学校不让李某担任教学工作而改任其他工作是依法实施的学校行政管理行为,并没有侵害李某的"教育、教学权"。

[案例] 女教师因休产假被解聘

某中学一名女教师怀孕期间,学校为了照顾她,将其在一线的教学工作改为在政教处工作。这名女教师生产并休满三个月产假后来校上班时,校长找其谈话说:"你现在的工作已安排了人,你看你想做什么工作?"这位教师说:"我想教课。"校长说:"好吧,我们研究研究。"最后学校研究的结果是:由于该教师过去的工作岗位已安排了人,又因学校不缺物理教师,故无法安排工作,学校决定将其解聘,让该教师自已找单位。该教师不得已向教育局提出申诉。经教育局有关部门与学校多次协调后,学校勉强留下了这名教师。这名教师的工作经过教育局干预虽然被安排了,但这名教师觉得这件事已经得罪了学校,怕学校给小鞋穿,因此,最后还是调到了另一个单位去工作。

在该案例中,女教师休产假是其法定的权利,学校并未侵害女教师的这一权利,而且学校在女教师休产假期间另找教师填补因女教师休产假而导致的岗位空缺,也在学校的职权范围内,合法合理。然而学校在女教师休产假之后,单方面解除聘任合同,却没有法律依据。《教师法》第八章第三十七条明确规定:"教师有下列情形之一的,由所在学校、其他教育机构或者教育行政部门给予行政处分或者解聘:(一)故意不完成教育教学任务给教育教学工作造成损失的;(二)体罚学生,经教育不改的;(三)品行不良、侮辱学生,影响恶劣的。"而在该案例中,女教师并没有作出上述三种行为中的任何一种,因此,学校将其解聘并不是公平、合理、合法的。根据国家有关规定,学校有权解聘教师,但学校行使这一权利时必须依照法律的规定,不得侵犯教师的合法权益。

在本案例中,学校的做法也违反了《妇女权益保障法》的有关规定。《妇女权益保障法》规定:妇女在政治的、经济的、文化的、社会的和家庭的生活等方面享有与男子平等的权利。禁止歧视、虐待、残害妇女。国家保障妇女享有与男子平等的劳动权利。妇女在经期、孕期、产期、哺乳期受特殊保护。任何单位不得以结婚、怀孕、产假、哺乳为理由,辞退女职工或单方解除劳动合同。以结婚、怀孕、产假、哺乳等为由辞退女职工的,由所在单位或上级机关责令改正,并可根据具体情况,对直接责任人员给予行政处分。①

2. 从事科学研究、学术交流,参加专业的学术团体,在学术活动中发表意见

在完成规定的教育、教学任务的前提下,教师有权从事专业领域的研究、撰写学术论文、著书立说。有权参加有关的学术交流活动,以及参加依法成立的学术团体并在其中兼任工作的权利。有在学术研究中发表自己的观点、开展学术争鸣的自由。但应注意在教育、教学活动中按教学大纲或教学基本要求进行讲授,不能任意发表或讲授与教学内容无关且有损于受教育者身心健康的个人看法。

3. 指导学生的学习和发展,评定学生的品行和学业成绩

这是教师所享有的在教育、教学过程中居于主导地位的特定的基本权利。教师有权利依据学生的身心发展状况和特点,运用正确的方式方法,在学生的学习、道德形成、心理健康、升学就业等方面给予引导和帮助。教师有权对学生的思想政治、道德品性、学业成绩、身体状况等方面给予客观、公正并有利于教育学生的评价。

4. 按时获取工资报酬,享受国家规定的福利待遇以及寒暑假期的带薪休假

这项权利是宪法赋予公民享有的劳动权利和劳动者休息权利的具体化。教师有权要求所在学校及其主管部门根据国家教育法律、教师聘用合同的规定,按时足额地支付工资报酬,包括基础工资、职务工资、课时报酬、教龄津贴、班主任津贴及其他各种津贴在内的工资收入。教师有权享受国家规定的福利待遇。包括医疗、

---

① 转引自褚宏启:《教育法制基础》,北京师范大学出版社2002年版,第57~59页。

住房、退休等方面的各种待遇和优惠以及寒暑假期的带薪休假。

5．对学校教育教学、管理工作和教育行政部门的工作提出意见和建议,通过教职工代表大会或者其他形式,参与学校的民主管理

此项权利的行使,有利于学校教育管理和教育决策走向民主化,有利于学校调动全体教师的工作积极性。教师有权通过教职工代表大会、工会等组织形式以及其他适当方式,参与学校的民主管理,讨论学校发展、改革等方面的重大事项,以保障自身的民主权利和切身利益,推进学校的民主建设,提高学校管理的效率和水平。

6．参加进修或者其他方式的培训

教师有权参加进修和接受其他多种形式的培训,不断更新知识、调整知识结构,以提高自己的思想品德和业务素质,从而提高教育、教学的质量。教育行政部门和学校及其他教育机构应当采取各种形式,开辟多种渠道,保证教师进修培训权的行使。同时,教师进修培训权的行使,要在完成本职工作的前提下,有组织、有计划地进行,不能过多地影响正常的教育、教学工作。

此外,我国《教师法》第八章第三十九条还规定:"教师对学校或者其他教育机构侵犯其合法权益的,或者对学校或者其他教育机构作出的处理不服的,可以向教育行政部门提出申诉,教育行政部门应当在接到申诉的三十日内作出处理。"这是教师的一项申诉权利,也是教师获得教育法律支持的重要途径。

(三) 教师的义务

教师的义务是指依照我国《教育法》、《教师法》及其他有关法律、法规,从事教育、教学工作而必须承担的责任,表现为教师在教育、教学活动中必须作出一定行为或不得作出一定行为的约束[①]。

---

① 参见李连宁、孙葆森:《教育法制概论》,教育科学出版社1997年版。

教师义务的设定主要基于有利于教师履行职责、有利于学生的健康成长这一基本原则。我国《教师法》第二章第八条规定:"教师应当履行下列义务:(一)遵守宪法、法律和职业道德,为人师表;(二)贯彻国家的教育方针,遵守规章制度,执行学校的教学计划,履行教师聘约,完成教育教学工作任务;(三)对学生进行宪法所确定的基本原则的教育和爱国主义、民族团结的教育,法制教育以及思想品德、文化、科学技术教育,组织、带领学生开展有益的社会活动;(四)关心、爱护全体学生,尊重学生人格,促进学生在品德、智力、体质等方面全面发展;(五)制止有害于学生的行为或者其他侵犯学生合法权益的行为,批评和抵制有害于学生健康成长的现象;(六)不断提高思想政治觉悟和教育教学业务水平。"

1. 遵守宪法、法律和职业道德,为人师表

作为公民,教师必须首先遵守宪法、法律。教师不仅应是模范遵守宪法和法律的表率,而且要在教育、教学工作中注重培养学生良好的法制观念和民主意识,使每个学生都成为遵纪守法、笃行道德的好公民。教师在传授科学文化知识的同时,要注意以自身形象对学生的思想品德、道德、人格、学习等起到良好的教育影响作用。因此,教师的职业道德不仅是教师自身行为的规范,也是法律赋予教师应尽的义务。

2. 贯彻国家的教育方针,遵守规章制度,执行学校的教学计划,履行教师聘约,完成教育、教学工作任务

教师在教育、教学活动中,应当全面贯彻国家关于"教育必须为社会主义现代化建设服务,必须与生产劳动相结合,培养德、智、体等方面全面发展的社会主义事业的建设者和接班人"的方针,对学生进行全面指导。教师应遵守教育行政部门和学校及其他教育机构制定的教育、教学管理的各项规章制度,执行学校依据法律、法规制定的具体教学工作安排。教师应当履行聘任合同中约定的教育、教学职责,完成职责范围内的教育、教学任务。

3. 对学生进行宪法所确定的基本原则的教育和爱国主义教育、民族团结教育、法制教育以及思想品德、文化、科学技术教育,组织、带领学生开展有益的社会活动

这是对教师从事教育、教学工作内容方面的全面规范。教师应自觉地结合自己教育、教学的业务特点,将思想品德教育贯穿在教育、教学工作的全过程。在对学生进行思想品德教育的内容上,要遵循宪法确定的四项基本原则。要引导学生逐步树立科学的世界观、人生观,教育学生爱祖国、爱人民、爱劳动、爱科学、爱社会主义,把学生培养成具有社会公德、文明行为习惯的遵纪守法的好公民。教师应当有意识地对学生进行爱国主义教育、民族团结教育、法制教育,弘扬中华民族精神。

4. 关心、爱护全体学生,尊重学生人格,促进学生在品德、智力、体质等方面全面发展

人格尊严是宪法赋予公民的一项基本权利,由于学生在教育、教学活动中居于受教育者的地位,其人格尊严往往容易受到侵犯,尤其是对有缺点、错误的学生,教师更应给予特别关怀,使他们也能健康地成长,绝不能采取简单粗暴的办法,不能侮辱、歧视他们,不能泄露学生隐私,更不能体罚或变相体罚学生。因污辱学生影响恶劣或体罚学生经教育不改的,泄露学生隐私造成后果的,应承担相应的法律责任。

5. 制止有害于学生的行为或者其他侵犯学生合法权益的行为,批评和抵制有害于学生健康成长的现象

教师制止的范围是特定的,主要指教师在学校工作与教育、教学工作相关的活动中,对侵犯其所负责教育管理的学生合法权益的违法行为给予制止。同时,教师批评和抵制的范围是一般意义上的。保护学生的合法权益和身心健康,是全社会的责任。教师自然更负有义不容辞的义务。因此,教师对社会上出现的有害于学生身心健康成长的不良现象,有义务进行批评和抵制。

6. 不断提高思想政治觉悟和教育、教学业务水平

在一定程度上说,教师担负着提高民族素质的使命,这就要求教师不断学习,加强自身的思想道德修养,使其保持较高的思想政治觉悟和教育、教学专业水平,以适应教育、教学工作的需要。

四、我国的教师资格制度

教师资格制度是国家对教师实行的一种特定的职业许可制度,它体现了教师职业性和专业性的根本要求。教师资格是国家对专门从事教育、教学工作人员的最基本要求,是公民获得教师工作的前提条件,符合这种条件的人,才允许成为教师。我国在《义务教育法》中规定了义务教育阶段"国家建立教师资格考核制度,对合格教师颁发资格证书"。在后来的《教师法》、《教师资格条例》中又作了进一步的规定,包括教师的资格分类、教师资格条件、教师资格考试、教师资格认定等。

(一) 教师资格分类

主要分为:幼儿园教师资格、小学教师资格、初级中等学校教师资格、高级中等学校教师资格、学生实习指导教师资格、高等学校教师资格。

(二) 教师资格条件

其基本条件包括:

(1) 必须是中国公民;

(2) 具有良好的思想政治素质;

(3) 具有良好的道德品质;

(4) 具有教育、教学能力;

(5) 具备规定的学历或者国家资格考试合格。

(三) 教师资格考试

我国《教师法》规定:"不具备本法规定的教师资格学历的公民,申请获取教师资格,必须通过国家教师资格考试。"就目前而

言,主要是根据不同的教师资格分类及其业务水平、知识结构的不同要求,分别设立幼儿园教师资格考试,小学教师资格考试,初级中学教师资格考试,高级中学教师资格考试,中等专业学校、技工学校、职业学校实习指导教师资格考试,高等学校教师资格考试等。教师资格考试的科目、标准和考试大纲由国务院教育行政部门审定。教师资格考试试卷的编制、考务工作和考试成绩证明的发放,属于幼儿园、小学、初级中学、高级中学、中等职业学校教师资格考试和中等职业学校实习指导教师资格考试的,由县级以上人民政府教育行政部门组织实施;属于高等学校教师资格考试的,由国务院教育行政部门或者省、自治区、直辖市人民政府教育行政部门委托的高等学校组织实施。幼儿园、小学、初级中学、高级中学、中等职业学校的教师资格考试和中等职业学校实习指导教师资格考试,每年举行一次。

(四) 教师资格的认定

符合思想政治素质要求,并具备《教师法》规定的教师资格学历条件或者已通过国家教师资格考试,并不意味着当然取得教师资格,还必须经法定机构认定,才具备教师资格。根据《教师法》、《教师资格条例》有关规定,认定机关分别为:

(1) 幼儿园、小学和初级中学教师资格,由申请人户籍所在地或者申请人任教学校所在地的县级人民政府教育行政部门认定;

(2) 高级中学教师资格,由申请人户籍所在地或者申请人任教学校所在地的县级人民政府教育行政部门审查后,报上一级教育行政部门认定;

(3) 中等职业学校教师资格和中等职业学校实习指导教师资格,由申请人户籍所在地或者申请人任教学校所在地的县级人民政府教育行政部门审查后,报上一级教育行政部门认定或者组织有关部门认定;

(4) 受国务院教育行政部门或者省、自治区、直辖市人民政府教育行政部门委托的高等学校,负责认定在本校任职的人员和拟聘人员的高等学校教师资格。

除了依据法律规定的负责认定教师资格的行政机关或其依法委托的教育机构之外,其他机构认定的教师资格无效。教师资格认定工作应按规定程序进行。对取得教师资格者,由教育行政部门或受委托的高等学校颁发国务院教育行政部门统一制作的相应的教师资格证书。教师资格证书终身有效,全国通用。

五、教师职务制度

教师职务是根据学校教学、科研等实际工作需要设置的有明确职责、任职条件和任期,并需要具备专门的业务知识和相应的学术(技术)水平才能担负的专业技术工作岗位。它与工资待遇挂钩,并有数额限制,不同于一次获得后而终身拥有的学位、学衔等各种学术、技术称号。教师职务制度,简单地说,就是国家对教师岗位设置及各级岗位任职条件和取得该岗位职务的程序等方面的有关规定的总称。我国《教育法》规定,国家实行教师资格、职务、聘任制度,其内容包括:

(一) 职务系列规定

设高等学校教师职务、中等专业学校教师职务、中学教师职务、小学教师职务、技工学校教师职务五个系列。每个系列内又分设若干职务。高等学校教师职务设助教、讲师、副教授、教授;中等专业学校设教员、助教、讲师、高级讲师;普通中小学及幼儿园设三级教师、二级教师、一级教师、高级教师,其中三级教师、二级教师、小学一级教师为初级职务;技工学校文化、技术理论课教师职务设教员、助理讲师、讲师、高级讲师,生产实习课教师职务设三级实习指导教师、二级实习指导教师、一级实习指导教师、高级实习指导教师。各级成人学校结合成人教育的特点和层次,分别执行普通高等学校、中专、中小学、技工学校教师职务试行条例。

教师必须具备一定的任职条件,才能受聘担任相应的教师职务。从现行各教师职务试行条例的任职条件规定来看,一般包括如下几个方面:

(1) 具备各级各类相应教师的资格;

(2) 遵守宪法和法律,具有良好的思想政治素质和职业道德,为人师表,教书育人;

(3) 具备相应的教育教学水平、学术水平,具有教育科学理论的基础知识,能全面地、熟练地履行现职务职责;

(4) 具备学历、学位要求;

(5) 身体健康,能正常工作。

(二) 评审规定

一般来说,各级教师职务由同行专家组成的教师职务评审组织依据现行各教师职务试行条例规定的任职条件评审。各级教师职务评审的程序、权限以及评审组织的组成办法等,在教师职务条例中,都有明确规定。

六、教师聘任制度

教师聘任制度,就是聘任双方在平等、自愿的基础上,由学校或者教育行政部门根据教育、教学需要设置的工作岗位,聘请具有教师资格的公民担任相应教师职务的一项制度。

教师聘任形式依其聘任主体实施行为的不同可分为如下几种形式:

(1) 招聘。即用人单位面向社会公开、择优选拔具有教师资格的所需人员。

(2) 续聘。即聘任期满后,聘任单位与教师继续签订聘任合同。

(3) 解聘。即用人单位因某种原因不适宜继续聘任教师,双方解除合同关系。

(4) 辞聘。即教师主动请求用人单位解除聘任合同的法定行为。

第三节 教育法律责任的内容与归责

一、教育法律责任的内容

教育法律责任的内容,是指法律责任的内容要素,即教育法律责任是由哪些内容要素构成的。按照我国相关教育法律的精神理解,教育法律责任的内容主要有制裁、补救和强制。

(一) 制裁

制裁即是惩罚,是最严厉的责任形式。制裁的作用主要是预防和矫正。当教育法律关系受到破坏已无法挽回,教育秩序、教育教学活动遭到严重破坏时,执法者只能通过制裁表明秩序的不可侵犯性,以儆效尤,或通过制裁使为恶者失去继续作恶的能力直至从肉体上消灭他。制裁手段表现在教育法律责任上有以下五种:

1. 对人身的制裁(人身罚)

如我国《教育法》第九章第七十二条规定:"结伙斗殴、寻衅滋事,扰乱学校及其他教育机构教育教学秩序或者破坏校舍、场地及其他财产的,由公安机关给予治安管理处罚;构成犯罪的,依法追究刑事责任。"这就是对人身的制裁。

2. 限制行为能力(能力罚)

如吊销许可证,取消考试、录取、入学报名资格,取消其颁发证书资格,停考,撤销招生工作职务等。我国《教育法》第九章第八十条规定:"违反本法规定,颁发学位证书、学历证书或者其他学业证书的,由教育行政部门宣布证书无效,责令收回或者予以没收;有违法所得的,没收违法所得;情节严重的,取消其颁发证书的资格。"

3．剥夺财产（财产罚）

包括罚款、没收财产、没收非法所得、没收违法工具等。我国《义务教育法实施细则》第七章第四十一条规定："招用应当接受义务教育的适龄儿童、少年做工、经商或者从事其他雇佣性劳动的，按照国家有关禁止使用童工的规定处罚。"

4．申诫罚

包括取消荣誉称号、谴责、通报、训诫、责令道歉、警告等。《高等教育自学考试暂行条例》规定："高等教育自学考试应考者在考试中有夹带、传递、抄袭、换卷、代考等舞弊行为以及其他违反考试规则的行为，省考委视情节轻重，分别给予警告等处罚。"

（二）补救

补救，是责令教育法律关系主体停止继续违反教育法律规范的行为，并通过一定方式的作为来弥补造成的损害。补救的主要作用是制止对教育法律关系的侵害以及恢复有序的教育法律关系。补救的手段包括财产上的赔偿、补偿，精神上慰藉以及对不法行为的否定。

1．财产上的补救

主要包括：返还财产、恢复原状、支付赔偿金、赔偿损失、对合法行为造成的损失给予补偿等。如我国《义务教育法实施细则》第七章第三十九条、第四十二条规定："对侵占、克扣、挪用义务教育款项"，"扰乱实施义务教育学校秩序"，"侵占或者破坏学校校舍、场地和设备的"组织或个人，根据不同情况，分别给予行政处分、行政处罚；造成损失的，责令赔偿损失。

2．精神补救

是对违法侵害公民、法人或其他组织姓名权、名誉权、名称权、荣誉权等所给予的补救，主要指消除影响、恢复名誉、赔礼道歉等。

3．对违法行为的否定

主要指停止侵害、纠正不当（例如，宣告不当行为无效，撤销、变更不当决定,裁决停止执行错误的决定)、排除妨碍、消除危险、返还权益等。如《教育法》第九章第七十九条规定:在国家教育考试中作弊的,非法举办国家教育考试的,由教育行政部门宣布考试无效。

(三)强制

强制,是指迫使违法者履行原有的教育法定义务或新追加的作为惩戒的义务。它与制裁不同,从教育法的权利和义务角度而言,制裁实际上是对违法者权利的剥夺,或者是使违法者承担一项新的义务。目的是使违法者引以为戒,今后不再犯。强制却不如此,一般说,强制是强迫违法者履行教育法定义务,包括因制裁而引起的新义务,从这点上说,强制又是使违法者承担责任的最后手段。

制裁与强制的区别主要体现在:

首先,强制的实质在于强制违法者履行其依法应当履行的义务,而制裁的实质则是剥夺违法者的某种权利。例如,教育行政机关对违法者的财物采取冻结、划拨等强制措施,都是限制违法者财产的使用权,以保证以后制裁决定的执行或达到违法者主动缴纳相同款项的状态。而作为制裁的罚款、没收等形式则是剥夺了违法者财产的所有权。

其次,强制一般是在案件查处过程中采取的措施,而不是对违法者的问题作出处理或结论。而制裁则是在案件查清之后,违法者仍未履行其法定义务对违法者作出的惩戒性规定。如我国《义务教育法》第十五条第二款规定:"对招用适龄儿童、少年就业的组织或者个人,由当地人民政府给予批评教育,责令停止招用;情节严重的,可以并处罚款、责令停止营业或者吊销营业执照。"这种对情节严重的惩戒,就是制裁。

二、教育法设立法律责任条款的意义

（1）教育法作出法律责任的规定，是由法律规范所独具的特点决定的。任何法律规范均由三个部分组成，即法定条件、行为准则和法律后果。这三个逻辑要素紧密相连，缺一不可。法律责任是否定性的法律后果，是教育法国家强制性的重要体现，没有这个规定，教育法律规范的逻辑结构就不完备。社会上之所以流传教育法是"软法"的认识，一个重要原因就是对法律责任条款在整部法律中的地位，及其具有的国家强制性存在模糊认识。

（2）规定法律责任，可以使人们预见到什么行为是法律所不允许的，做出该项违法行为，就要承担相应的法律责任，就要受到一定的制裁，从而维护了法律的权威性，并使法律的推行有了保障。因此我们说，制裁并不是教育法规定法律责任的条款的目的，其首要目的在于通过法律责任的规定引导各教育关系主体，在社会生活中自觉遵守该法，从而在全国建立起教育的秩序。

（3）教育法律责任规定在司法中的直接作用，在于在审判活动中为选择和确定正确的法律制裁提供依据。同时，它也为行政机关的行政复议提供了依据。

三、教育法律责任的种类

前面我们已讲到，教育法律关系主体实施违法行为是其承担法律责任的前提，但并不是各种违法行为都承担相同的法律后果。教育法根据违法主体的法律地位和违法行为的性质，规定了承担法律责任的三种主要方式，即行政法律责任、民事法律责任和刑事法律责任。

（一）违反教育法的行政法律责任

行政法律责任是指行政法律关系主体由于违反行政法律规范，构成行政违法而应当依法承担的否定性法律后果。因为现行教育法的相当一部分规定是以政府及其教育行政部门为一方,调整教育活动中的行政关系,具有行政法的属性。违反教育法律、法规的行为本身就带有行政违法性,所以,行政法律责任是违反教育法最主要的一种法律责任。在实际工作中,对于违反教育法律、法规的行为追究法律责任,大量的是追究行政法律责任。

根据《教育法》、《义务教育法》及其《义务教育法实施细则》等法律、法规的规定,违反教育法的行政法律责任的承担方式主要有两类,即行政处罚和行政处分。

(1) 行政处罚是国家行政机关依法对违反行政法律规范的组织或个人进行惩戒、制裁的具体行政行为。行政处罚的种类很多,教育法涉及的行政处罚有警告、通报批评、消除不良影响、罚款、没收、责令停止营业、吊销营业执照和许可证、取消资格、责令限期清退或修复、责令赔偿、拘留等。

(2) 行政处分是根据法律或国家机关、企事业单位的规章制度,由国家机关或企事业单位给予犯有违法失职行为或内部纪律的所属人员的一种制裁。行政处分有时也称"纪律处分",共有八种:警告、记过、记大过、降级、降职、撤职、开除留用察看、开除。

至于对于哪些行为,由哪些国家机关来追究行政责任,我们将在后面详细介绍。

(二) 违反教育法的民事法律责任

民事法律责任是指行为人由于民事违法行为而应承担的法律后果。我国民法调整平等主体之间的财产关系和人身关系,民事违法行为的典型是侵权行为和不履行债务的行为,因而,民事责任的重要特点之一是财产上的责任。教育法的民事法律责任是教育法律关系主体违反教育法律、法规,破坏了平等主体之间正常的财产关系或人身关系,依照法律规定应承担的民事法律责任,是一种以财产为主要内容的责任。我国《教育法》第九章第八十一条对违反教育法的民事责任作了原则规定:"违反本法规定,侵犯教师、受教育者、学校或者其他教育机构的合法权益,造成损失、损害的,应当依法承担民事责任。"在义务教育方面,根据《义务教育法》及其《义务教育法实施细则》的规定,下列行为应当承担相应的民事法律责任:

(1) 侵占或者破坏学校校舍、场地和设备的;

(2) 侮辱、殴打教师、学生的;

(3) 体罚学生的;

(4) 将学校校舍、场地出租、出让或者移作他用,妨碍义务教育实施的。

根据《民法通则》规定,承担民事法律责任的主要方式有15种:

(1) 停止侵害;

(2) 排除妨碍;

(3) 消除危险;

(4) 返还财产;

(5) 恢复原状;

(6) 修理、重作、更换;

(7) 赔偿损失;

(8) 支付违约金;

(9) 消除影响、恢复名誉;

(10) 赔礼道歉;

(11) 训诫;

(12) 责令具结悔过;

(13) 收缴进行非法活动的财物和非法所得;

(14) 罚款;

(15) 拘留。

(三) 违反教育法的刑事法律责任

刑事法律责任是指行为人实施刑事法律禁止的行为所必须承

担的法律后果。在现实生活中,违法行为的种类很多,违法的程度也有很大差别,国家只对达到犯罪程度的违法行为追究刑事责任,这是刑事法律责任与其他两种法律责任的重要区别之一。教育法的刑事法律责任是指行为人实施的违反教育法的行为,同时触犯了刑法,达到犯罪的程度时,所必须承担的法律后果。

我国《教育法》在第九章第七十一条、第七十二条、第七十三条、第七十七条对挪用、克扣教育经费,扰乱学校教育、教学秩序,破坏校舍、场地及其他财产,招生中徇私舞弊的行为构成犯罪的作了追究刑事责任的规定。在义务教育方面,根据《义务教育法》第十六条和《义务教育法实施细则》第七章的规定,依法应当追究刑事责任的条款有以下6种:

(1) 侵占、克扣、挪用义务教育经费;
(2) 扰乱实施义务教育学校教学秩序,情节严重的;
(3) 侵占或者破坏学校校舍、场地和设备情节严重的;
(4) 侮辱、殴打教师、学生情节严重的;
(5) 体罚学生情节严重的;
(6) 玩忽职守致使校舍倒塌,造成师生伤亡事故情节严重的。

以上各种违法行为中,大部分是以情节严重作为追究刑事责任的必要条件。不同行为中的"情节严重"含义是不同的,比如,体罚学生情节严重是指体罚学生的手段恶劣,或者致学生重伤等情况。又如,玩忽职守致使校舍倒塌,造成师生伤亡事故"情节严重",是指明知是危险校舍而不向上级报告或拖延不予处理,而致使校舍倒塌,造成死亡1人以上,或者重伤3人以上等情节。

追究刑事法律责任往往表现为给予行为人以刑事制裁,即人民法律依法对犯罪人运用的刑罚。我国刑法规定的刑罚分为主刑和附加刑两类。主刑包括管制、拘役、有期徒刑、无期徒刑和死刑五种;附加刑包括罚金、剥夺政治权利、没收财产三种。在人民法院审理案件时,对犯罪人依违反教育法律、法规的不同行为和情节,给予其上述种类的刑事制裁。

在实践中,我们应当注意的是,对于某一违反教育法律、法规的行为,追究法律责任的方式不仅限于一种,可以在追究行政法律责任的同时,追究刑事法律责任或民事法律责任,三种形式也可以并处。比如,对于玩忽职守致使校舍倒塌,造成师生重大伤亡事故的行为人,就可以在追究其刑事法律责任的同时,追究行政法律责任,即在判刑的同时给予行政处分。

四、教育法律责任的认定和归责

(一) 教育法律责任主体的归责要件

教育法设定了法律责任,但是根据什么来确定教育法律责任主体呢?这就是教育法律责任主体的归责要件问题。归责要件也称构成要件。教育法律关系主体只有具备教育法律责任的归责要件,才被认定为教育法律责任主体,承担相应的法律后果。这些要件是:

1. 有损害事实

即有侵害教育管理、教学秩序及从事教育教学活动的公民、法人和其他组织的合法权益的客观事实存在。这是构成教育法律责任的基本前提条件。通常教育法责任损害的事实包括:

(1) 损害是已发生的、客观存在的,将来的损害如果必然发生,也视为已经发生的现实损害。例如,对一未成年人造成的身心摧残,就其将来就业能力而言,就是确定的、现实的损害。

(2) 损害的权益是受教育法律所保护的权益,是责任人侵犯了教育法律规定的权利和违反了教育法律规定的义务所承担的实际后果。

2. 损害的行为必须违反教育法

即责任人实施了违反教育法规定的行为。假若责任人的行为违反了其他法律,而未触及教育法,他所应承担的就不是教育法的法律责任,而是其他法律责任,这是构成教育法律责任的前提条件。这里违法行为包括直接违反宪法、教育法律法规的作为和不作为。

3. 行为人有过错

过错是就行为人主观态度而言。它是构成教育法律责任的主观要件,包括故意和过失。故意是侵害作为出于主观上的恶意,目的是希望或促成损害的发生,或预见其发生,而其发生并不违背其本意。如殴打教师和学生,或教师体罚学生,情节严重的。过失有广狭二义:广义的过失包括故意;狭义的过失,是对于可能发生的损害欠缺合理的注意或未尽职责,如学校应对全体教职员工和学生进行安全教育和制定应急防范措施而未作,对存在的不安全隐患不加整改,造成严重后果的。

4. 违法行为与损害事实之间具有因果关系

即违法行为是导致损害事实发生的原因,损害事实是违法行为造成的必然结果,两者之间存在着内在的必然联系,前者决定后者的发生,后者是前者的必然结果。

(二) 教育法律责任主体

教育法律责任主体,是指承担教育法律责任的对象。根据教育法的规定,可能成为教育法律责任主体的有:国家教育行政机关和其他国家机关、教育行政机关和其他行政机关的工作人员,实施教育教学活动的学校、校长和教师,就学学生及义务教育阶段的适龄儿童、少年的父母或其他监护人,其他负有遵守教育法义务的公民和法人。

上述可能成为教育法律责任主体的五种对象中,未成年的学生是个特殊的主体。关于未成年的学生能否成为教育法律责任主体,有两种不同的看法:

一种观点为"无责任论",其理由有二:一是《义务教育法》中已规定了父母或其他监护人不送学龄儿童接受义务教育而要承担的法律责任,因而这个责任已经由其父母或其他监护人代为承担了;二是我国刑法把刑事责任年龄分为三个阶段,不满14岁的人完全不负刑事责任。民法把未成年人作为无民事行为能力或限制民事行为能力的人,其民事责任由其父母承担,因而也认为未成年人不应承担教育法律责任,不应成为教育法律责任的主体。

另一种观点是"有责任论",认为公民享受和履行受教育的权利和义务,主要是在未成年阶段,既然未成年学生有接受教育的法定义务,那么,他就应对不履行法定义务负有责任,理应成为教育法律责任的一个主体。父母或其他监护人在义务教育中的责任是必须送子女到学校接受义务教育,而不是代学生履行受教育的义务。而学生到校以后的一切行为(包括上课、考试等教育环节)都只能由受教育者自己来承担。受教育的义务是不能由别人代为履行的。

上述理论观点的区别对于研究教育法律责任主体具有很现实的意义。对于学生的权利和义务,我国《教育法》已有专门规定,在我国,刑事责任能力和民事行为能力的年龄界限,并不一致,义务教育的年龄段一般规定为6(或7)~17岁。不能因儿童、青少年没有承担民事行为、刑事责任的能力,就推断其不能承担教育法律责任,毕竟教育法律责任不能照搬刑事、民事的法律责任,有其自身的教育、教学性质和特点,这也正是教育法律责任特有的形式。

(三) 教育法律责任主体的归责形式

从教育法律关系及法律责任内容的角度来看,各教育法律责任主体可能承担的责任形式如下:

1. 教育行政机关和其他国家行政机关

行政机关承担法律责任主要是补救性的。其实际做法包括:承认错误、赔礼道歉、恢复名誉、消除影响、履行职务、撤销违法决定、纠正不正当行为、返还权益、赔偿等。从国内外的教育法律实践看,赔偿是行政法律责任的最主要形式之一,也是一种非常重要的补救措施,关于教育行政侵权赔偿,我们将在下章专门讲述。

对教育行政机关及其他国家机关,法律、法规尚无制裁性法律责任形式。目前个别法律法规的规定及实际做法有:通报、改组、撤销和经济制裁等。对于强制性法律责任形式,依照《行政诉讼法》规定,行政机关拒绝履行判决、裁定的,第一审人民法院可以采取以下措施:

(1)对应当归还的罚款或者应当给付的赔偿金,通知银行从该行政机关的账户内划拨。

(2)在规定期限内不履行的,从期满之日起,对该行政机关按日处50元至100元的罚款。

(3)向该行政机关的上一级行政机关或者监察、人事机关提出司法建议。接受司法建议的机关,根据有关规定进行处理,并将处理情况告知法院。

(4)拒不履行判决、裁定,情节严重构成犯罪的,依法追究主管人员和直接责任人员的刑事责任。

2. 教育行政机关和其他行政机关的工作人员

对行政工作人员的制裁性法律责任主要有:警告、记过、记大过、降级、降职、撤职、开除公职等。补救性法律责任形式,依据《行政诉讼法》规定,行政机关工作人员作出的具体行政行为侵犯公民、法人或者其他组织的合法权益造成损害的,由该行政机关工作人员所在的行政机关负责赔偿。行政机关赔偿损失后,应当责令有故意或者重大过失的行政机关工作人员承担部分或者全部赔偿费用。

3. 实施教育、教学活动的学校与校长

学校承担的制裁性教育法律责任主要有:通报批评、整顿(含领导班子的整顿)、勒令停办停招、取缔,取消学校发放毕业证书和其他学业证书资格,宣布考试无效或取消举办考试资格,没收违法所得,等等。对国家设立的普通全日制学校,一般不宜采取罚款或取缔的处罚形式,对这类学校的处罚不能影响其完成国家教育任务及义务教育制度的实施,也不能因学校和几个人的过错而作出处罚,影响学生受教育的权利。

学校校长承担的法律责任形式,可依违法的性质和程度给予相应行政、民事乃至刑事处罚。其承担形式有:撤销行政职务、行政处分、罚款、刑事制裁等。如《教育法》第九章第七十三条规定:"明知校舍或者教育教学设施有危险,而不采取措施,造成人员伤亡或者重大财产损失的,对直接负责的主管人员和其他直接责任人员,依法追究刑事责任。"这是对包括校长在内的有关人员给予的刑事制裁性法律责任。再如,同法第九章第七十七条规定:"在招收学生工作中徇私舞弊的,由教育行政部门责令退回招收的人员;对直接负责的主管人员和其他直接责任人员,依法给予行政处分。"这是行政法律责任。同法第九章第八十一条对侵犯教师、学生合法权益,造成损失、损害的,规定应依法承担民事责任。

对教师追究其教育法律责任的形式主要有:撤销或取消教师资格、行政处分或者解聘。依《教师资格条例》规定,对弄虚作假、骗取教师资格的和品行不良、侮辱学生、影响恶劣的,撤销其教师资格,并在五年内不得重新申请认定教师资格。依《教师法》规定,对故意不完成教育、教学任务给教育、教学工作造成损失的,体罚学生经教育不改的,品行不良、侮辱学生、影响恶劣的,给予行政处分或者解聘,对后两项行为情节严重构成犯罪的,依法追究其刑事责任。

4. 学生

由于学生是特殊的教育法律责任主体,他们既不是工作人员,又没有固定的经济收入,对学生违反教育法律、法规的行为,既不能采取一般的行政处分形式,也不宜采用罚款形式。一般采用纪律处分,如警告、记过、留校察看。值得指出的是,对学生的纪律处分,是否追究学生违反教育法律法定义务的责任承担形式,尚有争议,但经过法定程序所授权的"学校纪律处分",已不是一般意义上的纪律处分,即使尚未明确授权,但其实质仍然是对违反法定义务的一种处罚。而这种处罚恰恰是教育法律责任所特有的。

5. 家长或其他监护人

监护人本身并不负有接受义务教育的义务,但因其监护的对象是处在接受义务教育的法定年龄段的学龄儿童,因而就要对监护对象不到学校接受义务教育承担法律责任,这在多数国家的教育法中都有类似规定。如英国《1944年教育法》规定:"如在学校注册的学生中有属于义务教育年龄的儿童不能按学校规定到校上学者,该儿童家长即成为违反本条例规定的违法者。"德国《巴伐利亚州义务教育法》规定,故意或由于过失而不履行为义务教育对象报名就读国民学校、职业学校或特殊学校者,可给予罚款处理。依我国《义务教育法实施细则》规定,适龄儿童、少年的父母或者其他监护人未按规定送子女或者其他被监护人就学接受义务教育的,应对其进行批评教育,经教育不改的,可视具体情况处以罚款,并采取其他措施使其子女或者其他被监护人就学。

6. 其他负有遵守教育法义务的公民和法人

依侵犯教育法的内容和性质来分,违反教育经费管理规定的,包括不按规定核拨教育经费,侵占、克扣、挪用教育经费,拖欠教职工工资,不按规定收费,等等,对其直接负责的主管人员和其他责任人员,给予行政处分,情节严重,构成犯罪的,追究刑事责任;破坏学校正常教育、教学秩序的,非法侵害学校权益的,侵犯教师、学生合法权益的,将依法承担刑事法律责任、民事法律责任和行政法律责任。

思考题：

1. 为什么说权利与义务是法律关系的主要内容？
2. 教育法律关系主体有哪些？
3. 如何理解教育行政机关与教师的法律地位、权利与义务？
4. 什么是教育法律责任？其主要内容是什么？
5. 如何理解教育法律责任的认定与归责？

第八章 儿童合法权益的保护

儿童期是人生发展进程中的幼弱时期,是一个个人利益极易受到侵害的时期。儿童是一个需要法律特别保护的群体。遵守教育法律、保护儿童合法权益是每一位幼儿园教师应尽的职责。生存权、受教育权、健康权、人身自由和人格受尊重权以及休息游戏权等是儿童特别需要的权利。保护儿童合法权益是全社会的共同责任,应建立家庭保护、学校保护、社会保护和司法保护的系统网络。

第一节 遵守教育法律、保护儿童权益的意义

教育法律是国家机关依照法律程序制定的有关教育的法律的总和。教育法律是一种教育行为规范,是用来约束、规定和保障人们在教育活动中或参与教育活动时实施社会公认和许可的行为的规则,在调整教育关系方面具有普遍的约束力和强制性。幼儿园教师必须在遵守教育法律的前提下开展日常的教育和保育工作。21世纪中国的发展,关键在于人的发展。儿童权益保护的目标是,为培育适应新世纪发展要求的社会主义事业接班人和建设者提供坚实的社会保障。通过维权与教育、保障与预防相结合,积极保护儿童的生存权、发展权和社会参与权,促进儿童的健康成长。遵守教育法律、保护儿童权益无论在宏观还是在微观层面,无论对社会还是对个人都有积极的意义。

一、遵守教育法律、保护儿童权益是依法治教的需要

进入现代社会以来,科学技术的极大进步、生产力水平的迅速提高以及社会整体性的增强打破了以往社会的自发性和封闭性,使社会变成一个发达的、完整的系统。为了维持现代社会政治、经济和社会生活的稳定与发展,必须建立和完善作为社会管理要素的法律,否则国家就不可能稳定,经济也不会发展。同时,自然经济向商品经济的转换,使人们的平等观念、权利观念和"法律至上"的观念不断增强并外化显现在法治意识和实践中。法治要求国家必须有法律,人人都应遵守法律,不允许任何人置身于法律之外。为此,法律功能必须普遍化,必须具有自主性、权威性。对法律的这种新的认识导致了一批新兴的法律部门不断出现,法律结构和法律技术也因此而不断更新。法治观念反映在教育方面,就是把教育纳入法律调节的领域,严格按法律规范运转。1981年1月1日,新中国第一部教育法律——《中华人民共和国学位条例》正式实施。自此,拉开了改革开放时代中国依法治教的帷幕。我国的《义务教育法》、《未成年人保护法》、《教师法》、《教育法》、《职业教育法》以及《高等教育法》相继实施,特别是《教育法》的颁布和实施,标志着具有中国特色的社会主义教育法律体系的基本框架已经形成,标志着我国走上了依法治教的轨道。

"有法可依,有法必依,执法必严,违法必究"是依法治教的基本要求。

有法可依,就是要求有权创制教育法律、法规的国家机关应根据教育发展和教育管理的实际需求,加强教育立法,尽快建立比较完善的、适应社会主义市场经济体制需要的教育法律体系。儿童由于其身心发展的不完善,特别需要法律的特殊保护,使其合法权益不受侵害或者保障其利益在受到侵害后能得到及时、有效的赔偿。《儿童权利公约》、《未成年人保护法》、《教育法》等法律在教育立法上为保护儿童权益提供了法律依据。我国在基本建立教育法律体系的情况下,在实际的教育工作中,仍然存在着大量的不依法治教的现象。比如,学校里依然存在着体罚学生的现象;不按照《教师法》的规定聘任教师,许多没有教师资格的公民在学校里做代课教师;政府不按照预算及时划拨教育经费;等等。这些现象的存在表明,要实现依法治教,必须做到有法必依。

有法必依,首先要增强人们的教育法律意识。其次是必须遵守教育法规定的基本原则,坚持教育的社会主义方向,遵循宪法确定的基本原则,发展社会主义的教育事业;要做到正确行使权利,行使权利不得以损害别人的自由为代价;要严格履行义务,法律规定必须做的一定要积极主动地去做;要坚决执行教育法中的禁止性规定,即法律规定禁止做的或不准做的,坚决不做。法的权威性、严肃性是法能够在全国普遍而长久发生效力的前提。

执法必严,要求我们在任何时候、任何地点、任何条件下的执法活动都应坚持统一而一贯的执法尺度。法律不是橡皮筋,不是可长可短的。执法活动也不是搞运动、会战或战役,突击性的执法活动只能起到一时的作用,不能发挥法的长久效能;而且,战役式的执法活动在一定程度上损害了法的严肃性和政府执法活动的权威性。因此,应将执法必严的要求贯彻到日常的行政活动、学校管理活动中去。

违法必究,我国宪法规定,任何组织或个人都没有超越宪法和法律的特权。因此,不管是什么组织,不管是什么人,不管其地位有多高,一旦违法都要受到追究。违法必究是"法律面前人人平等"原则在执法活动中的具体体现,司法机关要加大执法力度,加快案件审理,起到惩恶扬善的作用;其他大量执行机关也要在各自的权职范围内对各种违法行为予以追究。

依法治教是依法治国方略在教育系统的具体体现,是在社会主义民主的基础上,以一定的教育法律体系为基础,依据法律来加强对教育事业的管理和规范,以促进教育事业的发展。依法治教作为一个过程,是随着教育法律体系的完善、人们的教育法律意识水平的增强、行政机关和司法机关的教育执法水平和教育司法水平的提高而不断推进的。遵守教育法律、保护儿童权益是加快我国法制建设、落实依法治教的必然要求。

二、遵守教育法律、保护儿童权益是树立正确儿童观的需要

儿童观是成人如何看待和对待儿童的观点的总和,它涉及儿童的特点和能力、地位和权利、儿童期的意义、儿童生长发展的形式和成因、教育与儿童发展之间的关系等诸多问题。在人类社会漫长的发展过程中,人们对儿童的认识不尽相同,有的认为儿童是"小大人",是父母的"私有财产"。也有的认为儿童是"有罪的",儿童一生下来,就充满了罪恶。因而成人应该对他们严加管束、制约,使儿童能不断地进行赎罪。现代一些观点认为,儿童是"未来的资源"。儿童是国家最宝贵的财富,是国家潜力最大的资源、未来的兵源和劳动力。对儿童进行教育,就是对未来进行最有价值的投资,这种投资,利国利民,多投资,才能高产出。还有观点认为儿童是"有能力的主体"。人类的童年期长于动物的童年期,这为儿童以后的发展奠定了良好的基础。儿童在体力、智力、情感、社会性、道德等许多方面,都不同于成人,他们是正在发展中的人。不能因为儿童弱小,需要保护,就轻视他们,使他们被动发展。儿童是有能力的、积极主动的权利主体,应有主动发展自己潜能的机会,在出生、成长、发育的过程中,成为自主的行动者,能表达自己的主张和意见,充分行使自己的权利。

时至今日,儿童观随着社会的发展而日益更新。儿童的特点,随着生理学、心理学、现代科技的发展,已被越来越深入、细致地揭示出来;儿童期在人的一生发展中的价值也被更多的教育实践所证明,因而得到了人们的广泛重视;儿童的地位和权利也逐渐得到

人们的尊重和保护,儿童一来到人间,就享有国籍权、姓名权、生存权、受保障权、健康权、发展权、游戏权、娱乐权、受教育权等。运用辩证唯物主义的观点,实事求是地分析、批判性地继承与借鉴历史上曾有的儿童观,形成了如下被大众认可的一种儿童观。

(一) 儿童有各种合法权利

每个儿童拥有的出生权、姓名权、国籍权、生存权、发展权、学习权、游戏权、娱乐权、休息权、健康权、受教育权等,应该得到我们的承认、尊重和保护。早在17世纪30年代,捷克教育家夸美纽斯就提出:儿童是无价之宝,是任何事物都无法比拟的宝物,我们要像尊重上帝那样来尊重儿童。瑞典教育家爱伦·凯在19世纪末就预言:20世纪将是儿童的世纪,并撰写了《儿童的世纪》一书,倡导人们要热爱儿童、尊重儿童、保护儿童的权利、培养儿童的个性。

今天,保护儿童权利的思想已为各国政府和社会所承认,并且日益深入人心。作为一名幼儿教育工作者,要认识到儿童与成人在人格上是平等的,享有同样的社会地位和权利保障;要保护儿童的生命与健康,注意为儿童提供充足的营养、休息时间和游戏、娱乐、教育的机会与条件;要把儿童看作是学习的主体,用民主与科学的态度对待儿童,不歧视、不虐待儿童。师生之间,不仅仅是"教育者"与"被教育者"的关系,同时也是儿童权益"保护者"与"被保护者"的关系。当然,尊重不是迁就,保护不是溺爱,没有适当的教育要求的过度保护实质是对儿童发展权利的剥夺。幼儿教师必须形成正确的儿童权利观。

(二) 儿童的成长受制于多种因素

影响儿童发展的因素是多种多样的,归纳起来主要有生物因素与社会因素两大类,它们相互作用,共同制约着儿童的发展。生物因素是儿童成长的生理基础。生物因素主要指的是遗传素质,它是儿童从父母身上获得的各种基因,为儿童后天发展成为一个正常的人提供了生理基础和物质条件。儿童在遗传素质上是存在差异的,这种差异使儿童在发展上也出现了差异。社会因素是儿童成长的关键条件。社会因素主要指的是环境,它包括自然环境和社会环境,教育是一种独特的社会环境,它们为儿童的成长拓展了广阔的空间,决定了儿童发展的速度和水平。儿童生活的环境不同,其发展水平也不同。一方面,生活在不同家庭环境里的儿童,发展的水平不同;另一方面,生活在不同托幼机构里的儿童,发展的程度也不同。为了保障儿童的发展权、平等受教育权、健康权等权利的实现,教师必须依据教育法律规定为儿童创设良好的保健和受教育环境。

(三) 儿童发展的整体性

儿童生理、心理、精神、道德、社会性的发展是儿童发展的各个不同的侧面,它们构成一个整体,互相联系,彼此制约。处在幼儿期的儿童,生理的发展尤为重要,它是儿童整体发展的基础。伟大导师列宁曾经指出,有了"健全的身体",才能有"健全的精神"。两次获得过诺贝尔奖的居里夫人也认为,"科学的基础是健康的身体"。儿童大脑的成长使儿童的心理发展成为可能,与儿童道德、社会性的发展也息息相关。遵守教育法律,促进幼儿在体、智、德、美诸方面和谐发展,是教师应尽的职责。

(四) 发展的差异性

儿童在不同年龄阶段具有不同的身心发展特征,同一年龄的儿童,在发展上也呈现一定的差异。首先是性别差异,国外的许多研究说明,男、女儿童在很小的时候就开始表现出差异;而教育实践证明,男、女儿童在发展上也有差异。幼儿性别之间发展的差异,在幼儿园的学科教育上有所表现,据许多教师反映,男孩子在数学、体育、科学、美术等方面显得比女孩子稍强一些,而女孩子则在语言、音乐等方面显得比男孩子好一些。其次,儿童的发展有个体差异。儿童的个体差异体现在许多方面,如对物体的感知、判断、推理、兴趣、爱好、情感、意志、个性等等。此外,儿童的发展还有文化差异。同一年龄,不同国家的儿童,各自所受到的文化熏陶不同,在发展上也有差异。尊重儿童,不仅表现在信任儿童、尊重儿童的隐私、保护儿童的自尊心方面,而且表现在正视儿童差异、因人施教方面。

(五)儿童通过活动得到发展

活动对幼儿的发展有着重要的价值。儿童的活动可以分为两大类,一类是操作活动,儿童通过与物体的相互作用而获得发展。儿童在动手中学,在动手中成长。通过动手操作,儿童逐渐理解事物之间的关系、掌握基本概念。儿童活动的另一类是交往活动,儿童通过与教师、同伴的互相作用而得到发展。首先,儿童在与教师交往的过程中,能够学会如何正确地表达自己的思想、情感,掌握与别人交往的技巧,形成良好的行为习惯,萌发创造性,增强责任感,提高积极的自我意象。其次,儿童在与同伴交往的过程中,不论是集体活动,还是小组活动,或是个人活动,都能促进儿童认知能力的发展,社会情感的升华,心理活动水平的提高。儿童游戏权的规定体现了儿童通过活动发展自身的需要。

《幼儿园工作规程》第二十一条规定:"幼儿园教育工作的原则是:体、智、德、美诸方面的教育应互相渗透,有机结合。遵循幼儿身心发展的规律,符合幼儿的年龄特点,注重个体差异,因人施教,引导幼儿个性健康发展。面向全体幼儿,热爱幼儿,坚持积极鼓励、启发诱导的正面教育。合理地综合组织各方面的教育内容,并渗透于幼儿一日生活的各项活动中,充分发挥各种教育手段的交互作用。创设与教育相适应的良好环境,为幼儿提供活动和表现能力的机会与条件。以游戏为基本活动,寓教育于各项活动之中。"教育法律以法的形式对儿童观进行的积极回应反映了时代的要求,也在一定意义上促进了儿童观的发展。教育法律与儿童观的和谐、统一,一方面要求教师遵守教育法律,保护儿童的生存权、发展权、平等权、健康权、受教育权、游戏权等权利,另一方面要求教师树立正确的儿童观,达到知行统一。幼儿教师一定要在自己的观念中牢固树立正确、科学的儿童观,以知导行;同时也要在实践中积极维护儿童的合法权益,以行促知。

第二节 儿童的权利

权利是指通过宪法和法律所确认的公民实现某种行为的可能性,是法律确认和保障的利益。① 儿童的基本权利是指儿童所享有的最主要的、最起码的权利。《儿童权利公约》所称儿童是指未满18周岁的公民,与我国《未成年人保护法》所称的未成年人概念相同。

公民所享有的权利的多少是衡量公民在国家政治、经济、文化和社会生活中所处地位的直接依据,也是公民法律地位的最直观、最生动的体现。在我国,一方面儿童是公民的一部分,也是国家的主人翁之一,应享有宪法赋予公民的一切权利,包括公民的平等权、政治权利、经济权利、人身权利和文化权利等;另一方面,同成年人相比,儿童又是特殊的一类,他们既是国家的未来和希望,又是现实生活中的弱小者,正处在人生的起步阶段,生理和心理正在形成和发育,没有独立的生活能力。因此,除了宪法确认的公民的基本权利外,《未成年人保护法》及有关法律、法规还依据宪法关于公民基本权利的规定,结合儿童的实际,赋予儿童一些特殊的权利,如卫生保健权、健康成长的环境权等,这些特别权利既带有公民基本权利的共性,是公民基本权利的具体化,又体现出儿童作为公民中的特殊群体而必须具有的权利的个性,它不属于基本权利范畴,但这些权利对儿童的健康成长是必不可少的,是儿童在国家政治、经济、文化生活中的地位的一种法律上的确认。因此,我们

---

① 曾庆敏主编:《法学大辞典》,上海辞书出版社1998年版,第460页。

在这里除了论述儿童作为一般公民所享有的基本权利外,还将论述儿童作为公民中的特殊群体而享有的特别权利。

一、儿童作为一般公民所享有的基本权利

所谓儿童作为一般公民所享有的基本权利,即是指儿童作为一般主体和成年人一样所普遍享有的基本权利。根据我国宪法和法律规定,儿童所享有的这部分权利主要有:

(一) 人身权利和自由

人身权是指法律赋予公民和法人所享有的、具有人身属性而又没有直接财产内容的民事权利。人身权与权利主体的人身密不可分,其内容通常不具有财产属性,不能用金钱来评价其大小。人身自由是指公民有支配其身体和行动的自由,非依法律规定,不受逮捕、拘禁、审讯和处罚[①]。人身权利和自由是公民所具有的最基本的权利,是公民享有其他权利的前提和基础。对儿童来说,其体力和智力都未发育成熟,在社会上处于相对的弱者地位,确认和保护其人身权利和自由尤为重要。事实上,我国宪法和法律对包括儿童在内的公民的人身权利和自由作出了明确的规定。我国《未成年人保护法》第五条第一款规定:"国家保障未成年人的人身、财产和其他合法权益不受侵犯。"儿童的人身权利和自由包括如下几个方面:

1. 生命健康权

生命健康权是指儿童依法享有的以生命、健康的安全为内容的权利。它包括生命权和健康权。生命权是以儿童生命安全的利益为内容的权利。健康权是指儿童依法享有以保持身体机能安全为内容的权利。生命健康权利是儿童人身权利中最重要、最起码的权利,离开了生命健康权,其他权利只能是一句空话。儿童由于

[①] 曾庆敏主编:《法学大辞典》,上海辞书出版社1998年版,第19页。

生理和心理均未发育成熟,其生命健康权又是很容易受到侵害的权利,因此,我国《未成年人保护法》视保护儿童的生命健康权为其主要任务之一,规定:"父母或者其他监护人应当依法履行对未成年人的监护职责和抚养义务,不得虐待、遗弃未成年人;不得歧视女性未成年人或者有残疾的未成年人;禁止溺婴、弃婴。""学校不得使未成年学生在危及人身安全、健康的校舍和其他教育教学设施中活动。""儿童食品、玩具、用具和游乐设施,不得有害于儿童的安全和健康。"我国《义务教育法》第十六条也作出了"禁止体罚学生"的相应规定。值得注意的是,在现实生活中,侵犯儿童生命健康权的事件还时有发生。《生活日报》2000年5月22日报道了郑州市凤凰台村小神童幼儿园教师在排练演出节目时用针扎部分动作总也做不好的孩子的手背以示惩罚的事件,以及新浪网站2000年8月11日披露了义乌一幼儿园因滑梯未固定住,导致少年何某在攀玩时,被翻倒的滑梯击倒身亡的事件,所反映的均是对儿童健康权、生命权的严重侵犯。我国法律对于侵害儿童生命健康权的行为作出了明确规定,我国刑法对于侵害儿童生命健康权,情节严重构成犯罪的,规定了故意杀人罪、过失杀人罪、拐卖儿童罪、虐待罪、遗弃罪、奸淫幼女罪以及故意伤害罪等,并规定了相应的刑罚。此外,全国人民代表大会常务委员会在《关于严惩拐卖、绑架妇女、儿童的犯罪分子的决定》中对拐卖、绑架儿童以及收买被拐卖、绑架的儿童的犯罪分子作出了从重处罚的规定。

2. 人身自由权

依据宪法的规定,儿童的人身自由权是指儿童的人身不受非法逮捕、拘禁、非法剥夺或者限制自由以及非法搜查身体。人身自由不受侵犯,也是儿童最起码、最基本的权利,是儿童参加各种社会活动和享受其他权利的先决条件。《宪法》第三十七条规定:"公民的人身自由不受侵犯。任何公民,非经人民检察院批准或者决定或者人民法院决定,并由公安机关执行,不受逮捕。禁止非法拘禁和以其他方法非法剥夺或者限制公民的人身自由,禁止非法搜查公民的身体。"一些学校的管理人员和教师法制观念淡薄,当学生有违规、违纪行为时,不使用正确的教育手段,也不依靠司法机关,而是擅自关人,捆绑吊打,非法拘禁,私设公堂,不仅侵犯他人的人身自由,往往还会导致被害人自杀等严重后果。此外,班级里学生财物被偷,班主任为了搜寻被偷财物,而对学生非法进行搜身的现象也极普遍。不管教师、园校领导的动机如何,此类行为均属违法行为。我国刑法对侵害人身自由权的行为规定了非法拘禁、非法搜查等罪,对侵害儿童人身自由的任何人将依法追究刑事责任。

3. 人格尊严权

人格在法律上是指作为权利、义务主体的资格。人格尊严是指法律赋予人本身所固有的权利。失去了人格尊严,人也就不能成为完整的人。和成年人一样,儿童的人格尊严必须受到尊重,人格尊严是儿童的基本权利之一。我国《宪法》第三十八条规定:"公民的人格尊严不受侵犯。禁止用任何方法对公民进行侮辱、诽谤和诬告陷害。"《未成年人保护法》把尊重儿童的人格尊严作为保护儿童工作应当遵循的基本原则之一,并在第三章第十五条中规定,"学校、幼儿园的教职员应当尊重未成年人的人格尊严"。在第四章第三十条中规定:"任何组织和个人不得披露未成年人的个人隐私。"《教师法》第二章第八条规定,教师应履行"关心、爱护全体学生,尊重学生人格,促进学生在品德、智力、体质等方面全面发展"的义务。儿童正处在身心发展的关键时期,对其人格尊严的侵犯往往会给他们带来重大的、甚至不可弥补的心灵创伤,因此需要法律予以明确的规定。

儿童的人格尊严权的内容具体包括:姓名权、肖像权、名誉权、荣誉权等。姓名权就是儿童依法享有的决定、使用、改变自己姓名的权利。肖像权是指儿童依法拥有自己的肖像,同意或禁止他人利用自己肖像的权利。名誉权是指儿童依法享有个人名誉不受侵犯的权利。荣誉权是指儿童依法享有所得嘉奖、光荣称号,并不受非法侵害、剥夺的权利。

4. 通信自由权和通信秘密权

通信自由权是指儿童在与他人的交往中,通过信件、电报、电话等形式表达意愿的自由,任何组织或者个人均不得非法干涉。通信秘密权是指儿童在与他人的通信过程中,任何组织或者个人不得非法偷听、偷看或者涂改其内容。我国《宪法》第四十一条规定:"中华人民共和国公民的通信自由和通信秘密受法律的保护。除因国家安全或者追查刑事犯罪的需要,由公安机关或者检察机关依照法律规定的程序对通信进行检查外,任何组织或者个人不得以任何理由侵犯公民的通信自由和通信秘密。"我国《未成年人保护法》第四章第三十一条规定:"对未成年人的信件,任何组织和个人不得隐匿、毁弃;除因追查犯罪的需要由公安机关或者人民检察院依照法律规定的程序进行检查,或者对无行为能力的未成年人的信件由其父母或者其他监护人代为开拆外,任何组织或者个人不得开拆。"

侵犯他人通信自由权和通信秘密权的主要行为表现是故意隐匿、毁弃和非法开拆信件。这里的信件主要是指收信人尚未收到或者尚未开拆的信件。隐匿,就是将信件隐藏,使收信人不易发现;毁弃,就是将信件撕毁、烧毁或者丢弃;开拆,则是指未经收信人同意,擅自拆开并偷看信件内容。其中,开拆也属于一种典型的侵犯他人隐私权的行为。侵犯他人通信自由和通信秘密,情节轻微的,一般给予批评教育或治安管理处罚;情节严重的,如涉及信件数量较大的、引起严重后果的,则应依法追究刑事责任。

(二)平等权

我国《宪法》第三十七条规定:"中华人民共和国公民在法律面前一律平等。"这是我国公民的一项基本权利,同样也是儿童的一项基本权利。

公民的平等权指的是,公民不分民族、种族、性别、家庭出身、宗教信仰、教育程度、职业、财产状况、居住期限,一律平等地享有宪法和法律规定的权利,任何人不得有超越宪法和法律规定的权利。就儿童而言,其平等权包括两个方面:一方面指与成年人平等地享有宪法和法律规定的权利;另一方面,儿童之间平等地享有宪法和法律规定的权利。当然,这里的平等是指司法上的平等和守法上的平等,而不是指立法上的平等。在立法上,法律根据儿童的实际情况,在许多方面赋予了儿童比成年人更广泛的权利。

(三) 政治权利和自由

政治权利和自由主要指公民的选举权和被选举权,监督权和言论、出版、集会、结社、游行、示威的自由。我国《未成年人保护法》虽未对儿童的政治权利和自由作出明确规定,但根据宪法的规定,儿童除未满18周岁不享有选举权和被选举权外,应当享有言论、出版、集会、结社、游行、示威的自由及监督国家机关和国家工作人员的权利。10年前我国批准加入的《儿童权利公约》第十二条规定:"缔约国应确保有主见能力的儿童有权对影响其本人的一切事项自由发表自己的意见,对儿童的意见应按照其年龄和成熟程度给以适当的看待。"第十五条规定:"缔约国确认儿童享有结社自由及和平集会的权利。"

儿童虽然由于未成年而不能享有一部分政治权利,而且在其他政治权利的实际行使中也有一定的困难,但法律确认和保障儿童的政治权利和自由仍有必要,它有助于从小培养儿童关心他人、关心集体、关心社会的集体主义、爱国主义精神和民主意识,有助于从小锻炼他们参与社会政治生活的能力,也有助于儿童通过各种途径来维护自身的合法权益。

(四) 经济权利

经济权利是指以经济利益为内容的权利。它是公民享有其他权利的物质基础。儿童正处于身心发育的关键时期,他们的主要任务是接受教育,积累知识,为将来参加劳动准备条件,所以,我国法律不但没有赋予16岁以下未成年人劳动的权利,而且严格禁止使用童工。因此,儿童经济权利的内容主要就是财产权。

财产权是指以财产利益为内容,直接体现某种物质利益的权利。它是儿童最主要的经济利益,也是其基本权利之一。我国《未成年人保护法》第一章第五条规定:"国家保障未成年人的人身、财产和其他合法权益不受侵犯。"根据民法通则的规定,财产权的内容包括:所有权及其派生的经营权、使用权、相邻权、抵押权、留置权、债权、继承权和知识产权。在实际生活中,与儿童的生活最密切的财产权主要是所有权、继承权与知识产权。

所有权是指儿童对自己的财产拥有、占有、使用、收益和处分的权利,是财产权中最基本的权利。儿童由于尚未参加劳动,没有独立的、稳定的经济来源,因而一般不拥有个人独立财产,所以,所有权的行使也在实际中受自身经济状况的限制。

继承权是指继承人依法继承被继承人遗产的权利。儿童没有参加劳动,没有独立的经济收入,财产继承是其获得财产的主要形式之一,因此,我国《未成年人保护法》第五章第四十五条规定:"人民法院审理继承案件,应当依法保护未成年人的继承权。"此外,依民法通则的规定,未成年人的继承权只能由自己行使,而不能由法定代理人代理。

知识产权,又叫智力成果权,是指公民、法人对自己的创造性的智力活动成果依法享有的民事权利,其内容包括人身权利和财产权利。儿童的知识产权主要指著作权以及发明权、发现权。儿童虽然智力发展程度不高,事实上享有的知识产权很少,但法律确认和保障儿童的这项权利,将有利于儿童的智力开发,有助于优秀人才的培养,所以,我国《未成年人保护法》第四章第三十六条规定:"国家依法保护未成年人的智力成果和荣誉权不受侵犯。"

(五) 文化、教育权利

文化、教育权是指儿童从事文化活动、接受教育方面的权利。我国《宪法》第四十七条规定:"中华人民共和国公民有进行科学研究、文学艺术创作和其他文化活动的自由。"儿童的智力正处在发展的黄金时期,尽管其进行科学研究和文学艺术创作的能力还很有限,但法律确认和保护他们的这项权利,对于发展他们的智力,培养他们的艺术情操,提高他们的文化素养是必不可少的,国家和社会应当为儿童行使这项权利积极创造条件。

接受教育是我国所有公民的权利,更是儿童的一项重要的基本权利。鉴于儿童受教育权的重要性和法律对这项权利的特殊规定,我们把它放到儿童的特殊权利中进行论述。

二、儿童的特殊权利

所谓特殊权利是指儿童作为我国公民中的特殊群体而依法享有的特殊权利。儿童的特殊权利是相对于儿童的基本权利和一般公民的权利而言的,它从儿童的基本权利中引申出来而又不能完全用基本权利来概括,它反映了儿童作为人的一般要求,同时又体现了儿童作为未成年人的特殊需要。

儿童的特殊权利是由权利主体的自身特点和我国的社会性质决定的。在我国,少年儿童是指未满18周岁的公民,其外部特征在于未成年;本质特征在于儿童作为一个群体在生理、心理、智力、社会政治、经济地位及其所负的历史使命诸方面同成年人相比有其特殊性。儿童正处于自身发展的良好时期,对各种社会资源的需求十分迫切,而儿童自身弱点及其社会政治、经济地位又决定了儿童在各种社会资源的分配和消费过程中常处于不利地位。这样就构成了一对现实的矛盾。如何解决这一矛盾呢?出路就在于国家依靠政权力量,采取强制手段来保证儿童对各种社会资源的需求,表现在法律上就是通过制定法律来赋予儿童生存和发展方面的特殊权利。事实上,我国的社会主义性质也为儿童享受这些特殊权利提供了条件,因为,社会主义国家能够自觉地将局部利益与整体利益、眼前利益与长远利益很好地结合起来,为儿童的健康成长创造良好的条件。

儿童的特殊权利主要由《儿童权利公约》、《未成年人保护法》确认,此外,《教育法》、《义务教育法》、《幼儿园工作规程》、《妇幼卫生工作条例》、《母婴保健法》、《婚姻法》、《收养法》、《刑事诉讼法》等法律、法规也对儿童的权利作出了特别的规定,共同构成儿童的特殊权利。

根据《儿童权利公约》、《未成年人保护法》和其他教育法律、法规的规定,儿童的特殊权利主要有以下几种:

(一) 获得抚养、教育权

我国《未成年人保护法》第二章第八条规定:"父母或者其他监护人应当依法履行对未成年人的监护职责和抚养义务,不得虐待、遗弃未成年人;不得歧视女性未成年人或者有残疾的未成年人;禁止溺婴、弃婴。"抚养、教育未成年子女是父母亲应尽的义务,对未成年人而言,获得父母亲的抚养、教育则是其不可剥夺的权利。未成年人由于年幼,不具备独立的生活能力,没有独立的经济收入,又处在身心发展的关键时期,因此,父母亲必须对未成年子女履行抚养、教育的义务。这里的教育是指父母亲从思想品德上关心、培养子女,它和公民的受教育权里的教育含义不一样,后者的含义是特定的,多指学校① 等专门的教育机构进行的有目的、有计划、有组织、有系统的教育。在我国,按照"有理想、有道德、有文化、有纪律"的要求教育子女是父母亲的重要责任。我国《未成年人保护法》第二章第十条规定:"父母或者其他监护人应当以健康的思想、

---

① 此处所称学校,是指国家或者社会力量举办的全日制的中小学(包括特殊学校)、各类中等职业学校、高等学校以及幼儿园、托儿所。

品行和适当的方法教育未成年人,引导未成年人进行有益身心健康的活动,预防和制止未成年人吸烟、酗酒、流浪以及聚赌、吸毒、卖淫。"未成年人有获得抚养、教育使之身心健康发展的权利。

(二) 获得卫生保健权

获得卫生保健权是指儿童有获得必要的医疗、卫生保健服务的权利。儿童,尤其是婴幼儿,身体各部分刚刚或正在发育,一方面需要良好的营养和护理,另一方面由于身体的免疫力很差,容易受到疾病的侵扰,因而需要良好的、及时的卫生保健服务。卫生保健工作的好坏,直接影响儿童的身心健康,甚至影响其成年后的健康状况,可以说它对提高我国人口素质意义重大。因此,法律将其作为儿童的一项重要权利加以确认和保护。我国《未成年人保护法》规定:"幼儿园应当做好保育、教育工作,促进幼儿在体质、智力、品德等方面和谐发展。"(第十九条)"卫生部门和学校应当为未成年人提供必要的卫生保健条件。"(第三十二条)"卫生部门应当对儿童实行预防接种证制度,积极防治儿童常见病、多发病,加强对传染病防治工作的监督管理和对托儿所、幼儿园卫生保健的业务指导。"(第三十四条)我国《幼儿园管理条例》规定:"幼儿园应当建立卫生保健制度,防止发生食物中毒和传染病的流行。"(第十八条)《幼儿园工作规程》更是以专章对幼儿园的卫生保健工作作了规定。根据有关法律的规定,儿童获得卫生保健权包括以下内容:

(1) 婴幼儿在预防接种,儿童常见病、多发病、传染病的防治以及生长、发育、护理等方面有权要求医疗保健机构和幼儿园、托儿所等单位提供医疗保健服务;

(2) 在校的未成年人有权要求学校和卫生部门提供健康检查、疾病预防和其他方面的卫生保健服务;

(3) 儿童有权向有关医疗保健机构进行卫生咨询,得到有关卫生保健方面的指导。

获得卫生保健服务是儿童健康成长的必要条件,也是他们的基本权利之一。有关单位和部门须采取各种措施为儿童行使和享受卫生保健权创造条件。

(三) 受教育权

接受教育是每个公民终身享有的权利,但在不同年龄阶段的公民,所接受教育的内容和形式有别,接受教育的意义也不一样。在儿童期,公民所受的教育是基础教育,即基本知识、基本技能的教育,教育的形式主要是采取学校教育的方式,教育的意义在于:第一,它是基础教育,教育质量的高低直接影响到后面各阶段教育的质量,没有良好的基础教育,就没有高水平、高质量的高等教育;第二,它是一种全面教育,包括德、智、体、美、劳各个方面,目的在于促进人的全面发展;第三,它是一种普及式的教育,是提高全民族文化素质的关键所在。正因为如此,法律对儿童的受教育权赋予了更为丰富、具体、独特的内容,主要体现在以下几个方面:

1. 教育的内容十分广泛,目标非常明确

我国《未成年人保护法》第三章第十三条第一款规定:"学校应当全面贯彻国家的教育方针,对未成年学生进行德育、智育、体育、美育、劳动教育以及社会生活指导和青春期教育。"第十九条规定:"幼儿园应当做好保育、教育工作,促进幼儿在体质、智力、品德等方面和谐发展。"可见,儿童接受教育的内容十分广泛,包括德、智、体、美、劳和有关的社会生活知识以及生理知识诸多方面,其目标十分明确,就是要把儿童培养成有理想、有道德、有文化、有纪律,德、智、体全面发展的未来的社会主义建设人才。

2. 接受义务教育

义务教育,是依照法律规定,适龄儿童和少年必须接受的,国家、社会、学校、家庭必须予以保证的国民教育。我国《义务教育法》的颁布为儿童的义务教育提供了法律保障。《义务教育法》规定义务教育的内容为普及初等教育和初级中等教育,凡满6周岁(条件不具备的地方可以为7周岁)的儿童都应当入学接受规定年限的义务教育(目前主要是采取九年义务教育),国家对接受义务教育的学生免收学费,并设立助学金帮助贫困生就学。此外,《义务教育法》第九条第二款还规定,"地方各级人民政府为盲、聋哑和弱智的儿童、少年举办特殊教育学校(班)",使这部分儿童的受教育权也得到了保障。

3. 有特殊天赋或者有突出成就的儿童接受特别教育

中国的未来在于发展教育,教育的未来又在于一大批杰出人才的涌现。但是,十年树木,百年树人,人才的培养不是一朝一夕的事,也不是一蹴而就的,必须从小就开始培养,为他们的成长创造良好的条件,所以我国《未成年人保护法》第四章第三十六条第二款规定:"对有特殊天赋或者有突出成就的未成年人,国家、社会、家庭和学校应当为他们的健康发展创造有利条件。"对有特殊天赋或者有突出成就的儿童采取特别的教育,既是培养人才的需要,也是因材施教教育原则的客观要求。

为切实保障儿童充分地行使受教育权,今后国家还应大力推进现行教育制度的改革,加强教育管理,增加教育投入,改善办学条件,改善教师待遇和增强师资力量,当务之急是抓紧《义务教育法》和《教师法》的贯彻、实施。

(四) 获得健康成长的环境权

它是指儿童有权要求社会、学校和家庭为他们的生活、学习和成长提供良好的、适宜的、健康的环境。它包括社会环境、学校环境和家庭环境三方面,但主要是社会环境。它以人文环境为主,也包括自然环境。

环境是任何有机体生存、发展必不可少的条件,对人的成长影响巨大。它总要潜移默化地对人施加影响,不断渗透,在人的身上打下自己的烙印。不好的环境(逆境)会摧残人的心灵,正如卢梭曾经说过的那样:"逆境当然是一个了不起的先生,但是,他索取的学费太高,而你从中获得的收获往往得不偿失。况且,没等你从这些姗姗来迟的教训中学有所成,运用它们的时机却转眼即逝了。"① 对于成长中的儿童来说,则更是如此了。儿童正处在身心发展的关键时期,身体各部分正在全面发育,独特的个性、理想、信念、人生观和世界观都正在形成之中,而且辨别事物的能力差,很容易对周围的事物进行认同,更重要的是:人的个性、理想、信念、人生观和世界观一旦形成将长期趋于稳定,很难改变。可以说,儿童的精神面貌、思想状况反映着整个国家、整个民族的精神面貌,预示着国家的前途和未来。因此,为儿童的健康成长创造良好的环境意义重大而深远。我国《未成年人保护法》有关未成年人的社会保护的规定可以看作是对儿童健康成长的环境权的确认。根据《未成年人保护法》的规定,可以把未成年人的这一权利概括为两个方面:

一方面,未成年人有权要求各级人民政府提供适合未成年人文化生活需要的活动场所和设施;有权要求博物馆、纪念馆、科技馆、文化馆、影剧院、体育场(馆)、动物园、公园等场所对幼儿园、中小学生优惠开放;有权要求新闻、出版、广播、电影、电视、文艺等单位提供有益于未成年人健康成长的作品和以未成年人为对象的图书、报刊、音像制品等出版物。

另一方面,任何组织和个人不得向未成年人发行、出售、提供宣传淫秽、暴力、凶杀、恐怖等毒害未成年人的图书、报刊、音像制品等;不得出售、提供不健康、不安全的儿童食品、玩具用具和游乐设施;营业性舞厅等不宜未成年人活动的场所不得向未成年人开放。

除了上述两个方面外,国家和社会还应防止和制止环境污染,改善环境,保持一个美好的、健康的自然环境,使儿童生活在一个

---

① [法]卢梭著,张弛译:《一个孤独的散步者的遐想》,湖南人民出版社1985年版,第73页。

文明、健康、向上的空间之中。

(五) 游戏权

游戏权是幼儿的一项特殊权利,是幼儿身心得到全面健康发展的基本保障。游戏能够给儿童带来轻松、愉悦的情感体验,能够满足儿童内在的情感需要,帮助儿童调节和控制自己的情绪状态,从而有利于情绪、情感的健康发展。同时,通过游戏,儿童可以增强体质、恢复精力、宣泄焦虑、调整状态、矫正不良行为,从而促进身心健康发展。此外,儿童通过游戏可以获得知识经验、巩固技能技巧、促进思维发展、提高智力水平、优化认知结构,同时获得有效的学习方法和策略,并有利于良好的学习动机和学习态度的形成和发展。游戏还有沟通的功能,可以促进相互交流与理解、相互学习与提高,可以推动社会信息传播和文化传递,从而最终实现儿童自我的社会化、文化化。游戏之于儿童有着深远的意义,所以,法律对儿童的游戏权进行了详细规定。我国《幼儿园管理条例》第十六条第一款规定:"幼儿园应当以游戏为基本活动形式。"《幼儿园工作规程》第二十一条第六款中也作了相应规定:"以游戏为基本活动,寓教育于各项活动之中。"第二十五条规定:"游戏是对幼儿进行全面发展教育的重要形式。应根据幼儿的年龄特点选择和指导游戏。应因地制宜为幼儿创设游戏条件(时间、空间、材料)。游戏材料应强调多功能和可变性。应充分尊重幼儿选择游戏的意愿,鼓励幼儿制作玩具,根据幼儿的实际经验和兴趣,在游戏过程中给予适当指导,保持愉快的情绪,促进幼儿能力和个性的全面发展。"幼儿教师不得以任何理由剥夺幼儿游戏的权利。

综上所述,儿童的基本权利和特殊权利充分体现了儿童在国家政治、经济、文化生活中的地位,他们不仅是公民的重要组成部分,享有公民所享有的绝大部分权利,而且是公民的特殊群体,在生存和发展方面比成年人享有更加广泛和具体的权利。

第三节　儿童权益保护的主要途径

保护未成年人,是国家机关、武装力量、政党、社会团体、企业事业组织、城乡基层群众性自治组织、未成年人的监护人和其他成年公民的共同责任。儿童权益保护涉及社会的方方面面,因此,一方面要设立高层次、权威性的机构来承担领导、监督、检查、协调儿童权益保护工作;另一方面,必须进一步提高全社会保护儿童权益的法律意识,承担保护儿童权益的崇高职责,儿童健康成长才有可靠的保障。儿童权益保护有家庭保护、学校保护、社会保护和司法保护等多种方法,由于家庭和学校的特殊性,尤其要注重发挥家庭和学校保护儿童权益的作用。

一、家庭保护

家庭是以血缘、婚姻或收养关系为纽带而组成的一个共同生活体,它是社会的细胞,是人类生活中最基本的组织。家庭作为儿童人生的第一课堂,是儿童社会化的基本场所,承担着社会赋予的不可推卸的重要职责,即为社会培养有用的人才。正如德国著名教育家福禄贝尔所说:国家的命运与其说是操纵在掌权者手中,倒不如说是掌握在母亲的手中。家庭教育作为现代化教育三位一体模式(家庭教育、学校教育、社会教育)的基础和前提,其重要性是不言而喻的。没有家庭教育配合的学校教育,或没有学校配合的家庭教育,都不能培养出新时代所需要的合格人才。因此,家庭保护在儿童权益保护中占主导地位。

(一) 家庭保护的地位及作用

1. 家庭保护是儿童成才的起点

我们知道,每个人从呱呱落地起,就进入了家庭生活,家庭作为儿童人生的第一起步点,是他们最早接受教育和受影响最深、最广泛的场所,是他们由自然人上升为社会人和与社会进行沟通的桥梁。人之初仅仅只是一个人类的有机体,是生物意义上的人而并非一个真正的社会人,只有通过社会化的过程,学习社会知识、掌握社会技能、遵守社会规范,才能成为一个真正意义上的人,即有人格的社会化的人。所谓社会化,就是指人们学习道德规范、行为准则或生活模式与社会价值,掌握社会技能,从而能真正适应于变化和发展的社会进程。因而作为儿童成长和接受教育的第一课堂,家庭教育举足轻重。一般来说,家庭保护儿童,亦即家庭对儿童身心健康发展所应承担的责任。这种责任主要是通过对儿童的教育表现出来的。家庭教育,特别是家庭的早期教育,在培养儿童德、智、体、美、劳的全面发展方面起着学校教育和社会教育都难以起到的奠基作用。父母亲如果能在孩子出生后的4~5年内,注意孩子的营养和适度的外界刺激,科学地开发婴幼儿的智力,就能为孩子的成长打下良好的智力基础。苏联教育家马卡连柯认为,主要的教育基础是在5岁之前奠定的,家长在孩子5岁以前所做的一切,等于整个教育过程90%的工作。至于孩子良好的品德、行为、习惯和个性养成,在早期的家庭教育阶段也有着至关重要的作用。因此,人们把家庭教育称为培养德才兼备的人才的起点站是不无道理的。

2. 家庭保护是提高全民素质的重要条件

家庭保护不仅是儿童成才的起点,是儿童人生十字路口的指明灯,而且还是提高我国全民素质的重要条件。有效的家庭保护可以保证对儿童必要的智力投资,为其提供学习所必需的物质条件和精神氛围。父母要想使自己的子女成为国家的有用之才,必须为其提供一个良好的学习环境,同时应该不断更新自己的知识,充实自己,以渊博的知识,广泛的学习兴趣,勤奋好学的精神以及严谨的科学态度去影响和感染孩子,辅助他们养成求知、探索、勤于思考、善于思考的优良学习品质。此外,家庭还应配合学校对儿童的思想和学习进行必要的指导、督促和检查,自觉尽到自己的职责。有效的家庭保护还可以保证对儿童正确的引导,使其朝着高文化程度和良好素质的方向发展。儿童素质的提高无疑将带来全民族素质的提高。

(二) 家庭保护的特点

家庭保护与其他保护方法相比有自身的特点,具体而言有如下几点:

1. 目的性

所谓家庭保护的目的性,是指通过对儿童的家庭保护所要得到的结果。由于血缘关系这种天然纽带,使得家庭保护具有基础性的地位,同时,由于家庭保护具有启蒙功能、导向功能、定势功能和权威功能,因此,家庭保护应该具有一定的目的性,否则家庭保护这一行之有效的保护措施就难以发挥立法所期望的效应。众所周知,爱子之心,人皆有之,如何去爱,用什么方式去爱,则可能千差万别。设定家庭保护的目的性,就是通过家庭向儿童传授社会知识、社会行为规范,灌输道德观念,指导其行为,使儿童能够学会从事社会活动的各种基本技能,发展其独立人格。

2. 合理性

所谓家庭保护的合理性,是指对儿童的家庭保护是符合科学规律的。家庭作为儿童社会化的第一个基本场所,决定着它承担为国家、为社会培养、教育下一代的重要任务。而要想把儿童由生物意义上的人培养成有理想、有道德、有文化、有纪律,完全社会化了的独立人,必须讲究科学的保护原则和方法,亦即家庭保护的合理性。在保护原则上,家庭保护具有明确的培养保护计划,注重保护儿童德、智、体、美、劳的全面发展,考虑到儿童自身的个性特征及年龄特征,因人施教;与学校、社区的功能组织保持联系,协调与这些组织的关系,与它们在培养、保护儿童问题上保持一致,真正地把保护儿童建立在合理、科学的基础之上。在保护方法上,重理性、轻情感,重启发、轻灌输,重个人、轻整体,抚养、教化并重,关心、训练同步,信任、尊重儿童。只有科学地制定保护原则,精心细致地挑选保护方法,才能达到保护的目的。

3. 多重性

所谓家庭保护的多重性,是指家庭对儿童的保护是多面的而不是单向的,是全面的而不是局部的。我国《未成年人保护法》在强调家庭保护重要性的同时,重申家庭的保护应该是多重的,既要从物质生活上关心儿童的衣、食、住、行,又要从保护儿童的身心健康出发,给儿童一个强壮的体魄;同时,还要从精神生活上对儿童进行文化教育、理想教育、道德教育、纪律教育、法律教育,提高儿童的思想、文化素质,促进儿童沿着正确的轨道健康成长。由于儿童在心理上对家庭具有极大的依赖性和需要的多面性,因此,家庭保护的多重性也就更加明确化和具体化。为了促进儿童的健康成长,在家庭保护中贯彻多重性思想是必不可少的。

4. 强制性

所谓家庭保护的强制性,是指家庭在保护儿童的问题上具有法律的强制作用。我们知道,好的动机不一定都能收到好的效果,家庭保护也是如此。无论我们怎样强调家庭保护儿童的重要性,家庭应对子女尽抚养、教育的义务,即使目的再明确,方法再科学,内容再系统,如果得不到正常的实施,一切都无济于事。应该说,每个家庭都知道对儿童应尽抚养、教育的义务,但不可否认,现实生活中仍然存在那种对子女不仅不履行抚养、教育义务,反而进行百般虐待、歧视,甚至遗弃的家庭,有些家庭虽然知道应抚养、教育未成年子女,但抚养、教育无方,这些都不利于儿童的健康成长。因此,为了保证家庭保护目的性、合理性、多重性的正常发挥,还必须使家庭保护具有法律强制性,对那些不尽义务的家庭进行惩罚,对那些虽尽了义务、但方法不科学的家庭给予强制性的辅导和帮助,以最大限度地保证家庭保护的顺利实施。

（三）家庭保护的内容

我国《未成年人保护法》关于家庭保护内容的具体规定于第二章第八至第十二条,主要包括：

1. 对未成年人身体健康的保护

即父母或者其他监护人应当依法履行对未成年人的监护职责和抚养义务,不得虐待、遗弃未成年人；不得歧视女性未成年人或者有残疾的未成年人；禁止溺婴、弃婴。

2. 对未成年人受教育的保护

即父母或者其他监护人应当尊重未成年人接受教育的权利,必须使适龄未成年人按照规定接受义务教育,不得使在校接受义务教育的未成年人辍学。

3. 对未成年人思想品质的正确引导

即父母或者其他监护人应当以健康的思想、品行和适当的方法教育未成年人,引导未成年人进行有益身心健康的活动,预防和制止未成年人吸烟、酗酒、流浪以及聚赌、吸毒、卖淫。

4. 对未成年人其他合法权益的保护

即父母或者其他监护人不得允许或者迫使未成年人结婚,不得为未成年人订立婚约；不履行监护职责或者侵害被监护的未成年人的合法权益的,应当依法承担责任。

二、学校保护

学校(包括幼儿园)是对受教育者实施有目的、有计划、有系统、有组织的教育的专门机构。学校保护,是指各级各类学校在其自身的职能范围内,依照法律、法规的规定,对在校儿童进行教育并对他们的身心健康和合法权益所实施的保护。我国的学校保护,从其保护对象的不同情况来分,可以分为普通的学校保护和特殊的学校保护。普通的学校保护,是指对身心健康处于正常状态的儿童所实施的一般性保护；特殊的学校保护,是指对身心不健康或者身心有缺陷的残疾儿童或者有违法犯罪行为的儿童所实施的特殊性保护。从其保护内容来划分，可以分为教育性保护和非教育性保护。教育性保护是指以实施教学为内容的保护；非教育性保护是指对未成年学生实施的权益性保护，如人身权的保护、受教育权的保护等。从其保护的形态来划分，可以分为积极性保护和消极性保护。积极性保护是指在未成年学生的身心健康和合法权益未受到侵害前主动实施的保护；消极性保护是指在未成年学生的身心健康和合法权益受到侵害之后而实施的补救性保护。

（一）学校保护的地位及作用

教育和培养儿童，是一项十分复杂的社会系统工程。由于学校所具有的特殊功能，决定了其在儿童权益保护中具有十分突出的地位和作用。

学校是有目的、有计划、有组织地遵循社会主义教育方针，按照社会主义教育目的、任务和原则，通过以教学为主的多种途径，选择适当内容，采取有效方法，利用集中学习时间，对未成年学生进行系统教育和训练的专门教育机构，是保证未成年人坚持正确的政治方向，培养社会主义事业接班人的重要基地。学校具有一支经过专门训练，在学校教育活动中起主导作用的教师队伍。他们有明确的教育目的，熟悉业务知识，了解并掌握着不同年龄阶段儿童身心发展的规律，并以自身的言传身教，有针对性地对学生施加影响，促使他们身心都得到健康的发展。学校作为实施教育的专门机构，早已为人们所熟悉，而学校作为保护儿童合法权益和身心健康的专门机构的地位和作用，还远没有为人们所认识。我国《未成年人保护法》确立了学校作为未成年人保护专门机构的地位，并且赋予学校在保护未成年人的合法权益和身心健康方面以法定职能。当然，学校保护的作用并不是万能的，它只是整个儿童保护的一个方面，学校保护只有同其他保护协调配合，才能发挥应有的作用。

(二) 学校保护的特点

学校保护是我国未成年人保护体系中的一个十分重要的组成部分,与其他保护途径相比,具有以下特点:

1. 保护主体的特定性

学校保护的主体是各级各类学校及其教师和学校其他工作人员,亦即教育行政部门和学校的所有教育工作者。教育行政部门和学校的所有教育工作者,作为儿童的保护主体,贯彻学校保护是义不容辞的责任,这一使命打破了传统的学校仅仅是实施教育的专门机构的旧模式,一方面要求保护主体增强法律意识,自觉依法办事、依法治教;另一方面要采取多种形式向未成年学生宣传,使他们学会运用法律维护自身的合法权益。

2. 保护对象的特定性

学校保护的对象是在校学习的未成年学生以及依照法律规定应当接受教育而未入学的和辍学流失的未成年人。由于我国教育事业的发展还不能达到使所有的未成年人都能接受充分教育的条件,因而并不是所有的未成年人都有条件进入学校接受教育的,学校保护的对象也只能限制在一定的范围内。明确我国学校保护的对象范围,对于从实际出发、因地制宜地开展学校保护工作,具有重要意义。

3. 保护内容的双重性

学校保护的内容是教育性保护以及在实施教育过程中与教育相关的未成年学生合法权益和身心健康的保护。教育性保护是学校保护的基本内容,学校遵循国家的教育方针,对未成年学生进行系统的、全面的德育、智育、体育、美育、劳动技术教育,对未成年学生的身心健康成长起着主导作用。此外,学校保护还应该包括在教育、教学过程中对未成年学生进行与教育相关的未成年学生的合法权益和身心健康的保护,诸如受教育权、人格权、健康权、休息权、隐私权等的保护。

(三) 学校保护的内容

我国《未成年人保护法》第三章第十三至第十九条规定了学校保护的内容,其基本出发点仍然是教育性保护及与教育相关的未成年人合法权益和身心健康的保护两个方面。为了使学校保护的基本内容更加明晰,可以归纳为如下几点:

1. 全面贯彻国家的教育方针

保障未成年学生在德、智、体、美、劳以及社会生活和青春期生活的全面发展。

2. 保障未成年学生的受教育权利

学校对在规定范围内应当接受教育的适龄儿童就应当接受、接纳他们入学,不得将他们拒之门外;学校不得随意开除未成年学生,无正当理由不得勒令未成年学生退学,不得随意中断学生上课的权利;对于中途辍学、逃学、旷课的未成年学生,学校应及时采取有效措施,与有关单位、组织配合,做好其返校工作,以切实维护未成年学生受教育权利;学校不得违反国家有关规定滥收费用,妨害未成年学生受教育权利的正常行使;学校必须保证未成年学生教育活动的正常进行,不得随意挪用教学设备及场地以作他用,即使用于校内活动,也不得影响学校教学的正常开展。

3. 保障未成年学生的人格尊严

具体而言,保障未成年学生的人格尊严,包括保护未成年人的姓名权、名誉权、荣誉权、自由权和隐私权。

4. 保障未成年学生的人身健康和人身安全

具体指学校、幼儿园安排未成年学生和儿童参加各种集体活动,应当有利于他们的健康成长,防止发生人身安全事故。

[案例一] 幼儿园要承担相应的民事责任吗?

王萌和韩飞是一幼儿园的同班小朋友,在一次早锻炼活动时,王萌不小心把飞盘扔到韩飞身上,两人由争吵发展成扭打,这时候,没有老师前来拉开他们。吵打过程中,王萌再次把飞盘扔向韩飞,飞盘碰伤韩飞的眼睛,经医院诊断,韩飞视力下降,需上万元的治疗费。韩飞的家长要求王萌的家长和幼儿园共同赔偿,遭双方拒绝,便告到法庭。

本案中,王萌作为肇事者,致使韩飞视力下降,但他年龄小,属于无民事行为能力人,而王萌的家长作为他的监护人,肯定要承担相应的民事责任。那么,幼儿园是否要承担一定的民事责任呢?我国的民法以法律条文的形式排除了学校、幼儿园对未成年人的监护义务,可以肯定地说,幼儿园不是王萌的监护人。但是,幼儿园对其控制范围内活动的幼儿,却负有临时的责任。幼儿园作为幼儿的管理者,应当照看幼儿,孩子之间发生争吵时,老师没有及时制止他们,幼儿园有明显的过失。根据最高人民法院1989年4月颁布的《关于贯彻执行中华人民共和国民法通则若干问题的意见(执行)》第160条规定:"在幼儿园、学校生活、学习的无民事行为能力人或者在精神病院治疗的精神病人,受到伤害或给他人造成伤害,单位有过错的,可以责令这些单位给予赔偿。"可见,幼儿园也应该承担相应的民事责任,最后法院判决幼儿园一方承担60%的医疗费,王萌的家长承担40%的医疗费。

[案例二] 女孩在幼儿园受伤责任属谁?

2000年11月3日清晨,5岁幼儿藿豫被母亲送进某局第一幼儿园大五班室内。一会儿,藿豫对老师(保育员)和其他孩子说,她要拿书包里不干胶娃娃给大家玩。她来到走廊上,高举双手拿书包柜架上的书包,不料滑倒,脸碰到书包柜架边沿的铁扣,立即捂着脸蹲了下去。老师闻讯迅速把藿豫背到医务室。医师发现藿豫嘴的左上方脸上裂开了一条1厘米多长的口子,医师给她缝了

3针,开了阿莫西林消炎药。经治疗后,藿豫脸上留下了一条疤痕。

藿豫的母亲贾女士认为,她把女儿健全无损地送进了幼儿园,女儿在园内受了伤,幼儿园负有一定责任。幼儿园副园长陈女士则认为,该幼儿园的设施、环境和其他幼儿园相比,是比较好的,比较安全的,老师(保育员)是相当负责的。出了这事,老师(保育员)的心里很难过,希望家长能多理解。藿豫伤后,她立即叫人把书包柜架边沿的铁扣去掉了。

陈女士专门把藿豫的家长带到幼儿园墙报前,把《幼儿园不是在园幼儿的监护人》这篇文章指给家长看。该文的中心意思是:根据《民法通则》未成年人的父母是未成年人的监护人;因此让幼儿园承担对幼儿的监护责任,等于是不恰当地扩大了幼儿园这一教育机构的工作职能和法律责任。

记者就此采访了"四川中铁法律事务所"律师蔡泽文。蔡律师说:"监护人和监护责任是两个概念。贾女士在送女儿到幼儿园的路上,女儿受了伤,贾女士(监护人)应负监护责任。藿豫一旦进了幼儿园,在一定的时空范围内脱离了监护人,幼儿园就承担起了保证幼儿安全的责任(监护责任)。5岁幼儿没有民事行为能力,不能有意识地防范各种伤害。幼儿园并非墙报上文章所言仅是教育机构,从幼儿园设有教师和保育员就可看出它有两种主要职能。家长向幼儿园交了费,委托幼儿园照管孩子,幼儿园收了费,双方就形成了一种契约关系,幼儿园应履行义务,保证幼儿在园期间的人身安全。幼儿园的娱乐、生活、教学设施不应当有安全上的隐患,如地面较滑、书包柜架边沿太尖锐、有铁扣等。"根据《中华人民共和国未成年人保护法》第十七条规定:"学校和幼儿园安排未成年学生和儿童参加集会、文化娱乐、社会实践等集体活动,应当有利于未成年人的健康成长,防止发生人身安全事故。"根据最高人民法院贯彻《民法通则》意见第160条,"在幼儿园、学校生活、学习的无民事行为能力人……受到伤害或者给他人造成伤害,单位有过错的,可以责令这些单位适当给予赔偿"。

"时代经纬律师事务所"王律师在接受记者采访时说:"发生在幼儿园的幼儿伤害事故,幼儿园肯定有责任,只是依据幼儿伤害轻重、幼儿园过错轻重、设施问题严重程度不同、责任大小不同。司法实践中,幼儿园应承担医疗费、营养费等,此案女孩脸部受伤,有后遗症,可能给成年后的生活带来影响,伤疤需处理,幼儿园还应承担美容费用。"

目前,当事双方比较平静,但没有形成一致意见。①

三、社会保护

儿童的成长,除了需要家庭、学校的保护外,更需要社会的保护。社会的保护和教育是人的教育活动的重要组成部分,有着十分丰富的内容。一般来说,社会保护是通过社会教育来实现的。社会教育包括生活技能的社会化、行为规范的社会化、生活目标的社会化,同时,社会教育的环境又是复杂多变的。人一生下来就生活在具体的社会环境中,无时无刻不受其所在环境的熏陶。社会保护从广义上来讲,包含两个方面的含义:一是在社会诱导过程中对儿童进行保护;二是在学习过程中对儿童进行保护。因为人的社会化,就是社会诱导与人的学习这两个对应过程相互作用的结果。从狭义上来讲,社会保护主要是指对儿童在学习过程中进行的保护。儿童权益的社会保护取其广义的含义。

---

① 以上案例选摘自 http://www.taolie.com/jiaoyudongtai.htm2002/10/14。

(一) 社会保护的地位及作用

从根本上来说,现在的未成年人是跨世纪的人才,只有对他们实施全面而细致的社会保护,从小对他们进行社会主义教育,才能使他们懂得什么是社会主义,才能将他们培养成为社会主义建设事业的可靠接班人。社会保护,是儿童健康成长过程中不可忽视的重要组成部分。

一般来说,社会保护的作用表现在:

1. 促进社会主义的精神文明建设

由于社会保护具有广泛性的特点,涉及面广,而且与现实生活的联系也密切,因而通过社会保护,有利于改变社会风气,提高全体社会成员的思想政治与道德水平,加强社会主义精神文明建设。

2. 为家庭、学校教育创设良好的社会环境

社会保护的内容丰富、形式多样,能弥补家庭、学校教育保护之不足,特别是由于人的品德的形成与一定的社会生活密切相关,学校保护及其教育工作的效能往往要受到社会舆论及社会风气的影响,倘若重视社会保护的配合,就可以通过它去改造社会风气,提高学校保护和学校教育的效率。

3. 有利于培养和提高儿童的自我教育的能力

由于社会保护具有自主性的特点,在社会保护活动中,受保护者可以相对自由地选择保护的内容和方式,通过自身努力去获得保护。如果说家庭和学校保护是以指令形式出现的,那么,社会保护则是以劝告形式出现的,受保护者往往要经过自身的思索和判断、确认之后,才接受保护并付诸行动。在这个过程中,受保护者会逐渐形成自己的思想意识定势,并在此基础上形成独立的思想意识倾向、识别力、抵制不良影响的能力和自我教育的能力。

(二) 社会保护的特点

由于社会保护过程中的组成要素及作用方式不同,因而社会保护在其对象、内容、方法上也表现出一系列不同于家庭保护和学

校保护的特点,具体而言有如下几点:

1. 自主性

社会保护组织结构具有相对独立性。社会保护是通过社会教育来进行的,而社会教育存在着教育对象和影响的广泛性以及教育内容和形式的多样性,因而社会保护非常重视发挥受保护者即未成年人的自主性,指导未成年人主动地选择教育内容和教育形式,并从中接受教育。

2. 广泛性

社会保护是一个广泛渗透的组织网络,它涉及各个地区、各个部门,深入至社会最基层。由于未成年人群体间的相符行为,如从众、服从、模仿、流行、暗示等对未成年人道德品质以及个性的影响重大,因此,社会保护应充分认识和了解相符行为的特殊作用,提高社会保护的效率。同时,由于社会保护渗透到社会的方方面面,其广泛性既有有利的一面,又有不利的一面,如零杂分散,因而要特别注意协调各种因素,确保社会保护的一致性。

3. 适应性

社会保护要求自身必须自动调节以适应外部环境,也即适应社会主义物质文明和精神文明发展的要求;社会保护的结构和功能要服从外部社会政治、经济发展的需要。培养未成年人的目的是要满足新世纪的社会发展和社会主义经济对人才的需求,这种人才能适应不同阶段和不同社会层次需要。

4. 复杂性

社会保护的广泛性决定了其复杂性,由于社会保护的机构、层次、途径、内容庞杂繁多,必然带来社会保护的复杂性。所谓复杂性,就是指社会保护可能出现的相互抵触、相互干扰的矛盾现象。我们应充分注意这一点,以避免社会保护产生副效应。

(三)社会保护的内容

我国《未成年人保护法》所规定的社会保护涉及面十分广泛,

它包括除家庭和学校以外的涉及未成年人的文体活动、饮食卫生、文化教育、劳动保健乃至创造发明等内容,其综合性特征十分明显,可以说集福利性、净化性、倡导性、权益性于一体。社会保护在整个《未成年人保护法》中占有十分重要的地位,为了叙述的方便,我们将社会保护分解为社区保护、文化保护和国家保护三部分。

1. 社区保护

社区,通常是指一定区域内,按一定的社会制度和社会关系组织起来的具有共同人口特征的生活共同体,或者说社区是人们共同生活的一定区域。所谓社区保护,主要是指在城市和乡村的社区范围内,由基层政权组织、群众自治组织、青少年保护组织及社会各有关方面,依据国家法律规定和社区公约规章,从儿童的成长特点和需要出发,所实施的教育、保护、照料、帮助等。儿童作为个人或群体,总要在一定社区内生活、学习、工作、活动、交往,其所在的家庭、学校、单位也都处于或者设置在特定的社区内,所以社区保护处于一种基础保护的地位,具有基层性、群众性、直接性、习俗性和综合性的特点。此外,社区保护实质上是运用法律手段,创造、改善有利于儿童健康成长的区域性微观社会环境,并依靠社区组织和群众保护儿童的合法权益,调整社区环境与儿童的关系,协调家庭、学校、单位对儿童的教育和保护工作。

一般来说,我国社区保护的内容主要体现在:

(1) 在社区范围内,有组织地开展各种形式的社会主义精神文明建设活动,优化儿童成长的环境,同时加强对社区范围内的特种行业的管理,限制各种不适宜儿童的活动,取缔各种危害儿童健康成长的活动。

(2) 在社区范围内,关心和解决儿童的特殊问题,对遭受虐待、歧视或辍学和离家出走的儿童及童工、童商、童婚等问题给予解决,制止任何组织或个人对儿童的非法盘剥和摧残。

(3) 调节社区内发生的各种民间纠纷,把各种有可能导致儿童身心健康受到损害的隐患消灭在萌芽状态。

2. 文化保护

文化是人的行为过程、方式和成果的总和。文化在社会生活中起着重要作用,它直接影响人们的精神生活和物质生产,更重要的是影响整个社会的文明进程。社会文化与儿童的世界观、生活观的形成有着特殊关系,健康、积极的社会文化能为儿童的成长提供知识营养,帮助他们树立正确的人生态度;而消极的社会文化则威胁着儿童纯净的心灵、腐蚀着儿童的躯体、钳制着儿童知识技能水平的提高。由此可见,文化保护是未成年人保护中一个不可缺少的组成部分。文化保护的内容有自身的特殊性,与未成年人保护其他部分的内容不是重合的,它对于创造未成年人的健康成长环境起着重要作用。

所谓文化保护,是指通过法律手段,利用全社会的力量,为未成年人提供一个比较好的社会文化环境,保护未成年人享受健康的社会文化的权利,并保护未成年人免受不健康的社会文化的影响。文化保护作为一个法律概念,根据我国《未成年人保护法》及相关法律的规定,具有以下特征:

(1) 文化保护的实施主体是全社会各方面,其中主要有家庭、社区、学校和国家机关,没有一个社会集体可以单独承担文化保护的责任,这主要是由社会文化的广泛性决定的;

(2) 文化保护的内容和形式多样,由于文化内容丰富,因此,其保护内容也丰富;由于文化有多种物质载体和传播媒体,因此,其保护形式也应与此相适应而呈多样化;

(3) 文化保护兼有教育和强制两方面的功能。

文化保护的内容涉及很多方面,作为社会保护的内容之一,文化保护的主要内容表现在:

(1) 用法律手段加强对未成年人文化活动设施的建设和管理。

（2）积极组织设计和创作、推荐和推广有益于未成年人身心健康的文化成果。

（3）用法律手段进一步完善对未成年人进行思想、文化教育的机制。

（4）用法律手段对各种文化商品的生产和流通进行严格管理。

（5）注重运用法律手段,把文化保护的奖励性法律措施与惩罚性法律措施结合起来。

3. 国家保护

国家保护实质上是一种政策性保护,它是指国家、政党通过制定和施行自己的路线、方针、政策并通过对政权机关在政治、思想和组织上的领导,以保障未成年人合法权益的实现。对未成年人实施国家保护的真正意义在于:

一是可以将公众意志上升为国家意志,形成国家权威,规范公众行为。因为保护未成年人健康成长是全体公众的意志,只有将这种意志上升为国家意志,形成国家的政策、方针,才能从根本上对未成年人实施保护。

二是可以最大限度地发挥国家权威,倡导、领导和组织符合未成年人利益的活动,并约束各种与之相悖的活动。

三是可以利用国家权威,保障未成年人的利益需求,并且使其合法化。一般来说,国家保护主要是宏观的,社区保护、文化保护是微观的,只有把这两者结合起来才能充分发挥社会保护的作用。

附:

联合国儿童权利宣言

1. 儿童不应因其本人或家庭之种族、肤色、性别、语言、宗教、政治、家世、财产而受到歧视。

2. 儿童应享受特别保护、予以机会的便利,使之在自由与尊严情况中,获得身心、心智、道德、精神及社会各方面之健全正常发展,当为此制定法律时应以儿童的最高福利为至上的考虑。

3. 儿童出生就应有权取得一个姓名、一个国籍。

4. 儿童应享有社会安全之利益,为此目的应予儿童其母亲特别照料与保护(包括产前产后之照料),儿童有权获得适当之营养、居住、娱乐和医药服务。

5. 儿童在身心或社会方面有缺陷者,应按个别情形,予以矫正、教育、照料。

6. 儿童需要爱与了解,以利其人格和谐发展,尽可能使儿童在父母的照料与爱护下长大,无特殊理由不应使儿童与母亲离开。

7. 儿童有受教育之权,至少在初等教育阶段,应为免费强迫制。

8. 儿童在一切情形下,应该最先受到保护与教育。

9. 对儿童应加以保护,使其不受任何方式的忽视、虐待与剥削。

10. 儿童应受保护,使不熏染而可能养成种族、宗教与任何他种歧视的习性。①

四、司法保护

对未成年人进行司法保护,主要是指国家的司法机关和有关的行政执法机关通过各种司法和执法活动,充分发挥国家法律所赋予的职能,保障和维护广大未成年人所享有的合法权益,以保证

---

① 摘自朱敬先:《幼儿教育》,台湾五南图书出版公司。

未成年人能够健康成长。在我国,负责对未成年人实施司法保护的国家机关,只能是法律规定的有关司法机关和行政执法机关。根据国家法律的规定,具体负责对未成年人进行司法保护的司法机关是公安机关、人民检察院和人民法院以及司法行政机关。公安机关主要是通过加强和运用治安管理手段,强化犯罪防范工作,正确办理未成年人刑事案件,打击危害未成年人健康成长的犯罪行为等来保护未成年人。人民检察院一般是通过行使批捕起诉权,加强劳改、劳教、检察和回访、帮教以及加强司法执行工作的监督,保证办案质量来保护未成年人。人民法院作为国家的审判机关,主要通过少年法庭来体现对未成年人的保护。司法行政机关一般是以宣传法制和处理申诉来保护未成年人。

(一)司法保护的地位及作用

对未成年人进行保护,是一项复杂的工作,无论是家庭保护、学校保护,还是社会保护,都因其保护手段的特殊性而钳制了其效用的有效发挥。因此,必须对保护手段赋以强制性,这样才能有效地保障未成年人的合法权益,而司法保护正是基于此而设立的。所以说司法保护在整个未成年人法律保护体系中具有十分重要的地位和作用,它体现为:

1. 司法保护所承担的责任和义务是其他任何法律保护手段都无法替代的

一般说来,保护未成年人的任何手段在总体目标上都是一致的,但家庭、学校和社会保护着眼于正确培养、引导、教育,为未成年人的健康成长积极地创造良好的环境和条件,而司法保护则着眼于:

(1)对那些直接或间接地侵害未成年人合法权益的行为进行法律制裁,通过惩罚行为人和教育其他公民,尽量减少和预防新的侵害行为发生;

(2)对那些由于各种原因误入违法犯罪歧途的未成年人,依法进行惩罚改造和教育挽救,使之改邪归正,重新做人。所以,司法保护所起的作用是其他任何保护手段都无法代替的。

2. 司法保护不仅在实体法上对儿童权益进行维护,而且在程序法上给予保障

依照《教育法》及其他法律的规定,受教育者在其合法权益受到侵害时,向主管的行政机关申诉理由,请求处理的受教育者申诉制度就是一项典型的司法程序保护。受教育者对学校给予的处分不服的,对学校侵犯其合法财产权利、人身权利、知识产权的行为,以及对教师侵犯其合法财产权利、人身权利、知识产权的行为,可以提出申诉。申诉和诉讼制度的确立为维护儿童的合法权益提供了司法程序上的保障,任何阻碍、压制乃至剥夺学生申诉、上诉权利的行为,均构成违法行为,应承担相应的法律责任。

3. 尽管司法保护与其他保护手段是相互联系的,但是其他保护只有以司法保护为后盾,才能充分发挥自己的作用

比如家庭保护,抚养、教育未成年人乃是父母等法定监护人应尽的责任和义务,这对于绝大多数品德良好的守法公民来说是顺理成章的事,但是也有道德水平低下、根本无视社会规范约束的家长,经常设法逃避抚养、教育义务,致使许多未成年人流落街头,对于这样的父母,只有在国家司法机关的强制作用下,才能使其有所悔悟,履行自己的义务。由此可见,没有司法保护作后盾,家庭保护在某种意义上就成为了一句空话。另一方面,司法保护也只有与其他保护手段紧密配合,才能达到保护未成年人健康成长的最佳效果。

(二) 司法保护的内容

从我国目前司法实践来看,未成年人司法保护的内容包括:

(1) 对于严重危害未成年人健康成长、侵犯未成年人合法权益的犯罪行为予以刑事制裁,并通过这种制裁来达到遏制和预防犯罪的目的。

(2) 对于侵害未成年人合法权益、但尚未构成犯罪的行为,由司法部门依照法律规定分别给予治安处罚、劳动教养等行政处罚。

(3) 对于侵害未成年人的民事权益的行为,由司法机关依法追究民事责任并予以民事制裁。

(4) 对于因各种原因走上犯罪道路的未成年人,司法机关必须严格依照有关法律规定对其进行处理,在处理过程中必须贯彻教育、挽救、改造的方针,切忌方式简单、态度粗暴的工作方法,应把工作重点放在挽救教育上。

思考题:

1. 简述遵守教育法律、保护儿童权益的意义。
2. 儿童权利包括哪些方面?你认为当前儿童的哪些权利最容易受到侵害?并说明理由。
3. 简述儿童权益保护系统。
4. 学校应该怎样保护学生的合法权益?
5. 由案例一、案例二你想到了什么?

第九章 教育执法与监督

教育执法和执法监督是实施教育法律、法规的具体过程和相关联的部分,也是我国教育法制体系不可分割的两个部分。教育执法有广义与狭义之分。广义的教育执法包括国家机关和司法机关在广泛意义上的法律适用活动。狭义的教育执法专指国家行政机关法律适用的活动。在执法过程中,往往又涉及相应的执法监督以及为执法对象提供的各种教育法律救济途径。本章主要从狭义的角度阐述教育行政执法、教育法律救济和教育执法监督的基本原理与程序。

第一节 教育行政执法

教育法的实施可分为不同的情况:一种是法律遵守,即教育法律关系主体主动地遵守教育法律规范,并将其落实到自己的各项教育活动之中,这叫做自律性的实施。另外一种是法律适用,即当教育法律关系主体自己不去实施相应的法律规范时,由国家专门机关强制实施的方式,这叫做他律性的实施。教育法的适用是教育法实施的一种必要方式,是指特定国家机关依法排除教育法律规范实施中遇到的阻力,强制性保证教育法贯彻的法律实践活动。教育法的适用依适用机关的特点,分为司法适用和行政适用两种。所谓司法适用,是指国家司法机关① 按照法定职权和程序,应用教育法处理具体案件,确保教育法律规范得以遵守的法律活动。教育法的司法适用范围,一般与教育方面的权利或义务有关,涉及民法、刑法等多个法律调节领域。按照规则,所谓行政适用,则指国家行政机关依照法定职权和程序,应用教育法裁决、处理具体教育事项及争议的活动,也被称为教育行政执法。作为国家行政机关的教育执法活动,教育法的行政适用在我国主要由中央和地方两级行政主管部门来实施。就教育法的适用而言,行政适用是主要方式,司法适用是补充形式。

一、基本概念

教育行政执法是与教育司法对称的教育法适用的两种方式之一。教育行政执法是指主管教育的行政机关、法律法规授权的组织和主管教育的行政机关委托的组织,依照教育法律、法规的规定采取的具体直接影响或干预教育行政相对人权利、义务的行为,或者对行政相对人的教育权利、义务的行使和履行情况进行监督检查,并制裁其违法行为的活动②。

教育行政执法的主体是主管教育的行政机关、法律或法规授权的组织及教育行政机关委托的组织;教育行政执法活动是教育行政主体行使职权的活动,属于具体行政行为的范围。教育行政执法的主要内容是教育行政主体依法办事,直接影响行政相对人的教育权利、义务。它大致可分为两类:一是教育行政主体依照教育法的规定,作出决定,采取措施,直接影响行政相对人的权利、义务;二是通过各种形式,对行政相对人是否依照教育法的规定正

---

① 严格意义上的司法机关在我国是指人民法院和人民检察院,并不包括公安机关等。参见张文显:《法理学》,法律出版社1999年版,第365页。
② 参见公丕祥:《教育法学教程》,高等教育出版社2000年版。

当行使权利、履行义务的情况进行监督和检查,并制裁其违法行为。教育行政执法是教育行政主体和行政相对人之间发生的教育行政法律关系,一般以教育行政主体单方意思表示为特征。在特殊情况下,也有在单方意思表示的基础上,由双方意思表示形成的教育行政法律关系。

二、教育行政执法的特点

教育法律适用的"法"主要包括国家教育法律、教育法规、地方教育法规、地方教育规章、教育自治条例等具有行政法律效力的规范性文件。因而与通常使用的广义的执法概念不同,教育行政法律的概念是行政机关适用法律的专门概念,有以下四个方面的特征:

(一) 执法依据主要是教育法律、法规,即适用法律的专门性

教育行政执法是适用教育法的规范并产生法律效力的活动,这种活动能引起教育法律关系的产生、变更和消灭。教育行政机关的其他活动虽然也是依据法,但本身不具有法律效力,不产生法律后果,不能引起法律关系的产生、变更和消灭,比如,教育行政机关内部的文件收发,对下级的一般工作检查、评价等日常活动,不属于教育行政执法范畴。

(二) 只有教育行政才可以行使此权力,即执法主体的恒定性

教育行政执法是国家教育行政机关适用教育法的活动。我国宪法规定国家行政机关是国家权力机关的执行机关,也是唯一具有行政执法权的国家机关,其他国家机关均没有行政执法权。执行教育法规范的行政机关,是各级国家教育行政机关,其他国家机关不属于教育法律、法规的执行机关。例如,人民法院依据教育法审理教育行政案件的活动,虽然也是适用教育法并产生法律效力的活动,但它是以司法机关为主体的司法活动,故不属于教育行政执法范畴。同时,在已颁布的教育法中,由于教育法适用范围的广

泛性和法律关系的复杂性,某些教育法律规范的适用往往需要由多个行政机关协同进行。例如,按照《义务教育法》和有关行政法规的规定,对农村教育事业费附加的征收以及不履行该法定义务的处罚,只能按行政机关的职权划分,由税务机关执行。严格意义上说,它是关于教育的税务行政执法。

(三) 教育行政按照自己的职权范围程序进行活动,即责权分明

教育行政执法是教育行政机关按照法定的职权和程序进行的活动。我国宪法和国家机构组织法规定了各类行政机关的职权划分,规定了各级教育行政机关的职权范围,一些单行的教育法律、行政法规、地方性法规又规定了具体的执法权限和程序。教育行政机关只有在其权限范围内活动,才是有效的行政执法行为。教育行政机关超越法定权限的活动不仅一开始就是无效的,而且是违法的。教育行政执法不超越法定权限包括以下几个含义:

(1) 教育行政机关只能行使国家行政机关的权力,不能行使国家审判机关和国家检察机关的权力。

(2) 教育行政机关只能行使法律赋予教育行政机关的行政执法权,不能行使其他行政机关的职权。根据国家法律、行政法规的有关规定,某些行政执法行为只能由特定的行政机关作出。例如,行政处罚中有自由罚,即限制或剥夺公民人身自由的行政处罚,只能由公安机关执行。教育行政机关如果对相对人处以行政拘留的行政处罚,就属超越职权的行为。

(3) 教育行政机关的执法活动只能在法定的管理范围内进行,某一教育行政机关的行政执法权只能在本行政区域内行使,不能到其他行政区域内行使。

(4) 教育行政机关的上下级之间不能随意代替进行教育行政执法活动。例如,国务院1988年发布的《高等教育自学考试暂行条例》规定,决定开考专业和指定主考学校的职权在省考委,省考

委的上级机关全国考委和下级机关地、市考委都不能拟定开考专业和指定主考学校。否则,视为超越法定职权的行为。

(四)以特定的教育法律关系调整的主体为执法对象,即对象的特定性

教育行政执法是以特定的事项和特定的教育行政管理相对人为对象的适用教育法的行为。所谓特定的教育行政管理相对人,即教育行政机关适用教育法时所涉及的具体对象,或具体案件中的行政管理相对人,以及由于教育行政机关的执法活动,其权利、义务直接受到影响的人。特定的教育行政管理相对人可以是自然人,也可以是法人。具体地说,它不仅可以是作为个体的教育法律关系主体,如教师和学生;还可以是作为组织或团体的教育法律关系主体,如学校和其他教育机构。

三、教育行政执法的形式[①]

根据宪法关于行政机关职权的规定,教育行政执法主要包括教育行政措施、教育行政处罚和教育行政强制执行等三种形式。

(一)教育行政措施

教育行政措施,是指教育行政机关依法针对特定对象作出能直接产生法律效果的处理或决定的教育行政执法行为,包括能产生法律效果的通知、批准、许可、免除、证明等。按其对教育行政管理相对人的影响及其引起的教育法律效果,教育行政措施包括以下内涵:

1. 确立相对人教育法律上的地位

其内容是赋予相对人教育法上新的地位,设立一种新的教育法关系。如授予某人以教师职务,批准举办学校等。

---

① 参见李连宁、孙葆森:《教育法制概论》,教育科学出版社1997年版。

2. 废除相对人教育法律上的地位

其内容是取消已经存在的教育法关系。主要表现在依法免除相对人教育法上的义务或撤销权利、权能的教育行政措施。前者如依法免除某人的义务教育义务,后者如责令停止办学等。

3. 确认相对人教育法律上的地位或事实

即对相对人在教育法上的某种地位是否存在以及存在的范围加以确定。通常表现为对一定的教育法关系的存在与否加以认定。例如,对学生毕业证书的注册行为,就是确定了相对人拥有某种学历的教育法地位。确认教育法上的地位不是创设一种新的关系,也不是废除原有的关系。在确认以前,相对人的权利、义务皆不能行使。

(二) 教育行政处罚

教育行政处罚,是指教育行政机关依法对违反教育法规定的教育行政管理相对人进行惩戒、制裁的教育行政执法行为。它以相对人的行为违法为前提,是否定式的法的后果。

我国教育法设定的行政处罚。以给予相对人惩戒的内容不同,可以分为四类十四种形式:

第一类,申诫罚。

第二类,能力罚[又分为八种形式;1) 取消考试资格;2) 取消被录取资格;3) 取消入学资格;4) 取消报名资格;5) 停考;6) 撤销招生工作职务,取消工作人员资格;7) 责令停止招生或停办;8) 撤销教育机构]。

第三类,财产罚。

第四类,救济罚(包括责令限期清退、修复、责令赔偿和没收)。

(三) 教育行政强制执行

教育行政强制执行,是指教育行政机关对应履行而不自动履行教育法规定义务的行政管理相对人,依法强制其履行义务的教育行政执法行为。它以相对人不履行义务为前提,通过行政强制执行,保证教育行政机关行政权合法、有效地行使,以及行政管理活动正常地进行,迫使不履行义务的相对人履行义务。它分间接强制执行和直接强制执行。

1. 间接强制执行

国家教育行政机关通过某种间接手段达到迫使相对人履行教育法义务目标的强制执行方法。它表现为代履行和强制金两种方式:

(1) 代履行。又称代执行,即教育行政机关或其他第三者代替义务人履行义务,然后向义务人征收履行费用的强制执行方式。例如,强制拆除侵占校园的违章建筑。但代履行费的数额不应超出实际的支出能力,否则带有行政处罚的性质。

(2) 强制金。又称执行罚,指教育行政机关对逾期不履行教育法义务的相对人课以罚金,以迫使其履行义务的一种教育行政强制执行的方式。

2. 直接强制执行

即当义务人逾期拒不履行教育法义务时,教育行政机关以强力手段直接强制义务人履行义务的行政强制手段。例如,相对人拒不履行教育行政机关停止出售非法出版、印刷学生复习资料的责令,教育行政部门可以强行销毁这类非法图书。对财产的直接行政强制一般包括:强制划拨、强制冻结等。这种强制执行的实施条件较严,一般在间接强制方式难以达到目的时才能采用。

第二节 教育法律救济

法律总是倾向保护弱势群体的合法利益,相对而言,在教育法律关系与其他法律关系中,学校、教师、学生等相对人往往处在弱势的一面。因而,通过法律获得帮助,以维护自身合法权益是不可缺少的法制内容。教育法律救济是一种教育法律关系主体的合法权益受到侵犯并造成损害时,获得恢复和补救的法律途径及其相关的制度。如我国现行法律救济制度下的教育申诉制度、教育行政复议制度、教育行政诉讼制度以及教育行政赔偿制度等。这些制度是学校教师和学生维护自身合法权益的极为有利的武器。法律救济的主要方式包括诉讼渠道、行政渠道和其他方式。

一、教育行政复议

(一)教育行政复议的概念

教育行政复议,是指教育行政管理相对人认为教育行政主体的具体教育行政管理行为侵犯其合法权益,依法向有权的教育行政复议机关提出申请复议,受理申请的复议机关依照法定程序对引起争议的具体教育行政行为进行审查并作出裁决的活动。教育行政复议是一种严格的法律制度。1990年12月24日,国务院发布了《行政复议条例》;1994年10月9日,国务院又对该条例进行了修订,明确规定了行政复议的原则、范围、管辖、机构、申诉与受理、审理与决定等问题。教育行政复议机关对于相对人提出的复议申请必须进行审查,并作出处理或裁决。这是行政复议区别于公民信访的一个重要特点。由于教育行政复议是一项权利救济制度,因此,必须通过处理或裁决,才能及时纠正违法或不当的行政行为,使相对人受损的合法权益得到恢复和补救。而对于公民向信访机关提出申诉,信访机关并不一定都进行处理或裁决。

(二)教育行政复议的范围

教育行政复议的范围,是指相对人对教育行政机关作出的具体行政行为不服,认为侵犯其合法权益,向教育行政机关申诉,请求救济的范围。

根据我国《行政处罚法》和《行政复议条例》的规定,教育行政复议的范围主要包括以下几方面:

(1)对教育行政处罚不服的,主要包括相对人对罚款,吊销许可证和执照,没收财物等行政处罚不服的,可以申请复议。

(2) 对教育行政强制措施不服的,主要包括相对人对财产的查封、扣押、冻结等行政强制措施不服的,可以申请复议。

(3) 对不作为违法,可以请求复议救济。如行政机关拒绝颁发教师资格证书或者不予答复的,相对人可以申请行政复议。

(4) 对违法设定义务不服的,如强迫学生购买学习用品。

(5) 对侵犯其经营自主权的。经营自主权的表现形式包括对财产的占有权、自主使用权、收益权、支配权等。

(6) 对侵犯其他人身权、财产权。人身权主要包括生命健康权、姓名权、肖像权、名誉权、荣誉权、婚姻自主权等。财产权包括物权(所有权、抵押权、留置权、地役权等)、债权、著作权、专利权、商标权等,只要行政机关侵犯了人身权、财产权,被侵权人都可以申请行政复议。

(三) 教育行政复议的程序

根据我国现行的《行政复议条例》等有关法律、法规,可以从五个环节来解释教育行政复议的基本程序:

1. 相对人提出申请

教育行政管理相对人向有管辖权的教育行政机关提出复议申请,应当在被告知行政执法决定之日起15日内(法律、法规另有规定的除外)。因不可抗力或者其他特殊情况耽误法定申请期限的,在障碍消除后10日内,可以申请延长期限。但是否准许,由有管辖权的行政机关决定。复议申请必须以书面形式提出。申请书应载明以下内容:

(1) 申请人的姓名、性别、年龄、职业、住址等(法人或者其他组织的名称、地址、法定代表人的姓名);

(2) 被申请人的名称、地址;

(3) 申请复议的要求和理由;

(4) 提出复议申请的日期。

2. 复议机关受理

复议机关在收到复议申请后,应对申请人的资格和申请复议的条件进行审查,并在 10 日内对复议申请分别作出以下处理:

(1) 对于符合申请条件的,应予以受理。

(2) 对于不符合申请条件的,裁决不予受理并告之理由。

(3) 复议申请书未载明法定内容的,应当将申请书发还申请人,限期补正,过期不补正的,视为未申请。

应说明的是,对于复议申请,复议机关必须答复。无正当理由拒绝受理或者不予答复的,上一级行政机关或者法律、法规规定的行政机关应当责令其受理或者答复。

3. 审理

复议机关应当在受理之日起 7 日内将复议申请书副本发送被申请人。被申请人在收到复议申请书副本之日起 10 日内,应向复议机关提交作出具体行政行为的有关材料或者证据,以及答辩书。被申请人逾期不答辩的,不影响复议。

复议机关根据复议申请书和被申请人提供的材料、证据和答辩书,对原教育行政执法决定进行审查。通过审查,查明事实真相,核实原行政执法决定是否违法、失当,是否侵害了申请人的合法权益。行政复议应以书面形式进行,复议机关认为必要时,也可采取其他方式。在复议决定作出之前,申请人可以主动撤回复议申请。如果被申请人改变原行政执法规定,申请人同意,也可申请撤回复议申请。以上两种情况必须经复议机关同意并记录在案。相对人一旦撤回复议申请,就丧失了复议请求权,即不得以同一事实和理由再申请复议。

4. 决定

复议机关经过审理,可以根据事实和有关教育法律、法规分别作出不同的决定:

(1) 教育行政执法决定适用法律、法规、规章和具有普遍约束力的决定、命令正确,事实清楚,符合法定权限和程序的,应维持原决定。

(2) 对于教育行政执法活动程序上不足的,决定被申请人补正。

(3) 对于被申请人不履行法律、法规和规章规定的职责的,决定其在一定期限内履行。

(4) 对于主要事实不清的,适用法律、法规、规章和具有普遍约束力的决定、命令是错误的,且违反法定程序影响申请人合法权益的,超越或者滥用职权的,具体行政行为明显不当的,复议机关决定撤销,并可以责令被申请人重新作出执法决定。复议机关应当在收到复议申请书之日起两个月内作出决定,并应制作复议决定书。

5. 执行

复议决定作出后,复议机关应将复议决定书送达申请人,复议决定书一经送达即发生法的效力。除法律规定终结的复议外,申请人对复议决定不服的,可以在收到复议决定书之日起15日内,或者法律、法规规定的其他期限内向人民法院起诉。对于申请人逾期不起诉又不履行复议决定的,分别情况由最初作出行政执法决定的教育行政机关或复议机关依法强制执行。

二、教育行政诉讼

(一) 教育行政诉讼的含义

教育行政诉讼是指教育管理相对人认为教育行政机关的具体行政行为侵犯其相对人的合法权益,依法向人民法院起诉,请求给予法律补救;人民法院对教育行政机关的具体行政行为的合法性进行审查,维护和监督行政职权的依法行使,矫正或撤销违法侵权的行政行为,给予相对人的合法权益以特殊保护的法律救济活动。教育行政诉讼作为诉讼中的法律救济手段,具有如下特点:

1. 主管恒定

教育行政诉讼的主管机关只属于人民法院,而不属于其他机关。它体现了以司法权力控制行政权力的膨胀或滥用,以免其损害他人合法权益,为相对人提供一种使其与教育行政机关处于平等法律地位的救济途径。

2. 诉权专属

在行政诉讼中,法律只赋予相对人(公民、法人或者其他组织),而没有赋予行政机关以诉权。教育行政诉讼只能由教育行政管理相对人提起,不能由教育行政机关提起,相对人在所有的教育行政诉讼中都是原告,而将教育行政机关恒定为被告。同时根据行政诉讼法的规定,教育行政机关只有上诉权,没有反诉权。

3. 标的确指

教育行政诉讼的标的是教育法律规定的具体的教育行政行为,而不是教育管理相对人的行为。但对于教育行政机关实施的制定教育行政法规、规章的教育行政立法行为与抽象行为不能进行行政诉讼。

4. 被告举证

在教育行政诉讼中,作为被告的教育行政机关负有举证责任,这是由教育行政机关的性质所决定的。因为在教育行政管理活动中,教育行政机关作为管理者自始至终处于主动支配地位,作出决定的根据如何,相对人无从知晓。同时,教育行政机关在收集证据方面明显地处于优越地位,其决定的作出过程和依据的了解程度非相对人所能达到,这就决定了教育行政机关能否提出行政行为合法的足够证据。因此,行政诉讼中被告举证的原则,是以确保相对人的合法权益为目的,体现了对相对人合法权益所提供的行政诉讼救济特殊的保障功能。

5. 不得调解

人民法院在审理教育行政诉讼案件时,不得采取调解作为审理程序和结案方式。这是由教育行政机关享有的公共权力和国家权力所决定的。教育行政机关无权任意处分或放弃国家赋予的法定职责和权力。同时,从保护相对人的合法权益角度看,如果让相对人作出让步,则无异于让相对人承认侵害合理,甘心承受其损害,这有悖于行政诉讼制度建立的目的。因此,不得调解是为法院提供保护相对人合法权益,给予受损的合法权益以充分救济的法律保障。

[案例] 何某行政诉讼案

何某,男,某区中心小学教师。1993年11月,学校根据其教育、教学水平,聘请其担任后勤工作,何某由于不同意学校对他的工作安排,于1997年6月18日向区教委提出申诉,区教委于同年7月7日作出了处理决定。决定内容为:关于何某的工作问题,目前我委中小学教职工实行岗位聘任制,教职工的工作安排由学校负责。

何某对此不服,向市教委申请复议。1997年9月8日,市教委的行政复议决定维持区教委的处理决定。1997年9月10日,何某向区人民法院提起诉讼。1997年11月27日,该区法院作出判决,认为:教育行政部门应当依法受理、处理教师申诉,教师对教育行政部门的申诉处理决定不服的,可以申请行政复议或提起行政诉讼。但原告在没能向被告提供充分的证据证明其具有相应的教育、教学水平的情况下,被告依照有关规定,尊重校长权利,不干涉第三人对原告的处理决定,事实清楚,适用法律正确,程序合法,法院应予支持。一审判决,维持被告区教委1997年7月7日作出的处理决定。

1997年12月5日,何某向市第一中级人民法院提起上诉。1998年10月2日,市第一中级人民法院作出终审裁定。认为:教师不服学校作出的处理决定,可以依《教师法》的有关规定向教育行政部门提起申诉,对教育行政部门作出申诉处理决定不服的,可以申请行政复议或提起行政诉讼。何某向区教委提起的申诉,针对学校对其工作安排及聘用问题,对该问题有关教育行政部门应如何管理,目前尚无明确的法律、法规予以规范。故何某对区教委的起诉不属于行政诉讼受案范围,应予驳回。原审判决维持区教委的行为缺乏法律依据,应予撤销。据此,依照《中华人民共和国行政诉讼法》第六十一条第二款、第四十一条第四款,裁定如下:第一,撤销区人民法院行政判决。第二,驳回上诉人何某的起诉。①

(二) 行政诉讼的受理范围

关于行政诉讼的受理范围,我国《行政诉讼法》第二条作了总体的规定:"公民、法人或者其他组织认为行政机关和行政机关工作人员的具体行政行为侵犯其合法权益,有权依照本法向人民法院提起诉讼。"这就是说,人民法院只受理对行政机关具体行政行为不服的案件。只要相对人认为行政机关和其工作人员的具体行政行为侵犯了其合法权益,就可以提起行政诉讼。具体受案范围包括(可参照行政复议的受理范围):对行政处罚不服的;对行政强制措施不服的;认为行政机关侵犯法律、法规规定的经营自主权的;申请行政机关履行保护人身权、财产权的法定职责,行政机关拒绝履行或者不予答复的;认为行政机关没有依法发给抚恤金的(企业对职工伤亡的处理应按解决劳动纠纷的程序处理,不在此

---

① 褚宏启:《教育法制基础》,北京师范大学出版社2002年版,第123~125页。

列);认为行政机关违法要求履行义务的;认为行政机关侵犯其他人身权、财产权的;法律、法规规定可以提起行政诉讼的其他行政案件。

应特别注意,《行政诉讼法》还规定,有些诉讼事宜人民法院对此不予受理,如有关国防、外交等国家行为的,行政机关对行政机关工作人员的奖惩、任免决定等。

(三)教育行政诉讼的管辖

教育行政诉讼的管辖是指人民法院受理第一审教育行政诉讼案件的权限和分工。根据行政诉讼法的有关规定,管辖可分为级别管辖、地域管辖和裁定管辖三种。

1. 级别管辖

指上下级人民法院之间受理第一审行政案件的分工和权限。根据行政诉讼法的有关规定,教育行政诉讼的级别管辖如下:

(1)基层人民法院管辖第一审教育行政案件;

(2)中级人民法院管辖由国家教育委员会的具体行政行为而引起的行政案件和本辖区的重大、复杂的案件;

(3)高级人民法院管辖本辖区的重大复杂的第一审教育行政案件;

(4)最高人民法院管辖全国范围内重大、复杂的第一审教育行政案件。

2. 地域管辖

指同级人民法院之间在各自的辖区内受理第一审教育行政案件的分工和权限。地域管辖的原则是:

(1)由最初作出教育行政具体行为决定的教育行政机关所在地的人民法院管辖,经过复议,改变原具体行政行为决定的,也可以由复议机关所在的人民法院管辖;

(2)因不动产提起的教育行政诉讼,由不动产所在地的人民法院管辖。

3. 裁定管辖

指根据人民法院的裁定确定案件管辖权。它包括三种情形：

(1) 指定管辖。

我国行政诉讼法规定,有管辖权的人民法院由于特殊原因不能行使管辖权的,由上级人民法院指定管辖,人民法院对管辖权发生争议,由争议双方协商解决。协商不成的,报它们的共同上级人民法院指定管辖。

(2) 案件的移送。

是指人民法院受理教育行政案件后,发现自己对该案件没有管辖权,将案件移送给有管辖权的人民法院审理。

(3) 管辖权的转移。

指上级人民法院将某个教育行政案件的管辖权转移给下级人民法院,或者经上级人民法院的同意或决定,下级人民法院将某个案件的管辖权转移给上级人民法院。

(四) 教育行政诉讼的基本过程

行政诉讼程序包括起诉和受理,审理和判决,执行三个基本阶段。

1. 起诉和受理

相对人对具体行政行为不服,因该行为引起的行政争议属于行政诉讼的受案范围,即可提起行政诉讼。在行政复议是否为行政诉讼的前置程序的问题上,存在着以下几种情况：

(1) 相对人对于具体行政行为不服,可以先申请复议,对复议不服的,再向人民法院提起诉讼,或者也可以直接起诉；

(2) 法律、法规规定应当先申请复议,对复议不服再向人民法院提起诉讼的,相对人应当先申请复议,未申请复议就直接起诉的,人民法院不予受理；

(3) 法律规定当事人不服行政机关的具体行政行为,可以向人民法院起诉,也可以申请复议并由复议机关作终结裁决的,当事

人申请了复议,就不能再行起诉;

(4) 法律规定当事人不服行政机关的具体行政行为,不必经过行政复议的,可以直接起诉。起诉应以书面方式为基本方式,但是对于有书写困难的,也可以采取口头方式。

相对人起诉,应当在法定期限内进行。行政诉讼法根据行政争议是否经过行政复议,对起诉的法定期限作出不同的规定:

(1) 行政复议的申请人不服复议决定的,可以在收到复议决定书之日起15日内向人民法院提起诉讼,但复议机关逾期不作决定的,申请人可以在复议期满之日起15日内向人民法院提起诉讼;

(2) 相对人直接起诉的,应当在知道作出具体行政行为之日起3个月内提出,其他法律对起诉期限另有规定的,按照该法律的规定办理。但行政机关作出具体行政行为时,未告知当事人的诉权或者起诉期限,致使当事人逾期向人民法院起诉的,其起诉期限从当事人实际知道诉权或者起诉期限时计算,但逾期的期限最长不得超过1年。人民法院接到起诉状后,应在7日内审查立案或作出不予受理的裁定。原告对裁定不服,可以上诉。

2. 审理和判决

(1) 第一审程序。

人民法院立案受理行政案件后,应当组成合议庭对案件进行审理。根据行政诉讼法,人民法院审理行政案件,以法律和行政法规、地方性法规为依据;审理民族自治地方的行政案件,并以该民族自治地方的自治条例和单行条例为依据;国务院各部、委以及地方人民政府制定、发布的行政规章,是人民法院审理行政案件时参照适用的依据。

人民法院对行政案件经过审理,根据不同情况,分别作出以下判决:

1) 具体行政行为证据确凿,适用法律、法规正确,符合法定程

序的,判决维持;

2) 具体行政行为有主要证据不足,适用法律、法规错误,违反法定程序,超越职权,滥用职权等情形之一的,判决撤销或者部分撤销,并可以判决被告重新作出具体行政行为;

3) 被告不履行或者拖延履行法定职责的,判决其在一定期限内履行;

4) 行政处罚显失公正的,可以判决变更。判决被告重新作出具体行政行为的,被告不得以同一的事实和理由作出与原具体行政行为基本相同的具体行政行为。

人民法院审理教育行政案件实行公开审判,涉及国家秘密、个人隐私和法律另有规定的除外。开庭审理一般经过宣布开庭、法庭调查、法庭辩论、评议、宣判五个阶段。人民法院审理行政案件,应当在立案之日起3个月内作出第一审判决。有特殊情况需要延长的,由高级人民法院批准,高级人民法院审理第一审案件需要延长的,由最高人民法院批准。

(2) 第二审程序和审判监督程序。

当事人不服人民法院第一审行政判决的,有权在判决书送达之日起15日内向上一级人民法院提起上诉;不服第一审裁定的,有权在裁定书送达之日起10日内提起上诉。二审法院对上诉的行政案件予以全面审查,不受当事人的上诉请求的范围的限制,并按照不同情形,分别作出维持原判的判决、依法改判的判决,或者作出撤销原判,发回重审的裁定。当事人对重审案件的判决、裁定,可以上诉。

当事人对已经生效的行政判决、裁定,认为确有错误的,可以按照审判监督程序提出申诉。各级人民法院院长对本院已经生效的判决、裁定,发现违反法律、法规规定认为需要再审的,应当提交审判委员会决定是否再审。上级人民法院对下级人民法院已经发生法律效力的判决、裁定,发现违反法律、法规规定的,有权提审或者指令下级人民法院再审。人民检察院对人民法院已经生效的行政判决、裁定,发现违反法律、法规规定的,有权按照审判监督程序提出抗诉。

3. 执行

行政诉讼的执行是指人民法院及行政机关依照法定程序,强制当事人履行生效的行政裁判文书或者行政法律文书所确定的义务的行为。生效的行政裁判文书,由第一审人民法院执行。行政机关申请人民法院强制执行确定其具体行政行为的生效法律文书的,由被执行人所在地的基层人民法院受理执行,基层人民法院认为需要中级人民法院执行的,可以报请中级人民法院决定。

公民、法人或者其他组织拒绝履行行政判决、裁定的,行政机关拥有相应的强制执行权的,可以依法强制执行;相对人对具体行政行为在法定期限内不提起诉讼又不履行,法律、法规规定应当由行政机关依法强制执行的,或者法律规定由行政机关作出最终裁决的具体行政行为,也由行政机关强制执行。

当事人向人民法院申请执行生效行政判决、裁定的期限为3个月,自法律文书规定期间的最后一日起计算;法律文书中没有规定履行期间的,从该法律文书生效之日起计算。行政机关申请人民法院强制执行其具体行政行为的期限则是自起诉期限届满之日起3个月。

对行政相对人强制执行的措施与民事诉讼强制执行相同。如果行政机关拒绝履行生效的判决、裁定,负责执行的法院可以采取强行划拨应当归还的罚款或者应当给付的赔偿金,对该行政机关罚款等强制执行措施,并可向该行政机关的上一级行政机关或者监察、人事机关提出司法建议。行政机关拒不履行判决、裁定,情节严重构成犯罪的,依法追究主管人员和直接责任人员的刑事责任。

第三节 教育执法监督

一、教育法制监督的含义①

教育法制监督是指有关国家机关、社会组织和公民个人对教育立法、执法和守法等法律活动进行的监察和督导。从法制结构上来说,它是一种机制、制度。从法制过程上来说,它是一种行为、活动。教育法制监督是我国法制监督的重要方面,主要是对宪法有关教育的条款、教育法律、教育行政法规和教育规章在全国范围内的统一、正确适用和遵守实行的监督。我国目前基本上形成了一套广泛的教育法律监督系统。

近年来,我国一方面在大量制定教育法律、法规;另一方面,也开始注重教育法制监督。《中国教育改革和发展纲要》提出:"加快教育法制建设,建立和完善执法监督系统,逐步走上依法治教的轨道。"完善和健全我国教育法制,其中很重要的一项工作就是教育法制监督。加强教育法制监督,对落实优先发展教育的战略地位,促进教育事业的发展,提高教育法律质量和效果,全面推进依法治教,具有重要的意义。教育法制监督的构成要素,主要包括三个方面,即教育法制监督的主体、客体和内容,亦即由谁来监督、监督谁和监督什么三个问题。这三个要素缺一不可,统一组成教育法制监督的完整的概念,缺少其中任何一个要素都不能构成教育法制监督。

二、教育法制监督的主体

在不同的国家,法制监督的种类和形式是各不相同的。我国

---

① 参见李连宁、孙葆森:《教育法制概论》,教育科学出版社1997年版。

有中国特色社会主义的法制监督,已经形成一个纵横交错的比较完善的体系。从横的角度看,法制监督可分为国家机关的法制监督和社会力量的法制监督两大系统;从纵的角度看,国家机关的法制监督可分为权力机关的监督、行政机关的监督以及司法机关的监督。社会力量的法制监督可分为社会组织的监督、社会舆论的监督和人民群众的监督等。它们相互交错,相互结合,构成我国严格的法律实施的监督体系。

(一) 国家权力机关的监督

权力机关的监督是指国家权力机关对法律实施情况的监督。它是法制监督体系的最高层次,具有最高的权威。我国《宪法》第三条规定,国家行政机关、审判机关、检察机关都由人民代表大会产生,对它负责,受它监督;第六十七条规定,全国人民代表大会常务委员会监督国务院的工作,并有权撤销国务院制定的同宪法、法制相抵触的行政法规、决定和命令。国家权力机关的主体是各级人民代表大会及其常务委员会,所依据的是宪法和有关基本法律,体现的是一种国家意志,并以国家强制力为保障。监督的对象是各级人民政府包括教育行政机关及其公务员、各级人民法院和各级人民检察院。

权力机关实施监督主要通过法律监督和工作监督两种形式。包括:

(1) 听取、审议人民政府有关教育领域的工作报告;

(2) 审查和批准教育发展计划、预算、决策;

(3) 审议教育行政机关提出的议案;

(4) 向教育行政部门提出质询和询问;

(5) 行使法制审查权,宪法第一百零四条规定,县级以上地方各级人民代表大会常务委员会有权撤销本级人民政府不适当决定和命令;

(6) 通过视察和检查教育工作对教育行政活动进行监督;

(7) 办理群众来信来访；
(8) 组织对特定教育问题的调查；
(9) 依法任免由其管辖的教育部门的公务员。

(二) 行政监督

行政监督即行政机关的监督，是指上级行政机关对下级行政机关，行政机关对企业、事业单位和公民执行和遵守法律、行政法规的监督。在教育领域包括：

(1) 上级国家教育行政机关对下级教育行政机关与学校执行和遵守教育法的监督，教育行政机关内部行政领导对其下属公务员的教育行政行为是否遵守法律、政纪的监督，这是两种自上而下的监督；

(2) 下级教育行政机关对上级教育行政机关的监督和下级工作人员对行政领导的监督，这是两种自下而上的监督；

(3) 专门行政监察机关对教育行政机关及其工作人员的监督，以及教育行政机关之间的相互监督等。除了这些一般性质的行政监督外，还包括某些专业性质的特种监督，如审计监督、统计监督等。在行政监督系统中，上级行政机关对下级行政机关和企事业单位及公民的监督是各种监督中最经常、最直接的一种监督。

(三) 司法监督

司法监督是检察机关的检察监督和人民法院的审判监督的总称。我国《宪法》规定，中华人民共和国检察院是国家的法律监督机关。人民检察院通过行使检察权保障法律的执行和遵守，维护法制的统一，在整个法制监督体系中具有特殊的作用。在教育领域，人民检察院依法对国家机关的教育行政执法行为和国家工作人员实施法律、进行监督。包括受理公民控告国家教育行政机关工作人员侵犯公民合法权益，已构成犯罪需要追究刑事责任的案件，并进行侦查、起诉；在办案过程中建议对教育行政机关改进工作和追究有关人员责任等。

人民法院的审判监督,主要是通过诉讼活动来实现。包括上级法院对下级法院审判工作的监督和人民法院对行政机关的监督。其对行政机关的监督,主要表现为通过行政诉讼活动审查、评价教育行政机关及公务员具体行政行为的合法性,维持合法的教育行政行为;撤销违法的教育行政行为;变更并显示公平的教育行政行为;责令履行法定职责。审判监督是法制监督的最重要的一种途径。

(四)社会监督

社会监督是指国家机关以外的社会组织或人民群众的监督。它具有民主性、广泛性的特点,是法制监督必不可少的一种形式。在我国,社会监督依监督主体可分为社会组织的监督、人民群众的监督和社会舆论的监督等。

1. 社会组织的监督

包括人民政协、民主党派、社会团体的监督。人民政协是中国共产党领导的爱国统一战线的组织,它通过协商、讨论、批评和建议,发挥对宪法和法律实施的监督作用,是我国政治生活中发扬社会主义民主的一种重要形式。各民主党派是在中国共产党领导下为社会主义服务的政治力量,在国家生活中,发挥民主监督的作用。工会、共青团、妇联等社会团体和城市居民委员会、农村村民委员会等群众组织,也是人民民主专政体系中的重要构成部分,它们从各自工作的范围组织群众力量进行监督。

2. 人民群众的监督

根据我国宪法规定,我国广大人民群众直接参加国家管理,行使当家作主权力,行使广泛的法制监督权利。在教育领域,任何公民对于教育行政机关及其工作人员在实施教育行政管理活动中存在的缺点、错误和不当之处,都可以提出批评;对于各级教育行政机关及其工作人员的违法失职行为都有检举的权利;任何公民在教育法上的合法权益遭受侵犯时,都可以向有关国家机关提出申诉和控告,有关国家机关必须对其查清事实负责处理。对由教育行政机关及其工作人员侵犯公民权利而受到损失的,有依法取得赔偿的权利。群众监督的形式主要有:

(1) 公民以口头或书面形式直接行使。按照宪法和有关法规规定,公民有权直接向国家行政机关提出询问、要求、批评、建议等。

(2) 可以通过各民主党派、各群众性社会团体,如工会、共青团、妇联等来行使,也可以通过基层普遍建立的群众性自治组织进行监督。

(3) 可以通过人民来信来访制度,对各级教育行政机关及其工作人员进行监督。

(4) 可以通过报刊、电台、电视台反映意见,对各级教育行政机关及其工作人员、学校、教育机构进行舆论监督。

3. 社会舆论的监督

舆论监督是一种十分广泛的社会监督,是广大群众通过发表自己的意愿及看法,对国家各方面工作以及社会生活各个方面进行监督。在教育法制方面的监督,主要是督促各级机关、各级干部,特别是领导干部严格遵守教育法。为此,必须提高人民群众的教育法律意识,使每个公民都自觉地遵守教育法律,懂得用法律保障自己的合法权利,坚决维护法制。舆论监督的重要内容之一,是对各种违反教育法的行为进行揭露和批评,坚决贯彻在法律面前人人平等的原则,支持和监督司法机关有法必依、执法必严,严肃处理一切违法事件。舆论监督在各种监督中占有特殊地位。一般来说,通过报纸、电台、广播等舆论工具把问题公布出来,影响广、时效快,这是一种有效的监督形式。

4. 中国共产党的监督

中国共产党的监督在社会主义法制监督体系中有着十分重要的地位。这是因为:第一,中国共产党是我国的执政党。党对国家的领导是不可动摇的原则。社会主义法律的制定离不开共产党的领导,法律的实施也离不开党的领导。第二,社会主义法律是贯彻党的政策的重要工具,只有加强党的监督,才能保障法的正确的实施。党对法制的监督包括领导、支持和检查三个方面:

(1) 所谓领导,就是通过方针政策进行指导。

(2) 所谓支持,就是鼓励、支持法制监督,保护监督者。凡是干扰法制监督、打击报复监督者的党员干部或党员,党组织应及时追究党纪责任。触犯刑律的,应支持和配合司法机关追究其刑事责任。凡是勇于监督、揭露、制止违法行为的有功人员,党组织应予以表扬或奖励。

(3) 所谓检查,就是通过各级党组织的调查研究、检查以及人民来信来访,及时了解教育法的实施情况,监督教育法的实施活动。

为了加强和改善党对法制监督工作的领导和监督,必须贯彻"党必须在宪法和法律的范围内活动"的原则,必须实行党政分工,必须监督全体党员特别是党的领导干部严格执法、模范守法。

三、教育法制监督的途径

(一) 教育执法检查

执法检查是我国改革开放以来在法制建设不断加强、法律不断完善的条件下,权力机关或政府依照宪法规定行使监督权的一种活动,是在法律监督的实践中总结出的具有中国特色的有效的法律监督形式。这种监督形式具体地体现了权力机关对政府和上级政府对下级政府及其部门在执法方面的监督作用,推动了法律的贯彻、落实。第八届全国人民代表大会常务委员会第三次会议作出的《关于加强法律实施情况检查监督的若干规定》,已将执法检查确定为全国人大常委会和全国人大专门委员会对法律实施工作法定的监督形式。

依照全国人民代表大会常务委员会《关于加强法律实施情况检查监督若干规定》的决定，人大的执法检查是全国人大常委会或全国人大专门委员会对通过的法律、有关法律问题的决议、决定贯彻实施情况的检查与监督。教育执法检查则是专门对有关教育的法律及全国人大常委会、全国人大专门委员会通过的有关教育法律问题的决议、决定贯彻实施情况进行的检查和监督。全国人大常委会或全国人大专门委员会进行的教育执法检查，主要是检查监督法律实施主管机关的执法工作，督促国务院及其行政部门、最高人民法院和人民检察院及时解决法律实施中存在的问题。近年来全国人大常委会和全国人大专门委员会进行的教育执法检查工作主要是对各级人民政府及其行政部门对教育法律的贯彻、实施情况进行检查。

根据全国人大常委会关于执法检查的规定，教育执法检查主要目的是检查、监督教育法律实施主管机关的执法工作，督促国务院及其部门及时解决教育法律实施中存在的问题。教育执法检查应首先明确进行教育执法检查的机构和检查对象。人大常委会或人大专门委员会进行的教育执法检查主要以同级人民政府及其部门或省级人民政府为检查对象，国务院或省级人民政府的教育执法检查应以下级人民政府为主要检查对象。教育执法检查的内容也不同于一般的教育工作检查或视察。教育执法检查主要是检查教育法律的贯彻、实施情况，根据教育法律规定的内容，对各级人民政府及其行政部门应履行的义务和承担的职责的落实情况进行检查和监督。教育执法检查可以对某一项教育法律或几项教育法律贯彻、落实的情况进行全面执法检查，主要是对教育法律的落实进行检查。如1991年全国人大常委会进行的《义务教育法》执法检查，1994年全国人大教科文卫委员会进行的《教师法》执法检查等。教育执法检查也可以是对某项教育法律内容进行的专项检查。如1996年全国人大教科文卫委员会对《教育法》有关经费规定的落实情况进行检查,主要检查国务院及地方人民政府以及其教育、财政等主管部门对该法规定的有关教育经费条款的落实情况。教育执法检查不同于一般的教育工作检查或视察,教育执法检查必须以所检查的教育法律规定的内容为依据,检查、评价政府及其部门的落实情况,提出法律实施中存在的问题,以及对改进执法工作的意见。

教育执法检查作为一种法定的监督形式,全国人大常委会《关于加强法律实施情况检查监督的若干规定》中对执法检查的程序作了明确的规定。首先,教育执法检查要有计划地进行。教育执法检查的计划应对检查的内容、检查的组织、检查的时间和地点、检查的方式和要求等作出具体规定。全国人大常委会的教育执法检查计划由常委会办公厅在每年人民代表大会会议以后一个月内拟定,报委员长会议批准,印发常委会会议。全国人大教科文卫委员会的教育执法检查计划也在每年代表大会会议后一个月内制定,经全国人大常委会秘书长协调后,报委员长会议备案。教育执法检查计划由全国人大常委会办公厅通知国务院及被检查的行政部门,被检查的部门应按人大常委会办公厅的要求作好准备。

(二) 教育督导

《教育法》第二章第二十四条规定:"国家实行教育督导制度和学校及其他教育机构教育评估制度。"根据《教育法》的规定,教育督导已成为我国评价各级各类学校办学质量和教育质量的一项重要基本制度。

1. 教育督导制度

教育督导是与执法检查在检查性质、主体、对象和内容上都有所不同的行政监督形式。由人大常委会或人大专门委员会进行的教育执法检查,是权力机关对行政机关的法律监督制度。国务院或经其授权的行政机关进行的行政性教育执法检查,是对国务院有关部门和地方政府贯彻实施教育法律的行政监督制度。教育督导制度是政府和教育行政部门依照法律、法规的规定,对本行政区域教育工作进行监督、检查、评估指导的制度。即县级以上人民政府及其教育行政部门为保证国家有关教育的法律、法规及方针、政策的贯彻执行和教育目标的实现,依照有关教育督导的规定,对所辖地区的教育工作进行监督、检查、评估和指导,是由专门的教育督导机构组织教育督导人员对下级人民政府及其教育行政部门、学校和其他教育机构及其举办者实施的监督、检查、评估和指导。教育督导是政府加强教育工作的教育行政监督制度。

2. 教育督导的范围和对象

教育督导的范围和对象有以下几方面:根据我国教育管理体制的分工和各阶段教育的特点,教育督导的范围主要是普通中等和中等以下教育及其有关工作。现阶段的重点是九年义务教育和扫除文盲教育。主要包括幼儿教育、普通中小学教育,特别是义务教育阶段的初等及初级中等教育和城乡扫盲工作。此外,国务院教育行政部门及地方县级以上人民政府根据授权或实际需要,也可对中等及中等以下职业教育、成人教育及其他教育工作进行督导。近年来,各级教育督导机构把普及九年义务教育工作作为教育督导的主要任务,对我国2000年实现基本普及九年义务教育起到了重要的推动作用。

教育督导的对象是根据督导的范围确定的。教育督导作为教育行政管理的组成部分,督导对象首先是下级教育行政部门、学校和其他教育机构及其举办者。其中学校不仅包括政府举办的普通中小学,而且包括社会力量举办的普通中小学及其举办者。基础教育的改革和发展是地方教育行政部门和学校的任务,地方政府是确保教育优先发展的战略地位、实现基本普及九年义务教育的关键。为加强地方政府对实施义务教育工作的领导和管理,增强教育的统筹权和决策权,保证国家教育法律、法规及政策的全面落实,依据《教育法》及教育督导的有关规定,教育督导机构可对下级人民政府和其他有关行政部门以及其他单位有关教育的工作进行督导。

3. 教育督导的内容

教育督导的内容首先是有计划地对所辖区域内教育法律、法规的执行情况进行督导。各级教育督导机构对本行政区域的下级人民政府及其教育行政部门、普通中小学、幼儿园贯彻执行有关基础教育、义务教育、幼儿教育法律法规的情况进行全面检查、监督和指导,对贯彻、执行的情况进行评估,并对存在问题及违法现象提出改进和处理意见。

对地方下级教育行政机关的工作进行监督、检查是教育督导内容之一。教育督导机构根据教育行政部门的职责分工,对教育行政部门的教育管理工作,如中小学设置的审批、教师的培训和管理、教学的指导和质量的监控以及其他教育行政部门应尽的管理职责等,进行监督、检查。

教育督导现阶段的重点是对义务教育和扫除青壮年文盲工作进行督导和评估验收。教育评估是教育督导的重要形式,是对学校和其他教育机构办学进行指导的基础。教育评估一般是指教育行政部门或经认可的社会组织对学校和其他教育机构的办学水平、质量、条件等进行考核和评定。教育督导的评估则是由督导人员通过督导进行考核和评定。在督导工作中,对义务教育和扫盲工作主要通过评估、验收进行,对中小学的督导也主要通过评估进行。

对义务教育和扫盲工作的评估、验收,原国家教委制定了《普及义务教育评估验收暂行办法》和《县级扫除青壮年文盲单位检查评估办法》。对下级人民政府实施义务教育的督导内容主要有:地方人民政府和教育行政部门对实施义务教育工作的领导和管理;履行使适龄儿童、青少年接受九年义务教育的情况;义务教育经费增长情况;师资慰问;全面贯彻教育方针及提高义务教育质量等。对实施义务教育的评估、验收,根据《普及义务教育评估验收暂行办法》规定的内容进行,包括义务教育普及程度和普及标准,师资的合格率标准,办学条件的基本标准,教育经费的增长和使用情况以及教育质量的基本要求等。对扫盲工作的督导重点是扫盲规划制定、经费落实、教师培训、教材编写和扫盲工作的具体开展情况等。对扫盲的评估工作,依据规定的评估标准进行。

评估也是对普通中学、幼儿园教育工作督导的重要方式。对中小学督导评估的主要内容在原国家教委制定的《普通中小学督导评估工作指导纲要》中作了规定,主要包括学校的办学方向;学校管理;教学质量;学校办学条件等具体内容。对幼儿园工作,国务院颁布了《幼儿园管理条例》、原国家教委制定了《幼儿园工作规程》,对幼儿园工作作了全面、具体的规定,是对幼儿园督导评估的依据。

教育督导的目的在于改进教育工作。教育督导的重要作用是通过检查、评估对被督导单位的教育工作提出指导意见,特别是对于学校工作的督导应针对学校办学中的薄弱环节提出具体改进意见,帮助解决学校工作中的具体困难,加强对教育工作的指导,使教育督导在普及九年义务教育和扫除文盲、推动基础教育发展方面发挥更大的作用。

教育督导机构除了对被督导单位的教育工作进行监督、检查、评估、验收外,还可根据本级人民政府及其教育行政部门的委托,对违反教育法律、法规的重大案件进行调查,并提出处理意见。

(三) 教育行政监察

教育行政监察是对教育的改革和发展进行国家控制的一种行政行为。这主要是指行政监察机关及教育内部的监察机构及其人员通过对教育领域监督对象的监督和纠查,查处教育领域违法、违纪行为,提高教育行政管理效率,促进教育的进步和发展的活动。教育行政监察的对象是:各级教育行政机关及其国家公务员,上级政府机关任命的教育机构、教育团体、教学和教研部门的行政领导。教育行政监察的任务是查处违法、违纪行为和不符合效率、原则要求的不良行政行为,其目的是促进教育事业的健康发展。

教育领域的行政监察内容同其他领域相比除了有共性外,也有其自己的特殊性。一般说来,主要有三项:

1. 监督检查教育管理部门对党的方针、政策、国家的教育法律、法规的执行情况,对执行中的问题进行分析,提出对策

要围绕整体教育发展的规划情况、全面贯彻教育方针的情况、教育经费的管理和使用情况、教育为经济建设服务的情况、教育的改革情况、教育资源的利用情况、办学效益情况、廉政建设和行业风气情况等进行监督检查。

2. 监督检查教育部门制定的规章制度,看其同国家的政策和法律的符合程度,对相违背的,建议予以撤销、废止和纠正

首先,各种法规、规章、命令和决定必须符合法律,在法律范围内进行。其次,除了个别经特别授权以外,地方性法规、部门规章、地方政府规章必须符合国务院制定的法规,不能有抵触和违背,以维护政令统一。再次,国务院部门规章和地方政府规章应尽可能一致,如有相互抵触,监察机关可以在监督检查中提出监察建议,对一些重大问题提交上级政府作出决定。

3. 查处违法、违纪案件

当前,查处违法、违纪案件是教育领域行政监察的主要任务。这种案件的查处,包括两类:一是直接查处教育行政管理部门监察对象的违法、违纪案件;二是督促监察对象在自己的职权、监督权范围内,查处或纠举违法、违纪行为。教育领域监察对象的违法违纪行为如下:

(1) 以权谋私的行为。

(2) 严重官僚主义和渎职、失职行为。严重官僚主义是指由于工作不负责任而不履行或不正确履行职责,致使党和国家、人民

的利益遭受重大损失的行为。

(3) 在经济方面违法、违纪,主要包括:1) 贪污公共财物。2) 利用职务上的便利,侵占国家、集体、个人财物。3) 在对外交往中,接受礼物,该交公的不交公。4) 利用职务上的便利,占用公物。5) 收受贿赂。6) 收受各种名义的回扣、手续费,归个人所有。7) 索取收受钱物,为他人谋取私利。8) 接受礼品,该交公的不交公。9) 利用职务上的便利,为他人谋取利益,其父母、配偶、子女及其配偶接受对方钱物。10) 行贿。11) 盗窃财物。12) 诈骗财物。13) 用威胁或者要挟手段敲诈勒索财物。14) 走私。15) 从事投机倒把活动。16) 违反国家财政法规,隐瞒、截留应上交国家的财政收入。17) 虚报冒领、骗取国家财政拨款或补贴。18) 挪用公款归个人使用。19) 借用公款进行营利活动或非法活动。20) 个人用公款旅游吃喝。21) 违反国家规定经商办企业。22) 财产或支出明显超过合法收入,差额较大,本人不能说明合法来源。23) 违反财务开支规定,挥霍浪费。

(4) 违反社会主义道德规范。包括:1) 弄虚作假,骗取荣誉、职务、职称、待遇或其他利益。2) 利用职权大办婚丧喜庆事。3) 不承担抚养未成年子女或不承担赡养父母义务。4) 侮辱、诽谤他人,破坏他人名誉。5) 诬告、陷害他人。6) 遇到国家和人民生命财产受到严重威胁时,临危退缩,能救而不救。7) 犯通奸错误。8) 利用职权、教养关系或诱骗等其他手段与他人发生性关系。9) 与直系血亲发生性关系。10) 猥亵、侮辱妇女或进行其他流氓活动等等。

(5) 妨碍违纪案件查处。任何人员违反国家法律、法规,对抗、阻挠、干扰、破坏对于违纪案件的查处行为,均在查处之列。

具有教育领域特点的违法、违纪行为。实际也分别能蕴含在国家规定的大范围内,为了突出强调,有必要就一些主要问题加以归纳,主要表现在:

(1) 利用职权之便,在大中学校招生工作中以权谋私及违法、违纪行为。如随意突破国家招生计划增加指标行为,无正当理由在录取分数线外强行录取行为。

(2) 违背国家收费规定,巧立名目收取学生和家长费用,造成不良影响行为。

(3) 违背国家规定,随意乱办班、乱发或买卖毕业文凭,干扰学历教育秩序的行为。

(4) 打着办学的幌子、高额收取学费,实际以赢利为目的,造成严重后果的行为。

(5) 挪用或克扣教育经费,拖欠教师工资影响教育、教学工作的行为。

(6) 违背教师法的规定,体罚学生,擅自罢教,影响教育、教学行为。

(7) 侵占校园、无故殴打教师,造成严重后果的行为。

(8) 在大中专院校毕业生工作分配中,违背国家政策,弄虚作假,搞不正之风的行为。

(四) 教育审计

1. 教育审计的含义

教育审计是审计工作的一个重要部分,关于教育审计的概念,从广义上讲凡对教育系统的审计对象进行的审计,都统称为教育审计。从狭义上讲,只限于教育部门内部专职机构和人员对教育机构或人员,依据国家的财经法规,对被审查单位的财政、财务收支及其有关经济活动进行的审核、评价。在教育行政机关内,相应设立内部审计机构,依据有关的财经政策和规章制度,采用专门的程序和方法,开展财政财务审计、财经法纪审计、经济效益审计,审核、评价各单位有关经济活动的真实性、合法性和效益性。

2. 教育审计的内容

教育审计的范围和内容,应视被审计单位的不同而有所区别。

例如,教育行政部门与教育事业单位有所区别,各级各类学校之间的财务收支、管理和经济活动也有所区别。教育事业单位的资金收支活动,与教育企业也不尽一样。尽管如此,有些内容还是相同或相近的,归纳起来,教育审计的主要内容有下列几个方面:

(1) 审计、监督教育行政经费的管理和使用情况,以及规定的教育行政性收费的管理和使用情况(包括大中专院校招生考试收费,自学考试、高中会考的报名费、考务费等的收取和支出)。

(2) 审计、监督教育事业费的分配、管理和使用情况。主要审查教育经费是否及时、足额发放到位,是否有被挪用或截留现象,以及教育经费的使用效益等情况。

(3) 审计、监督教师奖励基金、捐资助教资金的管理和使用情况。随着人们对教育重视程度的提高,社会各界、海内外支持教育资金、财物呈扩大的趋势,越是这样,越要注意这部分钱物的管理、审计和监督。

(4) 审计、监督各级各类学校对收取学杂费的管理和使用情况。随着办学体制的多元化,各类学校收费也都出现不同程度的区别。前面提出尤其是民办或私立学校所收取费用较多,内控机制较差,就更应该强化审计、监督。

(5) 审计、监督教育、科研经费的管理和使用情况。防止科研经费转移挪作他用,通过审计促进经费的使用效益。

(6) 审计、监督固定资产和材料等财产、物资的管理和使用情况。通过审计,控制资产流失,提高使用效益。

(7) 审计、监督货币资金和结算款项的合理程序。

(8) 审计、监督预算外资金的管理和使用情况。防止私设"小金库"或化为己有。

(9) 审计、监督基建投资的使用效益。重点审查工程项目是否通过社会招标,经考察、论证而确定施工的,工程质量是否得到保证,了解经办人是否从中吃、拿回扣,或得到其他好处等。

(10) 审计、监督国家拨付勤工俭学周转金的管理和使用情况,是否做到专款专用,以及勤工俭学收益的提取、校办产业的收支情况。

(11) 审计、监督世界银行贷款和外汇收支的管理和使用情况。做到专款专用,防止套汇现象。

(12) 审计、监督财务决算、经济效益,还有计算机管理和使用情况等。

(13) 审计、监督教育、教学仪器购置费的管理和使用情况。

(14) 审计、监督农村、城市教育费附加的收取和使用情况。

以上内容只是基本覆盖了教育审计的主要内容,并非是教育审计的全部内容。教育审计的内容多,涉及面广,情况复杂。既有教育行政机关的审计内容,又有教育事业单位的审计内容,既有工业企业、商业企业的审计内容,还有基建审计和涉外资金审计的内容。因此,无论是国家审计机关和社会审计组织,还是教育内部审计机构,都应很好地了解和熟悉教育的情况,以及国家的有关法规,以便作出实事求是、客观公正的审计结论。

思考题:

1. 如何理解教育执法的特殊性?
2. 教育行政执法的基本形式是什么?
3. 为什么要建立教育法律救济制度?其途径有哪些?
4. 教育执法监督的意义和方式是什么?

主要参考文献

1. 黄容生主编：《教师职业道德修养》，西南师范大学出版社2001年版。
2. 教育部人事司主编：《高等学校教师职业道德修养》，北京师范大学出版社2002年版。
3. 华南师范大学教育系教育学教研室：《现代教育学》，广东高等教育出版社1997年版。
4. 杨春茂著：《师德修养十讲》，北京大学出版社1999年版。
5. 臧乐源主编：《教师学》，天津人民出版社1987年版。
6. 王时中等主编：《国家机关工作人员职业道德》，江苏人民出版社2002年版。
7. 余丽华、张伟光编著：《幼儿教师必备》，吉林教育出版社1991年版。
8. 莫洪宪、康均心主编：《未成年人权益保护及救济理论与实务》，武汉大学出版社2001年版。
9. 褚宏启主编：《教育法制基础》，北京师范大学出版社2002年版。
10. 曹中平著：《儿童游戏论——文化学、心理学和教育学三维视野》，宁夏人民出版社1999年版。
11. 郑慧英主编：《幼儿教育学》，福建教育出版社1996年版。
12. 李连宁、孙葆森主编：《教育法制概论》，教育科学出版社1997年版。

13. 劳凯声著:《教育法论》,江苏教育出版社1995年版。

14. 公丕祥主编:《教育法学教程》,高等教育出版社2000年版。

15. 黎国智主编:《法学通论》,法律出版社1999年版。

16. 张文显主编:《法理学》,法律出版社1999年版。

17. 檀传宝著:《教师伦理学专题——教育伦理范畴研究》,北京师范大学出版社2000年版。

18. 教育部师范教育司主编:《幼儿教育学基础》,北京师范大学出版社1999年版。

《教师职业道德与法律修养》考试大纲

课程内容与考核目标

（考核知识点、考核要求）

● 第一章 教师职业道德概述

【学习目的与要求】

通过本章的学习，了解教师职业的形成和发展以及教师职业劳动的特点，正确理解教师职业道德的本质与构成，结合自身教育教学实践来领会教师职业道德教育的意义和目标，并掌握幼儿园教师道德的特殊性。

【课程内容】

第一节 教师职业概述
一、教师职业的产生和发展
二、教师职业劳动的特点
（一）人文性和复杂性
（二）创造性
（三）示范性与价值引导

（四）人的可持续发展与长效性

（五）空间的广延性

三、教师的角色心理与职业道德

第二节 教师职业道德

一、教师职业道德的本质与构成

（一）教师职业道德的本质

1. 社会经济关系是教师职业道德的客观经济基础

2. 社会经济关系对教育目的和人才模式的影响，必然要求教师具有相应的道德素质

3. 社会经济关系的发展和变化，引起教师职业道德的发展和变化

（二）教师职业道德的基本构成

1. 教师职业理想

2. 教师职业态度

3. 教师职业纪律

4. 教师职业技能

5. 教师职业作风

二、教师职业道德的特点

（一）师德意识要求水准高

（二）师德行为要成为楷模

（三）师德内容具有继承性

第三节 教师职业道德教育的意义和目标

一、加强教师道德教育的意义

（一）加强教师职业道德教育是时代向我们提出的要求

（二）加强教师职业道德教育是建设一支高素质教师队伍的需要，也反映了广大教师对美的心灵的自觉追求

（三）加强教师职业道德教育是教师职业劳动的需要

二、教师职业道德教育的目标

（一）在思想上，树立崇高的职业道德理想和信念

（二）在能力上，具备良好的专业能力素质，掌握高超的教育、教学艺术

（三）就职业道德情感而言，教师应当具备热爱教育事业、热爱学生的深厚的职业情感

第四节 幼儿园教师职业道德的特殊性

一、情感性，教师有足够的爱，这种爱是博爱

二、保教结合，掌握特点

三、艺术性与创新性

四、活动性

五、完美性

【考核知识点】

1. 教师职业劳动的特点
2. 教师职业道德的基本构成
3. 教师职业道德的意义和目标
4. 幼儿园教师职业道德的特殊性

● 第二章 教师职业道德的原则和内容

【学习目的与要求】

通过本章的学习，了解教师职业道德原则的建立及其依据，掌握教师职业道德的内容，结合自身的教育、教学实践，领会、贯彻教师职业道德内容的基本要求并贯彻到实践当中。

【课程内容】

第一节 教师职业道德的原则

一、教师职业道德基本原则的建立

二、确立教师职业道德基本原则的依据
(一)符合当时社会经济、政治的需要
(二)反映教师劳动的特点,并在教师道德规范体系中占主导地位
(三)道德认知与道德行为相结合
(四)符合法律、法规和政策要求
三、社会主义、集体主义是教师职业道德的基本原则
四、教育人道主义是教师职业道德的重要原则

第二节 教师职业道德的内容

一、依法执教,廉洁从教
二、为人师表,以身作则
三、爱岗敬业,严谨治学
四、热爱学生,教书育人
五、团结协作,共同育人
六、文明礼貌,注重礼仪

第三节 贯彻教师职业道德内容的基本要求

一、生活中的渗透
二、教学中的渗透
三、活动中的渗透
四、管理中的渗透

【考核知识点】

1. 教师职业道德的内容
2. 贯彻教师职业道德内容的基本要求

第三章 幼儿园师幼的伦理关系

【学习目的与要求】

通过本章的学习,掌握和领会幼儿园师幼的伦理关系,了解教育过程中表现的各种职业伦理道德以及教师在教育过程中教育伦理关系的体现。

【课程内容】

第一节 师幼之间的伦理关系

一、伦理的含义

二、教师人际关系及师幼关系的含义

三、师幼交往关系的特点

1. 师幼交往具有相对稳定性
2. 师幼交往具有很强的规律性
3. 师幼交往是互动的
4. 师幼交往角色具有社会规定性
5. 师幼交往具有兼容性
6. 师幼交往具有教育性
7. 师幼交往的高品位性
8. 从社会大范围来看,师幼交往关系是平等的社会成员关系
9. 从幼儿园小范围来看,幼儿与教师的关系是"师生关系"

第二节 教育过程中表现的职业伦理道德

一、教师幸福

(一)教师幸福的精神性

(二)教师幸福的关系性

(三)教师幸福的集体性

(四)教师幸福的无限性

二、教师公正
（一）教师公正的必要性
（二）教师公正的特点
（三）教师公正的内容
三、教师仁慈
（一）教师仁慈的特点
（二）教师仁慈的内涵
（三）教师仁慈实现的主观条件
四、教师义务
（一）教师劳动自由与道德义务
（二）教师道德义务的形态
（三）教师道德义务的践行
五、教师良心
（一）教师职业良心的内涵与特点
（二）教师职业良心的形成与修养

第三节　教育过程中教育伦理关系的体现

一、教师的"教"和幼儿的"学"
二、促进教师与幼儿相互作用的策略
（一）充分发挥教师的主导作用
（二）直接"教"时要注意的问题
（三）间接教要注意的问题

【考核知识点】

1. 教师在教育过程中表现的职业伦理道德
2. 促进教师与幼儿相互作用的策略

第四章 教师的自我修养

【学习目的与要求】

通过本章的学习,了解当代教师进行师德修养有何现实意义,了解教师职业道德自我修养的主要内容。掌握和领会教师应该具有的职业道德境界以及教师职业道德修养的途径和方法。

【课程内容】

第一节 教师人格的自我完善
一、教师人格的含义
二、教师人格的特征
(一)教师思维能力的特征
(二)教师情感的特征
(三)教师的气质与性格特征

第二节 教师职业道德自我修养的内涵和要求
一、教师职业道德修养的含义
(一)修养与道德修养
(二)教师职业道德自我修养及其特点
二、教师职业道德自我修养的主要内容
三、教师职业道德自我修养的境界
(一)教师职业道德自我修养境界的含义
(二)教师职业道德自我修养境界的表现

第三节 教师职业道德自我修养的途径和方法
一、教师职业道德自我修养的途径
(一)认真读书,善于向书本学习
(二)虚心求教,善于向他人学习
(三)积极进取,善于向榜样学习

（四）参加实践,善于向社会学习
二、教师职业道德自我修养的方法
（一）自我激励,发掘修养动力
（二）自我设计,确立修养目标
（三）自我陶冶,积累情感体验
（四）磨炼践行,培养意志品质

【考核知识点】

1. 教师职业道德自我修养的主要内容
2. 教师职业道德自我修养的途径和方法

● 第五章 幼儿园教师职业形象设计

【学习目的与要求】

通过本章的学习,领会形象对教师自身、对幼儿园其他成员以及对社会所带来的影响,认识进行教师职业形象设计的意义;掌握幼儿园教师职业形象设计的基本原则和在服饰、仪态、言谈、举止等方面的基本要求;了解作为学校成员的幼儿园教师应该具备的礼仪素养,以及身为家庭成员和社会成员应该具有的美德和公民道德的修养。

【课程内容】

第一节 幼儿园教师职业形象的教育价值
一、教师形象对自身的作用
二、教师形象对幼儿的感染力和示范影响
三、教师形象对幼儿园其他成员及园风的影响
四、教师形象对社会的影响

第二节 幼儿园教师职业形象的要求

一、幼儿园教师职业形象设计的基本原则

(一) 职业性原则

(二) 道德性原则

(三) 审美性原则

(四) 个性化原则

二、幼儿园教师职业形象设计的具体要求

(一) 服饰上的要求

(二) 仪态上的要求

(三) 语言上的要求

(四) 举止上的要求

第三节 多种角色下的幼儿园教师职业形象

一、作为学校成员的幼儿园教师职业形象

(一) 相见的礼仪

(二) 说话的礼仪

(三) 使用电话的礼仪

(四) 共处的礼仪

(五) 接待的礼仪

二、作为家庭成员的幼儿园教师形象

(一) 对待长辈

(二) 对待同辈

(三) 对待晚辈

三、作为社会成员的幼儿园教师形象

(一) 遵纪守法

(二) 爱护公物

(三) 保护环境

(四) 讲究卫生

(五) 助人为乐

【考核知识点】

1. 幼儿园教师职业形象设计的要求
2. 进行职业形象设计的意义

第六章 教育立法与依法治教

【学习目的与要求】

通过本章的学习,确立现代教育法制意识,了解教育法律的产生及立法价值,明确我国的教育法律体系以及教育立法程序。

【课程内容】

第一节 确立现代教育法制意识

一、道德与法律互为基础

二、道德自觉与守法自律相辅相成

三、把握教育法律与政策规范的关系

第二节 教育法律的产生及其价值

一、法律的产生和基本类型

(一)奴隶制法律

(二)封建制法律

(三)资本主义法律与法制

(四)社会主义法律与法制

二、教育法律的产生与发展

1. 零星立法阶段

2. 普及义务教育立法阶段

3. 广泛进行教育立法阶段

4. 教育的综合法治阶段

三、教育立法的价值

（一）教育立法的秩序与调整价值
（二）教育立法的正义与公平价值
（三）教育立法的自由与规范价值
（四）教育立法的经济价值与效益价值

第三节 我国教育立法体系

一、我国教育立法的法源关系
（一）宪法
（二）部门法律
（三）行政法规和规章
（四）地方性法规和规章
二、我国教育法规的体系
（一）教育法律规范体系的纵向结构
（二）教育法律规范体系的横向结构
三、我国的教育立法程序
（一）教育立法准备
（二）由教育法案到教育法
（三）教育立法的完善阶段

【考核知识点】

1. 教育法律的产生及其价值
2. 我国教育法的体系

【考核知识点】

1. 教育立法的价值
2. 教育法律规范体系

第七章 教育法律关系与责任

【学习目的与要求】

通过本章的学习,了解教育法律关系与教育法律责任的基本含义、特点,掌握教育法律关系主体(主要为学校与教师)的权利与义务,明确教育法律责任的内容与归责方式。

第一节 教育法律关系与责任概述

一、教育法律关系概述

(一)法律关系的基本内涵

(二)教育法律关系的基本含义

(三)教育法律关系的性质

二、教育法律责任

(一)法律责任和教育法律责任的基本含义

(二)教育法律责任的特点

第二节 教育法律关系主体的权利与义务

一、教育行政机关

二、学校的法律地位

(一)学校的法律地位

(二)学校的权利

(三)学校的义务

三、教师的法律地位及权利与义务关系

(一)教师的法律地位分析

(二)教师的权利

(三)教师的义务

四、我国教师资格制度

(一)教师资格分类

(二)教师资格条件

(三) 教师资格考试
(四) 教师资格的认定
五、教师职务制度
(一) 职务系列规定
(二) 评审规定
六、教师聘任制度

第三节 教育法律责任的内容与归责

一、教育法律责任的内容
(一) 制裁
(二) 补救
(三) 强制
二、教育法设立法律责任条款的意义
三、教育法律责任的种类
(一) 违反教育法的行政法律责任
(二) 违反教育法的民事法律责任
(三) 违反教育法的刑事法律责任
四、教育法律责任的认定和归责
(一) 教育法律责任主体的归责要件
(二) 教育法律责任主体
(三) 教育法律责任主体的归责形式

【考核知识点】

1. 教育法律关系几大主体的权利与义务
2. 教育法律责任的内容与归责

第八章 儿童合法权益的保护

【学习目的与要求】

通过本章的学习,了解遵守教育法律、保护儿童权益对依法治教和树立正确儿童观的积极意义;掌握儿童作为一般公民所享有的基本权利以及作为一个特别的社会群体所享有的特殊权利;明确儿童权益保护的主要途径。

【学习内容】

第一节 遵守教育法律、保护儿童权益的意义
一、遵守教育法律、保护儿童权益是依法治教的需要
二、遵守教育法律、保护儿童权益是树立正确儿童观的需要
第二节 儿童的权利
一、儿童作为一般公民所享有的基本权利
(一)人身权利和自由
(二)平等权
(三)政治权利和自由
(四)经济权利
(五)文化、教育权利
二、儿童的特殊权利
(一)获得抚养、教育权
(二)获得卫生保健权
(三)受教育权
(四)获得健康成长的环境权
(五)游戏权
第三节 儿童权益保护的主要途径
一、家庭保护

（一）家庭保护的地位及作用
（二）家庭保护的特点及内容
二、学校保护
（一）学校保护的地位及作用
（二）学校保护的特点及内容
三、社会保护
（一）社会保护的地位及作用
（二）社会保护的特点及内容
四、司法保护
（一）司法保护的地位及作用
（二）司法保护的内容

【考核知识点】

1. 儿童具有的一般权利和特殊权利
2. 儿童权益保护的主要途径

第九章　教育执法与监督

【学习目的与要求】

通过本章的学习，了解教育行政执法的特点与形式，掌握教育法律救济的主要方式，知晓教育执法监督的主体及途径。

【学习内容】

第一节　教育行政执法

一、基本概念
二、教育行政执法的特点
（一）执法依据主要是教育法律、法规，即适用法律的专门性
（二）只有教育行政才可以行使此权力，即执法主体的恒定性

（三）教育行政按照自己的职权范围活动，即责权分明

（四）以特定的教育法律关系调整的主体为执法对象，即对象的特定性

三、教育行政执法的形式

（一）教育行政措施

（二）教育行政处罚

（三）教育行政强制执行

第二节 教育法律救济

一、教育行政复议

（一）教育行政复议的概念

（二）教育行政复议的范围

（三）教育行政复议的程序

二、教育行政诉讼

（一）教育行政诉讼的含义

（二）行政诉讼的受理范围

（三）教育行政诉讼的管辖

（四）教育行政诉讼的基本过程

第三节 教育执法监督

一、教育法制监督的含义

二、教育法制监督的主体

（一）国家权力机关的监督

（二）行政监督

（三）司法监督

（四）社会监督

三、教育法制监督的途径

（一）教育执法的检查

（二）教育督导

（三）教育行政监察

(四) 教育审计

【考核知识点】

1. 教育行政执法的特点与形式
2. 教育法律救济的主要方式
3. 教育法制监督的途径

后　记

教师是一种特殊的职业,这是人所皆知的。从某种意义上说,在我们生活的这个世界里,没有一种职业不具有特殊性,否则就不能称其为"职业"。编写本书的宗旨主要不在于揭示教师职业的特殊性,而在于阐述作为一名幼儿教师应如何体现这种职业的"特殊性";从道德、伦理和法律的角度,看待这种"特殊性",既反映传统的教育人文关怀精神,又体现现代教师职业的社会性特征。道德与法律看起来具有"对立性",但是它们所追求和蕴含的自由、公正、秩序、价值等都是一致的。当然,要阐明这样一个深奥的哲理决不是本书所能完成的。我们试图从这一基本观点出发,期望教师特别是幼儿园教师通过学习本书,有助于他们对自身职业的理解和自我修养。从现实状况来看,做好一名教师也的确需要具备良好的个人道德素质和法律修养,这样才能适应我国社会转型与发展对教师职业的需求。在本书中,我们力图避免说教,而是尽量让读者或教师感到具有一种职业素养不仅对自己的工作对象有益,而且对自己的身心乃至自我人格的完善都有一定的启发意义。为了让学习者能获得更多的相关信息,我们还在编写本书的过程中引用了一些理论性的资料、案例等。由于我们的水平和学识有限,书中尚存有不足之处和缺点,欢迎读者提出宝贵意见。作为教材,本书参考和引用了许多作者的研究成果,特此致谢!

在编写本书的过程中,全体编写者花费了大量时间查阅了一些相关成果,对本书的编写提纲作了认真的讨论和修改。全书可分为两部分：教师职业道德和教育法学基本原理。具体分工如下：全书由朱曦主编，张志欣(第一章、第二章)、刘剑眉(第三章、第四章)、王秀云(第五章、第八章)、朱曦(第六章、第七章、第九章)分别承担了编写工作，朱曦负责全书的统稿和编审工作。

编 者
2002年10月

江苏省中小学幼儿园教师自学考试学前教育专业专升本教材

《教师职业道德与法律修养》自学辅导

朱曦 主编

苏州大学出版社

图书在版编目(CIP)数据

《教师职业道德与法律修养》自学辅导/朱曦主编.
苏州：苏州大学出版社，2002.12(2016.11重印)
江苏省中小学幼儿园教师自学考试学前教育专业专升本教材
ISBN 978-7-81090-030-0

Ⅰ.教… Ⅱ.朱… Ⅲ.①教师－职业道德－高等教育－自学考试－自学参考资料②法律－中国－高等教育－自学考试－自学参考资料　Ⅳ.①G451.6②D92

中国版本图书馆 CIP 数据核字(2002)第 097109 号

《教师职业道德与法律修养》自学辅导

朱　曦　主编
责任编辑　郑亚楠

苏州大学出版社出版发行
(地址：苏州市十梓街1号　邮编：215006)
虎彩印艺股份有限公司印装
(地址：东莞市虎门镇北栅陈村工业区　邮编：523898)

开本 850mm×1168mm　1/32　印张 15.125(共两册)　字数 378 千
2002 年 12 月第 1 版　2016 年 11 月第 5 次印刷
ISBN 978-7-81090-030-0　定价：28.00 元
(共两册)

苏州大学版图书若有印装错误，本社负责调换
苏州大学出版社营销部　电话：0512-65225020

江苏省中小学幼儿园教师自学考试学前教育专业专升本教材编写委员会

主 任 委 员 王斌泰
副主任委员 许仲梓　朱小蔓　杨九俊　孙建新
　　　　　　　鞠　勤　李学农
委　　　员（以姓氏笔画为序）
　　　　　　　孔起英　许卓娅　朱　曦　邱学青
　　　　　　　张　俊　陈春菊　周　兢　耿曙生
　　　　　　　唐　淑　顾荣芳　徐文彬　虞永平

前　言

为加快我省幼儿园教师本科学历培训步伐,优化教师队伍结构,提高幼儿园教师素质和学前教育质量,江苏省教育厅决定从2001年起启动幼儿园教师学前教育专业(专升本)自学考试,以南京师范大学为主考单位。

学前教育专业(专升本)自学考试,既是我国自学考试的一种全新形式,也是江苏省21世纪推进幼儿园教师继续教育,提高学历,以适应教育现代化需要的重要举措。

1999年,原江苏省教育委员会组织专家着手进行了幼儿园教师学前教育专业(专升本)自学考试方案和课程考试计划的制定工作。2000年,江苏省教育厅组织专家对此进行了论证,确定了《江苏省中小学幼儿园教师自学考试学前教育专业(专升本)课程考试计划》。在此基础上,江苏省教育厅又组织了一批专家根据课程计划编写教材,确立了教材编写的指导思想:根据21世纪对幼儿园教师素质的要求,适应基础教育改革的需要,突出思想政治及道德素养的提高和教育思想的转变,进一步夯实幼儿园教师文化科学素质基础,强化在教育实践中进行学习研究、自我提高的意识及能力,进一步提高幼儿园教师现代教育理论素养,树立正确的教育思想和观念,提高教育技艺水平。教材编写力求体现先进性、科学性、专业性和实用性的原则。

学前教育专业(专升本)自学考试是一项全新的事业,需要不断发展和完善,希望广大自学考试辅导教师和自学考试者在教材的使用与学习中,提出宝贵意见,为这一事业的发展和提高作出贡献。

江苏省中小学教师自学考试办公室

2001年10月

目 录

第一章 教师职业道德概述 ……………………………… (1)
　　第一节　教师职业概述………………………………… (1)
　　第二节　教师职业道德………………………………… (3)
　　第三节　教师职业道德教育的意义和目标…………… (8)
　　第四节　幼儿园教师职业道德的特殊性……………… (10)

第二章 教师职业道德的原则和内容……………… (12)
　　第一节　教师职业道德的原则………………………… (12)
　　第二节　教师职业道德的内容………………………… (16)
　　第三节　贯彻教师职业道德内容的基本要求 ………… (23)

第三章 幼儿园师幼的伦理关系 ………………………… (25)
　　第一节　师幼之间的伦理关系………………………… (25)
　　第二节　教育过程中表现的职业伦理道德 …………… (29)
　　第三节　教育过程中教育伦理关系的体现 …………… (38)

第四章 教师的自我修养 ………………………………… (41)
　　第一节　教师人格的自我完善………………………… (41)
　　第二节　教师职业道德自我修养的内涵和要求 ……… (45)
　　第三节　教师职业道德自我修养的途径和方法 ……… (48)

第五章　幼儿园教师职业形象设计 (52)
 第一节　幼儿园教师职业形象的教育价值 (52)
 第二节　幼儿园教师职业形象的要求 (53)
 第三节　多种角色下的幼儿园教师职业形象 (55)

第六章　教育立法与依法治教 (57)
 第一节　确立现代教育法制意识 (57)
 第二节　教育法律的产生及其价值 (59)
 第三节　我国教育立法体系 (62)

第七章　教育法律关系与责任 (65)
 第一节　教育法律关系与责任概述 (65)
 第二节　教育法律关系主体的权利与义务 (68)
 第三节　教育法律责任的内容与归责 (78)

第八章　儿童合法权益的保护 (86)
 第一节　遵守教育法律、保护儿童权益的意义 (86)
 第二节　儿童的权利 (87)
 第三节　儿童权益保护的主要途径 (90)

第九章　教育执法与监督 (96)
 第一节　教育行政执法 (96)
 第二节　教育法律救济 (99)
 第三节　教育执法监督 (106)

第一章 教师职业道德概述

第一节 教师职业概述

一、教师职业的产生和发展

自从有了人类社会就有教育现象,随着文字的产生和学校的出现,就有了从事教育活动的知识分子,由他们承担传递人类文化和培养新一代的职责。

从教师职业的起源看,教师是原始文化、科学知识的保存者和传播者。进入奴隶社会后,奴隶主阶级垄断了学校。主要的学校变成官学,教师由统治阶级的官吏担任。官即师,师即官,政教合一。在封建社会里,封建统治者千方百计控制教师职业,官学的教师仍由封建朝廷委任。以大工业生产为基础的现代社会,许多国家都普遍实行了义务教育制度,把教师职业推进到一个新的发展阶段。教师越来越成为社会中不可缺少的职业。

二、教师职业劳动的特点

(一)复杂性

1. 教师劳动的对象是复杂的

教师的劳动对象是可塑性大、尚未成年的儿童和青少年,他们有一定的自觉意识,有感情、有理智、有个性,每一个学生都是一个特殊的世界。

2. 教师劳动的任务是复杂的

教师的根本任务是教书育人,教师不仅要传授知识,而且要塑造学生的心灵。

教师要使每个学生在德、智、体、美、劳诸方面得到全面发展。教师要完成这些任务,必须通过复杂的脑力劳动和体力劳动。

(二) 创造性

首先,教师的劳动是以传递知识为主要手段,知识传递的过程需要较强的规范性,更具有较强的创造性。

其次,教育对象千差万别,教育条件千变万化,教师只有因人、因事、因时、因地制宜地去创造,才能完成教育任务。

再次,教师劳动的创造性还表现在,对于变化了的情况善于作出恰当处置的教育机智上。

最后,教育是一门科学也是一门艺术,是一种塑造完美个性形象的艺术,而艺术的生命就在于创造。

(三) 示范性与价值引导

学生一般都有"向师性",从幼儿园到大学生都有模仿教师行为的倾向,尤其是幼儿园和初入学的儿童,他们对教师具有一种依恋的情感,他们最善于模仿教师的言行,教师的道德行为是他们学习的楷模,教师广博的知识、崇高的人格都是他们追求的目标。

(四) 人的可持续发展与长效性

首先,教师的劳动是为未来社会加工人才产品,培养人是一辈子的事情。

其次,教师劳动的社会价值,往往是在劳动对象进入社会作贡献后才能最终体现出来。

再次,一个人在学校中学到的知识和技能,是他今后学习和接受教育的基础,会对他的终身教育产生巨大的影响。

(五) 空间的广延性

学校虽然是专门的教育机构,学生的大部分时间也是在学校中度过的,但是,学生的活动空间不仅仅局限于学校,他们时刻也都带着社会和家庭的各种影响。同时,学生也会把他在学校受到的各种教育带到社会和家庭当中。

三、教师的角色心理与职业道德

第二节 教师职业道德

一、教师职业道德的本质与构成

(一)教师职业道德的本质

从一般意义上讲,教师职业道德是指教师在从事教育劳动过程中形成的比较稳定的道德观念、行为规范和道德品质的总和,它是调节教师与他人、教师与集体及社会相互关系的行为准则,是一定社会或阶级对教师职业行为的基本要求。它是由社会经济关系决定的。

1. 社会经济关系是教师职业道德的客观经济基础

道德的形成依赖于社会的物质生活条件。在不同的社会经济条件下,教师的知识、品德、才能也不同。教师职业道德水平必须与其所处的社会经济生活状况、社会的经济结构状况相对应。

2. 社会经济关系对教育目的和人才模式的影响,必然要求教师具有相应的道德素质

在阶级社会里,统治阶级为了稳固和发展其生产资料所有制形式,维护自身利益,他们往往通过在经济生活中取得的政治地位提出教育制度、教育目的和教育内容等来直接影响教师的地位和行为,从而决定教师职业道德的性质、内容和实践活动的形式。教师职业道德与生产资料的所有制形式有着极为密切的关系,社会的经济关系是教师职业道德的根源所在。

3. 社会经济关系的发展变化,引起教师职业道德的发展变化

不同的经济关系形成不同的社会形态,社会形态不同,人们的价值观、审美观、伦理道德观念也不尽相同。这都是随着社会经济关系的变革与发展而变革与发展的。教师职业道德作为一定社会经济基础、经济关系的反映,自然也会发生相应的变化,这已被历史发展的实践所证实。

(二) 教师职业道德的基本构成

1. 教师职业理想

所谓职业理想,就是指人们对于未来工作类别的选择以及在工作上达到何种成就的向往和追求。职业理想是职业道德的重要组成部分,有了崇高的职业理想才能产生模范遵守职业道德的行为。

忠于人民的教育事业,努力做一名优秀教师,是社会主义市场经济条件下教师的崇高职业理想,要实现这个理想,必须做到以下几点:

第一,热爱教育事业。忠于人民的教育事业,首先要热爱教育事业,不热爱教育事业,就谈不上忠于教育事业。其次,要热爱学生,忠于人民的教育事业与热爱学生是一致的。再次,要循循善诱、谆谆教导。最后,与学生平等相处,不凌驾于他们之上。

第二,献身教育事业。忠于人民的教育事业,就要有献身教育的精神。要识大体、顾大局,不为权利、地位、名誉、金钱和其他物质利益所动摇,"俯首甘为孺子牛"。

第三,勇于同一切危害教育事业的行为进行坚决的斗争。忠于人民的教育事业,就是要维护教育事业的尊严和地位。一切危害教师、危害学生、危害学校、有损师德的行为,必须与之作坚决的斗争。

第四,不断提高自身素质。努力做一名优秀教师,关键在于要有较高的素质。教师,作为传道、授业、解惑的人类灵魂工程师,必须具备优良的政治素质、业务素质、品德素质、心理素质和能力素质。

2. 教师职业态度

所谓职业态度,不是指人们对某一职业本身的看法,而是人们对自身职业劳动的看法和采取的行为。教师职业态度,简而言之,就是指教育劳动态度。

在社会主义社会,教师职业态度的基本要求,就是树立积极、主动的劳动态度,努力培养社会主义新人。教师怎样才能做到树立积极、主动的劳动态度,努力培养社会主义新人呢?

首先,教师必须有主人翁责任感。教师的主人翁责任感,是指教师要把人民的教育事业看成是自己的事业,把为社会培养人才看成是自己神圣的义务和职责,以积极、主动的态度对待自己的工作。

第二,具有从事教育劳动的光荣感和自豪感。对于从事崇高的职业劳动的教师来说,具有光荣感和自豪感是不言而喻的,教师的这种自豪感和光荣感是教师搞好教育工作的强大动力。

第三,要有甘于吃苦的精神。教育劳动是一项艰苦的劳动,人才的培养是一个复杂的系统工程,没有甘于吃苦的精神,不愿付出辛勤的汗水,也就不会有积极、主动的劳动态度。

3. 教师职业纪律

教师职业纪律就是教师在从事教育劳动过程中应遵守的规章、条例、守则等。教师职业纪律是维持教育活动正常进行的保证,是教师必须遵守而不能违反的。教师怎样才能做到模范遵守职业纪律呢?主要做到以下几点:

第一,要有教师意识并不断强化这种意识。有教师意识,就是说要时时刻刻想到自己是一名教师,自己的一言一行都要给学生作出好的榜样。

第二,认真学习教师职业纪律的有关规定。学习、明确和掌握教师职业纪律,是模范执行纪律的前提。

第三,在教师劳动中恪守教师职业纪律。职业纪律只有得到全面贯彻、执行,教育工作才能顺利进行。

第四,从一点一滴做起。由于教师处于为人师表的地位,因此,对教师来说任何一条纪律都是重要的,必须严格遵守,从一点一滴做起,勿因恶小而为之。

第五,虚心接受批评,勇于自我批评,善于改正错误。教师出现了违纪行为,领导或同事提出批评,教师应虚心接受,并坚决改正,决不能拒绝或反唇相讥。

第六,要有坚强的意志和持之以恒的决心。模范遵守教师职业纪律,需要教师有坚强的意志和毅力。

4. 教师职业技能

所谓职业技能,就是从事一定职业的人们应当具备的技术和能力,它是从事职业工作的重要条件,是职业工作者实现工作理想、追求高尚职业道德的具体行动。教师职业技能集中地表现为教师教书育人的本领,教师教书育人活动的效果是教师职业技能的反映。

教师应怎样提高自己的职业技能呢?主要应做到以下几点:

第一,刻苦钻研业务,不断更新知识。没有过硬的业务水平,肯定不能当一名好教师。要提高自己的业务水平,就必须刻苦学习,刻苦钻研。当今时代是知识爆炸的时代,有人称之为知识经济时代。因此,不断学习和更新知识是教师的一个重要任务。

第二,要懂得教育规律。搞教育的人首先要懂得教育规律,要懂得教育规律就要学习教育学、心理学、德育等方面的知识。

第三,要具备一定的管理知识。无论是组织教学,还是组织学生活动,没有一定的管理才能是不行的。

第四,勇于实践,不断创新。实践是提高教师职业技能的最重要的方法。实践出真知,在实践中要自觉地、有意识地进行探索和总结,这样才能创新。

5. 教师职业作风

教师职业作风,就是教师在自身职业活动中表现出来的一贯

的态度和行为。那么,人民教师应该树立哪些优良职业作风呢?主要有以下几点:

第一,实事求是,坚持真理。人民教师首先要做到尊重事实,注重调查研究。

第二,工作积极,认真负责。就是要求教师勇挑重担、埋头苦干、兢兢业业、一丝不苟,为教育事业多作贡献,为培养人才肯花时间和精力,甘于吃苦耐劳,必要时,不惜牺牲个人利益,也要把工作做好。

第三,忠诚坦白,平等待人。忠诚坦白,就是指教师为人要忠实、诚恳,敢于讲真话,不隐瞒自己的观点。平等待人是指教师在与人交往中要以平等的态度对待每一个人,不居高临下,也不"势利眼",能一视同仁。

第四,发扬民主,团结互助。发扬民主,就是教师要有民主的作风。要尊重学生、信任学生、理解学生。虚心听取学生意见,吸取他们参加学校民主管理,与其建立良好的民主关系。

团结互助,一方面是教师与教师之间要团结友爱、和睦相处,在思想上、工作上、生活上互相关心,互相帮助;另一方面,是指教师与学生之间的团结互助。

二、教师职业道德的特点

(一)师德意识要求水准高

由于教师承担着传播人类文化、开发人类智能、塑造人类灵魂的神圣职责。教师劳动的示范性特点,决定了教师的思想观念、道德境界、理想信念都会对学生起着直接的、重要的示范作用;劳动者不仅对其"劳动产品"形成终身性的影响,而且通过这些"产品"对整个社会产生深刻而广泛的影响,因此,教师职业的思想道德素质就有着特别重要的意义和价值。正是基于这样的认识,各个社会和阶级都对教师的道德水准提出了较高的要求。

(二) 师德行为要成为楷模

教师职业的特点和性质决定了教师要做"人之楷模"。道德行为是道德意识和道德品质的外在表现,师德是教育学生的重要手段,起着"以身立教"的作用。

(三) 师德内容具有继承性

教师职业道德是从教师的职业劳动和教育的实践活动中引申出来的,是教师在长期的教书育人中不断总结、提炼出来的,是世世代代的教师调整与学生关系、与同行关系、与上级关系、与学生家长关系、与社会关系中最一般关系的经验和结晶,这种最一般的关系在不同的时代、不同的社会形态中都是存在的,能够沿用的。这种最一般的关系是师德内容继承性的基础。

第三节 教师职业道德教育的意义和目标

一、加强教师职业道德教育的意义

(一) 加强教师职业道德教育是时代向我们提出的要求

21世纪是知识经济时代,是综合国力竞争的时代。这种竞争在很大程度上是科学技术、民族素质和人才的竞争,是教育的竞争。在这一大背景下,我国正处在改革开放的伟大时代,我们面临着新技术革命的挑战,肩负着社会主义现代化建设的任务,这就要求造就一代又一代能适应和满足时代需要的人才。而人才的培养是绝对离不开教育和教育事业的发展的。

(二) 加强教师职业道德教育是建设一支高素质教师队伍的需要,也反映了广大教师对美的心灵的自觉追求

教育作为社会主义现代化的基础工程,在国家经济和社会发展中具有非常重要的地位。振兴国家和民族的希望在教育,振兴教育的希望在教师。要实现培养适应社会主义现代化建设需要的

各类合格人才的目标,必须建立一支具有良好的政治素质、优秀的思想素质、正确的职业素质、扎实的业务素质和强健的身心素质的教师队伍。

教师严格要求自己,自觉加强师德修养,把这种时代的使命感和历史的责任感,转化为加强自己师德修养的动力,这是教师自尊、自重的表现,教师会从中获得一种幸福感。

(三) 加强教师职业道德教育是教师职业劳动的需要

教师职业不同于其他职业。教师的神圣职责是教书育人,因此,决定了教师劳动与其他劳动具有显著不同的特点。教师劳动的特点决定教师道德修养的重要性。教师的职业道德直接影响学生思想的形成、品德的培养、心灵的塑造,不仅影响在校学生,而且在他们以后的工作岗位上和社会生活中继续起作用。

二、教师职业道德教育的目标

(一) 在思想上,树立崇高的职业道德理想和信念

我国现阶段的教师职业道德,要求教师树立全心全意为人民服务的职业道德理想和信念;要求我国的人民教师一切言行以是否有利于社会、国家、集体为原则;要求他们自觉地把个人利益与国家、集体的利益联系在一起;要求他们把人民的教育事业作为自己的事业,把人民的幸福作为自己的幸福,具有崇高的献身精神。

(二) 在能力上,具备良好的专业能力素质,掌握高超的教育、教学艺术

教师良好的专业能力素质和高超的教育、教学艺术是构成教师专业素质结构的两个不同方面。随着人类社会的发展,教育已经成为一种专业化的社会实践活动,教师职业也成为一种专业性的职业。因此,教师必须掌握专业理论知识和专门的技能。

教育是一门科学,也是一门艺术。每个教师在进行教育和教学活动过程中,一方面要遵循教育活动的规律,运用科学知识和严

密的逻辑推理来启发学生;另一方面还要善于运用精练的语言、娴熟的教法、具体生动的比喻等各种艺术化的方式,以美的力量去感染学生。

(三)就职业道德情感而言,教师应当具备热爱教育事业、热爱学生的深厚的职业情感

热爱教育事业,意味着教师在情感上能够以从事教育为荣,以献身教育为乐,意味着教师在教育劳动中具备热情、积极性、创造性、责任感和进取精神。对教育事业深厚热爱的情感,是激励教师在教育劳动中兢兢业业、尽心竭力、有所作为的强大的内在情感动力。

教师职业道德情感,不仅表现为热爱教育事业,同时也表现为热爱自己的教育对象——学生。师爱是保证学生身心健康的重要因素,是形成师生之间爱的"对流"、优化师生道德关系的重要手段和基础。

第四节 幼儿园教师道德的特殊性

一、情感性,教师有足够的爱,这种爱是博爱

幼儿教师的服务对象是一群天真纯洁、毫无自我保护能力的孩子,这就要求每一位幼儿教师,以"爱"为核心,细心地对待每一个孩子。但教师爱孩子不同于家长或一般人爱孩子,而具有特殊的内容和含义。在某种意义上甚至是高于母爱的无私的、伟大的爱。

二、保教结合,掌握特点

幼儿教育就是在人的身心发育、心理发展最快、最好的时期,以智力刺激去激励其身心的发展,从而获得身体发育和智力增长的双丰收,为进入小学打基础的教育。因此,幼儿教育必须贯彻保

健与教育相结合的原则,根据幼儿身心特点做好保教工作,组织好生活、游戏和教学活动,不断提高保教质量。

三、艺术性与创新性

幼儿具有求知欲强、好奇、好问的心理特点,教师应根据这一年龄特点,创设良好的环境,采用恰当的方法,启发孩子的思维,保护孩子创造的火花。

四、活动性

活泼好动是学前儿童的另一特点,因此,组织并参与孩子的活动是幼儿教师的一项基本要求。教师应注意活动是否反映孩子的兴趣、愿望,活动过程是否有孩子的自主性,是否伴随着孩子的积极思考与愉快体验。

五、完美性

幼儿教师劳动手段的主体性,决定了幼儿教师应有较完美的个性、一定的教育技能及素养和广泛的知识,并且是绘画、音乐、文学的多面手。

第二章 教师职业道德的原则和内容

第一节 教师职业道德的原则

教师职业道德原则是教师在职业实践活动中必须遵循的最根本的准则,是教师协调行业内人与人之间及其与社会和其他行业之间利益关系的根本指导原则,是调节、指导和评价教育工作者行为的基本道德标准。

一、教师职业道德基本原则的建立

目前,人们对教师职业道德有无基本原则,教师职业道德基本原则是什么,以及有多少基本原则等问题还存在不同的看法和表述。我们认为,既然职业道德是伴随着职业活动而产生、发展起来的,就应该有一个适用于特定行业的,体现该行业特征的,区别于其他行业的基本原则。对教师职业道德基本原则可以从以下两个方面来理解和把握:

(一) 教师职业道德基本原则是评价教师职业行为的最高道德标准

首先,这是由教师职业道德基本原则在教师道德体系中的地位所决定的。其次,从法律与道德规范人们的不同方式来看,相对于法律来说,它是来自于人们内心的一种精神力量。因此,道德的要求,是比法律更高层次的要求。从这个意义上看,教师职业道德基本原则是评价教师职业行为的最高标准。

（二）教师职业道德基本原则是调整教师个人与他人、社会利益关系的根本指导原则，是区别于其他类型社会道德的根本标志

教师职业道德基本原则就是指导教师调整行业内人与人之间、教师与其他行业之间、教师与学生之间、教师与社会整体或国家之间利益关系的根本指导原则，它反映了教师职业所应承担的一定的社会责任、应履行的社会义务以及承担责任、履行义务所应享有的社会权力及社会利益，是教师职业道德区别于其他类型社会道德的最根本标志。

二、确立教师职业道德基本原则的依据

（一）符合当时社会经济、政治的需要

道德是上层建筑、意识形态之一，是由社会经济关系、社会存在决定的。社会经济关系首先是作为利益表现出来的，它决定着社会道德基本原则的要求，而道德原则和规范的确立，最终是为了调整个人利益与社会利益的关系。因此，作为上层建筑、意识形态内容的教师职业道德，也必然由社会的经济关系、社会存在所决定，并随着后者的变化而变化。

（二）反映教师劳动的特点，并在教师道德规范体系中占主导地位

教师职业道德是在教师劳动实践中引申出来的。教师劳动的目的是培养人，劳动的对象是人，劳动的产品同样是人。教师劳动的这些特点，向教师提出了道德上的特殊要求，也指明了教师职业道德基本原则的方向，即必须反映教师劳动的特殊本质，使之成为与其他职业既联系又区别的标志。

（三）道德认知与道德行为相结合

认知、思维在道德发展中具有重要意义，它能从根本上转变传统的道德教育观念。道德发展的过程是一个以自己的智慧努力探

索、不断建构的过程,我们必须抛弃传统的说教、灌输和强迫执行等方法,帮助被教育者通过自己的实践和理性思考作出自己的判断和决策,不断提高自己的道德水平。

(四) 符合法律、法规和政策要求

纪律、法令、政策等本来是具有强制性的行为规范,但在社会主义社会条件下也具有特殊的道德意义。人民教师教书育人,要自觉遵守社会主义纪律,模范执行党和国家的政策法令,具备良好的法纪风貌。

在社会主义现代化过程中,加强法制建设,全面推进依法治教,是教育改革和发展的客观要求,也是现代化教育发展的必然产物。

三、社会主义、集体主义是教师职业道德的基本原则

社会主义、集体主义是现阶段处理我国人民内部矛盾,处理人与人之间、个人与社会之间关系的政治原则和道德原则。社会主义教育的目的是培养和造就社会主义新人。因此,它理所当然成为处理教育活动中人与人之间、个人与社会之间关系的基本原则,或教师职业道德的基本原则。

根据这一原则,教师在实际工作中要着重做到以下几点:

(一) 坚持全心全意为人民服务的人生观、价值观

教育事业是人民的事业,教师只有坚持全心全意为人民服务的价值观,才能在教师职业活动中贯彻教师职业道德基本原则,遵守各种教师职业道德规范,全身心地投入到自己的事业中去;才能培养出适应时代发展和社会需要的合格人才。

(二) 正确处理个人与社会、集体的关系

个人与社会相互依存,密不可分。个人与社会、集体时常会发生冲突或矛盾,当个人利益与社会、集体利益发生冲突时,应当把社会、集体利益放在首位。

(三) 正确处理奉献与索取的关系

在奉献与索取的关系上,应该纠正两种错误观点:一种观点是只讲索取、权利,不讲奉献、义务,认为索取越多,人生的价值就越大。另一种观点认为:"要奉献也要索取,不占便宜也不吃亏,这样的人生才有价值。"这种观点貌似合理,其实在社会生活中是行不通的。

四、教育人道主义是教师职业道德的重要原则

人道主义即人性的、人道的、文明的意思。

社会主义人道主义是社会主义的重要规范之一,是以马克思主义的世界观和历史观为基础,是对社会主义经济基础和政治制度的反映,同时,也是在批判、继承历史上人道主义的合理成分的基础上形成的一种新的、更高水平的人道主义。社会主义人道主义的内容是:尊重人、关心人,同仇视人民的邪恶势力作斗争。

教育人道主义是社会主义人道主义在教育领域、教育过程中的具体化、"职业化"。它调整教育过程参与者之间的各种人际关系,并为这些关系规定原则和规范。

教育人道主义对教育者的要求是多方面的,首先,它要求教育者尊重自己的教育对象——受教育者;其次,还要在尊重、理解、关心受教育者的过程中,勇于在教育对象面前解剖自己,敢于正视自己的缺点和不足,并且有向教育对象学习、以其之长来补己之短的胸怀和气度;最后,在处理、协调自己与教育活动过程中的合作者——其他教育者的关系上,教育人道主义要求教育者要襟怀坦白,与其他合作者相互尊敬,真诚合作,不嫉贤妒能,不"文人相轻",努力与他人形成一个融洽的集体,同心协力促进教育过程的顺利进行,促进教育目标的最佳实现。

第二节 教师职业道德的内容

一、依法执教,廉洁从教

(一) 依法执教

所谓依法执教,就是要求教师在教育、教学活动中,模范遵守宪法及其他各项法律、法规,使自己的教育、教学活动完全符合社会主义法制的要求。广大教师在教育、教学活动中,要严格遵循《教育法》、《教师法》等教育法律、法规的规定。

其一,必须做到心中有法,从教育内容、方法到手段都要符合法律的规定。

其二,要把法定的职业规范转化为教育、教学实践活动,以法律为尺度,严格依照法律进行教师职业行为选择。我国《教育法》和《教师法》规定,教师的行为选择如果不符合法律,就要承担法律责任,受到法律的制裁。

教师要做到依法执教,首先,要学习和宣传马列主义、毛泽东思想和邓小平理论。马列主义、毛泽东思想、邓小平理论是指导我们思想的理论基础,是我们依法治国的行动指南。作为教师,应该以德为本,以德立教,坚持用马克思列宁主义、毛泽东思想和邓小平理论武装头脑,树立科学的世界观、人生观、价值观,以适应改革开放和社会主义市场经济发展的要求。

其次,要拥护党的基本路线,全面贯彻国家的教育方针。与教师的职业活动最为密切的方针,是国家的教育方针。每一个教师的教学活动都必须严格遵循这一方针。教师在教育、教学工作中自觉地贯彻教育方针,是教师在实践中以身作则地宣传、贯彻国家的教育法律,也是教师有良好的职业道德修养的体现。

再次,教师要做到依法执教,就要自觉地遵守法律、法规,做奉公守法的模范。

最后,教师要制止有害于学生的行为,或者是其他侵犯学生合法权益的行为,批评和抵制有害于学生健康成长的现象。

(二)廉洁从教

廉洁从教,是教师处理教育、教学活动与个人利益关系的准则,用通俗的话说,所谓廉洁,就是不收受不义之财,不贪占公物和他人之物,不受世俗丑行的污染。廉洁,是中华民族的道德精华。广大教师要廉洁从教,应做到以下几点:

1. 廉洁自律,不坠入世俗污秽之中

廉洁从教的形式,除了法律、法规的约束之外,主要还是靠广大教师用廉洁自律的标准进行自我约束,时时处处都自觉地保持清廉的作风。

2. 不利用职权之便谋取私利

不利用教育、教学之便为个人谋取私利,不做与廉洁自律背道而驰的事。教师要在改革过程中以大局为重,识大体、明大义,严格要求自己。

3. 自觉抵制社会不良风气的影响

针对社会上一些不良风气,为人师表的教师,应当自觉地加以抵制。不仅自己要做到不参与有损教师形象的活动,还要帮助学生和学生家长抵制社会上的不良风气。

4. 公正从教,以廉明维护教育公正

教师廉洁从教的另一个重要要求就是要做到公正从教。所谓公正从教就是指教师在教育、教学过程中要公平、公正地从事教育工作,对待每一个学生要一视同仁,不能因学生的性别、民族、智能差异、家庭状况、学生及家长对自己的感情有差别等,而采取不同的态度和情感模式。这是教师职业道德和教育法规对教师的重要要求。

二、为人师表,以身作则

为人师表,以身作则,是我国传统的教师职业道德规范。

教师要出色地完成本职工作,必须在各方面作出表率,为人师表,以身作则。这里着重提以下几点:

(一) 要严于律己,言行一致,表里如一

教师是通过自己的人格去感化学生的。因此,教师必须具有严于律己、表里如一的美好品德,才能在学生身上产生潜移默化的作用。凡是要求学生做到的,教师首先应该做到。同时,教师要光明磊落、襟怀坦白,形成内在美与外在美的统一。

(二) 要以身作则,起榜样示范作用

榜样的力量是无穷的。教师以身作则,能潜移默化教育学生,是培养学生成长的重要途径。

(三) 要坚持"身教重于言教"

无声的身教胜于有声的言教,学生从教师的行为、举止中获得实实在在的感受,获得"言教",这会使他们对教师产生亲切感,从而增强教育的说服力和感染力,有利于促进学生正确道德认识的形成,并推动这种道德认识向道德行为、习惯转化。

此外,教师还要注重自己的仪表、言行,培养广泛的兴趣,勇于开拓,乐于进取,敢于创新。

三、爱岗敬业,严谨治学

(一) 爱岗敬业

爱岗敬业是最基本的职业道德,严谨治学则是爱岗敬业的可靠保障。只有爱岗敬业,严谨治学才有实际意义。

常言道:"热爱是最好的老师。"要以热爱本职的深厚感情作内在基础,在教育事业上有所作为。真正当好一名合格乃至出色的教师,一个基本的要求就是热爱教师职业,热爱自己的工作,即爱

岗敬业。一名教师要做到爱岗敬业,首先,要热爱教育事业;其次,要献身教育事业;最后,不断提高自身素质,这是爱岗敬业的基础和前提。

(二) 严谨治学

严谨治学,一是指认真完成教学任务,以高度的责任感对待学生;二是指以认真、严谨的态度不断提高教育、教学水平,还应结合自己的教育、教学实践进行总结和研究。必须刻苦学习,掌握知识,钻研业务,精益求精,实事求是,严谨治学,大胆探索,勇于创新。

四、热爱学生,教书育人

(一) 热爱学生

热爱学生,是指教师能以马克思列宁主义、毛泽东思想和邓小平理论为指导,从高度的工作责任心和社会责任感出发,关心、爱护每一个学生,严格要求学生,为国家、为社会培养德才兼备的社会主义建设人才。教师热爱学生具有职业性、无私性、原则性和全面性的特点。

热爱学生的具体要求包括以下几方面:

第一,教师要在政治思想方面关心学生。青少年时期是学生世界观、人生观逐步形成的时期。教师要在政治上关心学生,思想上帮助学生,引导他们认真学习政治理论、关心国家前途、积极要求进步、逐步树立科学的世界观和人生观。

第二,教师要在学习文化和知识方面关心学生。学生在校学习的总目标是要学会生存、学会学习、学会共处、学会做人。因此,教师要关心学生的学习,教育学生明确学习目的,端正学习态度,掌握学习方法,帮助学生度过学习过程中的重重难关,养成刻苦学习的好习惯。

第三,教师要在身心方面关心学生。学生不仅要具有良好的思想道德、广博的科学文化知识,而且要有强健的体魄和健康的心灵。

第四,要了解学生和信任学生,成为学生的知心朋友。学生是有思想、有感情、有个性的活生生的人。为了教书育人,教师既要了解学生的过去和现在,又要了解学生成长的家庭生活环境和经常接触的各种人和事;既要了解学生的优点和特长,又要了解学生的内心世界。

第五,要爱护每一个学生。教师要注意观察、注意培养对所有学生的关心、爱护的情感。要做到热爱、关心、爱护全体学生是不容易的。

热爱学生,要平等地对待和尊重、理解学生。因此,要特别注意以下几点:

第一,要尊重学生的自尊心和人格。每个学生都有自己的人格和尊严,都渴望得到教师的尊重和信任。

第二,要尊重学生的合法权益。每个学生在社会、学校、家庭生活中都有自己的合法权益,教师要在职业活动中尊重学生的这些权益。

第三,要平等公正地对待每一个学生,学生的地位是平等的,每个学生都希望得到教师平等、公正的待遇。无论是好学生、差学生,教师都应一视同仁,用同一个标准对待他们。

(二)教书育人

能不能做到教书育人,是衡量人民教师道德水平的重要标志。职业职责和职业道德要求教师不仅是传授知识的教师,而且是育人的导师,即必须做到既教书又育人,为人师表。

1. 知识经济和全球化对"教书"的新要求

首先,要向学生传授当代最先进的科学文化知识;其次,要向学生全面传授德、智、体、美、劳的知识;再次,要向学生传授法律、法规知识,培养和增强学生的法制意识;最后,要培养学生的实践能力和创新精神。素质教育要求以培养学生的创新精神和实践能力为重点,这关系到我们国家和民族的兴衰存亡,教师在"教书"中把握不住这个重点,就失去了我们"教书"的大方向。

2. 素质教育对于人的新要求

首先,必须提高学生的思想政治素质;其次,要培养学生良好的创新品质;最后,要培养学生具有较强的适应能力,迎接新世纪的挑战。

五、团结协作,共同育人

现代教育是分工协作的事业,教育的分工协作决定了教师在从事教育、教学实践中,既要创造性地做好本职工作,又要团结同事、沟通社会、联系学生家庭,发扬协作精神和群体力量,才能完成规定的教育、教学任务。

(一) 教师与教师之间的协作

1. 坚持把教师集体利益放在第一位

教师作为集体中的一员,应当关心和维护教师集体的利益,树立校荣我荣、校耻我耻的思想,关心集体的命运和发展。

2. 教师之间要互相尊重、互相支持

担任同一学科的教师要互相帮助,取人之长,补己之短。不同学科的教师,特别是同一年级的不同学科的教师,要互相尊重,互相配合。新老教师之间要互相尊重,互相学习。

3. 转变观念,建立新型的协作关系

我们的教师要转变陈旧的观念,建立新型的社会主义竞争意识。在工作中既要有开拓精神,不甘落后的气概,又要善于与同事合作,这是艺术,是交往的艺术,也是做人的艺术。

(二) 教师与学校领导之间的协作

1. 对学校领导干部的要求

(1) 更新观念,重新认识领导干部和教师的新型平等关系。

(2) 要关心教师的工作、生活和学习。

(3) 领导干部要率先垂范,以身作则。

领导要不断加强自身修养,严格要求自己,时时处处以身作则,为人师表,要求教师做到的,自己首先做到,要求教师不为的自己首先不为。

(4) 领导要正确行使自己的权力,克服独断专行,充分发扬民主。

在事关学校生存和发展的大事上,要尊重教师的意见,放下架子虚心听取,集思广益。

2. 对教师的道德要求

(1) 要服从领导,支持领导的工作,忠于职守。

作为教师就应认真服从学校领导关于任职、任课的安排,正确对待各种监督、检查以及考评。

(2) 要为学校的发展事业献策。

教师是学校的主人,应承担起主人的责任。要把教育事业当成自己的生命,并甘心情愿为其奋斗终身。

(3) 要加强同学校领导的联系和交流。

教师向组织汇报思想,找领导谈话是一种良好的风气,这有利于相互理解、互相帮助。

(三) 教师与家长关系中的道德要求

1. 尊重家长,对学生负责

教师在与家长接触中要文明礼貌,不趾高气扬,盛气凌人。不要轻易伤害家长的自尊心,同时还要教育学生尊重家长。

2. 加强联系,协调教育

作为教师要主动与家长取得联系,及时报告和沟通学生的情况,全面了解学生,掌握学生的思想脉搏,共同给予积极的影响和教育。

3. 协助家长搞好家庭教育

家庭教育是学校教育的基础和补充,教师要重视并有义务向家长传播教育科学知识,促进家庭教育的科学化,使家长在正确教育思想的指导下,以恰当的教育方式配合学校做好培养学生的教育工作。

(四)教师与社会交往之间的协作

教师要讲文明礼貌,自觉遵守社会公德,为他人树立良好的道德形象,做出道德表率;在校内外平易近人,以高尚情操影响和净化社会,要让所有的人从教师身上看到真、善、美,看到社会的文明和人类的进步,从教师的一言一行中体会到人生的美好和幸福;在校内甘为人梯,在校外也以为他人服务为乐事、为己任,对社会的需要尽心竭力,有求必应,主动热情地提供服务。

六、文明礼貌,注重礼仪

人民教师要出色地完成教书育人的本职工作,必须使自己的仪表风范符合社会主义的道德要求,做到语言规范精练、生动优美、准确纯洁,仪表仪容光彩、衣着朴实整洁,举止文明得体;态度和蔼可亲,行为稳重端庄,文化知识渊博;自觉遵守社会主义纪律,模范执行国家法令;不断提高自己的仪表风范素养,真正做到为人师表,成为学生的表率和榜样。这是有关教师职业形象的大事,我们将在第六章作详细论述。

第三节 贯彻教师职业道德内容的基本要求

前面我们叙述了教师职业道德的原则和内容以及一些基本要求,贯彻教师职业道德原则和内容,总的来讲要注意以下几方面的要求:

一、生活中的渗透

良好的职业道德的形成,是通过人的不断生活实践,在外界生活条件与人的心理活动的相互作用之中形成和培养起来的。每一位教师在生活中都要时刻注意自己的一言一行,从小事做起,自觉遵守社会主义道德规范,遵守国家的法律、法规,不断进行"内省",树立完美的教师人格,以自己的人格魅力去影响他人。

二、教学中的渗透

在教学过程中,教师要在传授知识的基础上育人,在育人思想的指导下教书。要结合教材的特点和学生的实际,发挥教学的教育性。此外,在教学过程中,教师还应注意自己的言语规范、仪表风度等等。

三、活动中的渗透

教师所设计的课外活动也反映了自己的思想品德和修养。教师在设计活动时,要把教师职业道德的原则和内容渗透其中,设计的活动要有明确的政治思想性、方向性和教育目的性,并与活动的实际内容相统一,在明确的目的指导下,确定活动的内容和形式,通过丰富的活动内容和形式去达到教育的目的。同时,要寓教于"学"、寓教于"乐",使活动形式灵活多样。调动学生的积极主动性和创造性。

四、管理中的渗透

教师首先要对班级进行管理。班主任的角色地位,决定了他(她)应该沟通内外联系,并且利用各种教育因素和教育力量,为学生的成长和班级的发展提供良好的环境条件。班主任要充分利用社会的力量,同时还要克服不良社会因素的影响。而在学校内部,对班级有影响的还有任课教师、学生团体及其他班级等,班主任利用自己的地位主动地争取各种教育力量的配合,以创造控制教育的最佳条件,就能使各种教育因素协调起来,实现学校教育与家庭教育、社会教育的统一。这些都在无形之中渗透了教师职业道德的原则和内容。

第三章 幼儿园师幼的伦理关系

第一节 师幼之间的伦理关系

一、伦理的含义

伦、理二字在中国古代很早就已出现。《礼记·乐记》中说:"八音克谐,无相夺伦。""伦"指音乐的节奏或旋律的适当安排。《孟子》有言,"察于人伦","学则三代人之,皆所以明人伦也。""伦"字开始具有人际关系的意味。古人之"伦"主要是指人际关系。由于中国文化特别强调血缘伦理关系,人伦所表达的人际关系在许多时候讲的是人的名分和辈分等。"理"是中国古代哲学的核心概念之一。庄子说:"天地有大美而不言,四时有明法而不议,万物有成理而不说。""理"乃万物运行的成法。不过中国文化是伦理性文化,理的内涵也就会自然延伸到人文领域。所以,如果就中国文化而言,伦理是人际关系及其调整的客观规则。

伦理的英文是 ethic。其基本含义是:① system of moral principles, rules of conduct;② moral soundness。中、英文在伦理概念的理解上的共性是,"伦理"指道德的客观法则,具有某种可以提供客观讨论的规律性。

二、教师人际关系及师幼关系的含义

教师人际关系是教师与他人交往过程中形成的心理关系。根

据其职业特点,依据不同的交往对象可划分为师生关系、同事关系、上下级关系、教师与家长的关系以及教师与其他社会成员的人际关系等方面。在教师的人际交往中,师生关系是最重要、最基本、最经常,也是最能影响教师工作效率的一种人际关系。

师幼关系是在教育活动中,教师与幼儿通过各种交往方式而形成的一种特殊的人际关系。这种人际关系的含义包括三方面的内容:

(1) 师幼关系体现在教育活动之中,反映教师与幼儿之间的心理关系。

教师是幼儿园中对幼儿进行体、智、德、美诸方面全面发展教育的专业人员,而幼儿是具有主动性、多样性的活生生的独立个体。因而,由教师与幼儿这种角色构成的师生关系寓于一定的教育活动之中。在教育活动中,幼儿会以一个有独立意识的个体,对教师的劳动采取认同和排斥的态度,表现出喜欢或不喜欢的情感以及与教师的要求相一致或相悖的行为,从而反映出教师与幼儿之间的心理关系。

(2) 师幼关系是通过多种交往形式而形成的,具有互动性。

美国社会心理学家李雷(M. Lelend)曾运用心理统计的方法从几千份人际关系的研究报告中总结出人际关系的多种交往形式,尽管这一研究有一定的局限性,但足以说明人际关系中的一方某种刺激必然会引起另一方的若干反应,而师幼关系的双方更是有相互作用、相互制约的关系。

(3) 师幼关系是一种特殊的人际关系。

一般的人际关系常常以双方互惠为原则,而师幼关系则高于一般的人际关系。从构建师幼关系的目的和作用来看,师幼相互作用的最高目标是提高幼儿的身心素质,是教师向幼儿一方倾斜的不平衡关系。教师在教育活动中所指向的是学生的发展和提高,而不是教师自身的某种利益,师幼关系是在承担这个不平衡的前提下,通过认知情感沟通和行为目标协调而形成的关系。尽管师幼之间也存在一定的心理距离,但它必须首先服从于教育目的和教育规律。师幼关系是以别无选择的、必须相互接纳为前提的。教师与幼儿在交往过程中,双方整个精神世界的碰撞和交流,既具有一般人际关系的情感基础,又有一般人际关系所不可比拟的崇高目标指向和科学交流方式。

三、师幼交往关系的特点

教师所从事的是一种复杂的脑力劳动,它不同于物质生产劳动,也不同于一般的精神生产劳动。这是因为教师的劳动是通过教育活动进行的,教师的劳动对象是身心正在发展成长中的、具有各自个性特点和年龄特征的幼儿。教师劳动的手段是用自己的知识和才能、品德和智慧,在与劳动对象的共同活动中去影响他们。因此,教师与幼儿的关系即师幼关系是教师最重要、最基本、最经常、最活跃的一种人际关系。同时,师幼关系又具有不同于其他人际关系的特点。

1. 师幼交往具有相对稳定性

教育、教学活动较之其他社会活动相对固定且平衡有序,而师幼交往就是在这相对固定的环境中展开的,即使这种交往活动已经结束了,但交往本身会在很大程度上获得延伸,保持一段时间,甚至是终生。

2. 师幼交往具有很强的规律性

师幼交往不仅受制于一般教育规律,还受制于相应的心理规律,师幼交往的时空排列有序,线索明晰,内容完整,因此,在师幼交往中会形成很多共同的原则。

3. 师幼交往是互动的

教与学是同一矛盾的两个方面,是一种双边活动,师幼正是在这种双边活动中相互作用、相互约束又相互促进的,所谓"教学相长"就是这个意思。

4. 师幼交往角色具有社会规定性

在师幼交往中,其角色是由社会预先规定的,是受法律和社会规范保护的,这种角色认同是师幼交往的前提所在。

5. 师幼交往具有兼容性

师幼交往的内容与载体、形式和方法都是十分复杂的,既教书又育人,既有知识的传授又有人格的养成。

6. 师幼交往具有教育性

师幼交往的最终指向是为了完成教育目的,这种教育交往又是教育、教学活动的重要工具和手段,所以从这个意义上说,不具有教育性的师幼交往是无效的,也是不存在的。

7. 师幼交往的高品位性

从伦理上讲,师德要高于公德,因此,师幼交往是在较高起点上进行的,相对于一般社会交往而言,要高尚、纯洁得多,这为师幼关系的定性、发展和不断升华打下了基础。

8. 从社会大范围来看,师幼交往关系是平等的社会成员关系

9. 从幼儿园小范围来看,幼儿与教师的关系是"师生关系"

社会保障幼儿地位和权利的责任具体化为教师的义务和职责,教师成为幼儿生存、发展、学习等权利最主要的维护者,幼儿则是被保护者;教师作为成熟的社会成员,是代表国家意志的教育者,幼儿是身心均不成熟的、正在发展中的社会成员,是受教育者。在这个意义上,教师与幼儿又不可能是完全平等的。不认识到这一点会导致教师的失职,导致教育上的放任自流。

只有尊重幼儿的教育才是真正的培养"人"的教育;而离开了对幼儿的教育和保护,尊重幼儿又会成为一句空话。在幼儿园的教育活动中,教师要始终尊重幼儿,以民主、平等、充满爱心的态度,对每个幼儿认真地进行教育和指导。不管什么活动,无论其形式多么新颖,内容多么丰富,教师的教法多么艺术,只要没有以教

师与幼儿之间正确、良好的关系为基础,就不能算是好的活动。

第二节 教育过程中表现的职业伦理道德

一、教师幸福

教师幸福就是教师在自己的教育工作中自由实现自己的职业理想的一种教育主体生存状态。教师幸福也称教育幸福,对自己生存状态意义的体会构成教师的幸福感。教师的幸福感有以下几个主要特点:

(一) 教师幸福的精神性

教师幸福的精神性首先表现为劳动及其报酬的精神性。也就是说在物质待遇既定的情况下,教师生活有恬淡人生、超脱潇洒——或者说有"雅"的一面。教师的报酬实际上也的确不止于物质生活。学生的道德成长、学业进步,进而对社会作出的贡献,都是教师生命意义的确证。师生之间在课业授受和道德人生上的精神交流、情感融通都是别的职业所难以得到的享受。教育主体只有充分认识到这一精神性才能发现自己的人生诗意。

(二) 教师幸福的关系性

教师幸福的特点之一就是关系性或给予性与被给予性。这一特点的表现有二。第一,幼儿园教育中教师的使命是给予而非索取。这只要对比一下一般的"师生"关系与"师徒"关系在性质上的区别即可。前者希望倾其所有,无条件地教育学生。而无论是教授武功的师傅,还是手工艺方面的师傅,总是要在教授一些内容的同时,保留一些绝活的秘密,非嫡亲者不予传授——这是他们保护自己生存的必须。给予性的第二个表征是教育劳动的成果必须建立在交流之上,必须通过对方才能肯定自身——即教师的幸福是被给予的。教师只有全身心地将自己对学生的热爱给予学生,才能建立真正的"主体际性",才能进行有效的工作。教师也只有进行了富于热情和智慧的给予,才能从自己的教育对象身上看到自己的劳动成果,进而实现精神享用——体验幸福。当然被给予性也包括那种直接来自于学生的积极反馈。

教师幸福的给予性本身倒过来也能说明为什么教师的幸福是一种精神性的"雅福",因为其超越了一己之私。

(三) 教师幸福的集体性

教育劳动的特点之一是它的集体幸福与个人幸福统一的集体性。任何一个学生都是教师集体劳动的结果,也是学生集体劳动的结果。因此,教师的幸福及其体验既具有一般幸福所具有的个体性,更具有集体的性质。一般说来教师在教育工作中至少直接存在这样四种合作关系,即教师个体与学生个体之间、教师个体与教师集体之间、教师个体与学生集体、教师集体与学生集体之间的合作关系。一个优秀的学生,我们可以说是某某老师的学生,也可以说是某某学校、某某班级的学生。因此,教师的幸福具有合作与共享性,也具有超越性。说共享性是指属于一个集体的成员都可以享用同一幸福;说超越性,是指教师由于劳动的集体性质,必然具有与人积极合作而不是恶性竞争的特点。因此,教师的幸福建立在超越个体利益的基础之上,教师的劳动与幸福都具有在境界上相对崇高的特征。

(四) 教师幸福的无限性

教师的幸福具有效果上的无限性,表现在时间和空间两个维度。

教师的幸福感受与追求的能力培养的基本要求至少有以下几个方面。

其一,教师要充分认识自己的职业意义,并将自己的生命意义与之联系起来。教师要了解自己的"天命"何在。换言之,没有对教育事业神圣性的体验的人,无法体味教师的幸福。

其二,教师必须有较高的德行水平和人生境界。我们知道,幸福能力的大敌是对生活的享乐追求或庸俗理解。一个没有较高精神追求的教师,一个缺乏起码道德水平的教育工作者都极有可能像芸芸众生一样沉溺于感官生活,习惯于病态的幸福,从而失去对真正幸福的感受力和创造力。

其三,教师要有自己对教育活动的主体实践能力。道德主体的能力不仅包括正确价值观念的确立,而且包括将自己的价值理想付诸实践并取得成效的能力。一个因为业务能力差而在自己的岗位上无法感受人的伟大,无法进行创造性劳动,并且无实际收获的教师,是无法体会教育劳动的乐趣的,当然也不会具有追求幸福的能力。

二、教师公正

教师公正是指教师在自己的教育活动中对待不同利益关系所表现出来的公平和正义。它表现在教师与自身、教师与同事、教师与学生等人际关系之中。教师公正是教育公正的核心内容,而教育公正包含更多的教育制度内涵。教师公正是一条至关重要的职业道德范畴。

(一)教师公正的必要性

首先,教师公正有利于良好的教育环境的形成。

其次,教师公正有利于教师威信的提高。

再次,教师公正有利于幼儿学习积极性的发挥。

最后,教师公正有利于幼儿的道德成长。

(二)教师公正的特点

1. 教师公正的教育性

教师公正的特点首先是与他的职业特征联系在一起的。教师公正的首要特点就是其教育性。这里的教育性主要有两条:一是其公正行为的教育示范性;二是其公正调整的人际关系主要是师幼关系或以师幼关系为基础,体现在自己的教育活动之中的。由于师幼关系和教师职业的特殊性,教师的不公正往往是最不能饶恕的。

2. 教师公正的实质性

教师公正的实质性是说教师公正具有相当大的灵活性,着眼于实际或实质意义上的公正而不完全拘泥于形式上的公正。这一点也可以算作教师公正的教育性的一部分。

3. 教师公正的主体自觉性

教师是一种对自己的工作有较高职业意识的社会角色。这一方面是因为教育活动本身是一种具有目的性的活动;另一方面是因为现代社会所有的教师都是经过职业上的专门训练的。教育活动自觉性的重要标志是教师对自己职业道德及其重要性的了解。学校、教室等教育情境也常常会有道德上的文化暗示。所以,与其他社会阶层相比,教师在进入岗位之前和之后,都会有较高的职业道德的自觉意识和修养的动力。教师的职业道德自觉意识的内涵中当然也包括教师对教育公正原则的自觉意识。

(三) 教师公正的内容

教师公正既表现为教师对自己的公正,也表现在公正对待同事、领导及学生家长等方面,更表现在正确对待教育对象上。教师公正的核心是对幼儿的公正。

教师对幼儿公正的主要含义是指在教育活动中对幼儿持民主与尊重的态度;对不同性别、年龄、出身、智力、个性、相貌以及关系密切程度不同的幼儿能够做到一视同仁、同等对待,不以个人的私利和好恶作标准。我们可以将这一教育公正称之为对象性公正。教师对幼儿的对象性公正最主要的是应做到:第一,平等对待幼儿;第二,爱无差等,一视同仁;第三,实事求是,赏罚分明;第四,长善救失,因材施教;第五,面向全体,点面结合。

平等地对待自己的学生实际上也就是教育学所常说的要树立

正确的师幼观。从伦理学的角度看,教师要公正地对待学生,首先要真正尊重和信赖学生。

三、教师仁慈

"仁慈"(benevolence)在中国是儒家的"三大德"(智、仁、勇)之一;在西方也被基督教认为是"神学三德"(信、望、爱或信仰、希望和仁慈)之一。如果我们总结一下中西方伦理学家关于仁慈的界定,也许可以概括出仁慈的这样几个内涵上的特性——伦理上的仁慈具有爱心的特质(情感性)、理性的特质(理智性)和超越公正义务的爱心与宽恕的特质(超越性)。概而言之,仁慈就是具有高度情感性、理智性、超越性的爱心与宽恕的伦理精神和道德原则。

(一)教师仁慈的特点

1. 教师仁慈的教育性

一方面,教育事业要求仁慈的德性。对于从事教育工作的教师来说,坚持教育公正当然是非常重要的;但是教育事业是一个充满爱心的事业,在一定程度上,教育事业要求我们爱幼儿,爱幼儿也就是爱教育事业。教育事业要求教师必须具有仁慈的德性,教师伦理的最基本范畴之一应当是教师的仁慈,尤其是对幼儿的仁慈。另一方面,教育事业规定仁慈的特质。教师的仁慈是超越了一般的自然情感的。中国人有句俗语说:"师生如父子。"但是"如父子"并不等于是父子关系。教师的仁慈是一种无私的"类"(人类)的关怀,理智的爱,一种事业性的伦理实践,而不像父母对子女那样带有个体性和血缘关系的性质——因而可能带有一定的狭隘与盲目性。

2. 教师仁慈的理性色彩

教师仁慈的第二个特性是它的理性色彩。一方面,真正的教师尊重、重视学生的长远发展,从长远利益出发考虑对学生的关怀——"为之计深远"。诚如一位美国教育家所说过的:教师站在人类的摇篮边。另一方面,教师对学生的仁慈建立在教师对教育事业的神圣性的理解之上。实际上教师的仁慈并不仅仅是个人品质或做人原则,教师的仁慈是保证教育事业目标实现的必然要求。教师之所以是太阳底下最神圣的职业,就在于教师对人类发展的自觉关怀。以这一关怀落实到每一个学生的身上,就必然产生对学生真正的、理解性的仁慈。教师仁慈的理性来自于或者就是教师对职业的深刻理解。

3. 教师仁慈的方法特性

仁慈的理性特质的一个重要内涵是方法特性。教师的仁慈在一般人际关系中运用时也要讲求方法。但是涉及教育对象时,由于幼儿的年龄与发展的实际,由于教育规律的制约,这一方法特性就会表现得更为明显。包尔生指出:"热爱自己的孩子是一种本性,它既不是一种德性,也不是一种技艺。而教育孩子则是一种伟大和困难的技艺,它首先需要控制自己的柔弱的本能冲动的能力。"教师仁慈的最重要的特性之一就是方法特性。教师,尤其是现代教师,经过专业训练,是应当爱而得法的。

(二) 教师仁慈的内涵

教师对幼儿仁慈的内涵首先表现在对幼儿心态的正反两个方面。一是教师对幼儿无条件的爱心;二是教师对幼儿的高度宽容。而这两个方面又是互相关联的。

(三) 教师仁慈实现的主观条件

要在教育实践中真正做到按仁慈的原则行事,教师必须具备的主观条件主要有以下几点:

1. 具有崇高的道德境界
2. 拥有教育效能感——教育信心
3. 掌握高超的沟通与表达技巧
4. 做学生的心理关怀者

由于社会发展、竞争的日益加剧,家长已经普遍将未来的竞争自动提前到儿童、少年期,儿童的心理压力日益加剧的趋势也愈发明显。因此,仁慈原则是我们不能忽视的教育伦理原则。

四、教师义务

义务也是伦理学中最重要的范畴之一。中国人最早对义务的探讨主要集中在对"义"字的探讨上,孔子说:"君子喻于义,小人喻于利。""不义而富且贵,于我如浮云。"孟子说:"心之所同然者,何也?谓理也,义也。"我们知道,整个伦理系统都是在论说道德上的"应该"两字。所以,伦理意义上的义务是以怎样的方式反映"应该"的,尚需作进一步的说明。这里所作的解释最关键的是要区别"道德义务"和"非道德义务"。

道德义务是指能够对它作善与恶的判断义务。非道德义务则是指那些并不具有道德意义的义务。道德义务比一般义务要求更高,同时也是一般义务确立的道德基础。比如,诚实是一种道德义务,任何不诚实行为都会受到良心的责备。但是从经济义务的角度来看,允许在做广告时有适当的美化或包装;从法律义务的角度来看,不诚实的人只要不构成违法的欺诈,法律并不追求主体的责任。当然,所有的经济、法律义务等等的制定都需有一个道义上的基础,这一基础就是道德义务。同时,教师的道德义务也作为《教师法》的一部分(法律义务)而存在。

(一)教师的劳动自由与道德义务

教师的劳动自由是教师职业特性和意义所在,也是教师劳动创造性的保证。劳动自由对教师的职业生活意义重大。但是,正因为教师在劳动过程中自由处理问题的空间很大,教师能否自觉履行自己的道德义务,就直接关系到教育事业的健康发展;同时,教师在劳动中的自由是以履行教育义务为前提的,没有教育义务就没有教育自由,所以,教师的劳动自由与道德义务关系紧密。

教师的劳动是自由的,但自由的劳动抉择中教师往往会遇到这样几种冲突情境:首先是个人利益、爱好与道德义务之间的矛盾;其次是不同道德义务之间的矛盾(有不同的教育义务之间的矛盾,也有一般道德义务与教育道德义务之间的冲突);第三是一些教育技术处理过程中出现的"虚假冲突"(比如"严格要求"与"热爱学生"之间的矛盾)。在这些矛盾中,除了第三类矛盾主要靠教育能力的提高去解决之外,前两类矛盾都需要教师直接通过提高自己的职业道德义务的认识去解决。义务是真实自由的前提。在教育工作中履行自己的道德义务同样是职业自由获得的重要前提。

(二)教师道德义务的形态

教师道德义务形态的讨论,一是要理解形态本身,二是要依据形态的研究,讨论如何履行教师的道德义务。

康德认为,道德义务实际上只能建立在绝对命令的基础上。建立在假言命令基础上的行为不是道德行为。康德的绝对命令排除了在义务履行过程中将自己排除在外的权宜之计,或者有人寻求特别豁免可能导致的不道德行为的发生。康德理论对教师义务的理解有重要意义。我们认为,教师的公正、教师的仁慈等道德原则实际上就是教育伦理中的绝对命令。教师不能有任何借口违背这些道德要求,但是依据绝对命令行事需要实际的教育智慧。因此,我们需要在践行教育义务时充分考虑"技术命令",应当具有必要的道德"综合判断"能力。教师对学生的最大尊重首先是对学生健康成长的权利的尊重。

(三)教师道德义务的践行

从道德修养的角度来说,教师培养良好的道德义务感至少要从以下几项作主观的努力。

1. 努力培养自己的道德义务认知水平

大凡对教育义务践行彻底的教育家,都会有较高的道德义务的认知水平。

2. 努力提升自己的教育事业意识水平

要对教育道德义务有较高的义务认知水平,一个重要的条件是有较高的教育事业意识水平。教育义务感不可能孤立地存在于主体的意识结构中。

3. 实现教育义务意识向教育良心的转化

教育义务意识只是以道德认知为主的道德意识。仅仅有道德认知,义务感还处于较低的水平。要有真正和有效的义务感,教师作为道德义务主体还必须实现教育义务意识向教育良心的转化。实现教育道德义务意识向教育良心转化的实质,就是要达成真正的教师道德义务践行的主体自由。

五、教师良心

教师职业良心就是教育良心。它指的是教师在教育实践中对社会向教师提出的道德义务的高度自觉意识和情感体认,自觉履行各种教育职责的使命感、责任感和对自己的教育行为进行道德调控和评价的能力,等等。任何职业良心的意义都主要体现在对职业以及对从事这一职业的主体自身的价值两个方面。教师的职业良心也主要体现在这样两个纬度。

(一) 教师职业良心的内涵与特点

教师职业良心可以表现在教育工作的每一个环节上。其主要内涵有四个方面:恪尽职守,自觉工作,爱护学生,团结执教。教师良心的四个方面,分别反映了教师与社会、教师与自身、教师与学生以及教师与同事之间的道德关系。这四个方面的联系是,它们共同反映了教师对教育事业的责任、义务意识和情感等等。教师的良心与教育事业有必然的联系。

教师职业良心与其他职业良心相比,有两个主要特点:一是层次性高,所谓层次性高,是指由于教师劳动的崇高性质,以及教师本人对这一崇高的职业及其要求有较高的自觉性,因此,教师良心在境界上高于一般的职业良心;二是教育性强,所谓教育性强,是指教育良心的榜样作用和判断教育良心的最终标准是看其良心是否真正符合教育事业的要求。

(二)教师职业良心的形成与修养

"教师良心的形成"有两个方面的内涵,一是整体意义上的教育良心是如何形成的(它是社会生活、教育工作中道德关系的反映等等);一是教师个人是如何形成自己的职业良心的。

教师职业良心的自我修养之所以重要,还有一个十分重要的理由就是前面提及的教师职业良心的"教育性"。教师职业良心如果不与教书育人的最高目标和必要的教育技能相结合,良心就会成为一种不可捉摸的、充满随意性的东西,存在危害教育目标的可能性。所以,教师必须围绕职业良心作必要的精神和业务的准备。良心与理想或信仰的联系也决定了教师道德修养的重要。只有一个有自己的人生和人格理想并对自己的这一理想负责的教师,才会有较高的道德或良心的境界,教育良心的作用才会更明显、水平才会更高。换言之,教师的良心修养的内容应当是社会理想、教育理想和教育信仰等方面的综合修养。

第三节 教育过程中教育伦理关系的体现

一、教师的"教"和幼儿的"学"

幼儿园教育活动中包含着教师的"教"和幼儿的"学"这两类活动。教师在教,幼儿在学,两种活动不可分割地交织在一起。幼儿园教育正是靠教师和幼儿的共同活动,靠两者的合作才得以进行,离开了两者中的任何一方都不行。教师与幼儿在教和学的活动中相互作用,构成了幼儿园教育过程中最核心的环节,教育能否达到目的,取决于这一相互作用的质量。

教师的"教"就是教师对幼儿施加教育影响。"教"的活动主要通过两个途径进行：一是直接地"教"；二是间接地"教"。

教师的"教"是为了幼儿的"学"，如幼儿不学，或者学了没有效果，那么教育就失败了。幼儿是自身学习的主体，对教师所教的内容，幼儿是否接受，接受到什么程度，主要依赖于幼儿的兴趣、经验、认知能力、情感等，而不是取决于教师的意志。幼儿只接受那些适合于自己的东西，并按自己的方式和特点加以理解、消化、吸收。他们对教师所提供的合适自己的东西给以积极的响应和配合，而对不符合的东西则拒绝学习，甚至反抗，捣蛋、调皮、不专心都是他们常用的暗示方式。

幼儿的学习可分为"接受学习"和"发现学习"。在教师使用直接教的方式时，与之相应的幼儿的学习方式主要是接受学习。所谓接受学习，是指学习者主要通过教师的言语讲授获得知识、技能、概念等的学习方式。在教师间接教的时候，幼儿的学习方式主要是发现学习，即幼儿通过动手操作、亲自实践、与人交往等去发现自己原来不知道的东西，从而获得各种直接经验、体验以及思维方法的学习方式。在幼儿时期，这是比接受学习更适合幼儿的一种学习方式，特别有利于发挥幼儿的主体性，如激发幼儿的学习动机、发展其分析和解决问题的能力、培养主动参与的积极态度等。这些对幼儿的发展和终身学习都具有重要的意义，在很大程度上被认为是可学而不可教的，即不能由教师像传授知识那样"教会"，只能通过幼儿自己的实践活动"学会"。

二、促进教师与幼儿相互作用的策略

（一）充分发挥教师的主导作用

教师应当是在教育过程中一直起主导作用的一方。这一主导作用表现在，无论是直接教还是间接教，教师都始终控制着教育过程的方向，引导幼儿向着教育目标要求的方向发展。尽管幼儿是自己学习的主体,但是教师可以通过创设与幼儿适宜的环境,通过调动幼儿的兴趣和经验,通过激发幼儿学习动机等来引导幼儿积极地与教师配合,从而让幼儿的学习在很大程度上为教师所控制。教师与幼儿相互作用的质量主要是由教师决定的,否认教师的主导作用,就是否认教育本身。

(二)直接"教"时要注意的问题

1．变单向的"教"为双向的交流

2．变单一的言语传授为多样化的教育手段

3．重视情感效应

4．重视幼儿的个别差异,因人施教

5．重视随机地"教"

6．直接教与间接教相结合

(三)间接教要注意的问题

1．与直接教的方式相结合

鉴于间接控制方式的弱点,如果教师恰当地结合直接的言语传授,在提高幼儿知识的准确性、明确性、概括性等方面具有明显效果。

2．正确的角色定位

在使用间接方式时,教师主要是幼儿活动的观察者、支持者、合作者,只在必要时才直接给幼儿一些解决问题的提示,提供一些帮助等。

3．环境适合幼儿的年龄特点和个别差异

间接控制方式是通过环境来实现教育功能的,如果环境不适合幼儿的需要,教育效果也就无从谈起。

第四章 教师的自我修养

第一节 教师人格的自我完善

一、教师人格的含义

科教兴国,教育为本,发展教育,师资先行。"学高为师、身正为范",这是对教师职业特征及其专业特征的概括,也是对现代教师人格塑造的要求。俄国教育家乌申斯基曾经说过,教师的人格对于年轻的心灵来说,是任何东西都不能代替的,教师的人格是教育事业的一切,只有人格才能影响人格的形成和发展。因此,在教育现代化的进程中,塑造现代教师人格始终是一项基础性工程。

人格是人的社会性的集中体现,它带有职业的烙印,不同的职业有不同的人格特质和模式要求。"教师人格"是指教师应具备的优良的情感及意志结构、合理的心理结构、稳定的道德意识和个体内在的行为倾向性。作为"人类灵魂的工程师",他们的人格模式要求应当先于、优于和高于其他行业的人格模式要求。也就是说,教师人格应该是全社会的表率。

二、教师人格的特征

(一) 教师思维能力的特征

1. 教师的思维具有逻辑性

所谓思维的逻辑性是指在考察问题时,遵循严格的逻辑顺序;

在推论中有充足的逻辑依据;在提出问题时,明确而不含糊;在思考问题时,符合形式逻辑基本规律要求的确定性、无矛盾性、先后一贯性和论证的根据性。

教师思维的逻辑性表现在教师有较强的思辨能力,能够合乎逻辑地去思考、辨别各种问题。教师虽然主要是向学生传授课本知识,但是如何传授、如何处理教材内容之间的关系,特别是对于一些现实生活中的新问题,需要教师重新去理解、去思考、去研究、去加工、去创造,这就要求教师的思维应具有逻辑性。

教师思维的逻辑性还表现在教学过程中,讲课要合乎逻辑规律,重视推理过程。说话、写文章要论点明确、条理清楚、论证严密,富有说服力,力求给学生作出逻辑思维的示范。

2. 教师的思维具有创造性

所谓思维的创造性是指在解决问题的过程中,能够把已有的各种知识、信息,借助于想象与联想,通过科学的思维方法,进行更新组合与综合,从而形成新知识、新信息的思维活动。

创造性是对教师思维品质的一个新要求。在现代教育活动中,教师是一位创造者。教师思维的创造性主要表现在如下方面。一是教师对传授的知识要进行再创造;二是教师要改变传统的思维方式;三是教师要促进学生创造性思维的发展;四是教师要创造教育、教学的艺术。

(二)教师情感的特征

教师职业的特殊性使教师情感表现出如下特点:

1. 教师情感是成熟而稳定的

成熟而稳定是教师情感在形式上的特点。一个人的情绪的成熟是通过社会化的过程完成的。个体在成长过程中,使自己能按照社会的要求来调节与控制自己的情绪,并能对自己的活动进行合乎情理的评价,从而恰当地表达出自己的情感,达到这样的水平就是情绪成熟的表现。情感在很大程度上是人的行为自发形成的动力。因此,它需要人们有目的、有意识地加以控制。

2. 教师具有强烈的道德感和深刻的理智感

教师是人类社会中从事脑力劳动,以知识的传授和应用、精神文化的继承和创造为职业使命的社会阶层。特定的职业活动和教师受到较多传统文化的熏陶,长期的凝聚和历史的积淀形成了教师群体身上特定的心理特征,即强烈的道德感和深刻的理智感。

教师情感的培养应注意如下方面:

一是提高对教育工作的思想认识;

二是培养对学生无私的、理智的爱与宽容精神;

三是培养对学科专业的热爱;

四是掌握情绪自我调节的心理学方法。

(三) 教师的气质与性格特征

气质是表现在人的情感、认知活动和言语行动中的比较稳定的动力特征。动力特征是指心理活动发生时力量的强弱、变化的速度和均衡程度。

1. 教师的气质特征

从事教师职业的人们在气质方面表现出如下特点:

(1) 胆汁质(兴奋型)为主的教师。

表现为兴奋性高,精力充沛,在教育、教学工作中能承受较强的负担,做事雷厉风行,反应快但不灵活;抑制力差,性情急躁、热情、直爽、外向、好胜心强,有时会表现出比较主观、易冲动;行动迅速,强而有力,敢于冒险;言语明确,富有表情。

(2) 多血质(活泼型)为主的教师。

表现为反应敏捷灵活,适应性强;活泼、热情,善交际,容易发生情绪体验,并且情绪比较丰富,但不深刻、易变换,兴趣和注意不稳定;能较快学会新的东西,容易适应新环境,但缺乏意志持久性和刻苦耐心。

(3) 粘液质(安静型)为主的教师。

表现为安静、稳重、沉默寡言,情绪不易外露;反应慢而稳定,有较强的自我控制能力;注意和兴趣稳定且难以转移,善于忍受,善于做细致、持久、耐心的工作;反应和行动欠灵活,对周围事物冷淡。

(4) 抑郁质(弱型)为主的教师。

抑郁质属神经弱型,抑郁占优势,反应慢且不灵活,不能承受强烈的刺激;行动迟缓,孤僻内向;观察力强,想象丰富,情绪体验深刻,往往以心境的状态出现,敏感、懦弱,能体验到别人觉察不到的事物和人际关系的变化。

2. 教师的性格特征

性格是人表现在对现实的稳定态度和与之相适应的行为方式上的心理特征。性格和个性倾向性联系最密切。个性的倾向性集中体现在性格中,性格是个性倾向系统在人对现实的态度和待人接物方面的具体表现。因此,性格在人的个性结构中具有核心意义。

在性格特征中占主要地位的是道德品质,性格具有社会评价的意义,性格特征有好坏之分。教师有许多性格品质是学生喜欢的,也有一些性格特征是学生不喜欢的,很多调查清楚地表明了这一点。教师在教育、教学活动中应更多地表现出积极的性格特征。有专家认为,真诚、热情、豁达和富有同情心的教师能满足儿童附属内驱力动机。热情的教师易于同学生打成一片,建立良好的师生关系,产生与学生共同合作的学习气氛,这是学生得到良好发展的重要因素之一。

第二节　教师职业道德自我修养的内涵和要求

一、教师职业道德修养的含义

（一）修养与道德修养

"修养是个体自己对自己的规范和要求,具有自主、自觉、内省等特征。

道德修养是自我修养的重要内容,是个体形成优良道德品质的重要途径,它是指人们在道德认识、道德情感、道德意识、道德信念、道德行为、道德习惯等方面,按照社会的道德原则、规范和要求所进行的自我改造、自我磨炼、自我解剖、自我提高、自我教育等活动及通过这些活动所达到的道德水平。

道德修养的实质是人们按照社会生活和社会道德的要求,对自己的道德意识和品质进行的自我改造和自我完善,是人们不断进行自我斗争的过程。在这个过程中,个体主要应解决三个矛盾：一是先进的社会道德要求与个人的道德认识能力之间的矛盾；二是正确的道德认知与个人的道德行为选择之间的矛盾；三是自身受消极道德观念影响而形成的低下的道德品质与先进的道德品质之间的矛盾。

（二）教师职业道德自我修养及其特点

教师职业道德自我修养是教师形成良好职业道德素质的重要途径,它是指教师为适应社会主义教育事业的需要,为形成良好的职业道德品质所进行的自我改造、自我磨炼、自我解剖、自我提高、自我教育等活动及通过这些活动所达到的职业道德水平。

教师职业道德自我修养的特点表现在以下几个方面：

1. 内省性

教师职业道德修养过程中进行的自我教育、自我改造、自我斗争,是教师对自己施加影响,在内心对自己的内心世界及其行为进行的反省、检查、解剖,也就是进行自我"审判",把自己当作是"被告",与自己打"官司",与自己"辩论",审视自己的言行。"原告"、"被告",甚至"法官"、"法律"都是自己。

2. 自主性

教师职业道德修养是教师自己进行的自我改造、自我磨炼、自我解剖、自我提高、自我教育活动,没有外界施加的直接影响,也没有外界的直接监督,教师是否进行修养、修养到什么程度、在哪些方面进行修养以及采用什么方式进行修养完全取决于教师自己。

3. 实践性

任何修养都不能只停留在认识阶段,不能只是"坐而论道",而必须将自己积累的知识、认识、体会去指导自己的社会实践活动,这种认识才有真正的道德价值,个体的道德品质才能真正提高。

4. 持恒性

教师良好的职业道德品质的形成不是通过一两次修养,在短时期就能实现的,而必须经历一个复杂而长期的奋斗过程。

二、教师职业道德自我修养的主要内容

教师职业道德自我修养具有丰富的内容,主要包括思想政治、道德、知识技能、心理和审美素质等方面的修养。这几方面的修养对于教师履行教书育人的职责具有重要的意义。

三、教师职业道德自我修养的境界

教师职业道德自我修养的目的,一是塑造良好的道德品质,二是升华教师的道德境界。教师职业道德自我修养越好,道德境界就越高。只有具备高尚的品德和崇高精神境界的人民教师才是真正合格的教师。

(一) 教师职业道德自我修养境界的含义

教师职业道德自我修养境界是一种多层次的、复杂的道德意识现象，是一个动态的集合性概念。当我们说一个教师达到了某种境界的时候，不仅包括处于该境界所具有的道德行为选择能力和践行能力，而且包括他处于这种境界所具有的思想感情和精神情操。在阶级社会中，由于教师所从属的阶级地位不同，世界观、人生观和价值观的区别，其职业道德自我修养境界也参差不齐，同一个阶级的教师职业道德原则及其规范，在不同的历史阶段也有着不同的层次和要求，因此，教师职业道德自我修养的境界并不是统一的固定模式，不是一成不变的，也不会停留在一种境界上，每个教师通过自觉的自我修养和教育、教学实践活动去不断地完善自我，道德境界就从一种层次、境界上升到另一种层次、境界，教师职业道德的完美境界不会穷尽，也不会永远停留在某一种状态。因此，教师职业道德自我修养的完美境界，也就是应有的境界，是无止境的。

(二) 教师职业道德自我修养境界的表现

第一，把教书当作崇高事业追求的境界。

第二，把教书当作一种谋生手段的境界。这种境界又分为三种情况：一是在教书方面尽职尽责，但重教轻育；二是无所作为的境界；三是谋取金钱的境界。

当前，我国正处于一个伟大的时代，一个崭新的时代。新的时代对教师的职业道德素质提出了越来越高的要求。新时代的教师一定要加强自身的道德修养，树立崇高的道德境界，努力使自己成为一名优秀的人民教师，为我国的社会主义教育事业和建设作出应有的贡献。

第三节 教师职业道德自我修养的途径和方法

一、教师职业道德自我修养的途径

提高自己的师德认识,是师德修养的必要途径。而要提高自己的师德认识,就必须加强学习,接受教育。所以,进行自我修养的第一要旨是学习。学习的主要方法有以下几种:

(一) 认真读书,善于向书本学习

通过读书来获取教师职业道德及其修养方面的理论知识,是学习的主要形式。教师要提高自己的思想道德理论水平,获得真知灼见,正确地把握自己,就要善于学习。

(二) 虚心求教,善于向他人学习

学习还包括实际知识的学习,如听取他人传授、参观访问、社会调查、向他人请教、观察他人言行等。俗话说:"处处留心皆学问。"在实际生活中勤于学习、善于学习各种知识和经验,有利于提高自身修养。

(三) 积极进取,善于向榜样学习

榜样的力量是无穷的。教育战线涌现出来的大批优秀教师,是具备教师职业道德的模范代表,学习他们的先进思想和先进事迹是教师职业道德自我修养的一个重要方面。以优秀教师的优良品质、高尚情操作为自己的榜样,立足现实,从自己做起,从小事做起,循序渐进,不懈追求,积极进取,就会使自己有所作为,成为合格的、优秀的教师。

(四) 参加实践,善于向社会学习

在师德修养过程中,学习只能在一定程度上提高师德认识、激发师德情感。为了使这种认识和情感进一步深化,转化为教师的师德意志、师德信念和师德行为,形成自己的良好品质,更重要的一个环节就是投身于教育、教学实践。实践一点,就收获一点,实践得越多,掌握得就越多,这种实践愈持久和深入,良好的道德品质就越巩固。

二、教师职业道德自我修养的方法

(一)自我激励,发掘修养动力

缺乏师德修养的动力,师德修养过程就无法启动。师德修养的动力来自师德修养的需要,而师德修养的需要是否产生,又取决于教师是否具有较强的"教师意识"。也就是说,强化教师意识,才能不断产生师德修养的需要,继而产生师德修养的内驱力,最后激发和维持师德修养的行为。

所谓教师意识,指的是教师对自己的教师身份,对教师的社会价值及意义作用,对自己的言行、举止在学生中产生的影响等方面的认识。不断培养自己的教师意识,要达到人们所追求和努力的,并非入职教育界即意味着拥有了"教师形象"、符合了社会对教师的期望。当我们有了这种与理想境界的差距感,急于去缩短这种距离以使自己"像一名教师"、"做一名好教师"时,我们就会产生渴望净化灵魂、升华人性、完善师德的高级的精神需要。由于需要从本质上说是一种"匮乏状态",因此这些"师德匮乏感"会启动教师积极修养,以弥补精神缺损、满足精神需要;又因为精神需要具有无限性,即新的更高的渴望和追求会不断产生,永无止境。因此,这种师德修养的需要不仅起着激活、启动师德修养活动的作用,而且具有保持、增强师德修养活动永不停息的功能。进一步地说,教师师德自我修养的需要越强烈,则自我修养的自觉性越高、积极性越大。由此可见,教师强化自身的教师意识、激发自身的修养需要,是师德修养的首要环节。

(二)自我设计,确立修养目标

有了师德修养的动力,还需要明确修养的目标,才能保证修养活动的有效。毫无疑问,在我国现阶段,各行各业的人们根本的道德修养目标,就是以为人民服务为核心、以集体主义为原则、以"五爱"为基本内容的社会主义道德,这是体现时代精神的总目标。而具体到教师职业道德的目标,又有如前些章节所述的种种规范和要求,它是所有为人师表者所要身体力行的修养方向。再具体到教师个人,每位教师还应为自己制定一份针对自己实际的修养目标计划和时间表。

教师个人不妨对自己作一番冷静、理智的分析,在此基础上为自己设计一系列的短期、中期、长期的师德修养目标,当我们一步步接近或实现目标时,成功的喜悦感受定会油然而生。

(三)自我陶冶,积累情感体验

"世上没有无缘无故的爱",说明感情不会凭空而降,感情需要培养,感情也可以培养。我们不难发现,一些教师从不情愿走进师范生行列,无可奈何地扮演"孩子王"的角色,到发现培育成长中的儿童、青少年这一工程的精彩,再到着迷于执教讲坛,走过一条培养、积累、发展对教育的热爱的路子。的确,既然我们已身为一名教师,应当是不甘平庸地度过一生,而"干教育则爱教育"是我们事业有成的首要条件。有了对教育之爱,我们可能因工作上的负荷而身体疲惫,心里却会是轻松愉快的;我们可能会因一些调皮学生付出大量心血,却会从他们的转变中获得巨大的乐趣和成功感;我们可能物质上并不富有,但精神世界丰富充实,以一身雅兴、两袖清风为荣。

(四)磨炼践行,培养意志品质

古人云:"积善成德。"说的是优秀品德的形成要经历知微见著、积小善为大德的过程。师德的形成也不例外,只有长期坚持、刻苦磨砺,才能筑起坚不可摧的"人格长城"。

在改革开放环境下,教师主体内部的心理矛盾和心理冲突增多,教师外部的各种诱惑也大量存在,要做到排除干扰和诱惑,严格进行自我要求、自我监督,意志这一心理因素也就显得尤为关键。那么,如何自我磨炼、不断践行、增强意志、积善成德呢?以下几种方法是行之有效的:第一,慎独;第二,内省;第三,从善如流,博采众长;第四,身体力行,躬行履践。

第五章 幼儿园教师职业形象设计

第一节 幼儿园教师职业形象的教育价值

一、教师形象对自身的作用

形象是一个人着装打扮、言谈举止等外在因素给人造成的综合性印象。良好的教师职业形象蕴藏着丰富的教育价值。教师通过适宜的着装、语言、体态语和举止营造和谐的师生关系和同事关系，不仅有利于教师工作效率的提高、任务的顺利完成，而且有助于增强幼儿教师的职业感，缓解心理压力，帮助个人修身养性、完善自我。

二、教师形象对幼儿的感染力和示范影响

教师的形象本身是一种宝贵的教育资源。教师形象对幼儿品行的影响潜移默化、意义深远。教师的个体形象，包括音容笑貌、举止风度，几乎在学生的心灵中储存终身，以至吸收为自己的个性特征。教师一定要养成礼貌待人、仪表端庄、语言文明、举止从容的良好习惯，以达到对幼儿产生正面影响的目的。

三、教师形象对幼儿园其他成员及园风的影响

端庄的仪表、优雅的举止和良好的教养能够帮助人们约束自我、尊重他人、相互理解、相互合作,创造和谐而温馨的人际关系。适宜的职业形象会对同事、园领导、学生家长产生积极的影响,有利于形成优良的园风。

四、教师形象对社会的影响

教师在全社会为人师表,其风度、仪表也为全社会群众所仿效,产生社会效应。此外,教师劳动作为一种社会性育人劳动,教师形象通过培养的人参与社会实践对社会产生影响。

第二节 幼儿园教师职业形象的要求

一、幼儿园教师职业形象设计的基本原则

幼儿园教师职业形象设计的基本原则是幼儿教师在进行自身形象设计时必须遵循的准则,是选择和评价职业形象的基本标准。它集中体现了一定阶级或社会对幼儿教师形象的最根本的要求,贯穿于教师职业形象设计活动过程的始终,是形象设计的指导纲领。具体包括:

(一) 职业性原则

(二) 道德性原则

(三) 审美性原则

(四) 个性化原则

二、幼儿园教师职业形象设计的具体要求

(一) 服饰上的要求

服饰是指人的衣着,它包括衣、裤、裙、鞋、帽、袜、围巾、领带、手套及各种饰物,如项链、戒指、胸针、手表、眼镜等。整洁、得体是对教师衣着的基本要求。整洁是指服饰要整齐清洁,不能尘埃遍

布,马虎邋遢。得体是指穿的衣服、戴的饰物要得当、合体,在颜色或式样上不能过于浓艳、华丽。教师着装应充分体现教师的职业特点和健康的审美情趣。按照整洁、朴素、得体的标准去要求,教师的衣着应做到"四个适合",即适合体形,教师的着装应因人的体形而异,符合量体裁衣的原则;适合性格,教师衣着色调的选择应该因自己的性格而定,使衣服色调的冷、暖与性格的刚、柔相协调;适合年龄,教师衣着的款式和色调应与自己的年龄相协调;适合教育对象,教师服饰的选择应充分考虑自己的教育对象的身心发展状况,以促进幼儿的身心发展为原则。

(二)仪态上的要求

仪态是指一个人的仪容和姿态,包括人的发型、容貌、姿势、体态等方面。

1. 发型

发型是指人头发的式样。发型对于一个人的仪容起着很重要的作用。幼儿园教师的发型要活泼、富有朝气。

2. 容貌

容貌是指眉、眼、鼻、口、耳五官长相以及裸露在外的身体其他部分。通过化妆可以修饰人的容貌、调节人的心情。化妆的关键是要懂得化妆应追求什么样的效果。幼儿园教师的化妆应是自然、清丽、亲切,最忌浓妆艳抹。

3. 姿态

姿态是指人的姿势、体态,是个体在生活和工作空间活动、变化的样式。它包括教师的站姿、坐姿、手势、眼神、面部表情等。幼儿园教师的姿态美是仪态端庄的重要内容,它的基本要求是稳重、自然。

(三)语言上的要求

语言是人类最重要的交际工具,是人类区别于动物的本质特征之一。人类所独有的语言有其自身的一些特点,即语言的规律性、变异性和艺术性。教师的语言要求是文明、规范、生动。为了使语言发挥其应有的效果,教师需要了解说话对象的情况。

(四) 举止上的要求

举止是人的修养、性格、爱好的外在表现,与个人的审美观念和职业道德风貌紧密相连。稳重、从容、大方是人们对教师举止的一般要求。具体而言就是谈笑有节制,动作要得体。身教重于言教,教师应加强举止方面的专业训练。

第三节 多种角色下的幼儿园教师职业形象

一、作为学校成员的幼儿园教师职业形象

教师的形象是教师在工作时表现出来的礼节、仪容、举止等的总和,教师的仪表、风度是教师德、识、才、学、体等各种素质在社会交往中的综合表现。礼仪是指一个国家和民族维系社会生产方式和社会交往而约定俗成的最基础的行为规范模式,也是一个国家和民族道德风貌、文明程度的反映。教师应该成为现代社会礼仪规范的模范遵守者。教师与其他幼儿园成员交往时要讲究:

(一) 相见的礼仪

主要涉及握手和介绍的次序。

(二) 说话的礼仪

主要涉及谈话内容的选择、谈话时的表情、动作要求。

(三) 使用电话的礼仪

(四) 共处的礼仪

即与人相处要相互尊重,不猜疑,要公平竞争,不勾心斗角,要待人真诚,不耍花招,要诚实守信,不虚伪,要待人谦和,不傲气。

（五）接待的礼仪，即待人接物要主动、大方

二、作为家庭成员的幼儿园教师形象

作为家庭一员的幼儿园教师，在对待长辈、同辈和晚辈时应该体现家庭美德。

（一）对待长辈

百善孝为先，教师对待长辈应围绕着"孝"展开活动。

（二）对待同辈

夫妻之间的相处美德是相互尊重，互相信任，真诚相待，两人相亲、相爱、相扶助。兄弟姐妹相处要相互友爱，相互礼让，相互帮助，相互劝善规过，进德修业。

（三）对待晚辈

教师应以爱为核心处理与晚辈的关系，给子女以慈爱，而不是溺爱。

三、作为社会成员的幼儿园教师形象

身为特殊社会成员的幼儿园教师，在遵守社会公德方面，应成为大众表率，教师在日常生活中要做到：

（一）遵纪守法
（二）爱护公物
（三）保护环境
（四）讲究卫生
（五）助人为乐

第六章 教育立法与依法治教

第一节 确立现代教育法制意识

一、道德与法律互为基础

法律与道德在功能上总是相辅相成的。法律强调的是法规和强制,是通过必要的强制手段对人们的行为规范加以约束和警戒。道德则是强调教育感化的手段,使人们自觉地遵守行为规范并通过自我调节加以自律。加强法律须以道德为基础。道德和法律最初的内涵与旨意有着很大的一致性,但在产生的背景、表达的方式和内容的体系、作用和义务范围上存在一定的区别。

二、道德自觉与守法自律相辅相成

作为一种社会规范,法律制度是显性的、刚性的,人们也容易感受和理解它并服从它。而道德规范是隐性的、柔性的,尽管人们能感受到它的存在,但由于它是以人的自觉意识水平为依据,因此,能在多大程度上对社会关系起到调节作用,这有赖于一个社会的良好风气和公民的道德水准。

"以德治国"在具体实施中需要有深厚的法制基础。真正实现以德治国必须要处理好德治与法治的关系,要正确理解"以德治国"的内在含义:首先,"以德治国"思想的提出是对过去思想政治工作、精神文明建设和德育工作的概括和总结,是对古今中外治国经验教训的深刻总结,是对以往成绩的肯定,也是对长期工作在思想政治工作、德育工作战线上的广大党员干部的鼓舞和激励。"以德治国"的真正内涵应该是以德"治人",即通过教育造就具有较高道德素质的公民。其次,"以德治国"是中国社会主义现代化建设事业进入新世纪的新需求。再次,适时提高道德在社会生活中的地位和作用,是对人民群众新时期道德需求的满足。

从另外一个角度说,一个社会只讲道德自律而没有法律规范,势必会造成人无规矩、道无秩序、德无法度,甚至形成坏人当道、好人受气的社会局面。任何社会的任何教育方式都不能保证每个人的道德水准是一样的,而且道德作为一种社会调节力量其功能也是有限度的。从社会发展的角度来看,法制的作用不仅仅在于规范和约束,更主要的还在于引导和预防,保证社会及其成员的公正和正当的权益不受侵害,也为人们的社会生活提供了行为规范和法律保护。道德是弘扬善的东西,法律是惩罚恶的东西,其根本目的是一致的。

三、把握教育法律与政策规范的关系

教育法或教育法规是指调整教育活动中发生的各种关系的规范性文件的总和。有狭义(是指由国家立法机关制定或认可,并受到国家强制力保证执行的有关教育方面的规范性文件)和广义(是指国家机关,包括立法机关和政府机关制定和发布的一切有关教育方面的规范性文件)之分。国家机关制定完善的教育法规,是教育行政有法可依的必要前提。

第二节 教育法律的产生及其价值

一、法律的产生和基本类型

法律是阶级矛盾不可调和的产物。法律的产生,是由原始社会的习惯演变为法律的一个渐进的过程。法律的产生是人类历史的一个巨大进步。其基本类型包括以下几类:

(一)奴隶制法律

奴隶制法律是人类历史上最早出现的剥削阶级的法律类型。奴隶制法律完全是不平等的产物,首先它用极其残酷的方法保护奴隶主的所有制;其次,它用神化和残酷的刑罚维护奴隶主阶级的政权;再次,它公开规定自由民之间的不平等;最后,它长期保留原始公社行为规则的残余。

(二)封建制法律

封建制法律是继承奴隶制法律之后的又一种剥削阶级的法律类型。封建制法律的主要特征为:第一,它严格维护封建阶级的所有制;第二,公开承认封建制度等级特权制度;第三,用专横、残酷的手段维护封建政治制度及其统治政策。

(三)资本主义法律与法制

资本主义法律与法制是资产阶级在取得反封建专制斗争胜利并夺取国家政权以后建立起来的一种新型法律制度。其主要特点有:第一,确认和保护资本主义私有制;第二,维护资产阶级议会制民主,实行"三权分立",维护其稳定性;第三,维护资产阶级的自由、平等和人权;第四,确立资产阶级的法制原则。

(四)社会主义法律与法制

社会主义法律与法制是在无产阶级夺取政权之后,打碎旧的国家机器,废除旧法律体系的前提下,在总结社会主义实践经验的基础上建立起来的新法律类型。它主要是用以对敌实行专政,确立和巩固社会主义国家制度调整人民内部矛盾,促进安定团结,保障和促进社会主义经济建设和精神文明建设,为处理对外关系提供法律依据。

二、教育法律的产生与发展

国外教育法的产生大致经历了四个发展和更替的阶段:零星立法阶段;普及义务教育立法阶段;广泛进行教育立法阶段;教育的综合法治阶段。

中国的教育立法伴随"新政"出现;在新中国诞生后,先后颁发了一系列新的教育法案、法规和指令等;在20世纪末社会转型和教育事业飞速发展的情况下,我国教育工作开始走上依法治教的轨道。

三、教育立法的价值

(一)教育立法的秩序与调整价值

法律的首要作用是规范社会秩序,调节社会人际关系。秩序是指社会处于一种有条理、不混乱的状态。从社会的角度理解,秩序指在社会运转中存在的某种程度的一致性、连续性和确定性。具体而言,秩序意味着不同利益的各种个体、群体组成的社会成员,在某些方面存在着一定程度的一致性,而不致纷争不息。教育立法在建立和维护秩序中的作用主要表现在三个方面:第一,秩序的维护功能;第二,维护日常教育生活秩序;第三,为公民特别是教育工作者提供行为规范。

(二)教育立法的正义与公平价值

正义是人类的普遍追求和崇高理想,是古往今来人们评价自己和他人行为的一条共同准则。正义的概念是不确定的、多含义的。教育的公正主要是体现社会主义平等的原则,在对教育机会平等概念的理解上,一般包括起点上的平等、过程上的平等和终点上的平等这三个基本环节。由于各国经济、教育的发展水平不同,教育机会平等原则的实现程度会有所差异。

(三) 教育立法的自由与规范价值

自由一词,无论东方或西方,古已有之,含义有别。法律自由是指人们受反映客观规律的法律保障或认可的按照自己意愿活动的权利。从法律的角度看,法律的限制是对公民在获得保障的情况下享受自由的必然选择。法律总是将自由与责任联结在一起,为公民实现平等的自由提供保护机制。与自由相联结的责任有两种:一种是要求个人在行使自由权时无害于他人,对社会负责;另一种是个人必须对自己的出于自由选择而妨害他人自由的违法行为承担法律责任。我国教育法的规定也都是将权利与义务放到统一的范畴中加以创制和陈述的。

(四) 教育立法的经济价值与效益价值

经济价值主要是指通过教育立法保证教育经费的落实和规范教育资源的合法、合理地使用。效益价值有两层含义:一是人类活动的有效性,指人类活动的效率;二是人类活动的有益性,指人类活动所达到的有价值的结果。现代社会的法律,从实体法到程序法,从根本法到普通法,从成文法到不成文法,都应有其内在联系,以有利于提高效益的方式分配资源,并以权利、义务的形式保障资源的优化配置和使用。

效率与公平是法所追求的一对互相矛盾的价值目标。效率与公平在价值序列中的阶位依社会要求的变化而变化。在经济增长成为一种主导的需要时,效率应优先考虑。在我国现阶段,效率具有优先性。

第三节 我国教育立法体系

一、我国教育立法的法源关系

法源是法律源渊的简称。法学上一般将此分为正式意义和非正式意义、形式意义和实质意义、直接意义和间接意义等类别。在一般的法学著作中,通常是从形式意义上使用法律渊源这一概念,它指的是根据法律效力的来源不同而形成的法律类别。我国的教育法法源主要包括以下四个方面:

(一)《宪法》

宪法是具有最高的法律地位和法律效力,是最高层次的法律渊源。

(二)部门法律

它指由国家最高权力机关及常设机构所制定的规范性文件,包括基本法律(规定和调整某一方面带有根本性、普遍性的法律)和基本法律以外的法律(规定内容较专门化、具体化的一类法律)。

(三)行政法规和规章

行政法规泛指国家行政机关制定和发布的规范性文件。

(四)地方性法规和规章

二、我国教育法规的体系

(一)教育法规体系的纵向结构

教育法规从纵向上分为以下五个层级:一是与国家宪法相配套、对整个教育全局起宏观作用的教育基本法;二是与《教育法》相配套的单行教育法律,以及其他与教育相关的法律中的条款;三是与教育法律和其他法律相配套的国家最高行政机关发布的教育行政法规;四是部门教育规章;五是地方性教育法规。

(二) 教育法规体系的横向结构

教育法规横向结构是指按照它所调整的教育关系的性质或教育关系的结构要素的不同,划分出若干个处于同一层级的部门法,形成教育法规调整的横向覆盖面,使之在横向构成上呈现出门类齐全、内容完整、互相协调的态势。从横向方面看,我国教育立法体系可分为权力机关立法(人民代表大会立法)和行政立法(行政机关立法)两大系统。

三、我国的教育立法程序

(一) 教育立法准备

教育立法准备是指提出教育法案前所进行的有关立法工作。教育立法准备活动可以从宏观、中观、微观三个层面进行。

(二) 由教育法案到教育法

1. 提出教育法案

是指由有立法提案权的教育立法主体,依法定程序向有权接受提案的机关,提出关于制定、认可、修改、补充和废止教育法文件的提案或法案。

2. 审议教育法案

法律草案审议的内容涉及立法动机和法律规范条文是否合宪,以及立法时机、立法精神、权益调整、法律规范体系、法律的实效性、语言逻辑等多方面;其方法一般可以分为调查了解、小组讨论、主席团会议和大辩论。

3. 表决教育法案

是指有教育法案表决权的主体,对教育法案表示最终的、具有决定意义的态度,即表决者最后对教育法案是赞成还是不赞成的态度。教育法案的表决和教育法案的通过不是同一个概念。

4. 公布教育法文件

即由有关主体,在特定时间内采用特定方式将教育法文件公之于众。

(三)教育立法的完善阶段

1. 进行教育立法的解释

立法解释的目的和任务主要在于：进一步明确教育法文件中有关内容的含义，或是重新确定或赋予教育法文件中有关内容的含义，以弥补原有教育立法的不足或使之适应新情况。

2. 进行教育法的修改和补充

法的修改是对法的一种变动，它改变法的某些规定，使之适应新的需要；法的补充则是在现行法的规定不变的情况下，在已有法中加入新的内容，使其完善并能协调更为复杂的社会关系。

3. 教育法的废止

即主要通过明确立法废止或自行失效而废止两种方式来实现，其含义是教育法的规定失效并从现行法中消失。在理论和实践上有整体废止和部分废止两种。

第七章 教育法律关系与责任

第一节 教育法律关系与责任概述

一、教育法律关系概述

(一) 法律关系的基本内涵

法律关系是运用法律规范在调整人们的行为过程中所形成的权利、义务关系,它是一种特殊的社会关系。

1. 法律关系的特征

(1) 法律规范是法律关系产生的前提和依据,只有当一种关系被纳入到法律规范的调整范围内,才会成为法律关系;

(2) 权利和义务是法律关系的主要内容,法律规范为法律关系当事人设定各种权利和义务,并由此为当事人预先提供行为模式和行为后果的评价;

(3) 国家强制力是维护和保障法律关系的手段。

法律关系是主要由法律关系主体和法律关系客体组成的。法律关系的主体即法律关系中享受权利和履行义务的人,他们是法律关系的参加者,又被称为"权利主体"或"义务主体"。合格的主体必须具备主体能力,必须有以下两个要素构成:第一,法律所确认的享有权利、履行义务的资格,即权利能力;第二,法律所承认的、独立地以自己的行为享有权利和承担义务的能力,即行为能力。

2. 法律关系主体类型

(1) 自然人；

(2) 法人，自然人的对称；

(3) 非法人组织；

(4) 国家及国家机关。

法律关系的客体是指主体的权利和义务所指向的共同对象，又称"权利客体"或"义务客体"。

3. 法律客体的特征

(1) 客观性和稀有性；

(2) 有用性或价值意义；

(3) 具有法定性和可控性。

4. 常见的法律关系客体

(1) 物；

(2) 行为；

(3) 智力成果；

(4) 人身利益，包括人格利益和身份利益。

(二) 教育法律关系的基本含义

教育法律关系与任何法律关系一样也包括主体、客体和内容这三方面的基本要素。根据我国现行教育法律法规的制定情况，我们主要是从行政法律关系、民事法律关系、刑事法律关系这三个维度加以考察。

从现有教育法律规范来看，教育法律关系主体有可能涉及国家、教育行政机关、学校、学校管理人员、教师、学生、学生父母和其他法定监护人、各种依法兴办学校的社会力量以及社会中各种依照教育法规的有关规定负有某方面教育责任的单位和个体等。教育法律关系的客体主要包括教育行为、教育管理行为、教育资源、教育研究成果等体现教育方面权利和义务关系的物、行为和精神财产等。教育法律关系的内容则是教育法律关系的主体所享有的教育权利和应承担的教育义务。

教育法律关系范围按其所涉及的主体和所处的社会角色来分,可以分为教育的内部法律关系和教育的外部法律关系。教育内部的法律关系主要是指教育法律规范调整的教育系统内部各级各类教育机构、各类教育工作人员、教育对象之间的关系。教育外部的法律关系主要是指教育法律规范调整的教育系统与其外部社会各方面的必然联系。

(三) 教育法律关系的性质

由于教育法律规范的调整对象不再仅仅是教育行政关系,使得教育法律关系有了不同类型的区别。按其隶属特征和违法程度来划分,教育法律关系可以分为具有纵向隶属特征的教育行政法律关系、具有横向平等特征的教育民事法律关系和具有刑事犯罪特征的教育刑事法律关系。除此以外,还可以根据法律关系体现的内容分为基本法律关系、普通法律关系和诉讼法律关系。按法律关系主体之间地位是否相等分为平权法律关系和隶属法律关系等。

二、教育法律责任

(一) 法律责任和教育法律责任的基本含义

法律责任是一种特殊的社会责任,它直接反映人们之间的法律关系,并受法律关系的制约。它既说明是一种责任关系,又表明是一种责任方式。基于此,对教育法律责任作如下定义:教育法律责任是教育法律关系主体因实施了违反教育法的行为,依照有关法律、法规的规定应当承担的否定性的法律后果。

1. 构成法律责任的要件

(1) 责任主体,即承担违法责任的法律关系主体;

(2) 有过错,即承担法律责任主体的主观故意或者过失;

(3) 违法行为；
(4) 损害事实；
(5) 因果关系。

2．教育法律责任

教育法律关系就其本质上说与任何法律关系并无相悖之处，但在一致性的前提下，还要注意教育法律关系的特殊性。

(1) 教育法律责任与违法行为紧密相连。存在违反教育法律、法规的行为，是教育法的法律责任的前提。

(2) 法律后果的承担者，是有遵守教育法律、法规义务的特定教育法律关系主体，它不仅指公民个人和社会团体，还包括国家行政机关和学校，体现了教育法的一种特殊的强制力。

(3) 教育法律责任与法律制裁紧密相连，表现为一种否定性的法律后果，是国家对违反教育法律、法规行为的不允许态度。

(二) 教育法律责任的特点

(1) 必须有法律规范的规定，即责任的法律规定性。
(2) 以国家强制力保证执行，即责任的国家强制性。
(3) 由违法的教育法律关系主体所承担，即归责的特定性。
(4) 由国家专门机关或国家授权机关依法追究，即责任的专权追究性。

第二节 教育法律关系主体的权利与义务

一、教育行政机关

本节所论及的行政主要是国家基于公共利益对社会事务的组织与管理，又可称为公共行政。教育行政机关，即依法成立的代表国家从事教育行政管理、承担对内对外教育职能的行政机关，它是国家行政机关的重要组成部分。教育行政机关的法律地位，是指在行政法上教育行政机关具有的主体资格。

教育行政机关的法律地位在不同的教育法律关系中是不同的,主要表现为:

(一) 以管理者的身份同相对人发生的行政法律关系
(二) 以平等身份同相对人发生的权利与义务关系
(三) 教育行政机关与学校的法律关系
(四) 教育行政机关与相对人(被管理者)的法律关系

二、学校的法律地位

(一) 学校的法律地位

学校的法律地位主要是指其作为实施教育、教学活动的社会组织和机构,在法律上所享有的权利能力、行为能力及责任能力。

学校成为法人的条件与事业组织、社会团体、国家机关成为法人的条件是一样的。

学校作为法人即具备权利主体能力:一方面,享有权利和承担义务的能力,即权利能力;另一方面,具有独立地、以自己的行为实现权利和义务的能力,即行为能力。主要表现为:

1. 办学的自主性
2. 财产的独立性
3. 机构的公益性

(二) 学校的权利

1. 按照章程自主管理

为了确保学校正常的教育、教学秩序,我国教育法律规定学校有权根据本单位所立章程确定的办学宗旨、管理体制及运行方式,制定具体的管理规章和发展规划,自主地作出管理决策,并建立和完善自身的管理系统,组织实施管理活动。

2. 组织实施教育、教学活动

学校有权依据国家教育主管部门有关教学计划、课程、专业设置等方面的规定,根据自己的办学宗旨和任务,自行决定和实施本机构的教学计划,决定具体课程、专业设置,决定选用何种教材,决定具体课时和教学进度,组织教学评比、集体备课,对学生进行统一考核、考试等。

3. 招收学生或其他受教育者

学校有权根据自己的办学宗旨、培养目标、任务以及办学条件和能力,依据国家有关招生法规、规章和主管部门的招生管理规定,制定本机构的招生办法,发布招生广告,决定招生的具体数量和人员,确定招生范围和来源。

4. 对受教育者进行学籍管理,实施奖励或者处分

学校可以根据主管部门的学籍管理规定,制定具体的学籍管理办法。还可以根据国家有关学生奖励、处分的规定,结合本校的实际,制定具体的奖励与处分办法,并可以根据这些管理办法,对受教育者进行一定的约束。

5. 对受教育者颁发相应的学业证书

学校根据自己的办学宗旨、培养目标和教育、教学的任务和要求,依据国家有关学业证书的管理规定,对经考核成绩合格的受教育者,按其类别,颁发毕业证书、结业证书等学业证书。这既是学校的权利,从保护受教育者权益的角度来讲,又是学校应尽的一项义务。教育行政部门既要保护学校的这项权利,同时又要进行监督,以防止学校滥用这项权利。

6. 聘任教师及其他员工,实施奖励或者处分

学校根据国家有关教师和其他教职工管理的法规、规章和主管部门的规定,从本校的办学条件、办学能力和实际编制情况出发,可以自主决定聘任、解聘有关教师和其他职工,可以制定本校的教师及其他职工聘任办法,签订和解除聘任合同,并可以对教师及其他员工实施包括奖励、处分在内的具体管理活动。

7. 管理、使用本单位的设施和经费

学校对其占有的场地、教室、宿舍、教学仪器等设施设备、办学经费以及其他有关财产,享有财产管理权和使用权,必要时可对其占有的财产进行处置或获得一定的收益。

8. 拒绝任何组织和个人对教育教学活动的非法干涉

学校有权拒绝来自行政机关、企事业单位、社会团体、个人等任何方面违背法律、法规和有关规定做出的不利于教育、教学活动的行为,如强行占用学校场地、教室,随意要求学校停课参加社会活动或其他活动,以行政命令要求学校向学生家长催粮、要款等。

9. 法律、法规规定的其他权利

除上述权利外,学校及其他教育机构还享有我国现行其他一切法律、行政法规以及地方性法规赋予的其他权利,同时,还包括将来制定的法律、法规确立的有关权利。法律的这项规定进一步完善了学校的办学自主权。

(三) 学校的义务

1. 遵守法律、法规

遵守法律、法规是指遵守宪法、国家权力机关制定的法律、国务院制定的行政法规、地方性法规以及根据法律、法规制定的规章。学校或其他教育机构要特别注意遵守教育法律、法规、规章中为学校及其他教育机构确立的与实施教育、教学活动、实现办学宗旨有密切联系的义务。

2. 贯彻国家的教育方针,执行国家教育、教学标准,保证教育、教学质量

学校要坚持社会主义办学方向,贯彻国家教育方针,走教育与生产劳动和社会实践相结合的办学道路,从德、智、体等方面全面教育、培养学生;要执行国家教育、教学标准,努力改善办学条件,加强育人环节,保证教育、教学活动和培养学生的质量达到国家的教育、教学质量要求,并不断提高教育、教学质量。

3. 维护受教育者、教师及其他职工的合法权益

学校不得侵犯教师、学生及其他职工的合法权益,另外,当其他社会组织和个人侵犯了本校学生、教师及其他职工的合法权益时,学校应当以合法方式,积极协助有关单位查处违法行为的当事人,维护受教育者、教师及其他职工的合法权益。

4. 以适当方式为受教育者及其监护人了解受教育者的学业成绩及其他有关情况提供便利

学校不得侵犯受教育者的隐私权、名誉权等合法权益。

5. 遵照国家有关规定收取费用并公开收费项目

根据我国现行关于学校收费的法规、政策文件的基本精神,国家举办的实施义务教育的学校,不得收取学费,但可酌情收取杂费,杂费取之于学生,用之于学生。非义务教育的学校可以适当收取学费。中小学的收费项目和标准,一般由省一级教育、物价主管部门根据本地实际情况确定。高等学校以及一部分部属、省属中等专业学校一般由各中央主管部门或省一级教育、物价主管部门具体确定。幼儿园一般由县、市教育、物价主管部门确定收费标准。其他教育机构的收费,则一般没有统一规定,由教育机构自己确定。

6. 依法接受监督

学校对于各级权力机关、行政机关依照法律、法规进行的检查、监督等职权行为,以及社会各界依法进行的社会监督,应当积极予以配合,不得拒绝,更不得妨碍检查、监督工作的正常进行。

三、教师的法律地位及权利与义务关系

(一) 教师的法律地位分析

我国《教师法》第一章第三条对"教师"的基本性质与任务作了规定:"教师是履行教育教学职责的专业人员,承担教书育人,培养社会主义事业建设者和接班人、提高民族素质的使命。教师应当

忠诚于人民的教育事业。"据此理解,只有直接承担教育、教学工作职责的人,才具备教师的最基本的条件。

(二) 教师的权利

1. 进行教育、教学活动,开展教育、教学改革和实验

教师可依据其所在学校的教学计划、教学工作量等具体要求,自主组织教学。可按照教学大纲的要求确定其教学内容和进度,不断完善教学内容。可针对不同的教育、教学对象,在教育、教学的形式、方法、具体内容等方面进行改革、实验和完善。

2. 从事科学研究、学术交流,参加专业的学术团体,在学术活动中发表意见

在完成规定的教育、教学任务的前提下,教师有权从事专业领域的研究、撰写学术论文、著书立说。有权参加有关的学术交流活动,以及参加依法成立的学术团体并在该团体兼任工作的权利。有在学术研究中发表自己的观点、开展学术争鸣的自由。

3. 指导学生的学习和发展,评定学生的品行和学业成绩

教师有权依据学生的身心发展状况和特点,运用正确的方式方法,在学生的学习、道德形成、心理健康、升学就业等方面给予引导和帮助。教师有权对学生的思想政治、道德品性、学业成绩、身体状况等方面给予客观、公正并有利于教育学生的评价。

4. 按时获取工资报酬,享受国家规定的福利待遇以及寒暑假期的带薪休假

教师有权要求所在学校及其主管部门根据国家教育法律、教师聘用合同的规定,按时足额地支付工资报酬,教师有权享受国家规定的福利待遇。

5. 对学校教育、教学、管理工作和教育行政部门的工作提出意见和建议,通过教职工代表大会或者其他形式,参与学校的民主管理

教师有权通过教职工代表大会、工会等组织形式以及其他适

当方式,参与学校的民主管理,讨论学校发展、改革等方面的重大事项,以保障自身的民主权利和切身利益,推进学校的民主建设,提高学校管理的效率和水平。

6.参加进修或者其他方式的培训

教师有权参加进修和接受其他多种形式的培训,不断更新知识、调整知识结构,以提高自己的思想品德业务素质,从而保障教育教学的质量。

(三)教师的义务

1.遵守宪法、法律和职业道德,为人师表

教师不仅应是模范遵守宪法和法律的表率,而且要在教育、教学工作中注重培养学生良好的法制观念和民主意识,使每个学生都成为遵纪守法、笃行道德的好公民。教师在传授科学文化知识的同时,要注意以自身形象对学生的思想品德、道德、人格、学习等起到良好的教育影响和作用。因此,教师的职业道德不仅是教师自身行为的规范,也是法律赋予教师应尽的义务。

2.贯彻国家的教育方针,遵守规章制度,执行学校的教学计划,履行教师聘约,完成教育、教学工作任务

教师在教育、教学活动中,应当全面贯彻国家教育方针,对学生进行全面指导。教师应遵守教育行政部门和学校及其他教育机构制定的教育、教学管理的各项规章制度,执行学校依据法律、法规制定的具体教学工作安排。教师应当履行聘任合同中约定的教育、教学职责,完成职责范围内的教育、教学任务。

3.对学生进行宪法所确定的基本原则的教育和爱国主义教育、民族团结教育、法制教育以及思想品德、文化、科学技术教育,组织、带领学生开展有益的社会活动

教师应自觉地结合自己教育、教学的业务特点,将思想政治、品德教育贯穿在教育、教学工作全过程之中。教师应当有意识地对学生进行爱国主义教育、民族团结教育、法制教育,弘扬中华民

族精神。

4.关心、爱护全体学生,尊重学生人格,促进学生在品德、智力、体质等方面全面发展

教师应给予学生关怀,使他们能健康地成长,绝不能采取简单粗暴的办法,不能侮辱、歧视他们,不能泄露学生隐私,更不能体罚和变相体罚学生,因污辱学生影响恶劣或体罚学生经教育不改的,泄露学生隐私造成后果的,应承担相应的法律责任。

5.制止有害于学生的行为或者其他侵犯学生合法权益的行为,批评和抵制有害于学生健康成长的现象

教师制止的范围是特定的,主要指教师在学校工作与教育、教学工作相关的活动中,对侵犯其所负责教育管理的学生合法权益的违法行为给予制止。同时,教师批评和抵制的范围是一般意义上的。保护学生的合法权益和身心健康,是全社会的责任,教师更负有义不容辞的义务。因此,教师对社会上出现的有害于学生身心健康成长的不良现象,有义务进行批评和抵制。

6.不断提高思想政治觉悟和教育教学水平

从一定程度上说,教师担负着提高民族素质的使命,这就要求教师不断学习,加强自身的思想道德修养,使其保持较高的思想政治觉悟和教育教学专业水平,以适应教育、教学工作需要。

四、我国教师资格制度

教师资格制度是国家对教师实行的一种特定的职业许可制度,它体现了职业性和专业性的根本要求。教师资格是国家专门从事教育、教学工作人员的最基本要求,是公民获得教师工作的前提条件,符合这种条件的人,才允许成为教师。

(一)教师资格分类

主要分为:幼儿园教师资格、小学教师资格、初级中等学校教师资格、高级中等学校教师资格、学生实习指导教师资格、高等学

校教师资格。

（二）教师资格条件

其基本条件包括：

(1) 必须是中国公民；

(2) 具有良好的思想政治素质；

(3) 具有良好的道德品质；

(4) 具有教育、教学能力；

(5) 具备规定的学历或者国家资格考试合格。

（三）教师资格考试

就目前而言，主要是根据不同的教师资格分类及其业务水平、知识结构的不同要求，分别设立幼儿园教师资格考试，小学教师资格考试，初级中学教师资格考试，高级中学教师资格考试，中等专业学校、技工学校、职业学校实习指导教师资格考试，高等学校教师资格考试等。

（四）教师资格的认定

符合思想政治素质要求，并具备《教师法》规定的教师资格学历条件或者通过国家教师资格考试，并不意味当然取得教师资格，还必须经法定机构认定，才具备教师资格。除依据法律规定的负责认定教师资格的行政机关或其依法委托的教育机构外，其他机构认定的教师资格无效。教师资格认定工作应按规定程序进行。对取得教师资格者，由教育行政部门或者受委托的高等学校颁发国务院教育行政部门统一制作的相应的教师资格证书。教师资格证书终身有效，全国通用。

五、教师职务制度

教师职务制度，简单地说，就是国家对教师岗位设置及各级岗位任职条件和取得该岗位职务的程序等方面的有关规定的总称。我国《教育法》规定，国家实行教师职务制度，其内容包括：

(一) 职务系列规定

设高等学校教师职务、中等专业学校教师职务、中等教师职务、小学教师职务、技工学校教师职务五个系列。

教师必须具备一定的任职条件,才能受聘担任相应的教师职务。从现行各教师职务试行条例的任职条件规定来看,一般包括如下几个方面:

(1) 具备各级各类相应教师的资格;

(2) 遵守宪法和法律,具有良好的思想政治素质和职业道德,为人师表,教书育人;

(3) 具备相应的教育、教学水平、学术水平,具有教育科学理论的基础知识,能全面地、熟练地履行现职务职责;

(4) 具备学历、学位要求;

(5) 身体健康,能正常工作。

(二) 评审规定

一般来说,各级教师职务由同行专家组成的教师职务评审组织依据现行各教师职务制度条例规定的任职条件评审。各级教师职务评审的程序、权限以及评审组织的组成办法等,在教师职务条例中,都有明确规定。

六、教师聘任制度

教师聘任制度,就是聘任双方在平等自愿的基础上,由学校或者教育行政部门根据教育、教学需要设置的工作岗位,聘请具有教师资格的公民担任相应教师职务的一项制度。

教师聘任形式依其聘任主体实施行为的不同可分为如下几种形式:

(1) 招聘,即用人单位面向社会公开、择优选拔具有教师资格的所需人员;

(2) 续聘,即聘任期满后,聘任单位与教师继续签订聘任合同；

(3) 解聘，即用人单位因某种原因不适宜继续聘任教师，双方解除合同关系；

(4) 辞聘，即教师主动请求用人单位解除聘任合同的法定行为。

第三节 教育法律责任的内容与归责

一、教育法律责任的内容

教育法律责任的内容，是指法律责任的内部要素，即教育法律责任是由哪些内容要素构成的。

（一）制裁

制裁即是惩罚，是最严厉的责任形式。制裁的作用主要是预防和矫正。当教育法律关系受到破坏已无法挽回，教育秩序、教育教学活动遭到严重破坏时，执法者只能通过制裁表明秩序的不可侵犯性，以儆效尤，或通过制裁使为恶者失去继续作恶的能力直至从肉体上消灭他。制裁手段表现在教育法律责任上有以下五种：

1. 对人身的制裁(人身罚)

2. 限制行为能力(能力罚)

3. 剥夺财产(财产罚)

包括罚款、没收财产、没收非法所得、没收违法工具等。

4. 申诫罚

包括取消荣誉称号、谴责、通报、训诫、责令道歉、警告等。

（二）补救

补救，是责令教育法律关系主体停止继续违反教育法律规范的行为，并通过一定方式的作为来弥补造成的损害。补救的主要作用是制止对教育法律关系的侵害以及恢复有序的教育法律关系。补救的手段包括财产上的赔偿、补偿,精神上的慰藉以及对不法行为的否定。

1. 财产上的补救

主要包括:返还财产、恢复原状、支付赔偿金、赔偿损失、对合法行为造成的损失给予补偿等。

2. 精神补救

是对违法侵害公民、法人或其他组织姓名权、名誉权、名称权、荣誉权等所给予的补救,主要指消除影响、恢复名誉、赔礼道歉等。

3. 对违法行为的否定

主要指停止侵害、纠正不当(例如,宣告不当行为无效,撤销、变更不当决定,裁决停止执行错误的决定)、排除妨碍、消除危险、返还权益等。

(三) 强制

强制,是指迫使违法者履行原有的教育法定义务或新追加的作为惩戒的义务。它与制裁不同,从《教育法》的权利、义务角度来说,制裁实际上是对违法者权利的剥夺,或者是使违法者承担一项新的义务。目的是使违法者引以为戒,今后不再犯。强制却不如此,一般说,强制是强迫违法者履行教育法定义务,包括因制裁而引起的新义务,从这点上说,强制又是使违法者承担责任的最后手段。

制裁与强制的区别主要体现在:

首先,强制的实质在于强制违法者履行其依法应当履行的义务,而制裁的实质则是剥夺违法者的某种权利。

其次,强制一般是在案件查处过程中采取的措施,而不是对违法者的问题作出处理或结论。而制裁则是在案件查清之后,违法者仍未履行其法定义务对违法者作出的惩戒性规定。

二、教育法设立法律责任条款的意义

(1) 教育法作出法律责任的规定,是由法律规范所独具的特点决定的。任何法律规范均由三个部分组成:法定条件、行为准则和法的后果。这三个逻辑要素紧密相连,缺一不可。

(2) 规定法律责任,可以使人们预见到什么行为是法律所不允许的,做出该项违法行为,就要承担相应的法律责任,就要受到一定的制裁,从而维护了法律的权威性,并使法律的推行有了保障。

(3) 教育法律责任规定在司法中的直接作用,在于在审判活动中为选择和确定正确的法律制裁提供依据。同时,它也为行政机关的行政复议提供了依据。

三、教育法律责任的种类

(一) 违反教育法的行政法律责任

行政法律责任是指行政法律关系主体由于违反行政法律规范,构成行政违法而应当依法承担的否定性法律后果。违反教育法的行政法律责任的承担方式主要有两类,即行政处罚和行政处分。

(1) 行政处罚是国家行政机关依法对违反行政法律规范的组织或个人进行惩戒、制裁的具体行政行为。行政处罚的种类很多,教育法涉及的行政处罚有警告、通报批评、消除不良影响、罚款、没收、责令停止营业、吊销营业执照和许可证、取消资格、责令限期清退或修复、责令赔偿、拘留等。

(2) 行政处分是根据法律或国家机关、企事业单位的规章制度,由国家机关或企事业单位给予犯有违法失职行为或内部纪律的所属人员的一种制裁。行政处分有时也称"纪律处分",共有八种:警告、记过、记大过、降级、降职、撤职、开除留用察看、开除。

(二) 违反教育法的民事法律责任

教育法的民事法律责任是教育法律关系主体违反教育法律、法规,破坏了平等主体之间正常的财产关系或人身关系,依照法律规定应承担的民事法律责任,是一种以财产为主要内容的责任。我国《教育法》第八十一条对违反教育法的民事责任做了原则规定:"违反本法规定,侵犯教师、受教育者、学校或者其他教育机构的合法权益,造成损失、损害的,应当依法承担民事责任。"在义务教育方面,根据《义务教育法》及其《义务教育法实施细则》的规定,下列行为应当承担相应的民事法律责任:

(1) 侵占、破坏学校校舍、场地和设备的;
(2) 侮辱、殴打教师、学生的;
(3) 体罚学生的;
(4) 将学校校舍、场地出租、出让或者移作他用,妨碍义务教育实施的。

根据《民法通则》规定,承担民事法律责任的主要方式有15种:

(1) 停止侵害;
(2) 排除妨碍;
(3) 消除危险;
(4) 返还财产;
(5) 恢复原状;
(6) 修理、重作、更换;
(7) 赔偿损失;
(8) 支付违约金;
(9) 消除影响、恢复名誉;
(10) 赔礼道歉;
(11) 训诫;
(12) 责令具结悔过;

(13) 收缴进行非法活动的财物和非法所得；
(14) 罚款；
(15) 拘留。

（三）违反教育法的刑事法律责任

教育法的刑事法律责任是指行为人实施的违反《教育法》的行为，同时触犯了刑法、达到犯罪的程度时，所必须承担的法律后果。

我国《教育法》在第九章第七十一条、第七十二条、第七十三条、第七十七条对挪用、克扣教育经费，扰乱学校教育、教学秩序，破坏校舍、场地及其他财产，招生中徇私舞弊的行为追究刑事责任作了规定。在义务教育方面，根据《义务教育法》第十六条和《实施细则》第七章的规定，依法应当追究刑事责任的条款有以下6种：

(1) 侵占、克扣、挪用义务教育经费；
(2) 扰乱实施义务教育学校教学秩序，情节严重的；
(3) 侵占或者破坏学校校舍、场地和设备情节严重的；
(4) 侮辱、殴打教师、学生情节严重的；
(5) 体罚学生情节严重的；
(6) 玩忽职守致使校舍倒塌，造成师生伤亡事故情节严重的。

四、教育法律责任的认定和归责

（一）教育法律责任主体的归责要件

根据什么来确定教育法律责任主体呢？这就是教育法律责任主体的归责要件问题。归责要件也称构成要件。教育法律关系主体只有具备教育法律责任的归责要件，才被认定为教育法律责任主体，承担相应的法律后果。这些要件是：

1. 有损害事实

即有侵害教育管理、教学秩序及从事教育、教学活动的公民、法人和其他组织的合法权益的客观事实存在。通常教育法责任损害的事实包括：

(1) 损害是已发生的、客观存在的,将来的损害如果必然发生,也视为已经发生的现实损害。例如,对一未成年人造成的身心摧残,就其将来就业能力而言,就是确定的、现实的损害。

(2) 损害的权益是受教育法律所保护的权益,是责任人侵犯了教育法律规定的权利和违反了教育法律规定的义务所承担的实际后果。

2. 损害的行为必须违反教育法

即责任人实施了违反教育法规定的行为。

3. 行为人有过错

过错是就行为人主观态度而言,它是构成教育法律责任的主观要件,包括故意和过失。

4. 违法行为与损害事实之间具有因果关系

即违法行为是导致损害事实发生的原因,损害事实是违法行为造成的必然结果,两者之间存在着内在的必然的联系,前者决定后者的发生,后者是前者的必然结果。

(二) 教育法律责任主体

教育法律责任主体,是指承担教育法律责任的对象。根据教育法的规定,可能成为教育法律责任主体的有:国家教育行政机关和其他国家机关、教育行政机关和其他行政机关的工作人员,实施教育教学活动的学校、校长和教师,就学学生及义务教育阶段的适龄儿童、少年的父母或其他监护人,其他负有遵守教育法义务的公民和法人。

上述可能成为教育法律责任主体的五种对象中,未成年的学生是个特殊的主体。关于未成年的学生能否成为教育法律责任主体,有两种不同的看法:

一种观点为"无责任论",另一种观点是"有责任论",上述理论观点的区别对于研究教育法律责任主体具有很现实的意义。对于学生的权利和义务,我国《教育法》已有专门规定,在我国,刑事责任能力和民事行为能力的年龄界限,本并不一致,义务教育的年龄段一般规定为6(或7)~17岁。不能因儿童、青少年没有承担民事行为、刑事责任的能力,就推断其不能承担教育法律责任,毕竟教育法律责任不能照搬刑事、民事的法律责任,它有其自身的教育、教学性质和特点,这也正是教育法律责任特有的形式。

(三)教育法律责任主体的归责形式

从教育法律关系及法律责任内容的角度来看,各教育法律责任主体可能承担的责任形式如下:

1. 教育行政机关和其他国家行政机关

行政机关承担法律责任主要是补救性的。其实际做法包括:承认错误、赔礼道歉、恢复名誉、消除影响、履行职务、撤销违法决定、纠正不正当行为、返还权益、赔偿等。

2. 教育行政机关和其他行政机关的工作人员

对行政工作人员的制裁性法律责任主要有:警告、记过、记大过、降级、降职、撤职、开除公职等。

3. 实施教育、教学活动的学校与校长

学校承担的制裁性教育法律责任主要有:通报批评、整顿(含领导班子的整顿)、勒令停办停招,取缔、取消学校发放毕业证书和其他学业证书资格,宣布考试无效或取消举办考试资格,没收违法所得,等等。

学校校长承担的法律责任形式,可依违法的性质和程度给予相应的行政、民事乃至刑事处罚。其承担形式有:撤销行政职务、行政处分、罚款、刑事制裁等。对教师追究其教育法律责任的形式主要有:撤销或取消教师资格、行政处分或者解聘。

4. 学生

由于学生是特殊的教育法律责任主体,一般采用纪律处分,如警告、记过、留校察看。

5. 家长或其他监护人

监护人本身并不负有接受义务教育的义务,但因其监护的对象是处在接受义务教育的法定年龄段的学龄儿童,因而就要对监护对象不到学校接受义务教育承担法律责任。

6. 其他负有遵守教育法义务的公民和法人

依侵犯教育法的内容和性质来分。违反教育经费管理规定的,包括不按规定核拨教育经费,侵占、克扣、挪用教育经费,拖欠教职工工资,不按规定收费,等等,对其直接负责的主管人员和其他责任人员,给予行政处分,情节严重,构成犯罪的,追究刑事责任;破坏学校正常教育、教学秩序的,非法侵害学校权益的,侵犯教师、学生合法权益的等,将依法承担刑事法律责任、民事法律责任及行政法律责任。

第八章 儿童合法权益的保护

第一节 遵守教育法律、保护儿童权益的意义

一、遵守教育法律、保护儿童权益是依法治教的需要

教育法律是国家机关依照法律程序制定的有关教育的法律的总和,是一种教育行为规范,是用来约束、规定和保障人们在教育活动中或参与教育活动时实施社会公认和许可的行为规则,在调整教育关系方面具有普遍的约束力和强制性。依法治教是依法治国方略在教育系统的具体体现,是在社会主义民主的基础上,以一定的教育法律体系为基础,依据法律来加强对教育事业的管理和规范,促进教育事业发展的过程和手段。"有法可依,有法必依,执法必严,违法必究"是法治的基本要求。遵守教育法律、保护儿童权益是加快我国法制建设、落实依法治教的必然要求。

二、遵守教育法律、保护儿童权益是树立正确儿童观的需要

儿童观是成人如何看待和对待儿童的观点的总和,它涉及儿童的特点与能力、地位与权利、儿童期的意义、儿童生长发展的形式和成因、教育与儿童发展之间的关系等诸多问题。目前,较为大众认可的一种儿童观为:(1)儿童有各种合法权利;(2)儿童的成长受制于多种因素,影响儿童发展的因素多种多样,主要有生物因素和社会因素两大类,它们相互作用、共同制约着儿童的发展;(3)

儿童发展的整体性,儿童生理、心理、精神、道德、社会性的发展是儿童发展的各个不同的侧面,它们构成一个整体,互相联系,彼此制约;(4) 发展的差异性,主要表现为性别差异、个体差异和文化差异;(5) 儿童通过活动得到发展,即儿童通过操作活动和交往活动使自己各方面得到发展。

教育法律要与儿童观达到和谐、统一,教师一方面要遵守教育法律,保护儿童的生存权、发展权、平等权、健康权、受教育权、游戏权等权利;另一方面要树立正确的儿童观,达到知行统一。

第二节 儿童的权利

一、儿童作为一般公民所享有的基本权利

权利是指通过宪法和法律所确认的公民实现某种行为的可能性,是法律确认和保障的利益。所谓儿童作为一般公民享有的基本权利,即是指儿童作为一般主体和成年人一样所普遍享有的基本权利。具体包括:

(一) 人身权利和自由

人身权利是指法律赋予公民和法人所享有的、具有人身属性而又没有直接财产内容的民事权利。人身自由是指公民有支配其身体和行动的自由,非依法律规定,不受逮捕、拘禁、审讯和处罚。人身权利和自由是公民所具有的最基本的权利,是公民享有其他权利的前提和基础。

儿童的人身权利和自由包括:

1. 生命健康权

生命健康权是指儿童依法享有的以生命、健康的安全为内容的权利。它包括生命权和健康权。生命权是以儿童生命安全的利益为内容的权利。健康权是指儿童依法享有以保持身体机能安全

为内容的权利。生命健康权利是儿童人身权利中最重要、最起码的权利。

2. 人身自由权

儿童的人身自由权是指儿童的人身不受非法逮捕、拘禁、非法剥夺或者限制自由以及非法搜查身体。人身自由不受侵犯,是儿童参加各种社会活动和享受其他权利的先决条件。

3. 人格尊严权

人格在法律上是指人作为权利和义务主体的资格。儿童的人格尊严权包括姓名权、肖像权、名誉权、荣誉权等。姓名权是儿童依法享有的决定、使用、改变自己姓名的权利。肖像权指儿童依法拥有自己的肖像、同意或禁止他人利用自己肖像的权利。名誉权是指儿童依法享有个人名誉不受侵犯的权利。荣誉权是指儿童依法享有所得嘉奖、光荣称号,并不受非法侵害、剥夺的权利。

4. 通信自由权和通信秘密权

通信自由权是指儿童在与他人的交往中,通过信件、电报、电话等形式表达意愿的自由,任何组织或者个人均不得非法干涉。通信秘密权是指儿童在与他人的通信过程中,任何组织或者个人不得非法偷听、偷看或者涂改其内容。

(二) 平等权

公民的平等权指的是,公民不分民族、种族、性别、家庭出身、宗教信仰、教育程度、职业、财产状况、居住期限,一律平等地享有宪法和法律规定的权利,任何人不得有超越宪法和法律规定的权利。就儿童而言,其平等权包括两个方面:一方面,指同成年人平等地享有宪法和法律规定的权利;另一方面,儿童之间平等地享有宪法和法律规定的权利。

(三) 政治权利和自由

政治权利和自由主要指公民的选举权和被选举权、监督权,以及言论、出版、集会、结社、游行、示威的自由。根据宪法的规定,儿童除未满18周岁不享有选举权和被选举权外,应当享有言论、出版、集会、结社、游行、示威的自由及监督国家机关和国家工作人员的权利。

(四) 经济权利

经济权利是指以经济利益为内容的权利。它是公民享有其他权利的物质基础。在我国,儿童经济权利的内容主要就是财产权。财产权是指以财产利益为内容直接体现某种物质利益的权利。财产权的内容包括:所有权及其派生的经营权、使用权、相邻权、抵押权、留置权、债权、继承权和知识产权。在实际生活中,与儿童的生活最密切的财产权主要是所有权、继承权与知识产权。

(五) 文化、教育权利

文化、教育权利是指儿童从事文化活动、接受教育方面的权利。

二、儿童的特殊权利

儿童的特殊权利是指儿童作为我国公民中的特殊群体依法享有的特殊权利。儿童特殊权利的内容由权利主体的自身特点和我国的社会性质决定。

儿童的特殊权利主要有以下几种:

(一) 获得抚养、教育权

抚养教育未成年子女是父母亲应尽的义务,对未成年人而言,获得父母亲的抚养、教育则是其不可剥夺的权利。

(二) 获得卫生保健权

获得卫生保健权是指儿童有获得必要的医疗、卫生保健服务的权利。儿童,尤其是婴幼儿,特别需要良好的、及时的卫生保健服务。获得卫生保健服务是儿童健康成长的必要条件,也是他们的基本权利之一。

(三) 受教育权

接受教育是每个公民终生享有的权利。法律对儿童的受教育权作了详细规定:

1. 教育的内容十分广泛,目标非常明确

儿童接受教育的内容包括德、智、体、美、劳,有关的社会生活知识和生理知识诸多方面,目标是要把儿童培养成有理想、有道德、有文化、有纪律,德、智、体全面发展的未来的社会主义建设人才。

2. 接受义务教育

义务教育,是依照法律规定,适龄儿童和少年必须接受的,国家、社会、学校、家庭必须予以保证的国民教育。

3. 有特殊天赋或者有突出成就的儿童接受特别教育

(四) 获得健康成长的环境权

它是指儿童有权要求社会、学校和家庭为他们的生活、学习和成长提供良好的、适宜的、健康的环境。

(五) 游戏权

游戏权是指儿童通过游戏使自己得到发展的权利。它是幼儿的一项特殊权利,是幼儿身心得到全面健康发展的基本权利保障。

第三节 儿童权益保护的主要途径

一、家庭保护

(一) 家庭保护的地位及作用

1. 家庭保护是儿童成才的起点

家庭是儿童最早接受教育和受影响最深、最广泛的场所,是他们由自然人上升为社会人和与社会进行沟通的桥梁。家庭保护儿童主要通过对儿童的教育而表现出来。家庭教育,在培养儿童德、智、体、美、劳的全面发展方面起奠基作用。

2. 家庭保护是提高全民素质的重要条件

有效的家庭保护保证了对儿童必要的智力投资,为其提供了学习所必需的物质条件和精神氛围,还保证了对儿童的正确引导,使其朝着高文化程度和良好素质的方向发展。儿童素质的提高无疑将带来全民族素质的提高。

(二) 家庭保护的特点

1. 目的性

所谓家庭保护的目的性,是指通过对儿童的家庭保护所要得到的结果。家庭保护的目的就是通过家庭这一施化机构,向儿童传授社会知识、社会行为规范,灌输道德观念,指导其行为,使儿童能够学会从事社会活动的各种基本技能,发展其独立人格。

2. 合理性

所谓家庭保护的合理性,指对儿童的家庭保护是符合科学规律的。家庭保护必须讲究科学的保护原则和方法。

3. 多重性

所谓家庭保护的多重性,是指家庭对儿童的保护是多面的而不是单向的,是全面的而不是偏颇的,既要从物质生活上关心儿童,又要从精神生活上对儿童进行各种教育。

4. 强制性

所谓家庭保护的强制性,是指家庭在保护儿童的问题上具有法律的强制作用。

(三) 家庭保护的内容

家庭保护的内容包括:

1. 对未成年人身体健康的保护
2. 对未成年人受教育的保护
3. 对未成年人思想品质的正确引导
4. 对未成年人其他合法权益的保护

二、学校保护

学校(包括幼儿园)是对受教育者实施有目的、有计划、有系统、有组织的教育的专门机构。学校保护,是指各级各类学校在其自身的职能范围内,依照法律、法规的规定,对在校儿童进行教育并对他们的身心健康和合法权益所实施的保护。我国的学校保护,按照一定的标准可以分为普通的学校保护和特殊的学校保护,教育性保护和非教育性保护,积极性保护和消极性保护。

(一)学校保护的地位及作用

学校是专门的教育机构,具有一支经过专门训练的教师队伍,学校教育具有较强的目的和较好的效果,这些决定了其在儿童权益保护中具有十分突出的地位和作用。

(二)学校保护的特点及内容

1. 保护主体的特定性

学校保护的主体是各级各类学校及其教师和其他学校工作人员,亦即教育行政部门和学校的所有教育工作者。

2. 保护对象的特定性

学校保护的对象是在校学习的未成年学生以及依照法律规定应当接受教育的未入学的和辍学流失的未成年人。

3. 保护内容的双重性

学校保护的内容是教育性保护以及在实施教育过程中与教育相关的未成年学生合法权益和身心健康的保护。教育性保护是学校保护的基本内容。

学校保护的基本内容包括:

1. 全面贯彻国家的教育方针,保障未成年学生在德、智、体、美、劳以及社会生活和青春期生活的全面发展
2. 保障未成年学生的受教育权利
3. 保障未成年学生的人格尊严

4. 保障未成年学生的人身健康和人身安全

三、社会保护

社会保护包含两个方面的含义：一是在社会诱导过程中对儿童进行保护；二是在学习过程中对儿童进行保护。

(一) 社会保护的地位及作用

1. 促进社会主义的精神文明建设
2. 为家庭、学校教育创设良好的社会环境
3. 有利于培养和提高儿童的自我教育能力

(二) 社会保护的特点

1. 自主性

社会保护组织结构具有相对独立性；社会保护重视发挥受保护者即未成年人的自主性，指导未成年人主动地选择教育内容和教育形式，并从中接受教育。

2. 广泛性

社会保护是一个广泛渗透的组织网络，它涉及各个地区、各个部门，深入到社会最基层。

3. 适应性

社会保护要求自身自动调节以适应社会主义物质文明和精神文明发展的要求；社会保护的结构和功能要服从外部社会政治经济发展的需要。

4. 复杂性

所谓复杂性，就是指社会保护可能出现的相互抵触、相互干扰的矛盾现象。

(三) 社会保护的内容

社会保护可以分解为社区保护、文化保护和国家保护三部分。

1. 社区保护

社区保护，主要是指在城市和乡村的社区范围内，由基层政权

组织、群众自治组织、青少年保护组织及社会各有关方面,依据国家法律规定和社区公约规章,从儿童的成长特点和需要出发,所实施的教育、保护、照料、帮助等。

2. 文化保护

所谓文化保护,是指通过法律手段,利用全社会的力量,为未成年人提供一个比较好的社会文化环境,保护未成年人享受健康的社会文化的权利,并保护未成年人免受不健康的社会文化的影响。

3. 国家保护

国家保护实质上是一种政策性保护,它是指国家、政党通过制定和施行自己的路线、方针、政策并通过对政权机关在政治、思想和组织上的领导,以保护未成年人合法权益的实现。

四、司法保护

对未成年人进行司法保护,主要是指国家的司法机关和有关的行政执法机关通过各种司法和执法活动,充分发挥国家法律所赋予的职能作用,保障和维护广大未成年人所享有的合法权益,以保证未成年人能够健康成长。

(一)司法保护的地位及作用

1. 司法保护所承担的责任和义务是其他任何法律保护手段都无法替代的

司法保护着眼于对那些直接或间接地侵害未成年人合法权益的行为进行法律制裁,对那些由于各种原因误入违法犯罪歧途的未成年人,依法进行惩罚改造和教育挽救,使之改邪归正、重新做人。

2. 司法保护不仅在实体法上对儿童权益进行维护,而且在程序法上给予保障

3. 其他保护只有以司法保护为后盾,才能充分发挥自己的作

用

(二) 司法保护的内容

从我国目前司法实践来看,未成年人司法保护的内容包括:

(1) 对于严重危害未成年人健康成长,侵犯未成年人合法权益的犯罪行为予以刑事制裁,并通过这种制裁来达到遏制和预防犯罪的目的。

(2) 对于侵害未成年人合法权益,但尚未构成犯罪的行为,由司法部门依照法律规定分别给予治安处罚、劳动教养等行政处罚。

(3) 对于侵害未成年人的民事权益的行为,由司法机关依法追究民事责任并予以民事制裁。

(4) 对于走上犯罪道路的未成年人,司法机关必须严格依照有关法律规定对其进行处理,在处理过程中必须贯彻教育、挽救、改造的方针,切忌方式简单、态度粗暴的工作方法,应把工作重点放在挽救教育上。

第九章 教育执法与监督

第一节 教育行政执法

一、基本概念

教育行政执法是与教育司法对称的教育法适用的两种方式之一。教育行政执法是指主管教育的行政机关、法律、法规授权的组织和主管教育的行政机关委托的组织,依照教育法律、法规的规定采取的具体直接影响或干预教育行政相对人权利义务的行为,或者对行政相对人的教育权利、义务的行使和履行情况进行监督检查,并制裁其违法行为的活动。

二、教育行政执法的特点

(一) 执法依据主要是教育法律、法规,即适用法律的专门性

教育行政执法是适用教育法的规范并产生法律效力的活动,这种活动能引起教育法律关系的产生、变更和消灭。

(二) 只有教育行政才可以行使此权力,即执法主体的恒定性

教育行政执法是国家教育行政机关适用教育法的活动。我国《宪法》规定国家行政机关是国家权力机关的执行机关,也是惟一具有行政执法权的国家机关,其他国家机关均没有行政执法权。

（三）教育行政按照自己的职权范围活动，即责权分明

教育行政执法是教育行政机关按照法定的职权和程序进行的活动。教育行政机关超越法定权限的活动不仅一开始就是无效的，而且是违法的。教育行政执法不超越法定权限包括以下几个含义：

（1）教育行政机关只能行使国家行政机关的权力，不能行使国家审判机关和国家检察机关的权力；

（2）教育行政机关只能行使法律赋予教育行政机关的行政执法权，不能行使其他行政机关的职权，根据国家法律、行政法规的有关规定，某些行政执法行为只能由特定的行政机关做出；

（3）教育行政机关的执法活动只能在法定的管理范围内进行，某一教育行政机关的行政执法权只能在本行政区域内行使，不能在其他行政区域内行使；

（4）教育行政机关的上下级之间不能随意代替进行教育行政执法活动。

（四）以特定的教育法律关系调整的主体为执法对象，即对象的特定性

教育行政执法是以特定的事项和特定的教育行政管理相对人为对象的适用教育法的行为。所谓特定的教育行政管理相对人，即教育行政机关适用《教育法》时所涉及的具体对象，或具体案件中的行政管理相对人，以及由于教育行政机关的执法活动，其权利、义务直接受到影响的人。

三、教育行政执法的形式

（一）教育行政措施

教育行政措施，是指教育行政机关依法针对特定对象作出能直接产生法律效果的处理或决定的教育行政执法行为，包括能产生法律的通知、批准、许可、免除、证明等。按其对教育行政管理相

对人的影响及其引起的教育法律效果,教育行政措施包括以下内涵:

1. 确立相对人教育法律上的地位

其内容是赋予相对人教育法上的新的地位,设立一种新的教育法关系。

2. 废除相对人教育法律上的地位

其内容是取消已经存在的教育法关系。

3. 确认相对人教育法律上的地位或事实

即对相对人在教育法上的某种地位是否存在以及存在的范围加以确定。

(二) 教育行政处罚

教育行政处罚,是指教育行政机关依法对违反《教育法》规定的教育行政管理相对人进行惩戒、制裁的教育行政执法行为。

我国教育法设定的行政处罚可以分为四类十四种形式:第一类,申诫罚。第二类,能力罚(又分为八种形式:① 取消考试资格;② 取消被录取资格;③ 取消入学资格;④ 取消报名资格;⑤ 停考;⑥ 撤销招生工作职务,取消工作人员资格;⑦ 责令停止招生或停办;⑧ 撤销教育机构)。第三类,财产罚。第四类,救济罚(包括责令限期清退和修复,责令赔偿、没收)。

(三) 教育行政强制执行

教育行政强制执行,是指教育行政机关对应履行而不自动履行《教育法》规定义务的行政管理相对人,依法强制其履行义务的教育行政执法行为。分间接强制执行和直接强制执行。

1. 间接强制执行

国家教育行政机关通过某种间接手段达到迫使相对人履行《教育法》义务目标的强制执行方法。它表现为代履行和强制执行两种方式。

2. 直接强制执行

当义务人逾期拒不履行《教育法》义务时,教育行政机关以强力手段直接强制义务人履行义务的行政强制手段。对财产的直接行政强制执行一般包括:强制划拨、强制冻结等。这种强制执行的实施条件较严,一般在间接强制方式难以达到目的时才能采用。

第二节 教育法律救济

教育法律救济是一种教育法律关系主体的合法权益受到侵犯并造成损害时,获得恢复和补救的法律途径及其相关的制度。法律救济的主要方式包括诉讼渠道、行政渠道和其他方式。

一、教育行政复议

(一) 教育行政复议的概念

教育行政复议,是指教育行政管理相对人认为教育行政主体的具体教育行政管理行为侵犯其合法权益,依法向有权的教育行政复议机关提出申请复议,受理申请的复议机关依照法定程序对引起争议的具体教育行政行为进行审查,并作出裁决的活动。教育行政复议是一种严格的法律制度。

(二) 教育行政复议的范围

根据我国《行政处罚法》和《行政复议条例》的规定,教育行政复议的范围主要包括以下几方面:

(1) 对教育行政处罚不服的;

(2) 对教育行政强制措施不服的;

(3) 对不作为违法,可以请求复议救济;

(4) 对违法设定义务不服的;

(5) 对侵犯其经营自主权的,经营自主权的表现形式包括对财产的占有权、自主使用权、收益权、支配权等;

(6) 对侵犯其他人身权、财产权的。

(三) 教育行政复议的程序

1. 相对人提出申请

教育行政管理相对人向有管辖权的教育行政机关提出复议申请,应当在被告知行政执法决定之日起15日内(法律、法规另有规定的除外)。因不可抗力或者其他特殊情况耽误法定申请期限的,在障碍消除后10日内,可以申请延长期限。但是否准许,由有管辖权的行政机关决定。复议申请必须以书面形式提出。

2. 复议机关受理

复议机关在收到复议申请后,应对申请人的资格和申请复议的条件进行审查,并在10日内对复议申请分别作出以下处理:

(1) 对于符合申请条件的,应予以受理。

(2) 对于不符合申请条件的,裁决不予受理并告之理由。

(3) 复议申请书未载明法定内容的,应当将申请书发还申请人,限期补正,过期不补正的,视为未申请。

3. 审理

复议机关应当在受理之日起7日内将复议申请书副本发送被申请人。被申请人在收到复议申请书副本之日起10日内,应向复议机关提交作出具体行政行为的有关材料或者证据,以及答辩书。被申请人逾期不答辩的,不影响复议。

复议机关根据复议申请书和被申请人提供的材料、证据和答辩书,对原教育行政执法决定进行审查。通过审查,查明事实真相,核实原行政执法决定是否违法、失当,是否侵害了申请人的合法权益。

4. 决定

复议机关经过审理,可以根据事实和有关教育法律、法规,分别作出不同情况的决定。

(1) 教育行政执法决定适用法律、法规、规章和具有普遍约束力的决定,命令正确,事实清楚,符合法定权限和程序的,应维持原决定。

(2) 对于教育行政执法活动程序上不足的,决定被申请人补正。

(3) 对于被申请人不履行法律、法规和规章规定的职责的,决定其在一定期限内履行。

(4) 对于主要事实不清的,适用法律、法规、规章和具有普遍约束力的决定、命令是错误的,且违反法定程序影响申请人合法权益的,超越或者滥用职权的,具体行政行为明显不当的,复议机关决定撤销,并可以责令被申请人重新作出执法决定。复议机关应当在收到复议申请书之日起两个月内作出决定,并应制作复议决定书。

5. 执行

复议决定作出后,复议机关应将复议决定书送达申请人,复议决定书一经送达即发生法的效力。除法律规定终结的复议外,申请人对复议决定不服的,可以在收到复议决定书之日起15日内,或者法律、法规规定的其他期限内向人民法院起诉。对于申请人逾期不起诉又不履行复议决定的,分别情况由最初作出行政执法决定的教育行政机关或复议机关依法强制执行。

二、教育行政诉讼

(一) 教育行政诉讼的含义

教育行政诉讼是指教育行政管理相对人认为教育行政机关的具体行政行为侵犯其相对人的合法权益,依法向人民法院起诉,请求给予法律补救;人民法院对教育行政机关的具体行政行为的合法性进行审查,维护和监督行政职权的依法行使,矫正或撤销违法侵权的行政行为,给予相对人的合法权益以特殊保护的法律救济活动。教育行政诉讼具有如下特点:

1. 主管恒定

教育行政诉讼的主管机关只属于人民法院,而不属其他机关。

2. 诉权专属

教育行政诉讼只能由教育行政管理相对人提起,不能由教育行政机关提起,相对人在所有的教育行政诉讼中都是原告,而将教育行政机关恒定为被告。同时根据行政诉讼法的规定,教育行政机关只有上诉权,没有反诉权。

3. 标的确指

教育行政诉讼的标的是教育法律规定的具体的教育行政行为,而不是教育管理相对人的行为。

4. 被告举证

在教育行政诉讼中,作为被告的教育行政机关负有举证责任,这是由教育行政机关的性质所决定的。

5. 不得调解

人民法院在审理教育行政诉讼案件时,不得采取调解作为审理程序和结案方式。这是由教育行政机关享有的公共权力和国家权力所决定的。

(二) 行政诉讼的受理范围

我国《行政诉讼法》第二条作了总体的规定:"公民、法人或者其他组织认为行政机关和行政机关工作人员的具体行政行为侵犯其合法权益,有权依照本法向人民法院提起诉讼。"具体受案范围包括:对行政处罚不服的;对行政强制措施不服的;认为行政机关侵犯法律、法规规定的经营自主权的;申请行政机关履行保护人身权、财产权的法定职责,行政机关拒绝履行或者不予答复的;认为行政机关没有依法发给抚恤金的(企业对职工伤亡的处理应按解决劳动纠纷的程序处理,不在此列);认为行政机关违法要求履行义务的;认为行政机关侵犯其他人身权、财产权的;法律、法规规定可以提起行政诉讼的其他行政案件。

应特别注意,《行政诉讼法》还规定,有些诉讼事宜人民法院对此不予受理,如有关国防、外交等国家行为的,行政机关对行政机关工作人员的奖惩、任免决定等。

(三) 教育行政诉讼的管辖

教育行政诉讼的管辖是指人民法院受理第一审教育行政诉讼案件的权限和分工。根据行政诉讼法的有关规定,管辖可分为级别管辖、地域管辖和裁定管辖三种。

1. 级别管辖

指上下级人民法院之间受理第一审行政案件的分工和权限。教育行政诉讼的级别管辖如下:

(1) 基层人民法院管辖第一审教育行政案件;

(2) 中级人民法院管辖由国家教育部的具体行政行为而引起的行政和本辖区的重大、复杂的案件;

(3) 高级人民法院管辖本辖区的重大、复杂的第一审教育行政案件;

(4) 最高人民法院管辖全国范围内重大、复杂的第一审教育行政案件。

2. 地域管辖

指同级人民法院之间在各自的辖区内受理第一审教育行政案件的分工和权限。

3. 裁定管辖

指根据人民法院的裁定确定案件管辖权。它包括三种情形:

(1) 指定管辖。

(2) 案件的移送。

(3) 管辖权的转移。

(四) 教育行政诉讼的基本过程

行政诉讼程序包括起诉和受理、审理和判决、执行这三个基本阶段。

1. 起诉和受理

相对人对具体行政行为不服,因该行为引起的行政争议属于行政诉讼的受案范围,即可提起行政诉讼。起诉应以书面方式为基本方式,但是对于有书写困难的,也可以采取口头方式。

相对人起诉,应当在法定期限内进行。

2. 审理和判决

(1) 第一审程序。

人民法院立案受理行政案件后,应当组成合议庭对案件进行审理。

人民法院审理教育行政案件实行公开审判,涉及国家秘密、个人隐私和法律另有规定的除外。开庭审理一般经过宣布开庭、法庭调查、法庭辩论、评议、宣判五个阶段。人民法院审理行政案件,应当在立案之日起三个月内作出第一审判决。有特殊情况需要延长的,由高级人民法院批准,高级人民法院审理第一审案件需要延长的,由最高人民法院批准。

(2) 第二审程序和审判监督程序。

当事人不服人民法院第一审行政判决的,有权在判决书送达之日起 15 日内向上一级人民法院提起上诉;不服第一审裁定的,有权在裁定书送达之日起 10 日内提起上诉。二审法院对上诉的行政案件予以全面审查,不受当事人的上诉请求的范围的限制,并按照不同情形,分别作出维持原判的判决、依法改判的判决,或者作出撤销原判,发回重审的裁定。当事人对重审案件的判决、裁定,可以上诉。

当事人对已经生效的行政判决、裁定,认为确有错误的,可以按照审判监督程序提出申诉。各级人民法院院长对本院已经生效的判决、裁定,发现违反法律、法规规定认为需要再审的,应当提交审判委员会决定是否再审。上级人民法院对下级人民法院已经发生法律效力的判决、裁定,发现违反法律、法规规定的,有权提审或者指令下级人民法院再审。人民检察院对人民法院已经生效的行政判决、裁定,发现违反法律、法规规定的,有权按照审判监督程序提出抗诉。

3. 执行

行政诉讼的执行是指人民法院及行政机关依照法定程序,强制当事人履行生效的行政裁判文书或者行政法律文书所确定的义务的行为。生效的行政裁判文书,由第一审人民法院执行。

公民、法人或者其他组织拒绝履行行政判决、裁定的,行政机关拥有相应的强制执行权的,可以依法强制执行;相对人对具体行政行为在法定期限内不提起诉讼又不履行,法律、法规规定应当由行政机关依法强制执行的,或者法律规定由行政机关作出最终裁决的具体行政行为,也由行政机关强制执行。

当事人向人民法院申请执行生效行政判决、裁定的期限为三个月,自法律文书规定期限的最后一日起计算;法律文书中没有规定履行期限的,从该法律文书生效之日起计算。行政机关申请人民法院强制执行其具体行政行为的期限则是自起诉期限届满之日起三个月。

对行政相对人强制执行的措施与民事诉讼强制执行相同。如果行政机关拒绝履行生效的判决、裁定,负责执行的法院可以采取强行划拨应当归还的罚款或者应当给付的赔偿金,对该行政机关罚款等强制执行措施,并可向该行政机关的上一级行政机关或者监察、人事机关提出司法建议。行政机关拒不履行判决、裁定,情节严重构成犯罪的,依法追究主管人员和直接责任人员的刑事责任。

第三节 教育执法监督

一、教育法制监督的含义

教育法制监督是指有关国家机关、社会组织和公民个人对教育立法、执法和守法等法律活动进行的监察和督导。从法制结构上来说,它是一种机制、制度。从法制过程上来说,它是一种行为、活动。

教育法制监督的构成要素,主要包括三个方面,教育法制监督的主体、客体和内容,亦即由谁来监督、监督谁和监督什么三个问题。

二、教育法制监督的主体

我国的有中国特色社会主义的法制监督,从横的角度看,法制监督可分为国家机关的法制监督和社会力量的法制监督两大系统;从纵的角度看,国家机关的法制监督可分为权力机关的监督、行政机关的监督以及司法机关的监督。社会力量的法制监督可分为社会组织的监督、社会舆论的监督和人民群众的监督等。

(一) 国家权力机关的监督

国家权力机关的监督是指国家权力机关对法律实施情况的监督。国家权力机关的主体是各级人民代表大会及其常务委员会,所依据的是《宪法》和有关基本法律,并以国家强制力为保障。监督的对象是各级人民政府包括教育行政机关及其公务员、各级人民法院和各级人民检察院。

权力机关实施监督主要通过法律监督和工作监督两种形式。

(二) 行政监督

行政监督即行政机关的监督,是指上级行政机关对下级行政机关、行政机关对企业事业单位和公民执行和遵守法律、行政法规的监督。在教育领域包括：

（1）由上级国家教育行政机关对下级教育行政机关和学校执行、遵守教育法的监督，以及教育行政机关内部行政领导对其下属公务员的教育行政行为是否遵守法律、政纪的监督这样两种自上而下的监督；

（2）下级教育行政机关对上级教育行政机关的监督和下级工作人员对行政领导的监督两种自下而上的监督；

（3）专门行政监察机关对教育行政机关及其工作人员的监督，以及教育行政机关之间的相互监督等。除这些一般性质的行政监督外，还包括某些专业性质的特种监督，如审计监督、统计监督等。在行政监督系统中，上级行政机关对下级行政机关、企事业单位和公民的监督是各种监督中最经常、最直接的一种监督。

（三）司法监督

司法监督是检察机关的检察监督和人民法院的审判监督的总称。在教育领域，人民检察院依法对国家机关的教育行政执法行为和国家工作人员实施法律进行监督。包括受理公民控告国家教育行政机关工作人员侵犯公民合法权益，已构成犯罪，需要追究刑事责任的案件，并进行侦查、起诉；在办案过程中建议对教育行政机关改进工作和追究有关人员责任等。

人民法院的审判监督，主要是通过诉讼活动来实现。包括上级法院对下级法院审判工作的监督和人民法院对行政机关的监督。

（四）社会监督

社会监督是指国家机关以外的社会组织或人民群众的监督。它具有民主性、广泛性的特点，是法制监督必不可少的一种形式。

1. 社会组织的监督

包括人民政协、民主党派、社会团体的监督。

2. 人民群众的监督

人民群众的监督的形式主要有：

(1) 公民以口头或书面形式直接行使；

(2) 可以通过各民主党派、各群众性社会团体来行使，也可以通过基层普遍建立的群众性自治组织进行监督；

(3) 可以通过人民来信来访制度，对各级教育行政机关及其工作人员进行监督；

(4) 可以通过报刊、电台、电视台反映意见，对各级教育行政机关及其工作人员、学校、教育机构进行舆论监督。

3. 社会舆论的监督

社会舆论的监督是广大群众通过发表自己的意愿及看法，对国家各方面工作以及社会生活各个方面进行监督。在教育法制方面的监督，主要是督促各级机关、各级干部，特别是领导干部严格遵守教育法。一般来说，通过报纸、电台、广播等舆论工具把问题公布出来，影响广、时效快，是一种有效的监督形式。

4. 中国共产党的监督

中国共产党的监督在社会主义法制监督体系中有着十分重要的地位。党对法制的监督包括领导、支持和检查三个方面：

(1) 所谓领导，就是通过方针、政策进行指导；

(2) 所谓支持，就是鼓励支持法制监督，保护监督者；

(3) 所谓检查，就是通过各级党组织的调查研究、检查以及人民来信来访，及时了解《教育法》的实施情况，监督《教育法》实施活动。

三、教育法制监督的途径

(一) 教育执法检查

教育执法检查是专门对有关教育的法律及全国人民代表大会常务委员会、全国人民代表大会专门委员会通过的有关教育法律问题的决议、决定贯彻实施情况进行的检查和监督。

教育执法检查主要目的是检查、监督教育法律实施主管机关的执法工作,督促国务院及其部门及时解决教育法律实施中存在的问题。

教育执法检查的程序作了明确的规定。首先,教育执法检查要有计划地进行。全国人民代表大会常务委员会的教育执法检查计划由常务委员会办公厅在每年代表大会会议以后一个月内拟定,报委员长会议批准,印发常务委员会会议。全国人民代表大会教科文卫委员会的教育执法检查计划也在每年代表大会会议后一个月内制定,经全国人民代表大会常务委员会会秘书长协调后,报委员长会议备案。教育执法检查计划由全国人民代表大会常务委员会办公厅通知国务院及被检查的行政部门。被检查的部门应按人民代表大会常务委员会办公厅的要求作好准备。

(二) 教育督导

教育督导是政府和教育行政部门依照法律、法规的规定,对本行政区域教育工作进行监督、检查、评估指导的制度。教育督导是政府加强教育工作的教育行政监督制度。

教育督导的范围主要是普通中等和中等以下教育及其有关工作。现阶段的重点是九年义务教育和扫除文盲教育。主要包括幼儿教育、普通中小学教育,特别是义务教育阶段的初等及初级中等教育和城乡扫盲工作。此外,国务院教育行政部门及地方县级以上人民政府根据授权或实际需要,也可对中等及中等以下职业教育、成人教育及其他教育工作进行督导。

教育督导的对象是根据督导的范围确定的。督导对象首先是下级教育行政部门、学校和其他教育机构及其举办者。教育督导机构可对下级人民政府及其他有关行政部门及其他单位有关教育的工作进行督导。

教育督导的内容首先是有计划地对所辖区域内教育法律、法规的执行情况进行督导。各级教育督导机构对本行政区域的下级人民政府及其教育行政部门、普通中小学、幼儿园贯彻和执行有关基础教育、义务教育、幼儿教育法律、法规的情况进行全面检查、监督和指导,对贯彻和执行情况进行评估,并对存在问题及违法现象提出改进和处理意见。

对地方下级教育行政机关的工作进行监督、检查是教育督导内容之一。教育督导机构根据教育行政部门的职责分工、教育行政部门的教育管理工作。

教育督导现阶段的重点是对义务教育和扫除青壮年文盲工作进行督导和评估验收。

教育督导的目的在于改进教育工作。教育督导的重要作用是通过检查评估对被督导单位的教育工作提出指导意见,特别是对于学校工作的督导应针对学校办学中的薄弱环节提出具体改进的意见,帮助解决学校工作中的具体困难。

(三)教育行政监察

教育行政监察主要是指行政监察机关及教育内部的监察机构及其人员通过对教育领域监督对象的监督和纠查,查处教育领域违法、违纪行为,提高教育行政管理的效率,促进教育的进步和发展的活动,教育行政监察的对象是:各级教育行政机关及其国家公务员,上级政府机关任命的教育机构、教育团体、教学和教研部门的行政领导。教育行政监察的任务是查处违法、违纪行为和不符合效率原则要求的不良行政行为。它的目的是促进教育事业的健康发展。

教育领域的行政监察有其自己的特殊性。一般说来,主要有两项:

(1)监督、检查教育管理部门对党的方针、政策、国家的教育法律、法规的执行情况,对执行中的问题进行分析,提出决策。

(2)监督、检查教育部门制定的规章制度,看其与国家的政策和法律的符合程度,对相违背的,建议予以撤销、废止和纠正。查处违法违纪案件。

(四) 教育审计

1. 教育审计的含义

关于教育审计的概念,从广义上讲,凡对教育系统的审计对象进行的审计,统称为教育审计。从狭义上讲,只限于教育部门内部专职机构和人员对教育机构或人员,依据国家的财经法规,对被审查单位的财政、财务收支及其有关经济活动进行的审核、评价。

2. 教育审计的内容

教育审计的范围和内容,应视被审计单位的不同而有所区别。归纳起来,教育审计的主要内容有下列几个方面:

(1) 审计监督教育行政经费的管理和使用情况,以及规定的教育行政性收费的管理和使用情况;

(2) 审计、监督教育事业费的分配、管理和使用情况;

(3) 审计、监督教师奖励基金、捐资助教资金的管理和使用情况;

(4) 审计、监督各级各类学校对收取学杂费的管理和使用情况;

(5) 审计、监督教育科研经费的管理和使用情况;

(6) 审计、监督固定资产和材料等财产、物资的管理和使用情况;

(7) 审计、监督货币资金和结算款项的合理程序;

(8) 审计、监督预算外资金的管理和使用情况;

(9) 审计、监督基建投资的使用效益;

(10) 审计、监督国家拨付勤工俭学周转金的管理和使用情况,是否做到专款专用,以及勤工俭学收益的提取,校办产业的收支情况;

(11) 审计、监督世界银行贷款和外汇收支的管理和使用情况；

(12) 审计、监督财务决算、经济效益，还有计算机管理和使用情况等；

(13) 审计、监督教育、教学仪器购置费的管理和使用情况；

(14) 审计、监督农村、城市教育费附加的收取和使用情况。